Jus Internationale et Europaeum

herausgegeben von

Thilo Marauhn und Christian Walter

195

Hans-Martin Reissner

Die Autonomie der Unionsrechtsordnung

Mohr Siebeck

Hans-Martin Reissner, geboren 1994; Studium der Rechtswissenschaften in Heidelberg, Istanbul und Marburg, Stipendiat der Stiftung der Deutschen Wirtschaft; 2018 Erstes Juristisches Staatsexamen; Promotionsstipendium der Stiftung der Deutschen Wirtschaft, 2022 Promotion; derzeit Rechtsreferendar am Landgericht Marburg und wissenschaftlicher Mitarbeiter an der Professur für Völkerrecht und Europarecht mit öffentlichem Recht in Marburg.

Zugl.: Marburg, Univ., Diss., 2022

ISBN 978-3-16-162372-1/ eISBN 978-3-16-162451-3
DOI 10.1628/978-3-16-162451-3

ISSN 1861-1893 / eISSN 2568-8464 (Jus Internationale et Europaeum)

Die Deutsche Nationalbibliothek verzeichnet diese Publikation in der Deutschen Nationalbibliographie; detaillierte bibliographische Daten sind über *http://dnb.dnb.de* abrufbar.

Das Buch wurde von Gulde Druck in Tübingen aus der Times gesetzt, auf alterungsbeständiges Werkdruckpapier gedruckt und gebunden.

Printed in Germany.

Vorwort

Die vorliegende Arbeit wurde im Wintersemester 2022/23 vom Fachbereich Rechtswissenschaften der Philipps-Universität Marburg als Dissertation angenommen.

Großer Dank gilt meinem Doktorvater, Prof. Dr. *Sven Simon*, der bereits während des Studiums mein Interesse an der Fragestellung nach der Geltungsbegründung des Unionsrechts geweckt und immer wieder befördert hat. Auf den Tag genau 30 Jahre vor meiner Geburt entschied der EuGH in der Rs. Costa/E.N.E.L., dass die Gemeinschaftsrechtsordnung gegenüber dem nationalen Recht der Mitgliedstaaten autonom sei. Bis heute wirft diese Entscheidung ungeklärte Fragen auf, deren Diskussion Gegenstand dieser Arbeit ist.

Prof. Dr. *Steffen Detterbeck* danke ich für die zügige Erstellung des Zweitgutachtens.

Die Stiftung der Deutschen Wirtschaft (Studienförderwerk *Klaus Murmann*) hat mich in Studium und Promotion gefördert und durch ihre ideelle Förderung über acht Jahre hinweg begleitet und geprägt.

Als wissenschaftlicher Mitarbeiter habe ich den intensiven und offenen Austausch mit *Maike Krüger*, *Christopher Lipp*, Dr. *Joscha Müller* und *Felix Weiß* geschätzt, der mich in schwierigen Abschnitten motiviert hat und den ich aus meiner Promotionszeit in besonders guter Erinnerung behalten werde. Ergänzend seien auch die anderen Mitarbeiter an der Professur in dieser Zeit, *Johannes Henkel*, *Mira Holland-Moritz*, *Jan Potratz* und *Britta Neumann*, genannt.

Mein weiterer Dank richtet sich an *Stephan Ausbüttel*, Dr. *Lukas Friedrich*, Dr. *Stephan Klenner* und Dr. *Carsten Schier*, die mir in den Jahren auf unterschiedlichste Weise zur Seite standen.

In ihrer einmaligen Art strahlt Dr. *Tessa Gerstmeyer* pure Lebensfreude aus und erweitert damit meinen Erlebnishorizont immer wieder.

Auf die bedingungslose Unterstützung meiner Eltern kann ich mich auf meinem Lebensweg immer verlassen. In tiefer Dankbarkeit ist ihnen diese Arbeit gewidmet.

Marburg, im März 2023 *Hans-Martin Reissner*

Inhaltsübersicht

Inhaltsverzeichnis

Einleitung

Die Autonomie der Unionsrechtsordnung ist ein vom EuGH selbst geschaffener, ungeschriebener „Grundsatz" des Unionsrechts. Seine Aufgabe ist es, das Unionsrecht vor externen Einflüssen zu schützen, die der Verwirklichung der Union als Rechtsunion entgegenstehen könnten. Auf Grundlage dieses Konzepts proklamiert der EuGH bereits seit den 1960er Jahren einen absoluten Vorrang des Unionsrechts gegenüber dem nationalen Recht der Mitgliedstaaten. Auch wenn das Unionsrecht seit über 50 Jahren durch den EuGH als autonom beschrieben wird, kommt es in den letzten Jahren infolge politischer Krisen und aufgrund eines weiteren Begriffsverständnisses seitens des EuGH vermehrt zu Diskussionen um die Reichweite der Autonomie. In einer neueren Entwicklung zeigt sich zudem, dass der Gerichtshof das Völkerrecht zunehmend als Bedrohung für die Integrität der Unionsrechtsordnung wahrnimmt. Mit seinem äußerst umstrittenen Gutachten 2/13 zum Beitritt der Union zur Europäischen Menschenrechtskonvention trat dieser neue Fokus des EuGH zum ersten Mal prominent in Erscheinung. Dem Gerichtshof wurde vorgeworfen, durch den ungeschriebenen Autonomiegrundsatz werde die Union „souveräner" als ihre Mitgliedstaaten.[1]

Durch die darauffolgende Rechtsprechung rückte der EuGH immer wieder in den Mittelpunkt leidenschaftlicher wissenschaftlicher und öffentlicher Debatten: So wird etwa die *Achmea*-Entscheidung im Kontext des völkerrechtlichen Investitionsschutzrechts als Entscheidung mit der „Axt"[2] bezeichnet. Demnach geht es dem EuGH um eine Grundsatzfrage mit wenig Raum für Kompromisse.[3] Überspitzt formuliert *Peter Huber* die These, die Autonomie sei ein „Dogma, der päpstlichen Unfehlbarkeit nicht unähnlich, an das man glauben muß, wenn man die Exkommunikation fürchtet".[4] Den Entscheidungen liegt die zentrale Frage zu Grunde, wie die Verknüpfung mehrerer Rechtssysteme mit unterschiedlichen Rechtsprechungskörpern gelingen kann.

---

[1] *Breuer*, „Wasch mir den Pelz, aber mach mich nicht nass!" Das zweite Gutachten des EuGH zum EMRK-Beitritt der Europäischen Union, EuR 2015, 330 (349).

[2] *Klages*, Autonomie sticht Schiedsklausel, EuZW 2018, 217 (217).

[3] *Thym*, Todesstoß für autonome Investitionsschiedsgerichte, https://verfassungsblog.de/todesstoss-fuer-autonome-investitionsschutzgerichte/ (zul. abg. am 15.03.2023).

[4] *Huber*, Europäisches und nationales Verfassungsrecht, VVDStRL 60 (2001), S. 194 (219).

Der bisherige wissenschaftliche Zugriff zum Autonomiegrundsatz stellt sich weitgehend als Fall-zu-Fall-Betrachtung der Rechtsprechung des EuGH dar. In der Vielzahl der erschienenen Beiträge wird der Blick nur selten auf die vollständige Genese der Autonomie-Rechtsprechung geworfen oder ihre Dogmatik kontextualisiert. Ein Grund hierfür liegt wohl in der enormen Größenordnung dieser Aufgabe: Um den Ursprung des Autonomiegrundsatzes in seiner Anwendung gegenüber den mitgliedstaatlichen Rechtsordnungen bis hin zu seiner Übertragung auf völkerrechtliche Abkommen der EU zu untersuchen, ist eine umfassende Rechtsprechungsanalyse notwendig, welche die Dogmatik des EuGH nachverfolgt und systematisiert. Die Untersuchung der Herleitung und Reichweite der Autonomie sowie die Beantwortung daraus folgender theoretischer und praktischer Rechtsfragen ist Zielsetzung dieser Arbeit.

Das *erste Kapitel* zeigt den Ursprung der Autonomie im Konflikt um den Letztgeltungsanspruch zwischen Unionsrecht und nationalem Recht auf. Durch den Perspektivwechsel zwischen den nationalen Gerichten und dem EuGH soll geklärt werden, welchen Geltungsgrund der EuGH dem autonomen Unionsrecht zuschreibt und über welchen Begründungsansatz er einen Ableitungszusammenhang zum mitgliedstaatlichen Recht verneint.

Das *zweite Kapitel* ist der ausdifferenzierten Dogmatik in Bezug auf völkerrechtliche Einflüsse gewidmet. Die Rechtsprechungsanalyse verfolgt den Ansatz, aus dem eigenen Begriffsverständnis des Gerichtshofs abstrakte Anforderungen an den Autonomiebegriff zu formulieren und die Begriffsentwicklung darzustellen. Hierzu werden die Kategorien der Autonomieverstöße systematisiert und in ein Verhältnis zueinander gesetzt. Auf dieser Grundlage wird untersucht, ob die Rechtsprechung, die durch eine starre Begriffstreue geprägt ist, – gegebenenfalls sogar semantische – Widersprüche enthält.

Das *dritte Kapitel* befasst sich mit der Begründbarkeit der Autonomiethese: Welchen methodischen Anknüpfungspunkt bieten die Verträge überhaupt zur Feststellung der Autonomie? Wie leitet der EuGH die Autonomie aus den Verträgen her? Hier zeigt sich die knappe Begründung des EuGH, in deren Rahmen der Ursprung der autonomen Rechtsquelle als Ausgangspunkt der gesamten Autonomie-Rechtsprechung nicht hergeleitet wird. Die Auswertung unterschiedlicher Erklärungsansätze ergibt, dass die Herleitung einer autonomen Rechtsquelle erhebliche Probleme aufwirft. Die fehlende Begründung der autonomen Rechtsquelle führt zu methodisch verfehlten Entscheidungen, unter denen die Akzeptanz der EuGH-Entscheidungen gegenüber den Mitgliedstaaten und Bürgern leidet. Dies zeigt sich im aktuellen Konflikt zwischen dem EuGH und dem polnischen Verfassungsgerichtshof im Streit um die Justizreform in Polen. Für eine rechtliche und möglicherweise rechtspolitische Befriedung des Autonomie-Konflikts wird deshalb ein Lösungsvorschlag unterbreitet, der auf die Akzeptanz von EuGH-Entscheidungen abzielt.

Das *vierte Kapitel* verdeutlicht die Auswirkungen des erweiterten Autonomiebegriffs: Welche Konsequenzen ergeben sich aus der systematischen Analyse der Autonomie-Rechtsprechung im Hinblick auf die völkerrechtliche Handlungsfähigkeit der Union? Exemplarisch werden der Energiecharta-Vertrag (ECT) sowie das geplante *Investment Court System* (ICS) an denjenigen Maßstäben gemessen, welche in Kapitel 2 aus der Rechtsprechung des EuGH abgeleitet wurden. Im Schlussteil gibt die Arbeit schließlich einen Ausblick auf mögliche zukünftige Entwicklungen.

Erstes Kapitel

Ursprung der Autonomie

I. Autonomie gegenüber den mitgliedstaatlichen Rechtsordnungen

1. Vorrang des Unionsrechts

Der Begriff der Autonomie der Rechtsordnung wurde in der Rs. *Costa/E.N.E.L.* durch den EuGH eingeführt. Inhaltlich ging es um die Frage der Abgrenzung der Unionsrechtsordnung nach innen gegenüber dem nationalen Recht der Mitgliedstaaten. Der Entscheidung lag die durch GA *Maurice Lagrange* konkretisierte Rechtsfrage zugrunde, welcher Norm bei einem Nebeneinanderstehen zweier Rechtsnormen, die beide in der innerstaatlichen Rechtsordnung Geltung beanspruchen, der Vorrang zukomme.[1] Der EuGH entschied, das Gemeinschaftsrecht sei autonom. Der Geltungsgrund des Gemeinschaftsrechts leite sich nicht von den nationalen Rechtsordnungen der Mitgliedstaaten ab, sondern läge in der „vom Vertrag geschaffenen, autonomen Rechtsquelle, wegen dieser seiner Eigenständigkeit keine wie immer gearteten innerstaatlichen Rechtsvorschriften vorgehen könn[t]en".[2] Demnach hätten die Mitgliedstaaten „ihre Souveränitätsrechte beschränkt und so einen Rechtskörper erschaffen, der für ihre Angehörigen und sie selbst verbindlich ist".[3]

Die Ausgangsfrage hinsichtlich einer potenziellen Autonomie des Unionsrechts rüttelt am Fundament der Union: Wird die Union lediglich als völkerrechtliches Konstrukt verstanden? Als völkerrechtliches Gebilde besäße die Union nur derivative Kompetenzen, d. h. Befugnisse, die sich von den Mitgliedstaaten ableiten. Die Geltung des Primärrechts gründete sich demnach ausschließlich auf die nationalen Ratifikationsakten. Ändert man die Sichtweise und versteht die Unionsgründung hingegen als Beschränkung mitgliedstaatlicher Souveränität, bestände kein Ableitungszusammenhang zu den Rechtsordnungen der Mitgliedstaaten. Auf dieser Grundlage wäre das Unionsrecht eigenständig. Der EuGH schließt aus der beanspruchten Eigenständigkeit des Gemeinschaftsrechts auf einen Vor-

---

[1] GA *Lagrange*, Schlussanträge v. 25.06.1964 in Rs. 6/64, ECLI:EU:C:1964:51, S. 1279 (1285).

[2] EuGH, Rs. 6/64, ECLI:EU:C:1964:66, Slg. 1964, 1253 (1270) – Costa/E.N.E.L.

[3] EuGH, Rs. 6/64, ECLI:EU:C:1964:66, Slg. 1964, 1253 (1269) – Costa/E.N.E.L.

rang des Gemeinschaftsrechts auch innerhalb der mitgliedstaatlichen Rechtsordnungen.[4] Er begründet den Vorrang aus einer Folgenbetrachtung. Schließlich wären die Verpflichtungen der Mitgliedstaaten keine unbedingten mehr, wenn sie durch die Mitgliedstaaten infrage gestellt werden könnten.[5]

2. Perspektive mitgliedstaatlicher Gerichte

Die Hoheitsbefugnisse der Union leiten sich – so die Sichtweise der mitgliedstaatlichen Gerichte, die in der vorliegenden Arbeit nur kursorisch vorgestellt und nicht abschließend bewertet werden kann – derivativ vom mitgliedstaatlichen Recht ab. Die Mitgliedstaaten betrachten ihre nationalen Rechtssysteme als geschlossene Rechtsordnungen, die sich über bestimmte Integrationsklauseln geöffnet hätten. Diese divergierende Perspektive ermöglicht Widersprüche zwischen dem Autonomieanspruch des EuGH und den Nationalverfassungen der Mitgliedstaaten. Um das bestehende Spannungsverhältnis zu veranschaulichen, werden zunächst Entscheidungen der mitgliedstaatlichen Höchstgerichte zur Geltungsbegründung des Unionsrechts im nationalen Recht vorgestellt. Anschließend werden die Kontrollvorbehalte mitgliedstaatlicher Gerichte näher beleuchtet, die Unionsrechtsakte bereits für unanwendbar erklärt haben.

a) Höherrangigkeit der Nationalverfassung

Die Standpunkte der mitgliedstaatlichen Gerichte unterscheiden sich entsprechend der jeweiligen Nationalverfassungen. Infolge der Auffassung, das Unionsrecht gelte im innerstaatlichen Recht aufgrund des nationalen Rechts, erkennen zahlreiche Höchstgerichte[6] ihre Nationalverfassung als höherrangig gegenüber dem Unionsrecht an. Beispielsweise lehnt der polnische Verfassungsgerichtshof (*Trybunał Konstytucyjny*) deshalb einen Vorrang des Gemeinschaftsrechts gegenüber polnischem Verfassungsrecht ab.[7] Im Konfliktfall mit der Verfassung sei das

---

[4] EuGH, Rs. 6/64, ECLI:EU:C:1964:66, Slg. 1964, 1253 (1270) – Costa/E.N.E.L.

[5] EuGH, Rs. 6/64, ECLI:EU:C:1964:66, Slg. 1964, 1253 (1270) – Costa/E.N.E.L.

[6] Eine Ausnahme bildet die niederländische Entscheidung der Verwaltungsgerichtsbarkeit des Raad van State im Fall *Metten*, der einen Vorrang des Gemeinschaftsrechts im innerstaatlichen Recht aus dem Gemeinschaftsrecht selbst herleitete, siehe S. 8.

[7] Der in Art. 91 Abs. 2, 3 PolVerf festgeschriebene Vorrang völkerrechtlicher Verträge beziehe sich wegen Art. 8 Abs. 1 PolVerf nicht auf die polnische Verfassung, siehe Urteil des polnischen Verfassungsgerichtshofs v. 11.05.2005, K18/04, 4.2 – Beitrittsvertrag, von *Bainczyk/Ernst* übersetzt in die deutsche Sprache in: EuR 2006, 236 (238); zuletzt bekräftigt in Pressemitteilung des polnischen Verfassungsgerichtshofs v. 07.10.2021 zur Entscheidung K3/21 (Entscheidungsgründe liegen noch nicht vor), Rn. 1, 9, https://trybunal.gov.pl/en/news/press-releases/after-the-hearing/art/11664-ocena-zgodnosci-z-konstytucja-rp-wybranych-przepisow-traktatu-o-unii-europejskiej (zul. abg. am 15.03.2023).

Gemeinschaftsrecht nicht anwendbar. Aus der festgestellten Höherrangigkeit der jeweiligen Nationalverfassung folgt aber nicht zwingend die Ablehnung eines Vorrangs des Unionsrechts. In Deutschland, Frankreich, Italien und Spanien wird die Nationalverfassung als höchstes Recht angesehen und dennoch ein grundsätzlicher Vorrang des Unionsrechts akzeptiert. Die Begründungen unterscheiden sich dabei nur leicht.

In Deutschland wird zwischen einem Geltungsvorrang des Grundgesetzes und einem Anwendungsvorrang des Unionsrechts im nationalen Recht unterschieden.[8] So gelingt es, trotz eines nicht anerkannten Geltungsvorrangs eine einheitliche Verwirklichung des Unionsrechts im Unionsrechtsraum weitgehend sicherzustellen. Das deutsche Bundesverfassungsgericht (BVerfG) erblickt den Geltungsgrund des Unionsrechts im nationalen Recht,[9] konkret in den Zustimmungsgesetzen zu den Verträgen in Verbindung mit Art. 23 GG.[10] Der Vorrang des Unionsrechts wird deshalb grundsätzlich,[11] aber nicht unbeschränkt, anerkannt. Demnach könne trotz des Geltungsvorrangs des Grundgesetzes dieses – bis auf wenige Ausnahmen – durch einen Anwendungsvorrang des Unionsrechts überlagert werden.[12]

Ein ähnliches Bild zeigt sich in Frankreich. Die französische Verfassung regelt bis heute kein ausdrückliches Rangverhältnis zwischen Unionsrecht und französischem Recht, obwohl die Art. 88-1 ff. der französischen Verfassung (FranzVerf)[13] als Spezialregelungen der Art. 54, 55 FranzVerf für die europäische Integration Frankreichs formuliert wurden.[14] Der Verfassungsrat (*Conseil constitutionnel*)[15] entschied, dass zwar ein Geltungsvorrang der Verfassung bestehe, dennoch eine

---

8 Ein Anwendungsvorrang genügt aus Sicht des EuGH für die Befolgung des Vorrangs des Unionsrechts, EuGH, Rs. C-10/97, ECLI:EU:C:1998:498, Rn. 21 – IN.CO.GE.'90.

9 BVerfGE 123, 267 (400) – Lissabon.

10 *Ludwigs/Sikora*, Der Vorrang des Unionsrechts unter Kontrollvorbehalt des BVerfG, EWS 2016, 121 (123).

11 BVerfGE 31, 145 (173 ff.) – Milchpulver.

12 BVerfGE 123, 267 (400) – Lissabon; *Scholz* in: Dürig/Herzog/Scholz (Hrsg.), Grundgesetz-Kommentar, Art. 23 GG, Rn. 36.

13 Art. 88-1 FranzVerf: „Die Republik beteiligt sich an den Europäischen Gemeinschaften und an der Europäischen Union; von Staaten errichtet, die sich mit den jeweiligen Gründungsverträgen aus freiem Willen dazu entschieden haben, bestimmte Kompetenzen gemeinsam auszuüben.".

14 Hinzu kommt, dass der Verfassungsrat sich zu dieser Frage nicht äußern konnte, weil Art. 54 FranzVerf seine Zuständigkeit auf die Prüfung von völkerrechtlichen Verträgen beschränkt, der Vorrang im Primärrecht aber nicht kodifiziert wurde, siehe *Pfeiffer*, Zur Verfassungsmäßigkeit des Gemeinschaftsrechts in der aktuellen Rechtsprechung des französischen Conseil constitutionnel, ZaöRV 2007, 469 (499).

15 In Frankreich gibt es kein „Verfassungsgericht". Am ehesten entsprechen die Aufgaben des Verfassungsrats denen eines Höchstgerichts mit Verfassungsaufgaben, *Mayer/Wendel*, Die

Kollision von Unionsrecht mit der Verfassung nur bei ausdrücklich entgegenstehenden Verfassungsvorschriften angenommen würde.[16] Der Verfassungsrat erkennt somit einen Vorrang des Unionsrechts grundsätzlich an, führt diesen Vorrang aber auf eine verfassungsrechtliche Begründung zurück. Deshalb gilt der Vorrang auch nur im Rahmen der französischen Verfassung und findet seine Grenze in ausdrücklich entgegenstehendem Verfassungsrecht.[17]

Eine ausdrückliche Rangordnung zwischen dem Unionsrecht und dem nationalen Recht fehlt ebenfalls in Italien. Lediglich der allgemein gehaltene Art. 11[18] der italienischen Verfassung (ItalVerf) wird als Öffnungsklausel für eine europäische Integration verstanden.[19] Nach der Auffassung des italienischen Verfassungsgerichtshofs (ItalVerfGH/*Corte Costituzionale*) ermöglicht dieser die europäische Integration Italiens, also die eigene Souveränität zu beschränken und an der Gründung der Wirtschaftsgemeinschaft durch einfaches Gesetz teilzunehmen.[20] Die Teilnahme Italiens an der europäischen Integration richtet sich damit inhaltlich nach den Verfassungsvorschriften Italiens. Der italienische Verfassungsgerichtshof erkennt an, dass das Gemeinschaftsrecht und nationale Recht der Mitgliedstaaten autonome Rechtsordnungen bilden, die durch die Verträge koordiniert würden.[21] Das Gemeinschaftsrecht ist auf dieser Grundlage unmittelbar anwendbar und grundsätzlich vorrangig gegenüber dem nationalen Recht.[22] Ein Widerspruch zwischen einer gemeinschaftsrechtlichen und einer italieni-

verfassungsrechtlichen Grundlagen des Europarechts in: Hatje/Müller-Graff (Hrsg.), Enzyklopädie Europarecht – Band 1 Europäisches Organisations- und Verfassungsrecht, § 4, Rn. 213.

[16] Entscheidung des französischen Verfassungsrates v. 10.06.2004, Nr. 2004-496 DC, Erwägungsgrund Nr. 7, abgedruckt in deutscher Sprache siehe Umsetzung der E-commerce Richtlinie, Verfassungskonformität von EG-Richtlinien, EuR 2004, 921 (922).

[17] *Walter*, Der französische Verfassungsrat und das Recht der Europäischen Union, EuGRZ 2005, 77 (79); *Scheffler*, Das französische Verfassungsverständnis angesichts der Anforderungen des EG/EU-Rechts, ZaöRV 2007, 43 (61 f.).

[18] Art. 11 ItalVerf: „Italien lehnt den Krieg als Mittel des Angriffes auf die Freiheit anderer Völker und als Mittel zur Lösung internationaler Streitigkeiten ab; unter der Bedingung der Gleichstellung mit den übrigen Staaten stimmt es den Beschränkungen der staatlichen Oberhoheit zu, sofern sie für eine Rechtsordnung nötig sind, die den Frieden und die Gerechtigkeit unter den Völkern gewährleistet; es fördert und begünstigt die auf diesen Zweck gerichteten überstaatlichen Zusammenschlüsse". Die italienische Verfassung ist abrufbar unter: https://www.verfassungen.eu/it/ (zul. abg. am 15.03.2023).

[19] *Biernat* in: von Bogdandy/Huber (Hrsg.), Ius Publicum Europaeum, § 18, Rn. 18 mit Hinweis auf das Urteil Frontini, ItalVerfGH, Sent. 183/73 v. 27.12.1973, übersetzt von *Feustel* in die deutsche Sprache: EuR 1974, 255 (259) – Frontini.

[20] ItalVerfGH, Sent. 14/64, veröffentlicht in englischer Sprache in: CMLRev. 1964, 224 (224) – Costa/E.N.E.L.; bestätigt in ItalVerfGH, Sent. 183/73 v. 27.12.1973, EuR 1974, 255 (259) – Frontini.

[21] ItalVerfGH, Sent. 183/73 v. 27.12.1973, EuR 1974, 255 (259) – Frontini.

[22] Nur im Ausnahmefall, dass der Kern der italienischen Verfassung verletzt würde, könnte

schen Vorschrift führe gleichwohl nicht zu einer Annullierung der nationalen Vorschrift, sondern lediglich zu ihrer Unanwendbarkeit.[23]

In Spanien sieht das nationale Verfassungsgericht (*Tribunal Constitucional*) die Befugnisse der Union als über Art. 93 der spanischen Verfassung aus der Verfassung abgeleitet an.[24] Ob das Unionsrecht gegenüber der spanischen Verfassung vorrangig ist, wurde weder durch Verfassung ausdrücklich geregelt, noch durch Rechtsprechung determiniert.[25] Das spanische Verfassungsgericht bestimmt kein hierarchisches Verhältnis der kollidierenden Rechtsordnungen, indem es zwischen einer Höherrangigkeit der spanischen Verfassung und einem Vorrang des Unionsrechts unterscheidet. Demnach sei die spanische Verfassung zwar höherrangig gegenüber Unionsrecht, allerdings könne ein Vorrang des Unionsrechts das nationale Recht überlagern.[26] Diese Herangehensweise ähnelt der Auftrennung des Geltungs- und Anwendungsvorrangs durch das deutsche Bundesverfassungsgericht, ist jedoch weitgehender.[27] Sie reduziert die Gefahr eines Konflikts um die Reichweite des Vorrangs, indem das spanische Verfassungsgericht die verfassungsrechtlichen Grenzen bereits als durch unionsrechtliche Vorschriften geschützt anerkennt.[28]

Durch die grundsätzliche Anerkennung des unionsrechtlichen Vorrangs in den großen mitgliedstaatlichen Rechtsordnungen vermindern sich die Konstellationen, in denen Streit um die Reichweite der Autonomie besteht, auf wenige Ausnahmen. In zahlreichen verfassungsgerichtlichen Urteilen der Mitgliedstaaten findet sich ein Passus, der die Autonomie des Unionsrechts anerkennt. Dazu zäh-

---

der Vorrang des Gemeinschaftsrechts durchbrochen werden, siehe ItalVerfGH, Sent. 183/73 v. 27.12.1973, EuR 1974, 255 (262) – Frontini.

23 ItalVerfGH, Sent. 170/84, veröffentlicht in englischer Sprache in: CMLRev. 1984, 756 (762) – Granital.

24 *Martín y Pérez de Nanclares*, Constitutional Identity in Spain in: Calliess/van der Schyff, Constitutional Identity in a Europe of Multilevel Constitutionalism, S. 273.

25 *Becker*, Vereinbarkeit des Vertrags über eine Verfassung für Europa mit der spanischen Verfassung, EuR 2005, 339 (361).

26 Tribunal Constitucional, Entscheidung v. 13.12.2004, DTC 1/2004, abrufbar unter: https://hj.tribunalconstitucional.es/docs/BOE/BOE-T-2005-111.pdf (zul. abg. am 15.03.2023); in deutscher Sprache: EuR 2005, 339 (345 f.).

27 *Becker*, Vereinbarkeit des Vertrags über eine Verfassung für Europa mit der spanischen Verfassung, EuR 2005, 339 (355).

28 Tribunal Constitucional, Entscheidung v. 13.12.2004, DTC 1/2004, abrufbar unter: https://hj.tribunalconstitucional.es/docs/BOE/BOE-T-2005-111.pdf (zul. abg. am 15.03.2023); in deutscher Sprache: EuR 2005, 339 (347); *Mayer/Wendel*, Die verfassungsrechtlichen Grundlagen des Europarechts in: Hatje/Müller-Graff (Hrsg.), Enzyklopädie Europarecht, § 4, Rn. 262.

len unter anderen Deutschland[29], Italien[30] und Polen[31]. Allerdings unterscheidet sich das Autonomieverständnis von demjenigen des EuGH. Der EuGH schlussfolgert aus der Autonomie Rechtsfolgen, die sich auf die mitgliedstaatlichen Rechtsordnungen auswirken. Dazu zählen die unmittelbare Geltung sowie der Vorrang des Unionsrechts vor innerstaatlichem Recht.[32] Einen absoluten Vorrang des Unionsrechts erkennen die Mitgliedstaaten aber mehrheitlich nicht an. Diese räumen dem Unionsrecht lediglich eine formale Eigenständigkeit ein.[33] Die Reichweite unionsrechtlicher Vorschriften im nationalen Recht beschränken sie grundsätzlich auf die nationalverfassungsrechtlichen Grenzen zur Übertragung von Hoheitsbefugnissen. Daraus schöpfen die mitgliedstaatlichen Höchstgerichte mit Verfassungsaufgaben Beschränkungen des Vorrangs von Unionsrecht, verschiedene Kontrollvorbehalte und den Anspruch auf ein Letztentscheidungsrecht.

Hier kollidieren grundsätzlich unterschiedliche Auffassungen, die sich auf den Geltungsgrund des Unionsrechts beziehen. Die Kontrollvorbehalte basieren auf der Vorstellung, dass die Geltung des Unionsrechts im innerstaatlichen Recht vom nationalen Recht abhängt.

b) Mitgliedstaatliche Kontrollvorbehalte

Der Widerspruch nationaler Höchstgerichte gegen einen unbegrenzten Vorrang des Unionsrechts beinhaltet häufig den Anspruch auf eigene Kontrollvorbehalte, die mit Vorschriften aus der jeweiligen Nationalverfassung begründet werden. Nur in den Mitgliedstaaten Finnland, Luxemburg und den Niederlanden[34] ist bislang kein Kontrollvorbehalt erhoben worden.[35] Eine Kontrolle der Verfassungs-

---

[29] BVerfGE 22, 293 (296) – EWG-Verordnungen.

[30] ItalVerfGH, Sent. 183/73 v. 27.12.1973, EuR 1974, 255 (259) – Frontini; Italien erkennt auf Grundlage einer dualistischen Sichtweise einen Vorrang des Unionsrechts aus sich selbst heraus an. Gleichwohl gilt dieser Vorrang im nationalen italienischen Recht nicht grenzenlos, siehe *Germelmann*, Die Rechtskraft zwischen europäischer Mindesteffektivität und italienischem Verfassungsrecht, EuR 2010, 538 (545).

[31] Urteil des polnischen Verfassungsgerichtshofs v. 11.05.2005, K18/04 – Beitrittsvertrag.

[32] Zur unmittelbaren Geltung des Gemeinschaftsrechts siehe EuGH, Rs. 26/62, ECLI:EU:C:1963:1, Slg. 1963, 1 (25) – van Gend & Loos; zum Vorrang des Gemeinschaftsrechts siehe EuGH, Rs. 6/64, ECLI:EU:C:1964:66, Slg. 1964, 1253 (1270) – Costa/E.N.E.L.

[33] *Pernice*, Der europäische Verfassungsverbund, S. 609.

[34] Hier leitete sogar die Abteilung für Verwaltungsgerichtsbarkeit des Raad van State in der Entscheidung v. 07.07.1995 (Metten/Minister van Financiën – übersetzt in englische Sprache im Anhang zum Aufsatz *Besselink*, Curing a „Childhood Sickness“?, MJ 1996, 165 (179ff.)) einen Vorrang aus dem Gemeinschaftsrecht selbst heraus, vgl. *Mayer*, Kompetenzüberschreitung und Letztentscheidung, S. 191; *Grabenwarter*, Staatliches Unionsverfassungsrecht in: von Bogdandy/Bast (Hrsg.), Europäisches Verfassungsrecht, 2. Auflage 2009, S. 121 (123).

[35] *Mayer* in: Grabitz/Hilf/Nettesheim (Hrsg.), Das Recht der EU, Art. 19 EUV, Rn. 95.

mäßigkeit völkerrechtlicher Verträge wird in Luxemburg und den Niederlanden schon durch die Verfassung ausgeschlossen.[36] In den Niederlanden beschreibt Art. 94 der niederländischen Verfassung,[37] dass das nationale Recht nicht anwendbar ist, wenn das Recht internationaler Organisationen mit diesem nicht vereinbar ist. Der Begriff des nationalen Rechts wird umfassend verstanden und beinhaltet sogar das niederländische Verfassungsrecht.[38] Die Verfassung erkennt somit den unbegrenzten Vorrang des Unionsrechts an. In Luxemburg hindert dagegen Art. 95b Abs. 2 der luxemburgischen Verfassung[39] das Luxemburgische Verfassungsgericht daran, die Vereinbarkeit des Zustimmungsgesetzes zu einem völkerrechtlichen Vertrag am Maßstab der Verfassung zu überprüfen.

Weil sich die Kontrollvorbehalte aus den unterschiedlichen Nationalverfassungen ableiten, sind sie in ihrer Herleitung und inhaltlichen Reichweite unterschiedlich. Dennoch lassen sich die Kontrollvorbehalte vereinfachend in zwei Gruppen einteilen: Die Kontrolle ausbrechender Rechtsakte sowie den Schutz von Verfassungsvorschriften.

aa) Überschreitung vertraglicher Zuständigkeiten

Die Kontrolle ausbrechender Rechtsakte knüpft an den Gedanken an, dass über die Verträge nur bestimmte Hoheitsbefugnisse auf die Union übertragen wurden. Nach dem Prinzip der begrenzten Einzelermächtigung sind deshalb solche Befugnisse, die nicht übertragen wurden, bei den Mitgliedstaaten verblieben und unterfallen der nationalen Gerichtsbarkeit. Handeln die Unionsorgane außerhalb der ihnen übertragenen Befugnisse, läge ein ausbrechender Rechtsakt (sog. *Ultra-vires*-Akt) vor, dessen Feststellung in der Zuständigkeit der nationalen Gerichte verblieben sei. Damit beanspruchen die nationalen Verfassungsgerichte eine Kontrollzuständigkeit für das bereits Übertragene.[40]

Aus dem unionsrechtlichen Blickwinkel unterliegen dagegen alle Unionsrechtsakte der Gerichtsbarkeit des EuGH. Etwaige Kompetenzüberschreitungen

---

36 *Mesquita Ceia*, Die verfassungsgerichtliche Kontrolle völkerrechtlicher Verträge, S. 242.

37 Art. 94 NLVerf: „Innerhalb des Königreichs geltende gesetzliche Vorschriften werden nicht angewandt, wenn die Anwendung mit allgemein verbindlichen Bestimmungen von Verträgen und Beschlüssen völkerrechtlicher Organisationen nicht vereinbar ist.“, Verfassung in deutscher Sprache abrufbar unter: https://www.verfassungen.eu/nl/verf72-i.htm (zul. abg. am 15.03.2023).

38 *Mayer*, Kompetenzüberschreitung und Letztentscheidung, S. 195.

39 Art. 95b Abs. 2 LuxVerf: „Das Verfassungsgericht kann, gemäß den gesetzlichen Bestimmungen, von jeder Gerichtsbarkeit befasst werden um eine Vorabentscheidung zu treffen über die Übereinstimmung der Gesetze mit der Verfassung, mit Ausnahme der Zustimmungsgesetze zu internationalen Verträgen.“

40 *Streinz* in: Streinz (Hrsg.), EUV/AEUV, Art. 5 EUV, Rn. 19.

müssten deshalb – je nach Ausgangskonstellation – im Rahmen der Nichtigkeitsklage gemäß Art. 263 AEUV oder des Vorabentscheidungsverfahrens gemäß Art. 267 AEUV angegriffen werden.[41] Stellt der EuGH im Rahmen einer solchen Vorlage die Rechtmäßigkeit eines Unionsrechtsakts fest, kann der Vorwurf eines *Ultra-vires*-Akts nur noch an die EuGH-Entscheidung anknüpfen, dagegen nicht mehr an das Ausgangshandeln, weil die Entscheidung des EuGH über die Auslegung von Unionsrecht für die Mitgliedstaaten verbindlich ist.[42] Bislang haben das tschechische Verfassungsgericht, der dänische Oberste Gerichtshof sowie das deutsche Verfassungsgericht einen *Ultra-vires*-Akt angenommen. Darüber hinaus ist unklar, ob die jüngste Entscheidung des polnischen Verfassungsgerichtshofs als Ausübung eines *Ultra-vires*-Vorbehalts einzuordnen ist.[43] Bislang liegen nur der Tenor sowie eine Pressemitteilung zur Entscheidung K3/21 vor, welche eine Zuständigkeit der Union für die Organisationsstruktur der polnischen Gerichte verneint und diese als Bestandteil polnischer Verfassungsidentität qualifiziert.[44]

Eine neue Facette nationaler Kontrollvorbehalte zeigte sich in der Reaktion des rumänischen Verfassungsgerichtshofs auf die Entscheidung des EuGH in der Rs. *Euro Box Promotion*.[45] Den EuGH erreichten fünf Vorabentscheidungsersuchen rumänischer Gerichte, die sich im Rahmen nationaler Strafverfahren die Frage stellten, ob sie entgegen der nationalen Gesetzeslage Entscheidungen des rumänischen Verfassungsgerichtshofs im Einzelfall unangewendet lassen dürften.[46] Der EuGH entschied, wegen des Vorrangs des Unionsrechts müssten nationale Richter befugt sein, Entscheidungen nationaler Verfassungsgerichte, die mit Unionsrecht unvereinbar seien, nicht anzuwenden.[47] Der rumänische Verfassungsgerichtshof veröffentlichte zwei Tage darauf eine Pressemitteilung, die der EuGH-Entscheidung eine verbindliche Rechtswirkung in Rumänien abspricht.[48] Zwar entfaltet eine Pressemitteilung keine rechtliche Verbindlichkeit, dennoch

---

[41] *Ludwigs/Sikora*, Der Vorrang des Unionsrechts unter Kontrollvorbehalt des BVerfG, EWS 2016, 121 (126).

[42] *Uerpmann-Wittzack* in: von Münch/Kunig (Hrsg.), Grundgesetz-Kommentar, Art. 23 GG, Rn. 72.

[43] *Klamert*, Vorrang, Schranken und Österreich, EuZW 2021, 1057 (1058).

[44] Pressemitteilung des polnischen Verfassungsgerichtshofs v. 07.10.2021 zur Entscheidung K3/21, Rn. 17, https://trybunal.gov.pl/en/news/press-releases/after-the-hearing/art/11664-ocena-zgodnosci-z-konstytucja-rp-wybranych-przepisow-traktatu-o-unii-europejskiej (zul. abg. am 15. 03.2023).

[45] EuGH, Rs. 357/19, ECLI:EU:C:2021:1034 – Euro Box Promotion.

[46] EuGH, Rs. 357/19, ECLI:EU:C:2021:1034, Rn. 55 – Euro Box Promotion.

[47] EuGH, Rs. 357/19, ECLI:EU:C:2021:1034, Rn. 262 – Euro Box Promotion.

[48] Pressemitteilung des rumänischen Verfassungsgerichtshofs v. 23.12.2021, https://www.ccr.ro/en/press-release-23-december-2021/ (zul. abg. am 15.03.2023).

baut sie Druck auf rumänische Richter dahingehend auf, die EuGH-Entscheidung nicht anzuwenden.[49] Interpretiert man die Pressemitteilung als Warnung an diejenigen rumänischen Richter, die versucht haben, die Entscheidung des nationalen Verfassungsgerichtshofs zu umgehen,[50] beständen gewisse Parallelen zur *Holubec*-Konstellation in Tschechien. Diese Sorge bestätigt sich mit Blick auf den Vorwurf der vorlegenden Gerichte, der rumänische Verfassungsgerichtshof habe seine Zuständigkeiten überschritten, in die Zuständigkeiten der ordentlichen Gerichte eingegriffen und deren Unabhängigkeit beeinträchtigt.[51]

Die tschechische Entscheidung *Holubec*[52], in der das tschechische Verfassungsgericht (*Ústavní soud*) in der EuGH-Entscheidung *Landtová*[53] einen *Ultra-vires*-Akt feststellte, erging in dem Kontext einer Auseinandersetzung tschechischer Höchstgerichte.[54] Sie offenbart die der *Ultra-vires*-Kontrolle inhärente Gefahr, dass über die Unionsgerichtsbarkeit innerstaatliche Streitigkeiten ausgetragen werden.

In Dänemark verursachen ungeschriebene, durch den EuGH entwickelte, Grundsätze des Unionsrechts erhebliche Schwierigkeiten. Die Übertragung von Hoheitsbefugnissen auf internationale Organisationen ermöglicht § 20 der dänischen Verfassung.[55] Der Wortlaut der Vorschrift stellt an ein Gesetz zur Übertragung von Hoheitsbefugnissen erhöhte Bestimmtheitsanforderungen, deren Wahrung insbesondere im Kontext der Kompetenzergänzungsklausel von Art. 235 EGV[56] strittig

---

[49] *Selejan-Gutan*, Who's Afraid of the „Big Bad Court"?, Verfassungsblog v. 10.01.2022, https://verfassungsblog.de/whos-afraid-of-the-big-bad-court/ (zul. abg. am 15.03.2023).

[50] Vgl. *Selejan-Gutan*, Who's Afraid of the „Big Bad Court"?, Verfassungsblog v. 10.01.2022, https://verfassungsblog.de/whos-afraid-of-the-big-bad-court/ (zul. abg. am 15.03.2023).

[51] EuGH, Rs. 357/19, ECLI:EU:C:2021:1034, Rn. 56 – Euro Box Promotion.

[52] Urteil des tschechischen Verfassungsgerichts (Ústavní Soud) v. 31.01.2012, Pl. ÚS 5/12, VII., in englischer Sprache abrufbar unter: https://www.usoud.cz/en/decisions/2012-01-31-pl-us-5-12-slovak-pensions (zul. abg. am 15.03.2023).

[53] EuGH, Rs. C-399/09, ECLI:EU:C:2011:415 – Landtová.

[54] *Komárek*, Czech Constitutional Court Playing with Matches: the Czech Constitutional Court Declares a Judgment of the Court of Justice of the EU Ultra Vires, EuConst 2012, 323 (323); *Mayer*, Rebels without a cause? Zur OMT-Vorlage des Bundesverfassungsgerichts, EuR 2014, 473 (500); *Lang*, Die Verfassungsgerichtsbarkeit in der vernetzten Weltordnung, S. 493 f.; inhaltlich dem tschechischen Verfassungsgericht zustimmend: *Vincze*, Das tschechische Verfassungsgericht stoppt den EuGH, EuR 2013, 194 (204); dagegen ablehnend: *Komárek*, Czech Constitutional Court Playing with Matches: the Czech Constitutional Court Declares a Judgment of the Court of Justice of the EU Ultra Vires, EuConst 2012, 323 (336).

[55] § 20 DänVerf: „Powers vested in the authorities of the Realm under this Constitution Act may, to such extent as shall be provided by Statute, be delegated to international authorities set up by mutual agreement with other states for the promotion of international rules of law and cooperation".

[56] Art. 235 EGV entspricht heute Art. 352 AEUV.

war.[57] Der Oberste Gerichtshof (*Højesteret*)[58] entschied zum Vertrag von Lissabon, dass der EuGH zwar die Aufgabe habe, Streitigkeiten über die Auslegung von Unionsrecht beizulegen, aber diese eben nicht zu einer Ausweitung der Befugnisse der Union führen dürften.[59] Auf diese inhaltliche Grenze der übertragenen Kompetenzen kam es in der Rs. *Ajos*[60] an. Diese Entscheidung betrifft die Wirkung des Verbots der Altersdiskriminierung unter Privaten. Dabei geht es um die konkretisierte Rechtsfrage, ob ein ungeschriebener Grundsatz[61] des Unionsrechts ein nationales Gericht zur Änderung der eigenen Rechtsprechung zwingen kann.[62] Der Oberste Gerichtshof entschied, dass das Verbot der Altersdiskriminierung als ungeschriebener Grundsatz nicht vom nationalen Gesetz umfasst sei.[63] Das unionsrechtliche Verbot der Altersdiskriminierung könne deshalb keinen Vorrang gegenüber entgegenstehendem dänischen Recht einnehmen.[64]

Zwischen der Rechtsprechung des Obersten Gerichtshofs Dänemarks und des deutschen Bundesverfassungsgerichts bestehen zahlreiche Gemeinsamkeiten in den Anforderungen an ihre *Ultra-vires*-Kontrollmechanismen:[65] In seiner *Maastricht*-Entscheidung stellte das BVerfG fest, dass Gemeinschaftshandlungen außerhalb der über das Zustimmungsgesetz übertragenen Befugnisse keine Ver-

---

[57] Argumentation der Berufungskläger, wiedergegeben in der Entscheidung des Obersten Gerichtshofs Dänemarks, Urteil v. 06.04.1998, Urteilsgründe in deutscher Sprache abgedruckt in: EuGRZ 1997, 49 (51).

[58] Entscheidung des obersten Gerichtshofs Nr. 199/2012 v. (UfR 2013.1451H) zum Vertrag von Lissabon, S. 15, abrufbar in englischer Sprache unter: https://domstol.dk/media/0xebqufh/199-12-english.pdf (zul. abg. am 15.03.2023).

[59] Entscheidung des Obersten Dänischen Gerichtshofs v. 20.02.2013, Nr. 199/2012 – Lissabon, übersetzt in die englische Sprache: https://domstol.dk/media/0xebqufh/199-12-english.pdf (zul. abg. am 15.03.2023), S. 15; *Madsen/Palmer Olsen/Šadl*, Legal Disintegration? The Ruling of the Danish Supreme Court in AJOS, https://verfassungsblog.de/legal-disintegration-the-ruling-of-the-danish-supreme-court-in-ajos/ (zul. abg. am 15.03.2023).

[60] Entscheidung des Obersten Dänischen Gerichtshofs v. 06.12.2016, Nr. 15/2014 – Ajos, übersetzt in die englische Sprache: https://domstol.dk/media/2udgvvvb/judgment-15-2014.pdf (zul. abg. am 15.03.2023).

[61] *Preis*, Verbot der Altersdiskriminierung als Gemeinschaftsgrundrecht, NZA 2006, 401 (402) spitzt es zu mit der Formulierung, das Verbot der Altersdiskriminierung sei „kraft Rechtsfortbildung erfunden" worden.

[62] *Šadl/Mair*, Case Note – Mutual Disempowerment: Case C-441/14, EuConst 2017, 347 (347).

[63] Entscheidung des Obersten Gerichtshofs Dänemarks, Urteil v. 06.12.2016, Nr. 15/2014 – Ajos, abrufbar unter: https://domstol.dk/media/2udgvvvb/judgment-15-2014.pdf (zul. abg. am 15.03.2023), S. 45 f.

[64] Entscheidung des Obersten Gerichtshofs Dänemarks, Urteil v. 06.12.2016, Nr. 15/2014 – Ajos, abrufbar unter: https://domstol.dk/media/2udgvvvb/judgment-15-2014.pdf (zul. abg. am 15.03.2023), S. 45.

[65] *Lang*, Die Verfassungsgerichtsbarkeit in der vernetzten Weltordnung, S. 489 f.

bindlichkeit zukäme.[66] Die Reichweite dieser *Ultra-vires*-Kontrolle relativierte es in den Folgeentscheidungen sowohl durch prozessual, als auch materiell hohe Voraussetzungen.[67] Zu den prozessualen Voraussetzungen zählt, dass wegen des Ziels, die Gemeinschaftsrechtsordnung zu wahren, ausschließlich das BVerfG berechtigt sei, einen *Ultra-vires*-Akt festzustellen.[68] Außerdem müsse vor der Feststellung eines *Ultra-vires*-Akts der EuGH angerufen[69] werden und in materieller Hinsicht ein offensichtlich kompetenzwidriges Handeln der Union „ersichtlich" sein, das zu einer strukturellen Kompetenzverschiebung zwischen den Mitgliedstaaten und der Union führe.[70] Infolge der hohen Voraussetzungen an die Feststellung eines *Ultra-vires*-Akts wurde die PSPP-Entscheidung des BVerfG in der Literatur kritisiert.[71] Dort stellte es betreffend eines EZB-Anleihekaufprogramms in der Entscheidung des EuGH[72] einen *Ultra-vires*-Akt fest.

In prozessualer Hinsicht ist in beiden Mitgliedstaaten eine Vorlage an den EuGH erforderlich.[73] In materieller Hinsicht ähneln die Kriterien des Obersten Gerichtshofs Dänemarks stark den hohen,[74] im *Honeywell*-Beschluss des BVerfG aufgestellten, Kriterien an das Vorliegen eines ausbrechenden Rechtsakts.[75] Demnach ist in Dänemark eine „notwendige Sicherheit" für das Vorliegen der „außergewöhnlichen Situation" erforderlich, dass die Vertragsanwendung außerhalb der vom Beitrittsgesetz übertragenen Hoheitsbefugnisse liege.[76] Den entscheidenden Unterschied bildet das Recht zur Feststellung eines *Ultra-vires*-Akts: In Dänemark wird jedem dänischen Gericht zuerkannt, einen ausbrechen-

[66] BVerfGE 89, 155 (188) – Maastricht.

[67] Nachdem das BVerfG in der *Maastricht*-Entscheidung (BVerfGE 89, 155 ff.) die Ultra-vires-Kontrolle eingeführt hatte, beschränkte es diese in den Entscheidungen *Lissabon* (BVerfGE 123, 267 ff.) um die Einführung einer Vorlagepflicht sowie in *Honeywell* (BVerfGE 126, 286 ff.) um hohe inhaltliche Voraussetzungen.

[68] BVerfGE 123, 267 (354) – Lissabon; BVerfGE 142, 123 (204) – OMT; *Calliess*, Die neue Europäische Union nach dem Vertrag von Lissabon, S. 265; *Calliess* in: Dürig/Herzog/Scholz (Hrsg.), Grundgesetz-Kommentar, Art. 24 GG, Rn. 203.

[69] BVerfGE 123, 267 (353) – Lissabon.

[70] BVerfGE 126, 286 (304) – Honeywell.

[71] *Uerpmann-Wittzack* in: von Münch/Kunig (Hrsg.), Grundgesetz-Kommentar, Art. 23 GG, Rn. 73; *Nettesheim*, Das PSPP-Urteil des BVerfG – ein Angriff auf die EU?, NJW 2020, 1631 (1632).

[72] EuGH, Rs. C-493/17, ECLI:EU:C:2018:1000 – Weiss.

[73] In Deutschland besteht eine Vorlagepflicht an den EuGH im Rahmen einer Ultra-vires-Kontrolle, siehe BVerfGE 123, 267 (353) – Lissabon; BVerfGE 126, 286 (304) – Honeywell; in Dänemark siehe Entscheidung des Obersten Gerichtshofs Dänemarks, Urteil v. 06.04.1998, Urteilsgründe in deutscher Sprache abgedruckt in: EuGRZ 1999, 49 (52).

[74] *Streinz* in: Streinz (Hrsg.), EUV/AEUV, Art. 5 EUV, Rn. 19.

[75] BVerfGE 126, 286 (304) – Honeywell.

[76] Entscheidung des Obersten Gerichtshofs Dänemarks, Urteil v. 06.04.1998, Urteilsgründe in deutscher Sprache: EuGRZ 1999, 49 (52).

den Rechtsakt festzustellen.[77] Dagegen unterfällt diese Befugnis in Deutschland der ausschließlichen Zuständigkeit des deutschen Bundesverfassungsgerichts.

bb) Schutz der Verfassung

Neben der Kontrolle ausbrechender Rechtsakte wird in manchen Mitgliedstaaten der Anspruch auf die Prüfung von Unionsrechtsakten am Maßstab der mitgliedstaatlichen Verfassung erhoben. Zunächst unterscheiden sich die Kontrollvorbehalte der nationalen Verfassungsgerichte nach ihrem Prüfungsmaßstab. Während manche Verfassungsgerichte eine Kontrolle von Unionshandeln an der gesamten Verfassung prüfen, reduzieren andere den Maßstab auf einen Verfassungskern. Dieser zeichnet sich durch einen besonderen Schutz vor Änderungen aus. Daraus folgen erhebliche Unterschiede im Hinblick auf den Vorbehalt einer nationalstaatlichen Verfassungskontrolle.

(1) Kontrolle am Maßstab der gesamten Verfassung

In manchen Mitgliedstaaten wird trotz der Übertragung von Hoheitsbefugnissen auf die Union das gesamte Unionshandeln am umfassenden Maßstab der Nationalverfassung geprüft. Die Uferlosigkeit einer solchen Kontrolle wird durch das Erfordernis eines besonders qualifizierten Verstoßes gegen die Verfassung teilweise kompensiert.

In Polen kann der Vorrang von Unionsrechtsakten durch Entscheidung des Verfassungsgerichtshofs durchbrochen werden, wenn der Rechtsakt entweder nicht von den übertragenen Zuständigkeiten der Gemeinschaft umfasst ist oder gegen den Grundsatz der Subsidiarität oder die Verhältnismäßigkeit verstößt.[78] Damit sind auch Verstöße gegen die polnische Verfassung innerhalb der vertraglichen Zuständigkeiten nach den Feststellungen des polnischen Verfassungsgerichtshofs möglich.[79] Wegen der Höherrangigkeit der polnischen Verfassung sei ein Verstoß des Gemeinschaftsrechts gegen die Verfassung nicht hinnehmbar, vielmehr müsse der Verstoß durch eine Verfassungsänderung, eine Änderung der gemeinschaftsrechtlichen Vorschriften oder durch einen Austritt Polens gelöst werden.[80] Im Fall

[77] Entscheidung des Obersten Gerichtshofs Dänemarks, Urteil v. 06.04.1998, Urteilsgründe in deutscher Sprache: EuGRZ 1997, 49 (52).

[78] Urteil des polnischen Verfassungsgerichtshofs v. 11.05.2005, K18/04, Grund 10.3 – Beitrittsvertrag, von *Bainczyk/Ernst* übersetzt in deutsche Sprache in: EuR 2006, 236 (243).

[79] *Hufeld*, Der staatliche Souveränitätsvorbehalt in der EU in: Bos/Dieringer (Hrsg.), Die Genese einer Union der 27, S. 55 (58).

[80] Urteil des polnischen Verfassungsgerichtshofs v. 11.05.2005, K18/04, 6.4 – Beitrittsvertrag, von *Bainczyk/Ernst* übersetzt in deutsche Sprache: EuR 2006, 236 (239); Urteil des polnischen Verfassungsgerichtshofs v. 24.11.2010, K32/09, S. 36 (englische Sprachfassung: https://

einer Normenkollision zwischen der polnischen Verfassung und Unionsrecht schlägt der polnische Verfassungsgerichtshof somit konstruktive Lösungsmöglichkeiten vor.[81]

In Frankreich beinhaltet die Verfassung weder eine Hierarchie, noch einen besonderen Schutz spezifischer Vorschriften. Der Verfassungsrat erblickt in Art. 88-1 FranzVerf eine Umsetzungspflicht von Richtlinien, die jedoch durch kollidierendes Verfassungsrecht beschränkt wird. Demnach bestehe keine Umsetzungspflicht bei ausdrücklich entgegenstehenden Verfassungsvorschriften.[82] Zwei Jahre später ergänzte der Verfassungsrat die Beschränkung der Umsetzungspflicht um den Begriff der „identité constitutionnelle de la France". Demnach beschränke die Verfassungsidentität Frankreichs die verfassungsrechtliche Umsetzungspflicht mit der Ausnahme, der Verfassungsgeber stimme der Änderung zu.[83] Dem Verfassungsrat ist der Begriff der Verfassungsidentität also nicht fremd, gleichwohl zeigt sie sich im Gegensatz zur deutschen Verfassungsidentität als relative Grenze: Die verfassungsrechtliche Identität Frankreichs ist für den Verfassungsgesetzgeber veränderlich.[84] Im Vergleich zu anderen Kontrollvorbehalten zeigt sich die französische Identitätskontrolle somit als integrationsfreundlich,[85] weil durch Verfassungsänderungen Kollisionen mit dem Unionsrecht nahezu unbeschränkt aufgelöst werden können.[86] Tatsächlich wurden festgestellte Unvereinbarkeiten des Gemeinschaftsrechts mit französischem Recht regelmäßig durch Verfassungsänderungen aufgehoben.[87]

---

trybunal.gov.pl/fileadmin/content/omowienia/K_32_09_EN.pdf (zul. abg. am 15.03.2023)) – Lissabon, übersetzt in deutsche Sprache in: EuGRZ 2012, 172 (186).

81 *Pernice*, Der europäische Verfassungsverbund, S. 609; *Biernat* in: von Bogdandy/Huber (Hrsg.), Ius Publicum Europaeum, § 21, Rn. 46.

82 Entscheidung des französischen Verfassungsrates v. 10.06.2004, Nr. 2004-496 DC, abgedruckt in deutscher Sprache siehe Umsetzung der E-commerce Richtlinie, Verfassungskonformität von EG-Richtlinien, EuR 2004, 921 (922).

83 Entscheidung des französischen Verfassungsrates v. 27.07.2006, Nr. 2006-540 DC, Erwägung Nr. 19.

84 *Walter*, Integrationsgrenze Verfassungsidentität, ZaöRV 2012, 177 (186 f.) spricht von einem „Vorbehalt zum Vorbehalt".

85 *Pfeiffer*, Zur Verfassungsmäßigkeit des Gemeinschaftsrechts in der aktuellen Rechtsprechung des französischen Conseil constitutionnel, ZaöRV 2007, 469 (505).

86 Entscheidung des französischen Verfassungsrates v. 09.04.1992, Nr. 92-308 DC, Erwägung Nr. 14 – Maastricht I; Entscheidung des französischen Verfassungsrates v. 02.09.1992, Nr. 92-312 DC, Erwägung Nr. 19 – Maastricht II; *Scheffler*, Das französische Verfassungsverständnis angesichts der Anforderungen des EG-/EU-Rechts, ZaöRV 2007, 43 (83); *Berger*, Anwendungsvorrang und nationale Verfassungsgerichte, S. 242 f.

87 *Scheffler*, Das französische Verfassungsverständnis angesichts der Anforderungen des EG-/EU-Rechts, ZaöRV 2007, 43 (81).

(2) Schutz des Verfassungskerns

In anderen Mitgliedstaaten wird die Kontrolle dagegen auf einen speziellen Verfassungskern reduziert.

Den gedanklichen Ursprung für das Bestehen einer Verfassungsidentität legte das BVerfG bereits 1974 in der *Solange-I*-Entscheidung. Es erklärte, dass Art. 24 GG[88] keine Änderung des Grundgesetzes ermögliche, durch welche die Verfassungsidentität aufgehoben würde.[89] Es behielt sich für den Fall eines unzureichenden Schutzes der verfassungsrechtlich verbürgten Grundrechte eine Kontrolle vor, auf nationaler Ebene die Achtung der Grundrechte zu gewährleisten. Nachdem das BVerfG in *Solange I* den europäischen Grundrechtsschutz noch als unzureichend eingestuft hatte,[90] reduzierte das Bundesverfassungsgericht die Grundrechtskontrolle in *Solange II* auf eine Reservekompetenz.[91]

Eine weitere Dimension der Verfassungsidentität entwickelte das BVerfG zum Schutz der nationalen Staatlichkeit Deutschlands: In Deutschland gibt es einen vor Änderungen besonders geschützten Teil der Verfassung, der durch Art. 23 Abs. 1 S. 3 iVm Art. 79 Abs. 3 GG markiert wird und der europäischen Integration absolute Schranken setzt.[92] Auf die Union dürfen deshalb nur solche Hoheitsbefugnisse übertragen werden, die diesen unantastbaren Kerngehalt des Grundgesetzes nicht berühren.[93] Um diese „Verfassungsidentität" des Grundgesetzes zu schützen, entwickelte das BVerfG in der *Lissabon*-Entscheidung die Identitätskontrolle.[94] Sie „ermöglicht die Prüfung, ob infolge des Handelns europäischer Organe die in Art. 79 Abs. 3 GG für unantastbar erklärten Grundsätze der Art. 1 und Art. 20 GG verletzt werden".[95] Die Identitätskontrolle stellt also sicher, dass die absoluten Integrationsgrenzen Deutschlands nicht überschritten werden. Sie ermöglicht nicht nur die Kontrolle vertraglicher Änderungen des Primärrechts, sondern ermöglicht ebenso die Kontrolle von Sekundärrecht.[96]

---

[88] Erst später wurde Art. 23 GG im Rahmen der Ratifikation des Maastricht-Vertrags als Spezialvorschrift für die europäische Integration ins Grundgesetz eingefügt, *Classen* in: von Mangoldt/Klein/Starck (Hrsg.), Grundgesetz, Art. 23 GG, Rn. 1.

[89] BVerfGE 37, 271 (279) – Solange I.

[90] BVerfGE 37, 271 (280) – Solange I.

[91] *Limbach*, Vortrag an der Humboldt-Universität zu Berlin am 29.06.2000, Die Kooperation der Gerichte in der zukünftigen europäischen Grundrechtsarchitektur, Forum Constitutionis Europae 7/00, https://www.rewi.hu-berlin.de/de/lf/oe/whi/FCE/2000/limbach.pdf, Rn. 27 (zul. abg. am 15.03.2023); *Mayer*, Grundrechtsschutz gegen europäische Rechtsakte durch das BVerfG: Zur Verfassungsmäßigkeit der Bananenmarktordnung, EuZW 2000, 685 (687).

[92] *Streinz* in: Sachs (Hrsg.), Grundgesetz-Kommentar, Art. 23 GG, Rn. 92.

[93] BVerfGE 123, 267 (347) – Lissabon.

[94] BVerfGE 123, 267 (353 f.) – Lissabon.

[95] BVerfGE 123, 267 (354) – Lissabon.

[96] BVerfGE 123, 267 (355) – Lissabon.

Verletzt ein Sekundärrechtsakt die deutsche Verfassungsidentität, muss sich dieser zugleich zwingend als *Ultra-vires*-Akt darstellen, weil bereits die Übertragung von Hoheitsbefugnissen innerhalb der Verfassungsidentität nicht möglich ist.[97] Diese Übertragungsgrenzen beschränken deshalb auch die Reichweite des Anwendungsvorrangs.[98] Dieser kann wegen der Verfassungsidentität nur relativ sein, weil er inhaltlich nicht über die verfassungsgemäß übertragenen Hoheitsbefugnisse hinausgehen kann.[99]

Der italienische Verfassungsgerichtshof behält sich nur für den Ausnahmefall eine Rechtskontrolle vor, dass Gemeinschaftsrecht zuließe, Grundprinzipien und die unveräußerlichen Rechte der menschlichen Person zu verletzen.[100] Diese Beschränkung folgt aus Art. 11 ItalVerf, weil dieser nur eine Öffnung und Beschränkung, nicht aber eine Aufgabe der Souveränität Italiens ermögliche.[101] Der Vorrang des Gemeinschaftsrechts fände somit seine Grenze in den Kernbestandteilen der italienischen Verfassung.[102] In diesem Fall würde der italienische Verfassungsgerichtshof das Zustimmungsgesetz für mit der Verfassung unvereinbar erklären und den Vorrang durchbrechen.[103]

Kontrollvorbehalte von Sekundärrechtsakten müssen aber nicht nur destruktiv zur Durchbrechung des unionsrechtlichen Vorrangs führen, wie kürzlich das *Taricco*-Verfahren zeigte. In dem Verfahren legte der italienische Verfassungsgerichtshof dem EuGH die Frage vor, ob nationale Vorschriften unangewendet bleiben müssten, wenn das Unionsrecht keine konkrete Rechtsgrundlage beinhalte und eine Nichtanwendung der nationalen Vorschriften gegen die Grundprinzipien der Verfassung verstieße.[104] Der EuGH beschwichtigte im Konflikt um die drohende Geltendmachung des nationalen Kontrollvorbehalts,[105] indem er Ausnahmen vom Vorrang des Art. 325 AEUV für möglich erklärte.[106]

---

97 *Schweitzer/Dederer*, Staatsrecht III, Rn. 213.

98 BVerfGE 140, 317 (336) – Europäischer Haftbefehl II.

99 BVerfGE 73, 339 (375 f.) – Solange II; 89, 155 (190) – Maastricht; 123, 267 (348 ff.) – Lissabon; 126, 286 (302) – Honeywell; 129, 78 (99) – Cassina; 134, 366 (384) – OMT; 140, 317 (336) – Europäischer Haftbefehl II.

100 ItalVerfGH, Sent. 183/73, EuR 1974, 255 (262) – Frontini; später bestätigt in: ItalVerfGH, Sent. 170/84, veröffentlicht in englischer Sprache in: CMLRev. 1984, 756 (764) – Granital.

101 *Mayer*, Kompetenzüberschreitung und Letztentscheidung, S. 171.

102 *Hölzlwimmer*, The Concept of Constitutional Identity in (Quasi-) Federal Systems of Government in: Hugo/Möllers, Legality and Limitation of Powers, S 41 (43 f.).

103 ItalVerfGH, Sent. 183/73, EuR 1974, 255 (262) – Frontini.

104 *Lochmann*, Taricco I – ein Ultra-vires-Akt? Zur Rechtsfortbildung durch den EuGH, EuR 2019, 61 (65).

105 Zur drohenden Geltendmachung des controlimiti-Vorbehalts siehe *Lochmann*, Taricco I – ein Ultra-vires-Akt? Zur Rechtsfortbildung durch den EuGH, EuR 2019, 61 (65).

106 EuGH, Rs. C-42/17, ECLI:EU:C:2017:936, Rn. 62 – M.A.S. und M.B.

cc) Reichweite der Autonomie aus Sicht mitgliedstaatlicher Gerichte

Die unterschiedlichen Kontrollvorbehalte unterscheiden sich nicht nur in ihrer Herleitung und Schutzrichtung, sondern auch in ihren Auswirkungen auf die Unionsrechtsordnung erheblich voneinander: Die Grundrechts- und Identitätskontrolle beziehen sich auf die Frage, welche Hoheitsbefugnisse auf die Union übertragen werden dürfen.[107] Sie berührt deshalb, zumindest in ihrer Zielrichtung, nicht die Kernzuständigkeiten des EuGH.[108] Dagegen bezieht sich die *Ultra-vires*-Kontrolle auf die Grenzbestimmung der bereits übertragenen Hoheitsbefugnisse.[109] Weil die Entscheidung über die Reichweite der Unionskompetenzen die Zuständigkeit des EuGH betrifft, gefährdet die *Ultra-vires*-Kontrolle das Gefüge der Unionsgerichtsbarkeit in wesentlich stärkerem Maße als die Identitätskontrolle.[110] Dies bestätigt sich im Blick auf die Rechtsprechungspraxis der mitgliedstaatlichen Gerichte: Trotz der hohen Voraussetzungen an die Feststellung eines *Ultra-vires*-Akts entschied das BVerfG im Mai 2020, dass das Anleihenkaufprogramm der EZB (PSPP) einen ausbrechenden Rechtsakt darstelle.[111]

Aus Sicht einiger mitgliedstaatlicher Gerichte besteht also Bedarf, bestimmte Verfassungsvorschriften zu schützen, obwohl die nationale Identität durch Art. 4 Abs. 2 S. 1 EUV durch eine unionsrechtliche Regelung geschützt wird. Dies führt zu der Frage, ob Art. 4 Abs. 2 S. 1 EUV sogar das Recht der Mitgliedstaaten auf eine Identitätskontrolle beinhaltet,[112] oder aber schon das Bedürfnis einer solchen Kontrolle wegen des unionsrechtlich gewährleisteten Schutzes wegfällt.[113] Als Beispiel der Kontroverse soll die Rechtsprechung des BVerfG dienen, das die Identitätskontrolle innerhalb der mitgliedstaatlichen Höchstgerichte mit Verfassungsaufgaben federführend entwickelt hat.[114]

Das BVerfG beheimatet die eigene Identitätskontrolle dogmatisch auf der unionsrechtlichen Grundlage von Art. 4 Abs. 2 S. 1 EUV.[115] Art. 4 Abs. 2 S. 1 EUV

---

107 *Streinz* in: Streinz (Hrsg.), EUV/AEUV, Art. 5 EUV, Rn. 19.

108 *Lang*, Die Verfassungsgerichtsbarkeit in der vernetzten Weltordnung, S. 521.

109 *Streinz* in: Streinz (Hrsg.), EUV/AEUV, Art. 5 EUV, Rn. 19.

110 Der Vorbehalt der Ultra-vires-Kontrolle berühre „Grundfragen der unionalen Architektur“, siehe *Siekmann*, Gerichtliche Kontrolle der Käufe von Staatsanleihen durch das Eurosystem – Anmerkungen zum PSPP-Urteil des BVerfG vom 05.05.2020, EuZW 2020, 491 (498).

111 BVerfG, Urteil vom 05.05.2020 – 2 BvR 859/15 ua in: NJW 2020, 1647 ff.; die Feststellung eines Ultra-vires-Akts traf dabei auf unterschiedliche Bewertungen, ablehnend: *Kainer*, Aus der nationalen Brille: Das PSPP-Urteil des BVerfG, EuZW 2020, 533 (536).

112 *Von Bogdandy/Schill*, Die Achtung der nationalen Identität unter dem reformierten Unionsvertrag, ZaöRV 2010, 701 (706); *Lang*, Die Verfassungsgerichtsbarkeit in der vernetzten Weltordnung, S. 414.

113 *Walter*, Integrationsgrenze Verfassungsidentität, ZaöRV 2012, 177 (195).

114 *Lang*, Die Verfassungsgerichtsbarkeit in der vernetzten Weltordnung, S. 416.

115 BVerfGE 123, 267 (354) – Lissabon; BVerfGE 140, 317 (337) – Europäischer Haftbe-

umschreibt den Schutz der „jeweilige[n] nationale[n] Identität, die in ihren grundlegenden politischen und verfassungsmäßigen Strukturen einschließlich der regionalen und lokalen Selbstverwaltung zum Ausdruck kommt". Zum Schutz der verfassungsmäßigen Strukturen zählen auch die mitgliedstaatlichen Verfassungskerne.[116] Dennoch ist der Schutzgehalt aus Art. 4 Abs. 2 S. 1 EUV nach der Rechtsprechung des BVerfG nicht deckungsgleich zur deutschen Verfassungsidentität. Das BVerfG sieht zwar die Schutzvorschriften der nationalen Identität aus Art. 4 Abs. 2 S. 1 EUV als mit der nationalen Verfassungsidentität zusammengehörig an,[117] aber in dem Sinne, dass die nationale Identitätskontrolle zur Durchsetzung des Schutzes aus Art. 4 Abs. 2 S. 1 EUV notwendig sei.[118] Dieser Unterschied entsteht durch die absolute Grenze von Art. 79 Abs. 3 GG, die nicht abwägungsfähig sei und die Verfassungsidentität unbedingt schütze.[119] Ein unabdingbarer Schutz wird durch Art. 4 Abs. 2 S. 1 EUV indes nicht gewährleistet: Die durch Art. 4 Abs. 2 S. 1 EUV gewährleistete nationale Identität wird als unionsrechtliche Vorschrift durch den EuGH verbindlich ausgelegt.[120] Dieser sieht den Schutz der nationalen Identität nicht als absolut an, vielmehr lässt die Rechtsprechung des EuGH den Schluss zu, der Schutz der nationalen Identität finde im Vorrang, der Einheit und Wirksamkeit des Unionsrechts seine Grenze.[121] Wegen seiner Abwägungsfähigkeit kann Art. 4 Abs. 2 S. 1 EUV daher einen unantastbaren Kernbereich der nationalen Verfassung nicht hinreichend schützen. Im Ergebnis muss die nationale Verfassungsidentität durch die nationalen Verfassungsgerichte geprüft und gleichwohl die Schutzreichweite der nationalen Identität aus Art. 4 Abs. 2 S. 1 EUV durch den EuGH ausgelegt werden, sodass hier durch die Verträge eine pluralistische Perspektive geschaffen wurde.[122] Dazu wird der Vorrang des Unionsrechts relativiert und damit die Gefahr kollidierender Vorschriften zugunsten eines erforderlichen Kooperationsverhältnisses ge-

---

fehl II; zum Zusammenspiel von Art. 79 Abs. 3 GG und Art. 4 Abs. 2 S. 1 EUV: *Streinz,* Die Verfassungsidentität der Mitgliedstaaten und das Recht der Europäischen Union in: Stumpf/Kainer/Baldus, Privatrecht, Wirtschaftsrecht, Verfassungsrecht, S. 1193 (1205).

[116] *Obwexer* in: von der Groeben/Schwarze/Hatje (Hrsg.), Europäisches Unionsrecht, Art. 4 EUV, Rn. 30.

[117] BVerfGE 123, 267 (354) – Lissabon.

[118] BVerfGE 123, 267 (354) – Lissabon.

[119] BVerfGE 134, 366 (386) – OMT.

[120] *Obwexer* in: von der Groeben/Schwarze/Hatje (Hrsg.), Europäisches Unionsrecht, Art. 4 EUV, Rn. 27.

[121] *Obwexer* in: von der Groeben/Schwarze/Hatje (Hrsg.), Europäisches Unionsrecht, Art. 4 EUV, Rn. 37 mit dem Hinweis auf EuGH, Rs. C-399/11, EU:C:2013:107, Rn. 60 – Melloni.

[122] *Streinz,* Die Verfassungsidentität der Mitgliedstaaten und das Recht der Europäischen Union in: Stumpf/Kainer/Baldus (Hrsg.), Privatrecht, Wirtschaftsrecht, Verfassungsrecht, S. 1193 (1204 f.).

senkt.[123] Art. 4 Abs. 2 S. 1 EUV beinhaltet also weder die unionsrechtliche Anerkennung nationaler Kontrollvorbehalte zur Durchbrechung des Vorrangs von Unionsrecht, noch entfällt der mitgliedstaatlich festgestellte Bedarf nationaler Kontrollvorbehalte.

c) Rezeption nationaler Kontrollvorbehalte

Im Konflikt um die Reichweite des Unionsrechts treffen mit den Rechtsauffassungen des EuGH und der nationalen Gerichte unterschiedliche Perspektiven aufeinander, die bereits im Hinblick auf den Ausgangspunkt der Geltungsbegründung des Unionsrechts voneinander abweichen. Während die nationalen Gerichte Ursprung und Geltung des Unionsrechts in den Ratifikationsakten der Mitgliedstaaten verorten, stützt sich der EuGH auf das Bestehen einer autonomen Rechtsquelle.[124]

Zur Rechtfertigung ihrer Rechtsauffassungen über das Verhältnis von Unionsrecht und nationalem Recht greifen die nationalen Höchstgerichte häufig auf Entscheidungsbegründungen anderer nationaler Höchstgerichte zurück. Dies lässt sich im Bereich des nationalen Grundrechtsschutzes gegenüber Unionshandeln veranschaulichen. Die *Solange*-Rechtsprechung des Bundesverfassungsgerichts hat in anderen Mitgliedstaaten Nachahmer gefunden. In Frankreich bezog sich der französische Staatsrat zwar nicht ausdrücklich auf die *Solange*-Rechtsprechung des Bundesverfassungsgerichts, dennoch lassen sich in der *Arcelor*[125]-Entscheidung weitreichende Parallelen zur *Solange*-Rechtsprechung erkennen.[126] Parallelen bestehen auch zur Rechtsprechung des italienischen Verfassungsgerichtshofs.[127] In der *Supronowicz*-Entscheidung[128] des polnischen Verfassungsgerichtshofs lässt sich eindeutig eine gedankliche Übernahme einzelner Aspekte

---

[123] *von Bogdandy/Schill*, Die Achtung der nationalen Identität unter dem reformierten Unionsvertrag, ZaöRV 2010, 701 (702).

[124] Zur autonomen Rechtsquelle als Geltungsbegründung des Unionsrechts siehe S. 5 f.

[125] Französischer Staatsrat (Conseil d'État), Urt. v.08.02.2007, Nr.287110, ECLI:FR: CEASS: 2007:287110.20070208 – Arcelor.

[126] Zu den Parallelen zur Solange-Rechtsprechung des französischen Staatsrats siehe: *Mayer/Lenski/Wendel*, Der Vorrang des Europarechts in Frankreich, EuR 2008,63 (85 f.); *Lang*, Die Verfassungsgerichtsbarkeit, S. 436 f.

[127] Der ItalVerfGH behält sich im Ausnahmefall eine Grundrechtskontrolle vor, siehe vertiefend *Grabenwarter*, Staatliches Unionsverfassungsrecht in: von Bogdandy (Hrsg.), Europäisches Verfassungsrecht, 1. Auflage 2003, S. 283 (286 f.). Schon in der Frontini-Entscheidung behauptete der ItalVerfGH einen Schutzanspruch der grundlegenden Prinzipien der Verfassungsordnung und der unveräußerlichen Menschenrechte, ItalVerfGH, Urt. v. 27.12.1973, Nr. 183/1973, in deutscher Sprache: EuR 1974, 255 (261 f.) – Frontini.

[128] Polnischer Verfassungsgerichtshof (Trybunał Konstytucyjny), Urt. v. 16.11.2011, SK45/09 – Supronowicz.

der *Solange*-Rechtsprechung erkennen.[129] Ebenso verweist das tschechische Verfassungsgericht in Bezug auf den Schutz von Grundrechten bei unionsrechtlichen Maßnahmen ausdrücklich auf die Rechtsprechung anderer Verfassungsgerichte und erklärt, dass man sich insbesondere an den Entscheidungen *Solange II* und *Maastricht* des Bundesverfassungsgerichts „orientieren" könne.[130] Vergleichbares gilt für die Kontrollvorbehalte in Form der *Ultra-vires*-Kontrolle sowie der Identitätskontrolle, die in unterschiedlichen Ausprägungen durch zahlreiche Mitgliedstaaten geltend gemacht werden. Bereits in mehreren Mitgliedstaaten wurde im Zuge einer *Ultra-vires*-Kontrolle eine Durchbrechung des unionsrechtlichen Vorrangs festgestellt.[131] Zur Legitimierung nationaler Verfassungsidentität verweisen exemplarisch der polnische Verfassungsgerichtshof[132] sowie das Bundesverfassungsgericht[133] auf die Identitätsvorbehalte anderer Mitgliedstaaten.

Da jedes nationale Gericht auf Grundlage der jeweiligen Verfassung entscheidet, verwundern die rechtsvergleichenden Aspekte in den Entscheidungsbegründungen eher. Entgegen erster Erwartungen häufen sich insbesondere in den vergangenen Jahren gegenseitige Bezugnahmen nationaler Gerichte in der Frage der Geltungsbegründung des Unionsrechts.[134] Die Aufnahme fremder Begründungsmuster erklärt sich durch die vergleichbare Interessenlage der Mitgliedstaaten bei der Aufnahme von Unionsrecht in die nationale Rechtsordnung.[135] Schon wegen der unterschiedlichen Nationalverfassungen bestehen grundlegende Unterschiede zwischen den Kontrollvorbehalten. Die mitgliedstaatlichen Gerichte betonen jedoch nicht ihre Differenzen, sondern heben ihre Gemeinsamkeiten hervor.[136] Durch den Rückgriff auf Entscheidungen anderer Mitgliedstaaten stärken die nationalen Gerichte wechselseitig ihre Argumentationsmuster und richten sich somit gezielt gegen den EuGH.[137]

---

[129] *Granat*, Kontrolle des EU-Sekundärrechts durch den polnischen Verfassungsgerichtshof – Anmerkung zu SK45/09, EuR 2013, 205 (213).

[130] Tschechisches Verfassungsgericht (Ústavní soud), Urt. v. 26.11.2008, Pl ÚS 19/08, Rn. 116 – Lissabon.

[131] Zu den durch nationale Gerichte erklärten ausbrechenden Hoheitsakten siehe S. 12 ff.

[132] Polnischer Verfassungsgerichtshof (Trybunał Konstytucyjny), Urt. v. 24.11.2010, K32/09, Teil III 3.1, 3.8 – Lissabon; Pressemitteilung des polnischen Verfassungsgerichtshofs v. 07.10.2021 zur Entscheidung K3/21, Rn. 8, https://trybunal.gov.pl/en/news/press-releases/after-the-hearing/art/11664-ocena-zgodnosci-z-konstytucja-rp-wybranych-przepisow-traktatu-o-unii-europejskiej (zul. abg. am 15.03.2023).

[133] BVerfGE 140, 317 (339) – Europäischer Haftbefehl II.

[134] Zur detaillierten Darstellung der Entwicklung siehe *Wendel*, Richterliche Rechtsvergleichung als Dialogform, Der Staat 2013, 339 ff.

[135] *Wendel*, Richterliche Rechtsvergleichung als Dialogform, Der Staat 2013, 339 (355).

[136] *Wendel*, Richterliche Rechtsvergleichung als Dialogform, Der Staat 2013, 339 (346).

[137] *Wendel*, Richterliche Rechtsvergleichung als Dialogform, Der Staat 2013, 339 (363);

Die Solidarisierung nationaler Gerichte lässt sich – insoweit die Entscheidungen zur Frage der Geltungsbegründung des Unionsrechts auf das nationale Recht verweisen – deshalb als Konfrontation gegenüber dem EuGH begreifen. Aus diesem Befund ähnlicher Begründungsmuster der nationalen Gerichte lässt sich die Schlussfolgerung ziehen, es werde ein „gemeineuropäisches Narrativ des Schutzes nationaler Verfassungsidentitäten erzählt und transnational verfestigt".[138] Aktuell findet eine lebhafte Diskussion zwischen den nationalen Gerichten statt, an der sich der EuGH nicht beteiligt. Ihm fehlt aufgrund seiner grundsätzlich entgegenstehenden Rechtsauffassung einer autonomen Rechtsquelle der Bezugspunkt für den Dialog mit den nationalen Gerichten, die mehrheitlich von einem Ableitungszusammenhang zwischen mitgliedstaatlichem Recht und Unionsrecht ausgehen. Auf den EuGH wächst somit der „Begründungsdruck" zur Herleitung der Autonomie.

II. Notwendigkeit geschützter Regelungsbereiche

Die einheitliche Verwirklichung des Unionsrechts ist nur möglich, wenn das Unionsrecht nicht vollständig durch externe Einflüsse determiniert werden kann. Der EuGH formuliert deshalb mit der Autonomiethese eine Eigenständigkeit des Unionsrechts, die sich in einer Eigengesetzlichkeit nach innen und einer Unabhängigkeit nach außen manifestiert.[139]

1. Verwirklichung eines einheitlichen Rechtsraums

In den Worten von *Walter Hallstein* ist das Recht das geeignete Mittel zur Einigung Europas und die Union eine „Schöpfung des Rechts".[140] Zwar treten neben das Recht auch wirtschaftliche und politische Faktoren,[141] dennoch zeichnet sich die Union bis heute durch ihren Anspruch aus, einen gemeinsamen Rechtsraum zu schaffen und zu erhalten.[142] Für die Verwirklichung eines gemeinsamen Rechts-

---

Wendel, Kompetenzrechtliche Grenzgänge: Karlsruhes Ultra-vires-Vorlage an den EuGH, ZaöRV 2014, 615 (666).

[138] *Wendel*, Nationale Identität als Narrativ der europäischen Integration? in: Franzius/Mayer/Neyer, Die Neuerfindung Europas, S. 51 (60).

[139] *Bergmann*, Zur Souveränitätskonzeption des Europäischen Gerichtshofs, S. 253. Für die Union wäre der Begriff der Souveränität als Konstrukt des Völkerrechts nicht geeignet gewesen, siehe *Bergmann*, Zur Souveränitätskonzeption des Europäischen Gerichtshofs, S. 248.

[140] *Hallstein*, Der unvollendete Bundesstaat, S. 33 ff.

[141] *Schmahl* in: Schulze/Janssen/Kadelbach (Hrsg.), Europarecht, § 6, Rn. 1.

[142] *Hirsch*, Europäischer Gerichtshof und Bundesverfassungsgericht – Kooperation oder Konfrontation?, NJW 1996, 2457 (2463).

raums, einer Rechtsgemeinschaft, ist die „wirksame Umsetzung“[143] von Vorschriften einer einheitlichen Rechtsordnung notwendige Voraussetzung.[144] Eine effektive Umsetzung von Unionsvorschriften wird nicht bereits durch die Geltung im nationalen Recht sichergestellt. Die lediglich Geltung einer Vorschrift sagt noch nichts über ihren Vorrang aus.[145] Das Unionsrecht muss aber gegenüber kollidierenden Rechtsordnungen zumindest vorrangig anwendbar sein, um das nationale Recht zu überlagern.[146] Nicht nur die Einheit der Unionsrechtsordnung, sondern ihre einheitliche Geltung und Anwendung bilden deshalb das Herzstück[147] einer funktionierenden Union.[148] Tatsächlich ist die Unionsrechtsordnung durch ihre Stellung zwischen dem nationalen Recht und dem Völkerrecht prädestiniert fremden Einflüssen ausgesetzt. Durch drohende Interferenzen mit kollidierenden Rechtsordnungen ist die Vertragsverwirklichung der Union dauerhaft gefährdet.[149] *Bernhard Wegener* ordnet deshalb die Wahrung der einheitlichen Anwendung des Unionsrechts als treibende Befürchtung der Unionsgerichte ein.[150] Diese einheitliche Anwendung soll durch einen in den Verträgen angelegten Vorrang des Gemeinschaftsrechts abgesichert werden. Der EuGH betont daher in der Rs. *Costa/E.N.E.L.*:

> „Die Verpflichtungen, die die Mitgliedstaaten im Vertrag zur Gründung der Gemeinschaft eingegangen sind, wären keine unbedingten mehr, sondern nur noch eventuelle, wenn sie durch spätere Gesetzgebungsakte der Signatarstaaten in Frage gestellt werden könnten.“[151]

2. Fehlende Regelung in den Verträgen

Die Verträge umfassen keine ausdrücklichen Vorschriften über einen Vorrang des Unionsrechts gegenüber dem nationalen Recht.[152] Vielmehr sind grundsätzliche Fragen über die Stellung der Union nicht ausdrücklich geregelt, um der Union eine offene Entwicklung und fortschreitende Integration zu ermöglichen.[153] Aus

---

[143] *Kotzur*, Die Ziele der Union: Verfassungsidentität und Gemeinschaftsidee, DÖV 2005, 313 (317).

[144] *Streinz* in: Streinz (Hrsg.), EUV/AEUV, Art. 4 EUV, Rn. 33; *Hatje* in: Schwarze/Becker/Hatje/Schoo (Hrsg.), EU-Kommentar, Art. 4 EUV, Rn. 32.

[145] *Schmitt-Glaeser*, Souveränität und Vorrang in: von Bogdandy (Hrsg.), Europäisches Verfassungsrecht, 1. Auflage 2003, S. 205 (207).

[146] *Streinz*, Europarecht, § 3, Rn. 202.

[147] *Hatje* in: Schwarze/Becker/Hatje/Schoo (Hrsg.), EU-Kommentar, Art. 4 EUV, Rn. 33.

[148] *Calliess*, Die europarechtliche Ultra-Vires-Kontrolle des Bundesverfassungsgerichts in: Giegerich/Meng/Ress/Stein (Hrsg.), Herausforderungen an Staat und Verfassung, S. 459.

[149] *Streinz*, Europarecht, § 3, Rn. 202.

[150] *Wegener* in: Calliess/Ruffert (Hrsg.), EUV/AEUV, Art. 19 EUV, Rn. 55.

[151] EuGH, Rs. 6/64, ECLI:EU:C:1964:66, Slg. 1964, 1253 (1270) – Costa/E.N.E.L.

[152] Zur Erklärung Nr. 17 zum Vertrag von Lissabon siehe S. 141 ff.

[153] *Streinz* in: Streinz (Hrsg.), EUV/AEUV, Art. 1 EUV, Rn. 7.

dieser vertraglich vorgesehenen Entwicklungsfreiheit der Union entsteht aber lediglich unionsrechtlich eine Regelungslücke. Die nationalen Rechtsordnungen regeln ihre Integrationsmechanismen völkerrechtlicher Abkommen selbst, sodass vertragliche Kollisionsvorschriften auf den ersten Blick nicht erforderlich scheinen. Dennoch würde die Sonderstellung der Union nicht berücksichtigt, wenn ihre Rechtsvorschriften schlicht nach den völkerrechtlichen Integrationsmechanismen der Mitgliedstaaten in die nationalen Rechtsordnungen aufgenommen würden. Wenn die unionsrechtlichen Vorschriften im Rang völkerrechtlicher Verträge in das nationale Recht aufgenommen würden, wären diese von den höherrangigen Vorschriften des mitgliedstaatlichen Rechts abhängig. Eine solche Zersplitterung stände aber im Widerspruch zu den vertraglich festgeschriebenen Aufgaben der Union, die ohne eine einheitliche Rechtswirkung des Unionsrechts nicht effektiv erfüllbar wären.[154] Dies lässt den Schluss zu, dass eine unionsrechtliche Kollisionslösung erforderlich ist.[155]

III. Erste Begründungsansätze des EuGH

Der Begriff der „Autonomie" wurde in der Rs. *Costa/E.N.E.L.* durch den EuGH eingeführt und knüpfte inhaltlich an die Entscheidung *van Gend & Loos*[156] an, die erstmals die unmittelbare Geltung des Unionsrechts in den mitgliedstaatlichen Rechtsordnungen feststellte. Der EuGH entschied, dass im Geltungskonflikt zwischen Vorschriften des Gemeinschaftsrechts und des nationalen Rechts dem Gemeinschaftsrecht Vorrang zukommen müsse.[157]

Der EuGH begründete seine Entscheidung mit der Feststellung, das Gemeinschaftsrecht sei losgelöst von den nationalen Rechtsordnungen, es sei „autonom". Der Geltungsgrund des Gemeinschaftsrechts sei demnach nicht von den nationalen Rechtsordnungen der Mitgliedstaaten abgeleitet, sondern läge in der „vom Vertrag geschaffenen, somit aus einer autonomen Rechtsquelle fließenden Recht wegen dieser seiner Eigenständigkeit keine wie immer gearteten innerstaatlichen Rechtsvorschriften vorgehen könn[t]en".[158] Demnach hätten die Mitgliedstaaten „ihre Souveränitätsrechte beschränkt und so einen Rechtskörper erschaffen, der für ihre Angehörigen und sie selbst verbindlich ist".[159] Somit gelte

154 *Nettesheim* in: Grabitz/Hilf/Nettesheim (Hrsg.), Das Recht der EU, Art. 1 AEUV, Rn. 67.
155 *Barends*, Streitbeilegung in Unionsabkommen und Europäisches Unionsrecht, S. 28 f.
156 EuGH, Rs. 26/62, ECLI:EU:C:1963:1, Slg. 1963, 1 (25) – van Gend & Loos.
157 EuGH, Rs. 6/64, ECLI:EU:C:1964:66, Slg. 1964, 1253 (1270) – Costa/E.N.E.L.
158 EuGH, Rs. 6/64, ECLI:EU:C:1964:66, Slg. 1964, 1253 (1270) – Costa/E.N.E.L.
159 EuGH, Rs. 6/64, ECLI:EU:C:1964:66, Slg. 1964, 1253 (1269) – Costa/E.N.E.L.

die Gemeinschaftsrechtsordnung absolut gegenüber den nationalen Rechtsordnungen.

Damit das Unionsrecht einen Vorrang gegenüber dem nationalen Recht einnehmen kann, muss es notwendigerweise eigenständig sein. Bestände nämlich ein Ableitungszusammenhang des Unionsrechts gegenüber den nationalen Ratifikationsakten, wäre das Unionsrecht durch diese begrenzt und im Rang relativ gegenüber den nationalen Rechtsordnungen.[160] Die Union muss also mit originären Hoheitsbefugnissen ausgestattet sein, damit die Anwendung des Unionsrechts nicht durch nationalrechtliche Vorschriften beschränkt werden kann. Insoweit bildet die Autonomie den Ausgangspunkt für die Fragestellung bezüglich der Geltungsbegründung des Unionsrechts.[161]

Im Kern weist die Autonomiethese den von den nationalen Gerichten postulierten Ableitungszusammenhang des Unionsrechts mit den mitgliedstaatlichen Rechtsordnungen zurück. Hier kristallisiert sich die Frage heraus, ob das Unionsrecht seine Geltung ausschließlich aus den nationalen Ratifikationsakten ableitet oder ob es darüber hinaus einen Geltungsgrund gibt, der sich den verfassungsrechtlichen Begrenzungen der Mitgliedstaaten entzieht. Der EuGH verortet den Geltungsgrund des Unionsrechts trotz der Gründung der Gemeinschaften auf der Basis völkerrechtlicher Verträge nicht im nationalen Recht. Konzeptionell formuliert er eine Auftrennung von nationalstaatlichem Recht und Unionsrecht. Demnach bilde das Unionsrecht schon im Ursprung eine eigene, vom mitgliedstaatlichen Recht unterschiedliche Rechtsordnung.

Ziel des Kapitels war die Darstellung des Autonomiekonflikts aus den unterschiedlichen Perspektiven des EuGH einerseits und der mitgliedstaatlichen Gerichte andererseits. Der Perspektivwechsel legte offen, dass es dem EuGH bis heute nicht gelungen ist, die mitgliedstaatlichen Gerichte von seiner These einer autonomen Unionsrechtsordnung zu überzeugen. Die mitgliedstaatlichen Gerichte bekräftigten ihre Auffassung, indem sie gegenseitig auf ihre Entscheidungen zur derivativen Natur des Unionsrechts Bezug nehmen. Der EuGH bleibt bei diesem Dialog außen vor, weil er vom Standpunkt einer autonomen Rechtsquelle aus einen Ableitungszusammenhang gegenüber dem nationalen Recht prinzipiell nicht akzeptieren kann. Durch die gegenseitige Rezeption nationaler Gerichtsentscheidungen, die dem Unionsrecht eine originäre, vom mitgliedstaatlichen Recht losgelöste Rechtsquelle absprechen, erhöht sich der „Begründungsdruck" auf den EuGH zur Herleitung der autonomen Rechtsquelle.

---

160 Zur Notwendigkeit einer vom mitgliedstaatlichen Recht losgelösten Geltungsbegründung des Unionsrechts siehe S. 5 f., 128.

161 *Simon/Rathke*, „Schlechterdings nicht mehr nachvollziehbar" – Warum?, EuZW 2020, 500 (500).

Zweites Kapitel

Ausweitung der Autonomie gegenüber dem Völkerrecht

I. Hintergrund des Autonomieanspruchs gegenüber dem Völkerrecht

Die Verwirklichung einer einheitlichen Unionsrechtsordnung wird nicht nur durch mitgliedstaatliches Recht, sondern auch durch völkerrechtliche Einflüsse gefährdet. Ursächlich ist die völkerrechtsfreundliche Ausrichtung des Unionsrechts, die gemäß Art. 216 Abs. 2 AEUV eine Bindung der Union und ihrer Organe an völkerrechtliche Übereinkünfte[1] der Union vorsieht. Durch diese unionsrechtliche Bindung können völkerrechtliche Abkommen einen erheblichen Einfluss auf die Gestaltung der Unionsrechtsordnung bilden, der neben dem ausdrücklichen Primärrecht durch die durch den EuGH beanspruchte Autonomie begrenzt wird.

1. Rang völkerrechtlicher Abkommen im Unionsrecht

Nach Art. 216 Abs. 2 AEUV (vormals Art. 300 Abs. 7 EGV) binden durch die Union geschlossene völkerrechtliche Abkommen ihre Organe und die Mitgliedstaaten. Der Begriff der geschlossenen Übereinkünfte wird weit ausgelegt, so wird die Bindungswirkung nicht nur für Übereinkünfte, welche die Union als Vertragspartei abschloss, sondern auch für vorläufig anwendbare Übereinkünfte sowie im Rahmen einer Funktionsnachfolge der Union für die Mitgliedstaaten angenommen.[2]

Völkerrechtliche Abkommen binden die Union somit nicht nur völkerrechtlich, sondern werden als integrierender Bestandteil[3] – in ihrer völkerrechtlichen

---

[1] Der in den Verträgen genutzte Begriff der „Übereinkunft" dient der begrifflichen Unterscheidung gegenüber den Altverträgen, hat aber keine eigenständige Bedeutung gegenüber dem Begriff der „Abkommen" aus Art. 300 Abs. 7 EGV, *Giegerich* in: Pechstein/Nowak/Häde (Hrsg.), Frankfurter Kommentar EUV/GRC/AEUV, Art. 216 AEUV, Rn. 204.

[2] *Giegerich* in: Pechstein/Nowak/Häde (Hrsg.), Frankfurter Kommentar EUV/GRC/AEUV, Art. 216 AEUV, Rn. 204.

[3] EuGH, Rs. 181/73, ECLI:EU:C:1974:41, Rn. 2/6 – Haegeman; EuGH, Rs. C-104/81, ECLI:EU:C:1982:362, Rn. 13 – Kupferberg; EuGH, C-431/05, Rn. 31 – Merck; EuGH, Rs. C-240/09,

Natur –[4] in die Unionsrechtsordnung aufgenommen. Das in die Rechtsordnung aufgenommene Abkommen muss im Rang zwischen Primär- und Sekundärrecht gelten: Es kann nicht auf der Ebene des Primärrechts gelten, weil die Union sonst eigenständig ihre völkervertragliche Grundlage ändern könnte.[5] Darüber hinaus sind völkerrechtliche Abkommen formal Rechtsakte des Sekundärrechts, sodass sie mit dem Primärrecht vereinbar und mithin niederen Ranges sein müssen.[6] Weil die Übereinkünfte aber die Organe der Union binden, müssen sie im Rang oberhalb des Sekundärrechts stehen.[7]

2. Wirkung von Entscheidungen völkerrechtlicher Spruchkörper im Unionsrecht

Wenn ein völkerrechtliches Abkommen der Union eigene Streitbeilegungsmechanismen vorsieht, werden durch die Aufnahme der Völkerrechtsvorschriften in die Unionsrechtsordnung parallele Zuständigkeiten zwischen den Unionsgerichten und dem völkerrechtlichen Streitbeilegungsmechanismus begründet. Durch die unionsrechtliche Anerkennung der völkergerichtlichen Entscheidungen könnte das Rechtsprechungsmonopol des EuGH unterminiert werden, insoweit diese Unionsrecht auslegen oder anwenden. Die unionsrechtliche Bindungswirkung führt zu einer umfassenden Anerkennungspflicht: Käme ein völkerrechtlicher Spruchkörper zu dem Ergebnis, dass ein Unionsrechtsakt gegen das Abkommen verstoßen habe, müsste der EuGH ebenfalls von einem Verstoß gegen das Abkommen ausgehen.[8]

Die grundsätzliche Anerkennung der Verbindlichkeit von Entscheidungen völkerrechtlich errichteter Spruchkörper auf der Grundlage von Unionsabkommen reflektiert die völkerrechtsfreundliche Ausrichtung des Unionsrechts.[9] Dennoch ist die Bindung der Unionsorgane an Entscheidungen völkerrechtlicher Spruchkörper nicht unumstritten. Auf der oben dargestellten dogmatischen Grundlage wäre keine unionsgerichtliche Überprüfung von Entscheidungen völkerrechtlicher Spruchkörper möglich – sogar bei groben Verfahrensfehlern. Weil eine aus-

ECLI:EU:C:2011:125, Rn. 30 – Lesoochranárske zoskupenie; EuGH, Rs. C-366/10, ECLI:EU:C:2011:864, Rn. 73 – Air Transport; *Schmalenbach* in: Calliess/Ruffert (Hrsg.), EUV/AEUV, Art. 216 AEUV, Rn. 28.

[4] *Lachmayer/von Förster* in: von der Groeben/Schwarze/Hatje (Hrsg.), Europäisches Unionsrecht, Art. 216 AEUV, Rn. 1.

[5] *Schmalenbach* in: Calliess/Ruffert (Hrsg.), EUV/AEUV, Art. 216 AEUV, Rn. 50.

[6] *Lachmayer/von Förster* in: von der Groeben/Schwarze/Hatje (Hrsg.), Europäisches Unionsrecht, Art. 216 AEUV, Rn. 1.

[7] EuGH, Rs. C-308/06, ECLI:EU:C:2008:312, Rn. 42 – Intertanko.

[8] *Lock*, Das Verhältnis zwischen dem EuGH und internationalen Gerichten, S. 223.

[9] Zur völkerrechtsfreundlichen Ausrichtung des Unionsrechts siehe S. 112.

nahmslose Befolgungspflicht die Gefahr ausbrechender Rechtsprechung begünstige und somit zu einer Schwächung von Kooperationsverhältnissen führe, wird daher teilweise eine Rechtsprechungsänderung vom EuGH eingefordert.[10]

Für völkerrechtliche Spruchkörper müssen daher nach den Feststellungen des EuGH enge Voraussetzungen gelten. Dabei kommt es auf die Ausgestaltung der völkervertraglichen Streitbeilegungssysteme an. Nur unter der Prämisse der Wahrung der Autonomie akzeptiert der EuGH den Beitritt der Union zu völkerrechtlichen Abkommen, die die Errichtung eines eigenen Gerichtssystems[11] vorsehen und erkennt deren Entscheidungen als verbindlich für die Organe der Gemeinschaft, einschließlich des EuGH, an.[12] Dazu wiederholt der EuGH in ständiger Rechtsprechung zu völkerrechtlichen Abkommen, die ein Gerichtssystem vorsehen, diese seien mit dem Unionsrecht „nicht grundsätzlich unvereinbar".[13] Das Kapitel soll die Kategorien des EuGH systematisieren und anhand der Prüfungskategorien des EuGH aufzeigen, unter welchen Voraussetzungen ein völkerrechtlicher Streitbeilegungsmechanismus mit Unionsrecht unvereinbar ist. Anschließend soll die Systematik des EuGH bei der Bildung und Anwendung der Kategorien bewertet werden.

II. Entwicklung und Kategorien des EuGH

Das Unionsrecht ist durch die unionsrechtliche Anerkennung der Entscheidungen völkerrechtlicher Spruchkörper einer potenziellen Gefährdungslage zwischen der Zulassung völkerrechtlicher Einflüsse und der Behauptung unionsrechtlicher Eigenheiten ausgesetzt. Dieses Spannungsverhältnis wird durch das ausdrückliche Unionsrecht nicht gelöst. Der EuGH nutzt deshalb den Autonomiebegriff, um die Grenzen zulässiger völkerrechtlicher Einflüsse auf die Unionsrechtsordnung zu kanalisieren.

Die Autonomie schützt die einheitliche Verwirklichung des Unionsrechts nicht nur gegenüber dem mitgliedstaatlichen Recht, sondern auch gegenüber völkerrechtlichen Einflüssen. Sie bildet die unabdingbare Voraussetzung für absolut

---

10 *Bronckers*, The relationship of the ec courts with other international tribunals: Non-committal, respectful or submissive?, CMLR 2007, 601 (619 f.).

11 Entgegen des Wortlauts der EuGH-Entscheidung (EuGH, Gut. 1/91, ECLI:EU:C:1991:490, Rn. 39 – EWR I) werden auch Schiedsgerichte von der Bindungswirkung erfasst: *Lock*, Das Verhältnis zwischen dem EuGH und internationalen Gerichten, S. 239 f.

12 EuGH, Gut. 1/91, ECLI:EU:C:1991:490, Rn. 39 – EWR I.

13 EuGH, Gut. 1/91, ECLI:EU:C:1991:490, Rn. 40, 70 – EWR I; EuGH, Gut. 1/09, ECLI:EU:C:2011:123, Rn. 74 – Europ. Patentgericht; EuGH, Gut. 2/13, ECLI:EU:C:2014:2454, Rn. 182 – EMRK; EuGH, Rs. C-284/16, ECLI:EU:C:2018:158, Rn. 57 – Achmea.

geschützte Bereiche des Unionsrechts: In den vergangenen Jahrzehnten nahm die Regelungsdichte völkerrechtlicher Abkommen sukzessive zu, was seinerseits zu einer erhöhten Anzahl völkervertraglich gegründeter Streitbeilegungsmechanismen führte. Unterschiedliche Rechtsordnungen können konkurrierende Zuständigkeiten zur Folge haben. Durch die fehlende Koordination[14] völkerrechtlicher Spruchkörper stellt die Fragmentierung des Völkerrechts eine reale Gefahr dar.[15] In den vergangenen Jahren ergaben sich zunehmend auch inhaltliche Überschneidungen zwischen Unionsrecht und völkerrechtlichen Abkommen. Dabei sahen Abkommensentwürfe mehrfach die Errichtung völkerrechtlicher Streitbeilegungsmechanismen vor, die nach Ansicht des EuGH die Autonomie des Unionsrechts durch völkerrechtliche Einflüsse beeinträchtigt hätten.

Die Autonomie beschränkt neben dem Ausschluss partikularer, mitgliedstaatlicher Einflüsse die externen Einflussmöglichkeiten völkerrechtlicher Abkommen auf die Union. Diese Eigenständigkeit des Unionsrechts ermöglicht die Abgrenzung gegenüber überstaatlichen Rechtsregimen.[16] Für die völkerrechtliche Bindungsfähigkeit ist die Autonomie des Unionsrechts Voraussetzung und Grenze[17] zugleich: Würde das Unionsrecht durch externe Einflüsse uneingeschränkt determiniert, könnte die Union keine verlässlichen Bindungen eingehen. Andererseits dürfen völkerrechtliche Abkommen die Autonomie nicht beeinträchtigen und begrenzen somit die völkerrechtliche Bindungsfähigkeit. Erst durch die Begrenzung externer Einflussmöglichkeiten wird eine Eigenständigkeit des Unionsrechts gewährleistet, die – mitunter grundrechtliche – Garantien begründen kann. Die Autonomie bildet damit den Ursprung der Verfassungsgarantien des Unionsrechts.[18]

1. Begriff der Verfassungsgrundsätze

Der EuGH betonte erstmals in der Rs. *Kadí*, dass völkerrechtliche Abkommen nicht die „Verfassungsgrundsätze" des EG-Vertrags beeinträchtigen könnten.[19]

---

[14] *Fischer-Lescano/Teubner*, Regime-Kollisionen: Zur Fragmentierung des globalen Rechts, S. 10.

[15] *Hicks*, Treaty Congestion in International Environmental Law: The Need for Greater International Coordination, University of U. Rich Law Rev. 1999, 1643 (1644) beschreibt diesen Konflikt als „treaty congestion", zu deutsch „Vertragsstau"; *Thiele*, Fragmentierung des Völkerrechts als Herausforderung für die Staatengemeinschaft, AdVR 2008, 1 (2).

[16] *Mayer* in: Grabitz/Hilf/Nettesheim (Hrsg.), Das Recht der EU, Art. 19 EUV, Rn. 68.

[17] *Aust*, Eine völkerrechtsfreundliche Union? Grund und Grenze der Öffnung des Europarechts zum Völkerrecht, EuR 2017, 106 (119).

[18] EuGH, Rs. C-402/05 P, ECLI:EU:C:2008:461, Rn. 316 – Kadí.

[19] EuGH, Rs. C-402/05 P, ECLI:EU:C:2008:461, Rn. 285 – Kadí.

Auf diesem Weg definierte der EuGH Kernbereiche, die sich vom Völkerrecht als undurchdringbar abgelöst hätten.

a) Rs. Kadí

Mit der Frage der Unabhängigkeit des Unionsrechts vom Völkerrecht befasste sich der EuGH als Rechtsmittelinstanz im Rahmen zweier Nichtigkeitsklagen, erhoben durch *Yassin Abdullah Kadí*[20] und *Yusuf*[21]. Die streitgegenständliche Verordnung (EG) Nr. 881/2002[22] sah gemäß einer Resolution des UN-Sicherheitsrats eine Liste bestimmter Organisationen und Personen vor, gegen die „restriktive Maßnahmen"[23] angewendet werden sollten. Für die Union sind diese Listungen Teil neuer Sanktionsmechanismen, sog. *targeted sanctions*[24]. Diese zeichnen sich dadurch aus, dass sich der Vorrang der Verpflichtungen aus der UN-Charta gemäß Art. 103 UN-Charta nicht nur – entsprechend des Wortlauts – auf die völkerrechtlichen Pflichten der Mitgliedstaaten beschränkt, sondern auch innerstaatliche Geltung entfalten soll.[25] Aufgrund veränderter Herausforderungen und neuer Konfliktformen hat der UN-Sicherheitsrat seine Auslegungsmethodik in Bezug auf Art. 39 UN-Charta verändert und erweitert.[26] Dabei werden die Resolutionen nicht mehr nur an Staaten, sondern auch an nichtstaatliche Akteure adressiert.[27] Diese Ausweitung der Kompetenzwahrnehmung durch den UN-Sicherheitsrat hat zu der Kritik geführt, der UN-Sicherheitsrat entwickele[28] sich in die Richtung eines „Weltgesetzgebers".[29] Spiegelbildlich stellte sich auch aus der Sicht der Union die Frage, ob eine solche Ausweitung ohne Einwände umzusetzen ist. Die *targeted sanctions* bilden einen völkerrechtlichen Einfluss, der auch die Grundsätze des Unionsrechts beeinträchtigen könnte. Daher war klärungsbedürftig, ob eine Bindung der Union an die UN-Charta besteht und ob

---

20 EuGH, Rs. C-402/05 P, ECLI:EU:C:2008:461 – Kadí.

21 EuG, Rs. T-306/01, ECLI:EU:T:2005:331 – Yusuf; EuG, Rs. T-315/01, ECLI:EU:T:2005:332 – Kadí.

22 https://eur-lex.europa.eu/LexUriServ/LexUriServ.do?uri=OJ:L:2002:139:0009:0022:DE:PDF (zul. abg. am 15.03.2023).

23 Vor allem das Einfrieren von Finanzmitteln.

24 Die „targeted sanctions" werden auch „smart sanctions" genannt, sie richten sich gegen Einzelpersonen und Institutionen.

25 *von Arnauld*, Der Weg zu einem Solange I ½, EuR 2013, 236 (237).

26 *Payandeh*, Internationales Gemeinschaftsrecht, S. 136 ff.

27 *Wahl*, Rechtsschutz gegen Individualsanktionen der UN am Beispiel der Finanzsanktionen des Talibanregimes, S. 37.

28 Die targeted sanctions seien demnach „ein Schritt auf dem Weg" der UN zu einer supranationalen Organisation, *von Arnauld*, Der Weg zu einem Solange I ½, EuR 2013, 236 (237).

29 *Kloke*, Der Sicherheitsrat der Vereinten Nationen als Weltgesetzgeber – eine kritische Betrachtung aus völkerrechtlicher Sicht, S. 22.

diese Bindung eine Justiziabilität von umsetzenden Unionsrechtsakten ausschließt. In der Resolution 1267 (1999)[30] verurteilte der UN-Sicherheitsrat im Rahmen einer Kap. VII-Entscheidung die fortdauernden Aktivitäten der *Taliban* und *Osama bin Ladens* und beschloss, dass alle Finanzmittel von Angehörigen der Taliban eingefroren und ihre Besitzverwendungsmöglichkeiten beschränkt werden sollten. Die Resolution wurde innerhalb der Union durch VO (EG) Nr. 337/2000[31] umgesetzt.

aa) EuG: Beschränkte Überprüfbarkeit der Umsetzungsverordnung

Nach Prüfung der Frage, ob die Union überhaupt an Resolutionen des Sicherheitsrats gebunden ist, entschied das Gericht über die Justiziabilität von Verordnungen, die zur Umsetzung von Resolutionen des UN-Sicherheitsrats erlassen werden.

(1) Bindung der EG an UN-Recht

Das Gericht entschied, die Gemeinschaft sei völkerrechtlich nicht unmittelbar an die Umsetzung von UN-Sicherheitsratsresolutionen gebunden, weil die Gemeinschaft weder Mitglied der UN, noch Adressatin der Resolution des Sicherheitsrats, noch Nachfolgerin in die Rechte und Pflichten ihrer Mitgliedstaaten im Sinne des Völkerrechts sei.[32] Durch die fehlende unmittelbare völkerrechtliche Bindung der Gemeinschaft entstände für die Mitgliedstaaten jedoch eine Haftungsfalle, da diese einerseits als Adressaten der Resolution völkerrechtlich verantwortlich blieben, andererseits die Gemeinschaft die Handlungsbefugnisse im Innenverhältnis ausübe. Um diese zu umgehen, müsste die Kompetenzübertragung auf die Gemeinschaft durch eine – zumindest mittelbare – völkerrechtliche Bindung der Gemeinschaft aufgefangen werden. Ob die Gemeinschaft mittelbar an das Völkerrecht gebunden ist, ließ das Gericht jedoch offen.[33] Stattdessen erkannte es eine Bindung der Gemeinschaft im Gemeinschaftsrecht selbst.[34] Demnach seien die Mitgliedstaaten nicht nur an das bestehende Völkerrecht gebunden gewesen, sondern hätten auch in den gemeinschaftsrechtlichen Vorschriften selbst diesen Willen zum Ausdruck gebracht. Dabei bediente sich das Gericht, wohl zur Absicherung, zweier separater Herleitungen: Es stellte fest, die Mit-

[30] Abrufbar unter: https://www.undocs.org/S/RES/1267%20(1999) (zul.abg. am 19.02.2022).

[31] Die VO (EG) Nr. 337/2000 wurde durch die VO (EG) Nr. 467/2001in Umsetzung der UN-Sicherheitsratsresolution 1333 (2000) ersetzt. Diese wurde wiederum durch die VO (EG) Nr. 881/2002 in Umsetzung der UN-Sicherheitsrats-Resolution 1390 (2002) ersetzt.

[32] EuG, Rs. T-315/01, ECLI:EU:T:2005:332, Rn. 192 – Kadí.

[33] *Bergmann*, Zur Souveränitätskonzeption des Europäischen Gerichtshofs, S. 182.

[34] EuG, Rs. T-315/01, ECLI:EU:T:2005:332, Rn. 193, 207 – Kadí.

gliedstaaten hätten sich bereits vor der Gründung der Europäischen Wirtschaftsgemeinschaft auf die UN-Charta verpflichtet und könnten diese Verpflichtung nicht durch die Gründung der Gemeinschaften lösen.[35] Gleichzeitig habe sich der Wille zur Beachtung der UN-Verpflichtungen in den Gründungsverträgen der Europäischen Wirtschaftsgemeinschaft niedergeschlagen.[36]

Es könnte somit der Eindruck entstehen, das Gericht habe durch die doppelte Herleitung überdecken wollen, dass die Annahme einer Beschränkung der Bindungsfähigkeit der Mitgliedstaaten durch die Verpflichtung auf die UN-Charta problematisch ist.[37]

Das Gericht argumentierte weiter, diese Bindung der Gemeinschaft habe sich anschließend in Erfüllung der völkerrechtlichen Verpflichtungen konkretisiert.[38] Neben der nachträglichen Aufnahme von Befugnisbestimmungen[39] sei die Gemeinschaft in die Rechte und Pflichten der Mitgliedstaaten eingetreten, weil die Kompetenzübertragung im Innenverhältnis auch eine Bindung der Gemeinschaft im Außenverhältnis beinhalten müsse.[40] Dazu verwies das Gericht auf die Parallelen zum GATT.[41] Demnach bestände durch eine Funktionsnachfolge der Gemeinschaft in die Rechtsstellung der Mitgliedstaaten bei der UN eine mittelbare Bindung. Dieses Postulat der Vergleichbarkeit zum GATT ist indes abzulehnen, da die Kompetenz der Union nicht ausschließlich ist[42] und kein Unionsorgan die Mitgliedstaaten vor der UN vertritt.[43]

---

35 EuG, Rs. T-315/01, ECLI:EU:T:2005:332, Rn. 194 f. – Kadí.

36 EuG, Rs. T-315/01, ECLI:EU:T:2005:332, Rn. 196 – Kadí.

37 *Bergmann*, Zur Souveränitätskonzeption des Europäischen Gerichtshofs, S. 183 weist auf das Problem hin, das völkerrechtliche nemo plus iuris transferre potest quam ipso habet-Prinzip analog auf das Unionsrecht zu übertragen, siehe dazu *Vitzthum*, Les compétences législatives et juridictionelles de la Communauté européenne dans la lutte contre le terrorisme, ZEuS 2008, 375 (418 ff.); *Wohlfahrth*, Anfänge einer europäischen Rechtsordnung und ihr Verhältnis zum deutschen Recht, JurJb. 3 (1962/63), 240 (260) argumentiert, dass die Union keine abgeleitete Gewalt ausübe und deshalb eine Beschränkung der Mitgliedstaaten nicht auf die Union durchschlage.

38 EuG, Rs. T-315/01, ECLI:EU:T:2005:332, Rn. 201 – Kadí.

39 Art. 228a EGV wurde nachträglich eingefügt, er dient auch der Möglichkeit von Wirtschaftssanktionen zur Umsetzung von UN-Resolutionen.

40 EuG, Rs. T-315/01, ECLI:EU:T:2005:332, Rn. 202 f. – Kadí.

41 EuG, Rs. T-315/01, ECLI:EU:T:2005:332, Rn. 198 ff. – Kadí; EuGH, Rs. 21-24/72, ECLI:EU:C:1972:115, Rn. 18 – International Fruit Company.

42 Die Union ist lediglich für die gemeinsame Handelspolitik gemäß Art. 207 AEUV ausschließlich zuständig.

43 *Lock*, Das Verhältnis zwischen dem EuGH und internationalen Gerichten, S. 217; *Ohler*, Gemeinschaftsrechtlicher Rechtsschutz gegen personengerichtete Sanktionen des UN-Sicherheitsrats, EuZW 2008, 630 (631).

(2) Eingeschränkte Überprüfbarkeit der Umsetzungsverordnung

Die zweite Herausforderung betrifft die Frage der Justiziabilität der gemeinschaftsrechtlichen Umsetzungsverordnung. Auf den ersten Blick erscheint eine Verordnung als Teil des Gemeinschaftsrechts dem Prüfungsmaßstab der Gemeinschaftsgerichte zu unterfallen.[44] Hier besteht jedoch eine gemeinschaftsrechtliche Bindung der Gemeinschaft an die Umsetzung der Resolution. Es ist fraglich, ob überhaupt eine Überprüfbarkeit der Verordnung gemeinschaftsrechtlich zulässig wäre. Diese Frage stellt sich insbesondere durch den Umstand, dass kein inhaltlicher Umsetzungsspielraum der Gemeinschaft bestand.[45] In monistischer Auffassung[46] gelangt das Gericht zu der Feststellung, dass im Hinblick auf Art. 307 EGV und Art. 103 UN-Charta die Berufung auf verletzte Rechte der Gemeinschaftsrechtsordnung weder die Gültigkeit der Resolution, noch die Wirkung der Resolution in der Gemeinschaft berühren könne.[47] Es kommt somit zu dem Schluss, dass eine Justiziabilität von UN-Sicherheitsratsresolutionen grundsätzlich ausgeschlossen sei: Es bestehe aufgrund der Völkerrechtsordnung der Vereinten Nationen eine Zuständigkeitsbeschränkung der Gemeinschaftsgerichte, sodass es keine juristische Kontrolle der Verordnung, die auf einer UN-Resolution ohne Umsetzungsspielraum beruht, geben könne.[48]

Eine Justiziabilität könnte lediglich insoweit angenommen werden, wie bereits die Eingehung einer völkervertraglichen Verpflichtung nicht Teil der Dispositionsbefugnis der Vertragsparteien gewesen sei. Bei souveränen Staaten wird die völkervertragliche Dispositionsbefugnis lediglich durch ius cogens beschränkt, Art. 53 des Wiener Abkommens über das Recht der Verträge (WVK)[49]. Das Gericht prüfte daher eine Verletzung des Rechtsmittelführers *Kadí* lediglich am Maßstab von ius cogens, verneinte – an diesem Maßstab gemessen zutreffend[50] – eine Rechtsverletzung von *Kadí* und wies die Klage ab. [51]

---

[44] Prüfungsmaßstab des EuGH bezieht sich auf das gesamte Unionsrecht – sogar auf völkerrechtliche Abkommen, *Bauerschmidt*, Die Rechtsperson der Europäischen Union im Wandel, S. 373 ff.

[45] EuG, Rs. T-315/01, ECLI:EU:T:2005:332, Rn. 214, 216 – Kadí.

[46] *Weiß*, Praktische Konsequenzen der Kadi-Rechtsprechung, EuR 2014, 231 (233).

[47] EuG, Rs. T-315/01, ECLI:EU:T:2005:332, Rn. 224 – Kadí.

[48] EuG, Rs. T-315/01, ECLI:EU:T:2005:332, Rn. 218, 221 – Kadí.

[49] Art. 53 WVK: „Ein Vertrag ist nichtig, wenn er im Zeitpunkt seines Abschlusses im Widerspruch zu einer zwingenden Norm des allgemeinen Völkerrechts steht. Im Sinne dieses Übereinkommens ist eine zwingende Norm des allgemeinen Völkerrechts eine Norm, die von der internationalen Staatengemeinschaft in ihrer Gesamtheit angenommen und anerkannt wird als eine Norm, von der nicht abgewichen werden darf und die nur durch eine spätere Norm des allgemeinen Völkerrechts derselben Rechtsnatur geändert werden kann."

[50] *Bergmann*, Zur Souveränitätskonzeption des Europäischen Gerichtshofs, S. 184.

[51] EuG, Rs. T-315/01, ECLI:EU:T:2005:332, Rn. 252, 260, 286, 292 – Kadí.

bb) Entscheidung des EuGH: Umfassende unionsgerichtliche Überprüfbarkeit

GA *Miguel Poiares Maduro* betonte in seinen Schlussanträgen zwar die Achtung des Völkerrechts durch den Gerichtshof, stellte jedoch klar, dass für das Verhältnis zwischen Völkerrecht und der Gemeinschaftsrechtsordnung die Gemeinschaftsrechtsordnung selbst maßgeblich sei und das Völkerrecht diese Rechtsordnung nur unter den durch die Verfassungsgrundsätze der Gemeinschaft aufgestellten Voraussetzungen durchdringen könne.[52] Der EuGH schloss sich dem Generalanwalt an und erklärte, dass die Gemeinschaft eine Rechtsgemeinschaft darstelle und mit dem Gründungsvertrag ein umfassendes System von Rechtsbehelfen und Verfahren geschaffen worden sei, das dem EuGH die Rechtmäßigkeitskontrolle der Handlungen der Unionsorgane zuweise.[53] Internationale Übereinkünfte dürften dabei nicht die Autonomie beeinträchtigen, die auch die Verfassungsgrundsätze der Gemeinschaften schütze, zu denen auch der Menschenrechtsschutz zähle.[54] In Anbetracht eines drohenden Konflikts zwischen der völkerrechtlichen Bindung einerseits und der Behauptung der eigenen Verfassungsgrundsätze andererseits müsse geprüft werden, ob durch die Verknüpfung zwischen der Völkerrechtsordnung der UN und der Gemeinschaftsrechtsordnung eine Rechtmäßigkeitskontrolle der Umsetzungsverordnung der Gemeinschaft anhand des Unionsrechts ausgeschlossen sei.[55] Nach den Feststellungen des EuGH ermöglicht die UN-Charta innerstaatlich unterschiedliche Umsetzungsmöglichkeiten von UN-Resolutionen des Sicherheitsrats.[56] Demnach sei eine materielle Rechtmäßigkeitskontrolle der umgesetzten unionsrechtlichen Verordnung unabhängig von einem Umsetzungsspielraum nicht ausgeschlossen.[57]

b) Dualistische Züge des EuGH

In der Rs. *Kadí* differenziert der EuGH zwischen der Geltung von sekundärem Gemeinschaftsrecht und der völkerrechtlichen Verantwortlichkeit der Union.[58] Er folgt damit der Sichtweise von GA *Miguel Poiares Maduro*, dass es einen Unterschied zwischen der Gemeinschaftsrechtsordnung und der Völkerrechts-

[52] GA *Maduro*, Schlussanträge v. 16.01.2008 in Rs. C-402/05 P, ECLI:EU:C:2008:11, Rn. 24.

[53] EuGH, Rs. C-402/05 P, ECLI:EU:C:2008:461, Rn. 281 – Kadí.

[54] EuGH, Rs. C-402/05 P, ECLI:EU:C:2008:461, Rn. 282, 285 – Kadí.

[55] EuGH, Rs. C-402/05 P, ECLI:EU:C:2008:461, Rn. 290 – Kadí.

[56] EuGH, Rs. C-402/05 P, ECLI:EU:C:2008:461, Rn. 298 f. – Kadí.

[57] *Ohler*, Gemeinschaftsrechtlicher Rechtsschutz gegen personengerichtete Sanktionen des UN-Sicherheitsrats, EuZW 2008, 630 (632).

[58] *Fassbender*, Triepel in Luxemburg, DÖV 2010, 333 (336); EuGH, Rs. C-402/05 P, ECLI: EU:C:2008:461, Rn. 288 – Kadí.

ordnung gebe.[59] Zwar bezögen die Gemeinschaftsgerichte völkerrechtliche Verpflichtungen in ihre rechtliche Würdigung ein, für das Verhältnis von Völkerrecht und der Gemeinschaftsrechtsordnung sei jedoch die Gemeinschaftsrechtsordnung entscheidend.[60]

Der EuGH wendet mithin eine dualistische Sichtweise an, indem er zwischen der Normenhierarchie des Völkerrechts und des Gemeinschaftsrechts streng unterscheidet.[61] Aufgrund der Entwicklung des Dualismus hin zu einem nationalstaatlichen Instrument zur Verhinderung völkerrechtlicher Integration wird dieser als wenig europatauglich[62] eingestuft. Auch wenn sich das Urteil in der isolierten Betrachtung als „Sieg für den internationalen Menschenrechtsschutz" einordnen lässt,[63] wendet sich der EuGH von seiner monistischen Rechtsprechung ab und greift nationale Denkmuster auf, um die eigene Rechtsordnung abzugrenzen.[64] Die Anforderungen an die Zulässigkeit völkerrechtlicher Streitbeilegungsmechanismen lassen sich vereinfachend in drei Kategorien unterteilen: Unter dem besonderen Schutz der Autonomie steht das Rechtsprechungsmonopol des EuGH, der Schutz der bestehenden Zuständigkeitsverteilung sowie allgemein der Schutz der Wirksamkeit des Unionsrechts.

2. Rechtsprechungsmonopol

Die Auslegung des Unionsrechts betrifft schon nach Art. 19 Abs. 1 S. 2 EUV eine Kernaufgabe des EuGH.[65] Dessen Auslegungshoheit droht indes nicht nur durch mitgliedstaatliche Kontrollvorbehalte, sondern auch durch die Auslegung von Unionsrecht durch völkerrechtliche Spruchkörper unterminiert zu werden. Durch völkerrechtliche Streitbeilegungsmechanismen sind Einflüsse auf das Unionsrecht möglich, die durch den engen Anwendungsbereich von Art. 344 AEUV nicht erfasst werden. Der EuGH beansprucht für solche Fälle eine in den Verträgen nicht ausdrücklich geregelte, ausschließliche Zuständigkeit, die er aus der Autonomie des Unionsrechts ableitet.

---

[59] GA *Maduro*, Schlussanträge v. 16.01.2008 in Rs. C-402/05 P, ECLI:EU:C:2008:11, Rn. 21.

[60] GA *Maduro*, Schlussanträge v. 16.01.2008 in Rs. C-402/05 P, ECLI:EU:C:2008:11, Rn. 24.

[61] *Schmalenbach*, Kontrollanspruch des EuGH bei gezielten Sanktionen der Vereinten Nationen, JZ 2009, 35 (41).

[62] *Fassbender*, Triepel in Luxemburg, DÖV 2010, 333 (338 f.).

[63] *Schmalenbach*, Kontrollanspruch des EuGH bei gezielten Sanktionen der Vereinten Nationen, JZ 2009, 35 (35).

[64] *Fassbender*, Triepel in Luxemburg, DÖV 2010, 333 (336 ff.).

[65] Vertiefend zu Art. 19 Abs. 1 S. 2 EUV siehe S. 129 ff.

Durch die Vielzahl seiner Entscheidungen ist die Zulässigkeit völkerrechtlich begründeter Streitbeilegungsmechanismen unter dem Gesichtspunkt der Autonomie infolge der jüngsten Entscheidungen des EuGH unklar geworden. Es stellt sich die Frage nach den Anforderungen an die Zulässigkeit völkerrechtlicher Spruchkörper in Bezug auf das Rechtsprechungsmonopol des EuGH: Unter welchen Voraussetzungen beansprucht der EuGH ein Letztentscheidungsrecht über Unionsrecht? Welche Schutzmechanismen verlangt der EuGH zur Wahrung seines Letztentscheidungsanspruchs? Unter welchen Voraussetzungen ist ein völkerrechtlicher Streitbeilegungsmechanismus mit der Autonomie vereinbar, ohne dem EuGH ein Letztentscheidungsrecht einzuräumen?

a) Umfang des Letztentscheidungsanspruchs des EuGH

Das Rechtsprechungsmonopol schützt die Stellung und Funktion des EuGH als letztinstanzliches Gericht auf der Grundlage der Verträge gemäß Art. 19 EUV und Art. 344 AEUV. Der Gerichtshof sichert gemäß Art. 19 Abs. 1 S. 2 EUV die Wahrung des Rechts bei der Auslegung und Anwendung der Verträge. Dazu verpflichten sich die Mitgliedstaaten gemäß Art. 344 AEUV, Streitigkeiten über die Auslegung oder Anwendung der Verträge nicht anders als hierin vorgesehen zu regeln.[66] Diese ausschließliche Zuständigkeit des EuGH sichert die einheitliche Auslegung des Unionsrechts, indem weder völkerrechtliche, noch nationale Gerichte zur Anwendung und Auslegung von Unionsrecht befugt sind.[67] Gleichwohl ist die ausschließliche Zuständigkeit des EuGH sachlich begrenzt. Art. 274 AEUV bestimmt für den EuGH eine Rechtsprechungsbefugnis nur auf der Grundlage einer Zuweisung durch die Verträge. Für den EuGH gilt deshalb der „Grundsatz der ausschließlichen, aber begrenzten Zuständigkeit“.[68] Daraus ergibt sich ein Spannungsverhältnis, das der EuGH nicht über die ausdrücklichen Vorschriften, sondern durch die Autonomie ausgestaltet: In seiner Rechtsprechung markiert sie die Grenze seiner ausschließlichen Zuständigkeit.

aa) Ausschließliche Zuständigkeit auf Grundlage der Autonomie

Wenn der EuGH nur auf der Grundlage einer in den Verträgen zugewiesenen Rechtsprechungsbefugnis tätig werden darf, stellt sich die Frage, wann diese Zuständigkeit ausschließlich ist. In den Verfahrensarten sieht nur Art. 344 AEUV

---

[66] *Herrmann* in: Streinz (Hrsg.), EUV/AEUV, Art. 344 AEUV, Rn. 1.

[67] *Athen/Dörr* in: Grabitz/Hilf/Nettesheim (Hrsg.), Das Recht der EU, Art. 344 AEUV, Rn. 3; *Lock*, Das Verhältnis zwischen dem EuGH und internationalen Gerichten, S. 156.

[68] *Karpenstein* in: Grabitz/Hilf/Nettesheim (Hrsg.), Das Recht der EU, Art. 274 AEUV, Rn. 4.

eine ausschließliche Zuständigkeit des EuGH vor.[69] Der ausdrückliche Anwendungsbereich der Vorschrift bezieht nur Streitigkeiten zwischen den Mitgliedstaaten ein, sodass fraglich ist, ob es darüber hinaus eine ausschließliche Zuständigkeit des EuGH geben kann.[70]

Völkerrechtliche Spruchkörper leiten ihre Zuständigkeiten aus ihrer jeweiligen Errichtungsgrundlage, einem völkerrechtlichen Vertrag, ab. Ihre Zuständigkeiten speisen sich deshalb aus der Souveränität der Vertragsstaaten, sodass es an einer zentralisierten Rangstruktur völkerrechtlicher Abkommen und völkergerichtlicher Entscheidungen weitgehend fehlt.[71] Auch der EuGH erkennt, dass die Zuständigkeiten von Art. 19 EUV mit ihrer Zuständigkeitszuweisung an den EuGH der Zuständigkeit von Abkommensgerichten und Gerichten von Drittstaaten völkerrechtlich nicht vorgehen.[72] Angesichts der zunehmenden völkerrechtlichen Regelungsdichte[73] beansprucht der EuGH eine über die Autonomie weitergehende ausschließliche Zuständigkeit gegenüber völkerrechtlichen Spruchkörpern. Für das Unionsrecht ergibt sich damit ein Rechtsprechungsmonopol des EuGH, dessen Grenzen nicht ausdrücklich im Primärrecht festgeschrieben sind. Vielmehr beschrieb der EuGH die Reichweite des eigenen Rechtsprechungsmonopols als Bestandteil der Autonomie in einer Vielzahl von Entscheidungen, die nachfolgend näher vorgestellt werden.

(1) Bindung des EuGH durch gleichlautende Bestimmungen (EWR-Abkommensentwurf)

Innerhalb Europas entwickelten sich isoliert die beiden Wirtschaftsräume der Europäischen Gemeinschaften und der Europäischen Freihandelsassoziation (EFTA)[74]. Diese sollten durch ein völkerrechtliches Abkommen verbunden werden, um einen dynamischen und homogenen Wirtschaftsraum zu errichten und „binnenmarktähnliche Verhältnisse zu schaffen".[75] Durch den EWR-Abkommensentwurf sollte ein Großteil des *acquis communautaire* auf den geschaffenen Rechtsraum übertragen werden.[76]

---

[69] *Lock*, Das Verhältnis zwischen dem EuGH und internationalen Gerichten, S. 159 f.

[70] *Lock*, Das Verhältnis zwischen dem EuGH und internationalen Gerichten, S. 159.

[71] *Oellers-Frahm*, Internationale Gerichtsbarkeit – gestern und heute, VRÜ 2001, 456 (456 f.).

[72] EuGH, Gut. 1/17, ECLI:EU:C:2019:341, Rn. 116 – CETA.

[73] Überblick über die Zunahme völkerrechtlicher Spruchkörper siehe *Lock*, Das Verhältnis zwischen dem EuGH und internationalen Gerichten, S. 9 ff.

[74] EFTA: European Free Trade Association.

[75] Präambel des Abkommensentwurfs; *Streit*, Das Abkommen über den Europäischen Wirtschaftsraum, NJW 1994, 555 (555) spricht von „binnenmarktähnlichen Verhältnissen".

[76] „Die Vertragsparteien haben (…) die Absicht, das zukünftige Gemeinschaftsrecht in den

In seinem Gut. 1/91 äußerte sich der EuGH betont offen gegenüber völkerrechtlichen Gerichtssystemen:[77] Die Unterwerfung unter ein völkervertragliches Gerichtssystem sei demnach mit dem Gemeinschaftsrecht grundsätzlich vereinbar.[78] Dies beinhalte die Anerkennung verbindlicher[79] Entscheidungen völkerrechtlicher Gerichte, sogar wenn sich der EuGH ebenfalls für die Auslegung der Abkommensbestimmungen als zuständig ansehe.[80] Allerdings wird die Unterwerfungsfähigkeit der Union durch die Autonomie begrenzt: Diese schütze das Auslegungsmonopol als Spitze des unionalen Gerichtssystems des EuGH sowie die Wahrung der festgelegten Zuständigkeitsordnung.[81]

Der EWR-Abkommensentwurf bestimmte, die Zuständigkeiten des EWR-Gerichtshofs auf das Abkommen zu beschränken. Allerdings beinhaltete der Abkommensentwurf gleichlautende Bestimmungen gegenüber dem Gemeinschaftsrecht.

(a) Sicherung einheitlicher Rechtsordnungen

In seinem Gutachten nimmt der EuGH eine zweiteilige Prüfung vor, indem er zunächst untersucht, ob eine Einheitlichkeit zwischen dem EWR-Abkommenentwurf und dem EWG-Vertrag bestehe. Wären die beiden Rechtsordnungen einheitlich, wäre eine externe Beeinflussung im Sinne einer Verletzung des Auslegungsmonopols des EuGH oder eine Verfälschung der bestehenden Zuständigkeitsordnung aufgrund der inhaltlichen Deckungsgleichheit beider Abkommen ausgeschlossen.

Die Vorschriften des EWR-Abkommensentwurfs und des EWG-Vertrags waren dem Wortlaut nach einheitlich formuliert. Hierin erkannte der EuGH zwei Herausforderungen: Zunächst führten gleichlautende Vorschriften nicht zwingend zu einer deckungsgleichen Auslegung der Vorschriften, weil eine Vertragsauslegung auf der Grundlage von Art. 31 WVK auch eine teleologische Auslegung beinhalte.[82] Würden die auszulegenden Vorschriften nach den Zielen und dem Zweck des jeweiligen Vertrags ausgelegt, seien daher die Rechtsnatur sowie

---

von dem Abkommen erfaßten Bereichen nach Maßgabe seiner Schaffung, seiner Fortentwicklung oder seiner Änderung auf den Europäischen Wirtschaftsraum zu erstrecken" (EuGH, Gut. 1/91, ECLI:EU:C:1991:490, Rn. 4 – EWR I); *Müller*, Das Rechtsprechungsmonopol des EuGH im Kontext völkerrechtlicher Verträge, S. 48.

77 *Bergmann*, Zur Souveränitätskonzeption des Europäischen Gerichtshofs, S. 179.

78 EuGH, Gut. 1/91, ECLI:EU:C:1991:490, Rn. 40 – EWR I.

79 Zur Verbindlichkeit ausführlich *Lock*, Das Verhältnis zwischen dem EuGH und internationalen Gerichten, S. 223 ff.

80 EuGH, Gut. 1/91, ECLI:EU:C:1991:490, Rn. 39 – EWR I.

81 EuGH, Gut. 1/91, ECLI:EU:C:1991:490, Rn. 35, 46 ff. – EWR I.

82 EuGH, Gut. 1/91, ECLI:EU:C:1991:490, Rn. 14 – EWR I.

die Ziele des EWR-Abkommens sowie des EWG-Vertrags zu untersuchen. Dabei sei der Europäische Wirtschaftsraum lediglich auf der Grundlage eines völkerrechtlichen Vertrags zu verwirklichen,[83] der EWG-Vertrag sei hingegen zwar auf einer völkerrechtlichen Grundlage gegründet worden, stelle jedoch die Verfassungsurkunde einer Rechtsgemeinschaft[84] dar. Der Zweck der Abkommen unterscheide sich, insoweit der EWR-Abkommensentwurf auf die Anwendung einer Freihandels- und Wettbewerbsregelung abziele, während der EWG-Vertrag die Verwirklichung eines Binnenmarkts auf dem Wege zur Schaffung einer Europäischen Union verfolge.[85] Eine Einheitlichkeit der Vorschriften sei daher nicht schon durch gleichlautende Vorschriften gewährleistet.[86] Art. 6 EWR-Abkommensentwurf[87] könne das Ziel der Einheitlichkeit der Rechtsordnungen überdies nicht gewährleisten, weil die Vorschrift nur die bis zum Tag der Unterzeichnung des EWR-Abkommens ergangene Rechtsprechung des EuGH berücksichtige[88] und keine weitergehende Bindung[89] an die Rechtsprechung des EuGH vorgesehen sei.

Verbunden mit dem Ziel einer einheitlichen Rechtsanwendung[90] hätte der EWR-Gerichtshof somit die zukünftige Auslegung von Gemeinschaftsrecht festlegen können.[91] Würde ein völkerrechtlicher Spruchkörper Bestimmungen eines Abkommens auslegen, die gleichlautend gegenüber Bestimmungen des Gemeinschaftsrechts formuliert sind, könnten die Urteile des völkerrechtlichen Spruchkörpers die Auslegung des EuGH zum gleichlautenden Gemeinschaftsrecht verdrängen, weil die Urteile des völkerrechtlichen Gerichts im Rang des Abkommens ständen.[92] Somit bestände in der Rechtsprechung des EWR-Ge-

---

[83] EuGH, Gut. 1/91, ECLI:EU:C:1991:490, Rn. 20 – EWR I.

[84] EuGH, Gut. 1/91, ECLI:EU:C:1991:490, Rn. 21 – EWR I.

[85] EuGH, Gut. 1/91, ECLI:EU:C:1991:490, Rn. 15–17 – EWR I.

[86] EuGH, Gut. 1/91, ECLI:EU:C:1991:490, Rn. 22 – EWR I.

[87] Art. 6 EWR-Abkommensentwurf: "Without prejudice to future developments of case law, the provisions of this Agreement, in so far as they are identical in substance to corresponding rules of the Treaty establishing the European Economic Community and the Treaty establishing the European Coal and Steel Community and to acts in application of these two Treaties, shall in their implementation and application be interpreted in conformity with the relevant rulings of the Court of Justice of the European Communities given prior to the date of signature of this Agreement." – abgedruckt in EuGH, Gut. 1/91, Slg. 1991, I-6086 – EWR I.

[88] EuGH, Gut. 1/91, ECLI:EU:C:1991:490, Rn. 26 – EWR I.

[89] EuGH, Gut. 1/91, ECLI:EU:C:1991:490, Rn. 27 f. – EWR I mit Verweis auf das Protokoll Nr. 35 zum EWR-Abkommensentwurf.

[90] Festgeschrieben in Art. 6, 104 Abs. 1 EWR-Abkommensentwurf.

[91] EuGH, Gut. 1/91, ECLI:EU:C:1991:490, Rn. 45 – EWR I.

[92] *Schmalenbach*, Struggle for Exclusiveness: The ECJ and Competing International Tribunals in: Buffard/Crawford/Pellet/Wittich, Festschrift in Honour of Gerhard Hafner – International Law between Universalism and Fragmentation, S. 1045 (1058); *Howald*, Der Ausbau der

richtshofs eine Gefahr für das Auslegungsmonopol des EuGH und mithin der Autonomie.[93]

(b) Skepsis des EuGH gegenüber dem EWR-Gerichtshof

Die Auslegung des Abkommensentwurfs durch den EuGH, dass eine Einheitlichkeit der Rechtsordnungen nicht gewährleistet sei, war keineswegs zwingend. Auf der Grundlage der Auslegungsmethoden von Art. 31 WVK hätte der EuGH auch zu einer Übereinstimmung der Verträge kommen können, wenn er das Ziel der einheitlichen Rechtsordnungen als dominierend berücksichtigt hätte.[94] Das Auslegungsergebnis des EuGH lässt an seiner Begründung erkennen, die sich auf die Sonderrolle des EWG-Vertrags bezieht,[95] dass dem EuGH an keiner Lösungsfindung in der Anerkennung eines letztinstanzlichen Gerichts über Gemeinschaftsrecht gelegen war. Hier zeigt sich früh die Skepsis des EuGH gegenüber völkerrechtlichen Gerichten.

(c) Neuer Abkommensentwurf zur Errichtung des EFTA-Gerichtshofs

Der anschließend neu ausgehandelte Abkommensentwurf[96] war mit dem Gemeinschaftsrecht vereinbar.[97] Dabei waren vor allem Änderungen am vorgesehenen Gerichtsmechanismus vorgenommen worden: Der EFTA-Gerichtshof sollte gemäß Art. 108 Abs. 2 lit. c EWR-Abkommen nur für Streitigkeiten zwischen den EFTA-Staaten zuständig sein, die zugleich Vertragsparteien des EWR-Abkommens sind.[98] Somit wurde eine Bindungswirkung von Mitgliedstaaten der Gemeinschaft an Entscheidungen des EFTA-Gerichtshofs ausgeschlossen.[99] Dieses gegründete Zwei-Säulen-System aus EFTA und EWG unter dem Dach eines gemeinsamen Europäischen Wirtschaftsraums löste durch die Zuständigkeitsbegrenzung in Form des EFTA-Gerichtshofs die Unvereinbarkeitsgründe mit dem Gemeinschaftsrecht auf: Um eine divergierende Rechtsprechungsentwicklung zwischen dem EFTA-Gerichtshof und dem EuGH zu verhindern, wurde ein Gemeinsamer EWR-Ausschuss eingerichtet, Art. 105 f. EWR-Abkom-

---

deutschen Patentgerichtsbarkeit – Konsequenzen und Möglichkeiten für die Schweiz, S. 110; zur Wirkung von Entscheidungen völkerrechtlicher Spruchkörper im Unionsrecht siehe S. 30 f.

93 EuGH, Gut. 1/91, ECLI:EU:C:1991:490, Rn. 46 f. – EWR I.

94 *Bleckmann*, Anmerkungen zu den Gut. 1/91, 1/92, JZ 1992, 787 (793).

95 EuGH, Gut. 1/91, ECLI:EU:C:1991:490, Rn. 21 – EWR I.

96 Abrufbar unter: https://eur-lex.europa.eu/legal-content/DE/TXT/HTML/?uri=CELEX:21994A0103(01)&from=EN (zul. abg. am 15.03.2023).

97 EuGH, Gut. 1/92, ECLI:EU:C:1992:189 – EWR II.

98 EuGH, Gut. 1/92, ECLI:EU:C:1992:189, Rn. 19 – EWR II.

99 *Bronckers*, The relationship of the EU Courts with Other International Tribunals: Non-Committal, Respectful or Submissive?, CMLR 2007, 601 (607 f.).

men. Der gemeinsame EWR-Ausschuss soll auf der Grundlage eines vertraglich vorgesehenen Informationsaustauschs im Streitfall Einigkeit zwischen den beiden Gerichten herbeiführen. Die beiden Gerichte verbleiben dennoch unabhängig.[100] Kommt es trotz der Anrufung des EWR-Ausschusses zu keiner Einigung[101], wird das Letztentscheidungsrecht des EuGH in Rechtsfragen des Unionsrechts gemäß Art. 111 Abs. 3 S. 1 EWR-Abkommen abgesichert.

(d) Bestätigung im Gut. 1/00 zum gemeinsamen europäischen Luftverkehrsraum

Im Gut. 1/00 bestätigte der EuGH seine Haltung zu völkerrechtlichen Gerichten. Demnach müssten die Mechanismen des Abkommens verhindern, dass der Gemeinschaft im Fall eines Rechtsstreits mit einem Vertragsstaat eine bestimmte Auslegung der vom Abkommen übernommenen Gemeinschaftsvorschriften vorgegeben würde.[102]

Das Gut. 1/00 zum gemeinsamen europäischen Luftverkehrsraum behandelt die Frage, ob das Abkommen über die Schaffung eines gemeinsamen europäischen Luftverkehrsraums, das die Öffnung des Luftverkehrsmarkts der Gemeinschaft parallel zur Angleichung der Rechtsvorschriften der assoziierten Staaten forcierte, mit Gemeinschaftsrecht vereinbar ist.[103] Das Abkommen, das niemals in Kraft trat,[104] verfolgte das Ziel, gemeinschaftsrechtliche Vorschriften auf die am Abkommen beteiligten Drittstaaten für einen gemeinsamen europäischen Luftverkehrsraum auszudehnen.[105] Der institutionelle Aufbau ähnelte dem des EWR:[106] Es wurde ein gemeinsamer Ausschuss vorgesehen, für den die Rechtsprechung des EuGH verbindlich wirken und für den eine Anrufungspflicht des EuGH bei gleichlautenden Vorschriften mit dem Gemeinschaftsrecht gelten sollte.[107]

---

[100] Art. 106 EWGV.

[101] Zum Verfahren erläuternd: *Gugenbauer*, Der EFTA-Gerichtshof und sein Zusammenwirken mit dem EuGH, NJW 1994, 2743 (2745).

[102] EuGH, Gut. 1/00, ECLI:EU:C:2002:231, I-3521, Rn. 11 – GELR.

[103] EuGH, Gut. 1/00, ECLI:EU:C:2002:231, I-3498 – GELR.

[104] 2006 wurde ein gemischtes Abkommen mit einer vergleichbaren sachlichen Regelungsmaterie erlassen, welches teilweise als unionsrechtswidrig eingestuft wird (*Müller*, Das Rechtsprechungsmonopol des EuGH im Kontext völkerrechtlicher Verträge, S. 56 f.; *Müller*, Reformhindernisse im internationalen Investitionsrecht, S. 249).

[105] *Müller*, Das Rechtsprechungsmonopol des EuGH im Kontext völkerrechtlicher Verträge, S. 54.

[106] *Bronckers*, The relationship of the EU Courts with Other International Tribunals: Non-Committal, Respectful or Submissive?, CMLR 2007, 601 (608).

[107] EuGH, Gut. 1/00, ECLI:EU:C:2002:231, Rn. 7 – GELR, beachte das Festhalten an EuGH, Gut. 1/92, ECLI:EU:C:1992:189, Rn. 24 – EWR II.

In Bezug auf die Autonomie der Rechtsordnung stellte der EuGH zunächst fest, dass es ein Nebeneinander von Vorschriften des Gemeinschaftsrechts sowie diesen nachgebildete Vorschriften des Abkommens gebe.[108] In Anknüpfung an seine EWR-I-Rechtsprechung formulierte der EuGH die Bedingung, dass die neuen institutionellen Verbindungen zwischen der Gemeinschaft und den Vertragsstaaten die Autonomie der Gemeinschaftsrechtsordnung nicht beeinträchtigen dürften. Konkret dürfe der Gemeinschaft und ihren Organen keine Auslegung von Gemeinschaftsrechtsvorschriften verbindlich vorgegeben werden.[109] Der EuGH stellt bereits einen Verstoß gegen sein Rechtsprechungsmonopol fest, wenn das Abkommen Bestimmungen vorsähe, die mit dem Unionsrecht vergleichbar sind, das völkerrechtlich zu errichtende Gericht nicht an die Rechtsprechung des EuGH gebunden ist und das Abkommen in seinem territorialen Geltungsbereich eine einheitliche Anwendung finden soll.[110] Konkret ist daher erforderlich, dass für die Rechtsordnungen der Union sowie des Abkommens eine Einheitlichkeit unter Anerkennung des Letztentscheidungsrechts des EuGH gewährleistet wird. Einen solchen Gewährleistungsmechanismus erkannte der EuGH in dem vertraglich vorgesehenen Vorabentscheidungsverfahren des Abkommensentwurfs.[111] An dieses vertragliche Vorabentscheidungsverfahren knüpfte der EuGH keine weiteren Voraussetzungen als eine vertragliche Bindungswirkung.

(2) Schutz der Auslegungshoheit des EuGH

Im Gut. 1/91 leitete der EuGH einen Schutz seiner Auslegungshoheit her, die nicht einmal durch mittelbare Einflüsse beschränkt werden dürfe. Wegen der unionsrechtlichen Bindungswirkung der Unionsorgane an die Entscheidungen völkerrechtlicher Gerichte würde die Auslegungshoheit des EuGH bei wortgleichen Bestimmungen des Gemeinschaftsrechts und des EWR-Abkommens faktisch beschränkt: Der EuGH wird unionsrechtlich an die völkerrechtliche Auslegung eines völkerrechtlichen Gerichts gebunden. Er kann sich bei wortgleichen Vorschriften von dieser Rechtsauffassung in Bezug auf die Auslegung einer unionsrechtlichen Bestimmung jedoch nur schwerlich lösen. Aus diesem Grund dürfen die Bestimmungen eines völkerrechtlichen Abkommens nicht wortgleich zum

---

108 EuGH, Gut. 1/00, ECLI:EU:C:2002:231, I-3520, Rn. 10 – GELR.

109 EuGH, Gut. 1/00, ECLI:EU:C:2002:231, Rn. 11 – GELR; EuGH, Gut. 1/91, ECLI:EU:C:1991:490, Rn. 30–35 – EWR I.

110 *Kerkemeyer*, Unionsrecht und internationales Investitionsschutzrecht auf Kollisionskurs, EuZW 2016, 10 (13).

111 Für die Gewährleistung der Homogenität der Rechtsordnungen wurde ein Vorabentscheidungsverfahren vorgesehen, EuGH, Gut. 1/00, ECLI:EU:C:2002:231, I-3498, Rn. 59, 61 ff. – GELR.

Unionsrecht abgefasst werden, wenn eine gegenüber dem Unionsrecht einheitliche Entwicklung des völkerrechtlichen Abkommens nicht sichergestellt wird.

Art. 344 AEUV war in der Entscheidung des EuGH unerheblich.[112] Sein Anwendungsbereich war schon mangels einer Streitigkeit zwischen zwei Mitgliedstaaten nicht eröffnet. Der EuGH begründete seine ausschließliche Zuständigkeit über die Autonomie: Er stellte fest, dass das vorgesehene Gerichtssystem Art. 19 Abs. 1 S. 2 EUV (Art. 164 EWGV) und „allgemeiner die Grundlagen der Gemeinschaft selbst" beeinträchtige.[113] So formulierte der EuGH erstmals eine aus der Autonomie abgeleitete ausschließliche Zuständigkeit für Bestimmungen völkerrechtlicher Abkommen der Union, die im originären Unionsrecht wortgleich abgefasst sind.

bb) Ausschließliche Zuständigkeit bei gemischten Abkommen

In der Rs. *MOX-Plant* entschied der EuGH im Rahmen eines durch die Kommission eingeleiteten Vertragsverletzungsverfahrens über die ausschließliche Zuständigkeit des EuGH bei Streitigkeiten, die nur teilweise das Unionsrecht betreffen. Dazu prüfte er zunächst, inwieweit Abkommen, an denen sowohl die Mitgliedstaaten, als auch die Union beteiligt sind, zum Unionsrecht zählen. Anschließend stellte er fest, dass die Einleitung eines schiedsgerichtlichen Verfahrens die Autonomie im Hinblick auf das Rechtsprechungsmonopol des EuGH auch dann beeinträchtige, wenn nur ein Teil der Streitigkeit der Zuständigkeit des EuGH unterfällt.[114] Er sieht sich somit auch für solche Streitigkeiten als ausschließlich zuständig an, die zum Teil in der ausschließlichen Zuständigkeit der Mitgliedstaaten liegen. Neben der Reichweite von Art. 344 AEUV musste der EuGH die durch Irland aufgeworfene Rechtsfrage beantworten, ob über den Abschluss eines völkerrechtlichen Vertrags der Union in die Rechtsordnung aufgenommene völkerrechtliche Streitbeilegungsmechanismen nicht unter das Verbot alternativer Streitbeilegung fallen.

(1) Ausgangsfall Rs. MOX-Plant

Die Kommission erblickte in der Einleitung eines Verfahrens[115] zur Beilegung von Streitigkeiten nach dem Seerechtsübereinkommen der Vereinten Nationen

---

112 *Lock*, Das Verhältnis zwischen dem EuGH und internationalen Gerichten, S. 158.

113 EuGH, Gut. 1/91, ECLI:EU:C:1991:490, Rn. 45 – EWR I.

114 EuGH, Rs. C-459/03, ECLI:EU:C:2006:345, Rn. 33 ff. – MOX-Plant.

115 EuGH, Rs. C-459/03, ECLI:EU:C:2006:345, Rn. 1 – MOX-Plant bezieht sich nur auf das UNCLOS, das Verfahren auf der Grundlage des OSPAR-Abkommens bleibt unberücksichtigt. Dieses verursachte aufgrund der Klageabweisung durch das OSPAR-Schiedsgericht am 02.07.2003 ohnehin keine Auswirkungen.

(UNCLOS) einen Verstoß gegen das Rechtsprechungsmonopol des EuGH und leitete, unterstützt durch das Vereinigte Königreich Großbritannien und Nordirland, am 30. Oktober 2003 ein Vertragsverletzungsverfahren gegen Irland ein. Die rechtlichen Auseinandersetzungen um eine nukleare Wiederaufbereitungsanlage zwischen Irland und dem Vereinigten Königreich zeugen von der zunehmenden Dichte von völkerrechtlichen Abkommen und Streitbeilegungsmechanismen: Der Rechtsstreit zwischen Irland und dem Vereinigten Königreich umfasste drei Verfahren vor völkerrechtlichen Schiedsgerichten sowie ein Vertragsverletzungsverfahren vor dem EuGH. Das Vertragsverletzungsverfahren betraf die Frage, ob das Betreiben der völkerrechtlichen Verfahren durch Irland gegen das Verbot alternativer Streitbeilegung aus Art. 344 AEUV verstößt. Nach der Frage, ob der EuGH überhaupt zuständig ist, musste daher die Frage geklärt werden, ob diese Zuständigkeit ausschließlich ist.

(a) Zuständigkeit des EuGH bei gemischten Abkommen

Für die Eröffnung der Zuständigkeit des EuGH müsste das UNCLOS Bestandteil der Gemeinschaftsrechtsordnung geworden sein, weil sich dessen Zuständigkeitsgrenzen aus den Grenzen der Verträge ergeben.[116] Als besondere Herausforderung erweist sich die Struktur des UNCLOS[117]: Werden völkerrechtliche Abkommen abgeschlossen, die einen Sachbereich mit einer geteilten Kompetenz betreffen, schließen die Mitgliedstaaten diese Abkommen gemeinsam mit der Union ab (gemischter Vertrag).[118] Völkerrechtliche Abkommen der Union werden gemäß Art. 216 Abs. 2 AEUV in die Unionsrechtsordnung integriert. Unklar ist dagegen, ob gemischte Abkommen insgesamt oder nur insoweit sie in die Kompetenz der Union fallen, in die Unionsrechtsordnung aufgenommen werden.[119] Zwar wäre einer einheitlichen Integration gemischter Abkommen eine erfreuliche Transparenz abzugewinnen,[120] allerdings liefe dies der durch die Verträge festgelegten Kompetenzordnung zuwider.[121] Überzeugend erscheint des-

116 *Athen/Dörr* in: Grabitz/Hilf/Nettesheim (Hrsg.), Das Recht der EU, Art. 344 AEUV, Rn. 34.

117 Das UNCLOS ist von allen Mitgliedstaaten ratifiziert und von der Gemeinschaft mit dem Beschluss 98/392/EG des Rates (ABl. L 179, S. 1) genehmigt worden, EuGH, Rs. C-459/03, ECLI:EU:C:2006:345, Rn. 3 – MOX-Plant.

118 Umfassend zu Chancen und Herausforderungen gemischter Verträge: *Demper*, Kooperationsstrukturen und Kooperationsvereinbarungen zwischen der EU und den Mitgliedstaaten im Rahmen gemischter Abkommen, S. 55 ff.

119 Für eine Teilnahme aller Vorschriften eines gemischten Abkommens am Anwendungsbefehl des EG-Rechts: *Bleckmann*, Der gemischte Vertrag im Europarecht, EuR 1976, 301 (310).

120 *Kaiser*, Gemischte Abkommen im Lichte bundesstaatlicher Erfahrungen, S. 97.

121 *Epiney*, Zur Stellung des Völkerrechts in der EU, EuZW 1999, 5 (7); *Müller*, Das Rechtsprechungsmonopol des EuGH im Kontext völkerrechtlicher Verträge, S. 124.

halb, nur bei einer bestehenden Kompetenz der Union eine Aufnahme der Bestimmungen in die Unionsrechtsordnung anzunehmen, dagegen nicht im Hinblick auf ausschließlich mitgliedstaatliche Kompetenzbereiche.[122] Dies bedeutet für das UNCLOS, dass dieses zwar durch die Ratifikation der Gemeinschaft in das Gemeinschaftsrecht aufgenommen wurde, diese Vergemeinschaftlichung aber nur solche Bereiche umfasst, für dessen Erfüllung die Gemeinschaft kompetent ist.[123] Wegen dieser – im einzelnen unübersichtlichen –[124] Kompetenzabgrenzung, sowie eines völkervertraglichen Erfordernisses des UNCLOS,[125] sollte durch eine gemeinsame Erklärung[126] der Mitgliedstaaten und der Union Klarheit geschaffen werden: Nach der Erklärung bestehe eine ausschließliche Zuständigkeit der Gemeinschaft im Sachbereich der Verhütung der Meeresverschmutzung, soweit Bestimmungen des UNCLOS bestehende Gemeinschaftsvorschriften berührten.[127] Blieben hingegen bestehende Gemeinschaftsvorschriften unberührt, insbesondere, weil sie nur Mindeststandards festlegen, besäßen die Mitgliedstaaten Zuständigkeit und zwar unbeschadet der Zuständigkeit der Gemeinschaft, in diesem Bereich tätig zu werden. In den übrigen Fällen bleiben die Mitgliedstaaten zuständig.[128] Selbstverständlich steht die Kompetenzverteilung nicht im Wege einer gemeinsamen Erklärung zur Disposition.[129] Die Erklä-

[122] *Arnold*, Der Abschluß gemischter Verträge durch die Europäischen Gemeinschaften, AVR 1980/81, 419 (454).

[123] *Wegener*, Familienstreitigkeiten nicht nach außen tragen?!, ZUR 2006, 582 (583).

[124] *Kaiser*, Gemischte Abkommen im Lichte bundesstaatlicher Erfahrungen, S. 99 mit dem Hinweis auf das „regelmäßige" Problem der Kompetenzabgrenzung.

[125] Das UNCLOS verlangt für den Beitritt internationaler Organisationen (die Union unterfällt diesem Begriff iSd Art. 1 des Anhangs IX des UNCLOS, vgl. *Giegerich* in: Pechstein/Nowak/Häde, Frankfurter Kommentar EUV/GRC/AEUV, Art. 216 AEUV, Rn. 178) gemäß Art. 305 Abs. 1 lit. f UNCLOS in Verbindung mit Anlage IX des Abkommens eine Erklärung über die Zuständigkeitsverteilung zwischen der internationalen Organisation und den Mitgliedstaaten.

[126] Erklärung abgedruckt in: ABl. 1998, L 179/129ff., https://eur-lex.europa.eu/legal-content/DE/TXT/PDF/?uri=OJ:L:1998:179:FULL&from=DE (zul. abg. am 15.03.2023).

[127] Mit Verweis auf die Erklärung, EuGH, Rs. C-459/03, ECLI:EU:C:2006:345, Rn. 8 – MOX-Plant.

[128] „Bezüglich der Bestimmungen über den Seeverkehr und die Sicherheit des Seeverkehrs sowie über die Verhütung der Meeresverschmutzung, die unter anderem in den Teilen II, III, V, VII und XII des Übereinkommens enthalten sind, besitzt die Gemeinschaft nur insofern ausschließliche Zuständigkeit, als die entsprechenden Bestimmungen des Übereinkommens oder die aufgrund des Übereinkommens erlassenen Rechtsvorschriften bestehende Gemeinschaftsvorschriften berühren. Bestehen Gemeinschaftsvorschriften und bleiben diese unberührt, insbesondere bei Gemeinschaftsvorschriften, die lediglich Mindeststandards festlegen, besitzen die Mitgliedstaaten Zuständigkeit, und zwar unbeschadet der Zuständigkeit der Gemeinschaft, in diesem Bereich tätig zu werden. In den übrigen Fällen bleiben die Mitgliedstaaten zuständig."

[129] Die Kompetenzverteilung wird durch die Verträge festgelegt, die ihrerseits spezielle

rung kann schon nach ihrer Rechtsnatur nicht die Kompetenzverteilung der Verträge ändern und abweichend der Verträge verteilen. Die Erklärung muss vielmehr als rein deklaratorisch[130] verstanden werden und kann deshalb lediglich indizielle Wirkung entfalten.[131] Das gilt jedoch nicht für den Fall, wie die Erklärung lediglich die bestehende Rechtslage wiedergibt, die durch die Rechtsprechung ausgestaltet wird. Tatsächlich findet sich in der Erklärung ein wörtlicher Bezug[132] auf die *AETR*-Rechtsprechung, die eine Parallelität von Innen- und Außenkompetenzen der Gemeinschaft konstatierte. [133] Somit kommt der Erklärung zumindest in Verbindung mit der *AETR*-Rechtsprechung mehr als eine lediglich indizielle Wirkung zu. Eine Außenkompetenz der Gemeinschaft wäre demnach auch anzunehmen, wenn es zwar keine ausdrückliche Kompetenzzuweisung an die Gemeinschaft gebe, aber dennoch aufgrund innerer Zuständigkeiten die Materie schon durch Sekundärrecht der Gemeinschaft im Innenverhältnis zu den Mitgliedstaaten geregelt sei.[134]

Als streitentscheidende Bestimmungen führte Irland im OSPAR-Ausgangsverfahren Art. 123, 192–194, 206, 207, 211, 213 UNCLOS an. Diese Bestimmungen unterfallen im Hinblick auf die innergemeinschaftliche Kompetenzverteilung weitgehend den Art. 174 ff. EGV (Art. 191 ff. AEUV). Für den Bereich der Umwelt regelt Art. 176 EGV (Art. 193 AEUV), dass die Mitgliedstaaten nicht daran gehindert werden, weitere Maßnahmen zum Schutz der Umwelt zu ergreifen.[135] Weil die bestehenden Gemeinschaftsvorschriften also nur Mindeststandards definieren konnten, bestand eine Zuständigkeit der Gemeinschaft sowie der Mitgliedstaaten[136].[137] Nach dem Vorbild der *AETR*-Rechtsprechung hätte

---

Vorschriften zur Vertragsänderung vorsehen. Eine Vertragsänderung über eine abweichende nachträgliche Staatenpraxis ist gesperrt, siehe S. 132 ff.

130 *Wegener*, Familienstreitigkeiten nicht nach außen tragen?!, ZUR 2006, 582 (583) beschreibt die Erklärung als „Zusammenfassung der Rechtsprechung des EuGH".

131 *Lock*, Das Verhältnis zwischen dem EuGH und internationalen Gerichten, S. 192.

132 *Bergmann*, Zur Souveränitätskonzeption des Europäischen Gerichtshofs, S. 155.

133 *Lock*, Das Verhältnis zwischen dem EuGH und internationalen Gerichten, S. 190.

134 *Rusche/Kotthaus/Kullak/Ruete* in: Grabitz/Hilf/Nettesheim (Hrsg.), Das Recht der EU, Art. 90 AEUV, Rn. 320.

135 Vertiefend: *Epiney*, Umweltrecht der Europäischen Union, 1. Teil, 5. Kap., B. III. lit. c, Rn. 119 f.

136 Art. 193 AEUV ist keine Kompetenzzuweisung an die Mitgliedstaaten, vielmehr steht ihnen die Kompetenz schon originär zu. In den Verträgen wird dies ausdrücklich im Grundsatz der begrenzten Einzelermächtigung festgeschrieben, Art. 5 EUV. Vielmehr hat Art. 193 AEUV die klarstellende Funktion, dass den Mitgliedstaaten ein Handlungsspielraum im Bereich der Umwelt trotz entgegenstehendem Unionsrecht verbleibt, siehe *Nettesheim* in: Grabitz/Hilf/Nettesheim (Hrsg.), Das Recht der EU, Art. 193 AEUV, Rn. 2.

137 EuGH, Rs. C-459/03, ECLI:EU:C:2006:345, Rn. 92 – MOX-Plant mit Verweis auf Art. 176 EGV. Der Begriff „geteilt" ist durch den EuGH unsorgfältig gewählt worden, der Be-

die Gemeinschaft ihren Kompetenztitel auch tatsächlich ausüben müssen, um eine Außenkompetenz zu begründen. Dabei missachtete der EuGH seine vormals aufgestellten Anforderungen.[138] Neuerdings erkennt er die Kompetenzwahrnehmung durch eine entsprechende Entscheidung der Gemeinschaft, ihre Außenkompetenz auf dem Gebiet des Umweltschutzes wahrzunehmen, als hinreichend an.[139] Konkret erblickte er diesen Gemeinschaftswillen im Beschluss des Rates[140] für die Genehmigung des UNCLOS, der sich ausdrücklich auf Art. 174 Abs. 1 EGV[141] berief. Dieses weite Verständnis rief vielseitige Kritik hervor. Demnach sei die Kompetenzausübung durch die Gemeinschaft eine konstitutive Voraussetzung für die Kompetenz der Gemeinschaft gewesen, um dem Abkommen beizutreten.[142] Hier ließ der EuGH die Kompetenzwahrnehmung indes bereits „durch" den Beitritt genügen.[143] Darüber hinaus fehle es am konkretisierten Willen der Gemeinschaft, so beinhalte die Erklärung lediglich grundsätzlich die Zuständigkeitsverteilung zwischen den Mitgliedstaaten und der Union.[144] Folgt man trotz der berechtigten Kritik der Position des EuGH, besteht mithin eine Außenkompetenz der Union für den inhaltlichen Schwerpunkt des Sachbereichs der Streitigkeit.

(b) Kompetenzverteilung und Zuständigkeitseröffnung des EuGH

Die Frage der Kompetenzverteilung zwischen den Mitgliedstaaten und der Gemeinschaft ist von der Frage der Zuständigkeitseröffnung des EuGH zu trennen[145]

griff der „konkurrierenden Außenkompetenz" durch den EuGH wäre treffender gewesen, *Kaiser*, Ausschließliche Zuständigkeit des EuGH bei der Auslegung und Anwendung von zum Gemeinschaftsrecht gehörenden Bestimmungen, EuZW 2006, 464 (471).

[138] In der *AETR*-Rechtsprechung verlangte der EuGH an die Ausübung der Kompetenz den vorherigen Erlass von Sekundärrecht im Innenverhältnis zu den Mitgliedstaaten, vgl. S. 49.

[139] EuGH, Rs. C-459/03, ECLI:EU:C:2006:345, Rn. 96 – MOX-Plant.

[140] Beschluss des Rates 98/392/EG, ABl. L 179, S. 1.

[141] Zutreffend wird von *Lock* angemerkt, dass tatsächlich auf Art. 130s Abs. EGV hätte abgestellt werden müssen (*Lock*, Das Verhältnis zwischen dem EuGH und internationalen Gerichten, S. 188).

[142] *Bergmann*, Zur Souveränitätskonzeption des Europäischen Gerichtshofs, S. 156.

[143] *Bergmann*, Zur Souveränitätskonzeption des Europäischen Gerichtshofs, S. 156.

[144] *Kaiser*, Ausschließliche Zuständigkeit des EuGH bei der Auslegung und Anwendung von zum Gemeinschaftsrecht gehörenden Bestimmungen, EuZW 2006, 464 (471).

[145] Das Auslegungsmonopol des EuGH ist nicht deckungsgleich mit den Unionskompetenzen. Beispielsweise kann der EuGH auch völkerrechtliche Vorschriften auslegen, die nicht den Unionskompetenzen unterfallen, wenn die völkerrechtlichen Vorschriften sowohl mitgliedstaatliche und gemeinschaftsrechtliche Sachverhalte erfasst, weil sodann ein „klares Interesse der Gemeinschaft" an einer einheitlichen Auslegung bestehe, vgl. EuGH, Rs. C-53/96, ECLI:EU:C:1998:292, Rn. 32 – Hermès. Es zeigt sich, dass das Ziel der Rechtsanwendungseinheit

und dennoch eng mit ihr verbunden.[146] Im Gut. 1/94 stellte der EuGH fest, dass er nur für solche Vorschriften zuständig sei, die im Anwendungsbereich des Gemeinschaftsrechts lägen.[147] In der Rs. *Hermès* ergänzte er, dass eine Vorschrift insoweit auf nationale sowie gemeinschaftsrechtliche Sachverhalte anwendbar sei, wie ein klares Interesse der Gemeinschaft an einer einheitlichen Auslegung bestehe und daher der Anwendungsbereich des Rechtsprechungsmonopols des EuGH eröffnet sei.[148] Hier fügt sich die *MOX-Plant*-Entscheidung ein, dass der EuGH für die Auslegung von Streitigkeiten über Abkommensvorschriften – egal auf welcher Kompetenzgrundlage der Union – als Teil der Gemeinschaftsrechtsordnung zuständig sei.[149] Er bestätigte damit seine Linie, dass im Bereich von Gemeinschaftskompetenzen gemischte Abkommen im Status wie rein gemeinschaftsrechtliche Abkommen zu behandeln seien.[150] Entgegen der Ansicht Irlands[151] sei es unerheblich, auf welche Kompetenzgrundlage die Gemeinschaft am Abkommen beteiligt sei.[152] Damit rückte der EuGH von seiner WTO-Rechtsprechung ab, in der die Ausübung einer konkurrierenden Kompetenz durch die Gemeinschaft noch als konstitutive Voraussetzung angesehen wurde, um die Zuständigkeit des EuGH zu eröffnen.[153] Durch diese Zuständigkeitserweiterung drohen die mitgliedstaatlichen Einflussmöglichkeiten innerhalb gemischter Abkommen überlagert zu werden.[154]

(2) „Bedeutender Teil" bei hybrider Streitigkeit

Im vorliegenden Fall umfasst die Streitigkeit sowohl Kompetenzbereiche der Gemeinschaft, als auch Bereiche im ausschließlichen Kompetenzbereich der

---

eine Rechtsprechungszuständigkeit des EuGH auch außerhalb der Unionskompetenzen rechtfertigen kann.

146 Zum Interesse, dass auch Vorschriften im mitgliedstaatlichen Kompetenzbereich einheitlich ausgelegt werden, siehe *Dittert* in: von der Groeben/Schwarze/Hatje (Hrsg.), Europäisches Unionsrecht, Art. 344 AEUV, Rn. 11.

147 EuGH, Gut. 1/94, ECLI:EU:C:1994:384, Rn. 104 f. – WTO mit dem Hinweis, dass die Gemeinschaft weitgehend von ihrer konkurrierenden Gesetzgebungskompetenz keinen Gebrauch gemacht und keine Harmonisierungsvorschriften erlassen hätte.

148 EuGH, Rs. C-53/96, ECLI:EU:C:1998:292, Rn. 28–33 – Hermès International.

149 EuGH, Rs. C-459/03, ECLI:EU:C:2006:345, Rn. 121 ff. – MOX-Plant.

150 EuGH, Rs. 12/86, ECLI:EU:C:1987:400, Rn. 9 – Demirel; EuGH, Rs. C-13/00, ECLI:EU:C:2002:184, Rn. 14 – Berner Übereinkunft; EuGH, Rs. C-459/03, ECLI:EU:C:2006:345, Rn. 84 – MOX-Plant.

151 EuGH, Rs. C-459/03, ECLI:EU:C:2006:345, Rn. 68 – MOX-Plant.

152 EuGH, Rs. C-459/03, ECLI:EU:C:2006:345, Rn. 93 – MOX-Plant.

153 EuGH, Rs. 22–70, ECLI:EU:C:1971:32, Rn. 15/19 – AETR; EuGH, Gut. 1/94, ECLI:EU:C:1994:384, Rn. 104 f. – WTO.

154 *Bergmann*, Zur Souveränitätskonzeption des Europäischen Gerichtshofs, S. 157.

Mitgliedstaaten. Solche hybriden Streitigkeiten[155] zeigen sich als große Herausforderung, weil die Grenzen kollidierender Rechtsordnungen durch das erkennende Gericht einseitig festgelegt werden.

Die Abgrenzung, ab wann eine Streitigkeit als mitgliedstaatlich oder unionsrechtlich gilt, nimmt der EuGH einseitig zugunsten des Unionsrechts vor. Demnach genüge bereits „ein bedeutender Teil"[156] der Streitigkeit im Bereich einer Unionskompetenz, um das Rechtsprechungsmonopol des EuGH auszulösen. Der Begriff eines „bedeutenden Teils" erfordert nicht den Schwerpunkt der Streitigkeit im Unionsrecht, vielmehr spricht bereits der Zweifel über die Abgrenzung für die Annahme einer unionsrechtlichen Streitigkeit. In der Rs. *MOX-Plant* stellte der EuGH fest, dass für jeden durch Irland schiedsgerichtlich geltend gemachten Klagegrund einschlägiges Sekundärrecht bestand, deshalb verblieb die Frage nach der Reichweite „einer bedeutenden Streitigkeit" offen.[157] Somit ebnete der EuGH den Weg für ein an den Grenzen offeneres Rechtsprechungsmonopol.[158] Unabhängig von der Art der Kompetenz auf legislativer Ebene gelte ab Vertragsschluss eine ausschließliche judikative Zuständigkeit des EuGH.[159] Diese leite sich aus der Autonomie ab und würde lediglich durch Art. 292 EGV (Art. 344 AEUV) bestätigt.[160]

(a) Schutzzweck des Rechtsprechungsmonopols

Für die Ausdehnung des Rechtsprechungsmonopols auf ausschließliche Kompetenzbereiche der Mitgliedstaaten wird der Schutzzweck des Rechtsprechungsmonopols, der sich auf den Erhalt der Einheit und Kohärenz der Unionsrechtsordnung richtet, angeführt.[161] Weil auch hybride Streitigkeiten[162] die Einheit der Rechtsordnung gefährden können – auch wenn sie nicht umfänglich Bestandteil

---

[155] Zum Begriff „hybride Streitigkeit": *Dittert* in: von der Groeben/Schwarze/Hatje (Hrsg.), Europäisches Unionsrecht, Art. 344 AEUV, Rn. 8.

[156] EuGH, Rs. C-459/03, ECLI:EU:C:2006:345, Rn. 120, 135 – MOX-Plant.

[157] Entscheidend waren die RL EG/85/337 und RL 90/313/EWG, vertiefend: *Vranes*, Gemischte Abkommen und die Zuständigkeit des EuGH, EuR 2009, 44 (69ff.).

[158] *Müller*, Das Rechtsprechungsmonopol des EuGH im Kontext völkerrechtlicher Verträge, S. 203f. lehnt diese Ausdehnung mit der Begründung ab, Art. 273 AEUV sei für die mitgliedstaatlichen Abkommensteile eines gemischten Abkommens einschlägig und sehe nur eine fakultative Einbindung des EuGH vor.

[159] *Bergmann*, Zur Souveränitätskonzeption des Europäischen Gerichtshofs, S. 159.

[160] EuGH, Rs. C-459/03, ECLI:EU:C:2006:345, Rn. 123 – MOX-Plant; *Kaiser*, Gemischte Abkommen im Lichte bundesstaatlicher Erfahrungen, S. 98.

[161] *Athen/Dörr* in: Grabitz/Hilf/Nettesheim (Hrsg.), Das Recht der EU, Art. 344 AEUV, Rn. 3, 29.

[162] Streitigkeiten, die sowohl mitgliedstaatliche Kompetenzen als auch Kompetenzen der Union betreffen.

des Unionsrechts wurden –, müsste nach dieser Sichtweise Art. 344 AEUV auch solche Mischformen umfassen. Ist also für die Entscheidung eines Gerichts die Anwendung oder Auslegung unionsrechtlicher Bestimmungen notwendig, dann soll es ausreichend sein, wenn ein bedeutender Teil der Streitigkeit[163] Unionsrecht betrifft, um das Rechtsprechungsmonopol des EuGH auszulösen.[164] In Bezug auf eine restriktive Auslegung des Anwendungsbereichs wird ferner die Gefahr gesehen, dass bei fehlenden ausdrücklichen Gemeinschaftsregelungen aufgrund des Subsidiaritätsprinzips Nachweisschwierigkeiten über die Vollständigkeit von Gemeinschaftsregelungen beständen.[165] Dies hätte aufgrund der unklaren justiziellen Zuständigkeit nicht nur ein hohes Konfliktpotenzial unter den möglichen Streitbeilegungsorganen zur Folge, sondern beinhalte eine erhebliche Rechtsunsicherheit für den Rechtsanwender. Man könnte ebenso über den Wortlaut argumentieren, dass – sofern die Voraussetzungen von Art. 344 AEUV vorlägen, die Streitigkeit also Bestimmungen beträfe, die zumindest auch in die Zuständigkeit der Gemeinschaft fallen – auch die Rechtsfolge mit dem Auslösen des Rechtsprechungsmonopols des EuGH angenommen werden müsse.[166]

Dagegen wird argumentiert, dass lediglich aus der teilweisen Integration eines völkerrechtlichen Abkommens mit einem eigenen Gerichtssystem noch keine Gefahr für die Einheit der Rechtsordnung ausginge.[167] Demnach beziehe sich das Ziel der Einheit des Unionsrechts im Rahmen völkerrechtlicher Abkommen nur auf eine unionsinterne Dimension, um nach außen einheitlich handeln zu können.[168] Gegen diese Beschränkung wird angeführt, völkerrechtliche Spruchkörper könnten partiell auf das Unionsrecht einwirken, insoweit die externe Einrichtung unionsrechtliche Fragen im Einzelfall verbindlich entscheidet.[169] Für den umfassenden Schutz des Unionsrechts vor völkerrechtlichen Einflüssen müsse das Rechtsprechungsmonopol des EuGH also ausgeweitet werden.

Allerdings fiele diese Ausweitung des Rechtsprechungsmonopols konkret zu Lasten des völkerrechtlichen Rechtsschutzes der Mitgliedstaaten aus: Den Mitgliedstaaten würde sogar innerhalb ihres ausschließlichen Kompetenzbereichs

---

[163] EuGH, Rs. C-459/03, ECLI:EU:C:2006:345, Rn. 126 (eine Rolle spielen); 135 (bedeutender Teil der Streitigkeit) – MOX-Plant.

[164] *Athen/Dörr* in: Grabitz/Hilf/Nettesheim (Hrsg.), Das Recht der EU, Art. 344 AEUV, Rn. 29.

[165] *Lock*, Das Verhältnis zwischen dem EuGH und internationalen Gerichten, S. 192.

[166] *Lock*, Das Verhältnis zwischen dem EuGH und internationalen Gerichten, S. 194.

[167] *Müller*, Das Rechtsprechungsmonopol des EuGH im Kontext völkerrechtlicher Verträge, S. 197 ff.

[168] *Müller*, Das Rechtsprechungsmonopol des EuGH im Kontext völkerrechtlicher Verträge, S. 198.

[169] *Athen/Dörr* in: Grabitz/Hilf/Nettesheim (Hrsg.), Das Recht der EU, Art. 344 AEUV, Rn. 29.

die Anrufung völkerrechtlicher Schiedsgerichte untersagt.[170] Sie wären über die gemischten Abkommen völkerrechtlich gebunden, ohne dass ihnen der Weg zu völkerrechtlichen Streitbeilegungsmechanismen offenstände.[171] Es wird deshalb gefordert, den offenen Wortlaut von Art. 344 AEUV für eine restriktive Auslegung auszunutzen.[172] Das Rechtsprechungsmonopol des EuGH müsse demnach auf die Bereiche der Gemeinschaftskompetenzen begrenzt bleiben, um eine Verschiebung des Kompetenzgefüges zwischen den Mitgliedstaaten und der Union zu verhindern.[173] Dieses Kompetenzgefüge ist insbesondere durch den Grundsatz der begrenzten Einzelermächtigung gekennzeichnet.[174] Nach dieser Sichtweise dürfte ein Verstoß gegen das Rechtsprechungsmonopol des EuGH nur angenommen werden, wenn die gesamte Streitigkeit Gemeinschaftsrecht betrifft.

(b) Reichweite von Art. 273 AEUV

Das weite Verständnis des EuGH hinsichtlich seines Rechtsprechungsmonopols nach Art. 344 AEUV könnte den Anwendungsbereich von kollidierendem Unionsrecht, konkret Art. 273 AEUV, in unzulässiger Weise verkürzen. Im Unterschied zu Art. 272 AEUV, der eine Einbindung des EuGH als Schiedsgericht vorsieht, ermöglicht Art. 273 AEUV ein Tätigwerden des EuGH als Unionsorgan.[175] Diese Möglichkeit der Streitbeilegung durch den EuGH nach unionsrechtlichen Maßstäben soll das Rechtsschutzsystem in der Union stärken und Streitigkeiten im Zusammenhang mit dem Unionsrecht nicht völkerrechtlichen Streitbeilegungsmechanismen überlassen.[176] Art. 273 AEUV unterstellt die Zuständigkeit des EuGH der Disposition der Mitgliedstaaten.[177] Art. 344 AEUV

---

170 *Müller*, Das Rechtsprechungsmonopol des EuGH im Kontext völkerrechtlicher Verträge, S. 203.

171 *Oen*, Streitschlichtung zwischen EG-Mitgliedstaaten im Rahmen gemischter Verträge, AVR 2007, 136 (144).

172 *Oen*, Streitschlichtung zwischen EG-Mitgliedstaaten im Rahmen gemischter Verträge, AVR 2007, 136 (145).

173 Zur Streitdarstellung *Bergmann*, Zur Souveränitätskonzeption des Europäischen Gerichtshofs, S. 152.

174 *Karpenstein* in: Grabitz/Hilf/Nettesheim (Hrsg.), Das Recht der EU, Art. 273 AEUV, Rn. 12 weist darauf hin, dass wegen Art. 273 AEUV die Befassung des EuGH als Unionsorgan durch bei einer rein völkerrechtlichen Streitigkeit erfasst, widerspräche dem Prinzip der begrenzten Einzelermächtigung (Art. 5 Abs. 1 EUV) sowie dem Verbot einer schleichenden Vertragserweiterung; *Müller*, Das Rechtsprechungsmonopol des EuGH im Kontext völkerrechtlicher Verträge, S. 203 f.

175 *Ehricke* in: Streinz (Hrsg.), EUV/AEUV, Art. 273 AEUV, Rn. 4; *Karpenstein* in: Grabitz/Hilf/Nettesheim (Hrsg.), Das Recht der EU, Art. 273, Rn. 2.

176 *Ehricke* in: Streinz (Hrsg.), Das Recht der EU, Art. 273 AEUV, Rn. 2.

177 *Cremer* in: Calliess/Ruffert (Hrsg.), EUV/AEUV, Art. 273 AEUV, Rn. 1; *Pechstein*, EU-Prozessrecht, Rn. 991.

und Art. 273 AEUV schließen sich gegenseitig aus, weil Schiedsklauseln hinsichtlich einer ausdrücklichen Zuständigkeit des EuGH unzulässig wären.[178] Ebenso könnte eine Verpflichtung zum Abschluss von Schiedsverträgen im Sinne von Art. 273 AEUV nicht aus Art. 344 AEUV konstruiert werden.[179] Durch einen ausufernden Anwendungsbereich von Art. 344 AEUV wird der Anwendungsbereich des Art. 273 AEUV verkürzt.

(c) Schwellenwert des Rechtsprechungsmonopols?

Trotz der Ausweitung des Rechtsprechungsmonopols löste die *MOX-Plant*-Entscheidung auch Kritik aus der entgegengesetzten Richtung aus, weil der EuGH andeutete, seine judikative Zuständigkeit erstrecke sich nicht auf alle Streitigkeiten mit einem unionsrechtlichen Bezug, sondern nur auf solche, die zu einem „bedeutenden Teil" Unionsrecht beträfen. Diese Andeutung, dass eine Streitigkeit mit unionsrechtlichem Bezug möglicherweise nicht unter das Rechtsprechungsmonopol fiele, entfachte die Diskussion um das Bestehen eines Schwellenwerts für die Auslösung des Rechtsprechungsmonopols. GA *Miguel Poiares Maduro* führte in seinen Schlussanträgen an, dass jede Streitfrage, die der Gemeinschaftskompetenz unterfiele, das Rechtsprechungsmonopol des EuGH beträfe.[180] Es sei in solchen Fällen für die Mitgliedstaaten unstatthaft, die Streitigkeit über völkerrechtliche Mechanismen beizulegen. Dafür spräche, dass das Rechtsprechungsmonopol des EuGH keinen Schwellenwert kenne, vielmehr genüge jeder Unionsrechtsbezug, um das Rechtsprechungsmonopol des EuGH auszulösen. Unter diesem Gesichtspunkt dürfte der EuGH kaum Anforderungen an das Gewicht von Unionsrecht innerhalb einer hybriden Streitigkeit formulieren. Für die Annahme eines „bedeutenden Teils" werden niedrige Anforderungen gelten.[181]

(3) Absicherung des geschriebenen Rechtsprechungsmonopols aus Art. 344 AEUV

Für den Fall, dass der EuGH die vor dem völkerrechtlichen Schiedsgericht angeführten UNCLOS-Bestimmungen als Bestandteil der Gemeinschaftsrechtsord-

---

178 *Ehricke* in: Streinz (Hrsg.), EUV/AEUV, Art. 273 AEUV, Rn. 8.

179 *Schwarze/Wunderlich* in: Schwarze/Becker/Hatje/Schoo (Hrsg.), EU-Kommentar, Art. 273 AEUV, Rn. 3; *Gaitanides* in: von der Groeben/Schwarze/Hatje (Hrsg.), Europäisches Unionsrecht, Art. 273 AEUV, Rn. 4.

180 GA *Maduro*, Schlussanträge v. 18.01.2006 in der Rs. C-459/03, ECLI:EU:C:2006:42, Rn. 14.

181 Siehe auch EuGH, Rs. C-459/03, ECLI:EU:C:2006:345, Rn. 126 – MOX-Plant, hier genügt, dass die unionsrechtlichen Bestimmungen „eine Rolle spielen".

nung einordnen würde, trug Irland hilfsweise vor, der völkerrechtlich vorgesehene Streitbeilegungsmechanismus müsse ebenso als unionsrechtliche Streitbeilegung als mit den Verträgen vereinbar anerkannt werden.[182] Dieser Sichtweise erklärte der EuGH mit Verweis auf die Autonomie jedoch eine klare Absage. Demnach könnten völkerrechtliche Abkommen wegen der Autonomie des Rechtssystems der Gemeinschaft „die ausschließliche Zuständigkeit des Gerichtshofs für die Beilegung von Streitigkeiten zwischen den Mitgliedstaaten über die Auslegung und Anwendung des Gemeinschaftsrechts nicht beeinträchtigen".[183]

Um das geschriebene Rechtsprechungsmonopol aus Art. 344 AEUV abzusichern, nutzt der EuGH das ungeschriebene Rechtsprechungsmonopol als Bestandteil der Autonomie: Sollten auf der Grundlage eines völkerrechtlichen Abkommens neben die Zuständigkeit des EuGH andere gerichtliche Zuständigkeiten treten, dann kann sich aus Sicht des EuGH ausschließlich sein Rechtsprechungsmonopol aus Art. 344 AEUV durch den Schutz der Autonomie durchsetzen.[184] Es wird also die Kollision zwischen den Streitbeilegungsvorschriften des UNCLOS und Art. 344 AEUV nicht durch Art. 344 AEUV, sondern bereits durch die Autonomie gelöst. Die „beiden Rechtsprechungsmonopole" stehen also mit unterschiedlichen Funktionsweisen nebeneinander.

Darüber hinaus wurde der Anwendungsbereich von Art. 344 AEUV gegenüber den eigenen Mitgliedstaaten ausgeweitet. Im Ausgangsfall *MOX-Plant* blieb offen, ob der EuGH einen Schwellenwert für Art. 344 AEUV verlangt, weil er ohnehin einen „bedeutenden Teil" der Streitigkeit in der Zuständigkeit der Gemeinschaft verortete.

cc) Schutz der Unionsrechtsordnung in völkerrechtlichen Abkommen der Mitgliedstaaten

Auswirkungen auf das Unionsrecht ergeben sich nicht lediglich durch die Integration völkerrechtlicher Abkommen in die Unionsrechtsordnung. Der EuGH stellte in der Rs. *Achmea* klar, dass die Autonomie auch beeinträchtigt werden kann, wenn das völkerrechtliche Abkommen nicht Teil der Unionsrechtsordnung ist.[185] Selbst, wenn ein Abkommen in dem Kompetenzbereich eines Mitgliedstaats abgeschlossen wird, müsse die Autonomie gewahrt werden. Diese Position des EuGH führte zu einem Paukenschlag[186] im internationalen Investitionsschutz.

---

[182] EuGH, Rs. C-459/03, ECLI:EU:C:2006:345, Rn. 130 – MOX-Plant.

[183] EuGH, Rs. C-459/03, ECLI:EU:C:2006:345, Rn. 123, 132 – MOX-Plant.

[184] EuGH, Rs. C-459/03, ECLI:EU:C:2006:345, Rn. 123 – MOX-Plant.

[185] EuGH, Rs. C-284/16, ECLI:EU:C:2018:158, Rn. 58 – Achmea.

[186] *Gappa*, Die Vorlageberechtigung von Intra-EU-Schiedsgerichten, BRJ 2018, 115 (115).

Am 6. März 2018 entschied der EuGH in der Rs. *Achmea*, dass Streitbeilegungsmechanismen in einem Investitionsschutzabkommen zwischen Mitgliedstaaten der Union die Autonomie der Rechtsordnung beeinträchtigen und somit unionsrechtswidrig sind.[187] Begründet wurde diese Auffassung eines umfassenden Letztentscheidungsrechts mit dem ungeschriebenen Rechtsgrundsatz der „Autonomie".[188] Der Ausgangsfall betraf ein internationales Investitionsschutzabkommen zwischen der Slowakei und den Niederlanden aus dem Jahr 1991, welches privaten Investoren Klagemöglichkeiten gegen den jeweils ausländischen Staat vor einem Schiedsgericht einräumte. Nach Abschluss des Abkommens trat die Slowakei der Europäischen Union bei, sodass sich im Verhältnis der beiden Staaten die Rechtssätze des Unionsrechts und des Investitionsschutzabkommens überlagerten. Der EuGH musste darüber befinden, ob die Entscheidung eines Schiedsgerichts auf Grundlage des Investitionsschutzabkommens wegen eines Verstoßes gegen das Unionsrecht aufzuheben ist. Er machte dies von der Frage abhängig, ob durch den eingerichteten Streitbeilegungsmechanismus ein Verstoß gegen das Verbot alternativer Streitbeilegung vorliegt und die Einheitlichkeit des Unionsrechts als Bestandteil der Autonomie der Rechtsordnung beeinträchtigt wird. Generalanwalt *Melchior Wathelet*[189] sowie der vorlegende Bundesgerichtshof[190] sahen die Schiedsbestimmung als mit dem Unionsrecht vereinbar an. Der EuGH argumentierte hingegen, der Mechanismus des Investitionsschutzabkommens könne ausschließen, dass über Streitigkeiten in einer Weise entschieden würde, welche die volle Wirksamkeit des Unionsrechts gewährleiste.[191] Durch die Verbindung mit der Autonomie des Unionsrechts überschritt der EuGH die Voraussetzungen und Grenzen des ausdrücklichen Rechtsprechungsmonopols aus Art. 344 AEUV.

Bereits hinsichtlich der Eröffnung des Anwendungsbereichs ergeben sich zwei Schwierigkeiten: Art. 344 AEUV sieht vor, dass sich die Mitgliedstaaten verpflichten, Streitigkeiten über die Auslegung oder Anwendung der Verträge nicht anders als hierin vorgesehen zu regeln. Der Anwendungsbereich kann also erst eröffnet sein, wenn das Schiedsgericht Unionsrecht auslegt. Darüber hinaus ist fraglich, ob eine Streitigkeit zwischen einem Investor und einem Mitgliedstaat unter das Rechtsprechungsmonopol des EuGH fällt.

Insbesondere durch die divergierenden Voraussetzungen des Rechtsprechungsmonopols aus Art. 344 AEUV und der weiter gefassten Autonomie erge-

---

[187] EuGH, Rs. C-284/16, ECLI:EU:C:2018:158, Rn. 59 – Achmea.

[188] EuGH, Rs. C-284/16, ECLI:EU:C:2018:158, Rn. 33 – Achmea.

[189] GA *Wathelet*, Schlussanträge v. 19.09.2017 in der Rs. C-284/16, ECLI:EU:C:2017:699, Rn. 273.

[190] Vorlagebeschluss des BGH in: EuZW 2016, 512 (514), Rn. 36.

[191] EuGH, Rs. C-284/16, ECLI:EU:C:2018:158, Rn. 56 – Achmea.

ben sich Unsicherheiten über die Reichweite des Rechtsprechungsmonopols des EuGH. Der EuGH erklärte, Art. 344 AEUV sei lediglich Resultat („in Art. 344 AEUV verankert") des Rechtsprechungsmonopols als Bestandteil der Autonomie.[192] Nach dieser Sichtweise könnte der engere Anwendungsbereich von Art. 344 AEUV den Anwendungsbereich der Autonomie nicht beschränken, weil die Autonomie als Verfassungsgrundsatz[193] in der Abwägung mit kollidierendem Primärrecht nicht beschränkbar wäre. Diese Rechtsunsicherheit spiegelte sich in den Schlussanträgen des GA *Melchior Wathelet* wider, der im Gegensatz zum EuGH die Anwendungsvoraussetzungen von Art. 344 AEUV zugrunde legte. In der *Achmea*-Entscheidung des EuGH zeigte sich die Autonomie als Garant für ein umfassendes Letztentscheidungsrecht des EuGH.

(1) Unionsrecht als Bestandteil des mitgliedstaatlichen Rechts

Die Frage, ob das Schiedsgericht Unionsrecht anwendet oder auslegt, hängt zunächst von der Frage ab, ob das bilaterale Investitionsschutzabkommen (sog. BIT[194]) Bestandteil des Unionsrechts geworden ist. Ist das BIT kein Bestandteil des Unionsrechts, könnte die Autonomie nur beeinträchtigt sein, wenn es andere Überschneidungen des völkerrechtlichen Streitbeilegungsmechanismus mit Unionsrecht gäbe. Das BIT wurde durch die Mitgliedstaaten aufgrund mitgliedstaatlicher Kompetenzen abgeschlossen und zählt nicht zum Unionsrecht, es wird als mitgliedstaatliches Abkommen nicht über Art. 216 Abs. 2 AEUV in die Unionsrechtsordnung integriert. Dies führte zu der Frage nach dem Verhältnis von Intra-EU-BITs, also völkerrechtlichen Abkommen zwischen zwei Mitgliedstaaten der Union, zu kollidierendem Unionsrecht.[195] Nur, wenn das Unionsrecht in seiner Reichweite auch völkerrechtliche Abkommen der Mitgliedstaaten erfasst, wären Intra-EU-BITs überhaupt am Maßstab des Unionsrechts zu messen. Die Kommission ging von einem umfassenden Anwendungsvorrang des Unionsrechts aus, der sich auch auf Intra-EU-BITs im Kompetenzbereich der Mitgliedstaaten beziehe. Dieser Auffassung folgte der EuGH, der für Intra-EU-BITs ohne eine nähere Problematisierung einen unbeschränkten Prüfungsmaßstab für die Vereinbarkeit mit Unionsrecht zugrunde legte.

Eine hinreichende Überschneidung der Rechtsordnungen des Unionsrechts sowie des völkerrechtlichen Abkommens erblickte der EuGH in den Rechtsquel-

---

192 EuGH, Rs. C-284/16, ECLI:EU:C:2018:158, Rn. 32 – Achmea.

193 EuGH, Rs. C-284/16, ECLI:EU:C:2018:158, Rn. 285 – Achmea; *Thym*, Todesstoß für autonome Investitionsschutzgerichte, https://verfassungsblog.de/todesstoss-fuer-autonome-investitionsschutzgerichte/ (zul. abg. am 15.03.2023).

194 BIT bedeutet bilateraler Investitionsvertrag („*bilateral investment treaty*").

195 *Hummer* in: Vedder/Heintschel von Heinegg (Hrsg.), Europäisches Unionsrecht, Art. 207 AEUV, Rn. 39.

len des völkerrechtlichen Schiedsgerichts. Das Abkommen könnte die Autonomie demnach bereits beeinträchtigen, wenn das Schiedsgericht Unionsrecht in seinen Rechtsquellen „berücksichtigt“. Die Rechtsquellen im streitgegenständlichen Intra-EU-BIT Slowakei/Niederlande definiert Art. 8 BIT. Art. 8 Abs. 6 BIT[196] bestimmt, dass das Schiedsgericht unter anderem das geltende Recht der betroffenen Vertragspartei, als auch alle erheblichen völkerrechtlichen Abkommen zwischen den Vertragsparteien zu berücksichtigen habe.[197] Diese Vorschrift bezieht sich auf das „Recht der Vertragsparteien“, beinhaltet also nicht ausdrücklich unionsrechtliche Vorschriften. Das Rechtsprechungsmonopol aus Art. 344 AEUV bezieht sich jedoch lediglich auf das Unionsrecht sowie völkerrechtliche Abkommen der Union, die einen integralen Bestandteil der Unionsrechtsordnung darstellen.[198] GA *Melchior Wathelet* erkannte daher nur partielle Überschneidungen zwischen dem Unionsrecht und dem BIT.[199] Er kam zu dem Schluss, dass Art. 344 AEUV nicht betroffen und mithin die Autonomie nicht beeinträchtigt sei.[200] Der EuGH erkennt hingegen eine mittelbare Betroffenheit von Unionsrecht und lässt diese für die Eröffnung des Anwendungsbereichs von Art. 344 AEUV genügen. Demnach sei das Unionsrecht sowohl Teil des in jedem Mitgliedstaat geltenden Rechts, als auch als einem internationalen Abkommen zwischen den Mitgliedstaaten entsprungen anzusehen.[201] Indem das BIT gemäß Art. 8 Abs. 6 das geltende Recht der betroffenen Vertragsparteien berücksichtige, könnte das Schiedsgericht daher Unionsrecht auslegen oder sogar anwenden.[202] Es wird mithin unerheblich, dass im schiedsgerichtlichen Verfahren das BIT den Prüfungsgegenstand darstellt und das Unionsrecht lediglich als Teil des mitgliedstaatlichen Rechts berücksichtigt werden könnte.[203] Die Rs. *Achmea* ist die erste Entscheidung des EuGH, die einen Verstoß gegen die Autonomie des Unions-

---

196 Art. 8 Nr. 6 BIT Slow/NL: „Das Schiedsgericht hat auf der Grundlage des Rechts zu entscheiden und dabei insbesondere, aber nicht ausschließlich zu berücksichtigen: – das geltende Recht der betroffenen Vertragspartei; – die Bestimmungen dieses Abkommens und anderer erheblicher Abkommen zwischen den Vertragsparteien; – die Bestimmungen besonderer Vereinbarungen in Bezug auf die Investition; – die allgemeinen Grundsätze des internationalen Rechts.“

197 EuGH, Rs. C-284/16, ECLI:EU:C:2018:158, Rn. 40 – Achmea.

198 *Herrmann* in: Streinz (Hrsg.), EUV/AEUV, Art. 344 AEUV, Rn. 2.

199 GA *Wathelet*, Schlussanträge v. 19.09.2017 in der Rs. C-284/16, ECLI:EU:C:2017:699, Rn. 210.

200 GA *Wathelet*, Schlussanträge v. 19.09.2017 in der Rs. C-284/16, ECLI:EU:C:2017:699, Rn. 229.

201 EuGH, Rs. C-284/16, ECLI:EU:C:2018:158, Rn. 41 – Achmea.

202 EuGH, Rs. C-284/16, ECLI:EU:C:2018:158, Rn. 42 – Achmea.

203 *Simon/Müller*, Das Achmea-Urteil des EuGH und die Auswirkungen auf Streitbeilegungsmechanismen im Rechtsraum der EU, NJOZ 2018, 961 (962); GA *Wathelet*, Schlussanträge v. 19.09.2017 in der Rs. C-284/16, ECLI:EU:C:2017:699, Rn. 45.

rechts annimmt, obwohl der zu Grunde liegende investitionsschutzrechtliche Vertrag kein Abkommen der Union darstellt und daher nicht Teil des Unionsrechts ist.

(2) Streitigkeit zwischen Investor und Mitgliedstaat

Darüber hinaus ermöglicht Art. 8 BIT ausschließlich Streitigkeiten zwischen Investoren und Mitgliedstaaten, nicht aber die Streitbeilegung zwischen Mitgliedstaaten.[204] Mit der Anerkennung des Rechtsprechungsmonopols aus Art. 344 AEUV wird – trotz der fehlenden Voraussetzungen des ausdrücklichen Wortlauts – deutlich, dass durch die Autonomie diese engen Grenzen für das Rechtsprechungsmonopol nicht mehr gelten.

Damit der EuGH seinen weit gefassten Auftrag aus Art. 19 Abs. 1 S. 2 EUV zur Wahrung des Rechts effektiv wahrnehmen kann,[205] muss das Unionsrecht dem EuGH entsprechende Zuständigkeiten einräumen. Diese Zuständigkeitszuweisungen erachtet der EuGH scheinbar als unzureichend. Die Grenzen seiner ausschließlichen Zuständigkeit leitet er deshalb nicht aus dem ausdrücklichen Primärrecht, sondern der Autonomie ab. Den Wortlautgrenzen des Anwendungsbereichs von Art. 344 EUV kommt in Bezug auf völkerrechtliche Streitbeilegungsmechanismen keine eigenständige, beschränkende Bedeutung mehr zu.

dd) Zwischenergebnis

Aus Sicht des EuGH schützt das in Art. 344 AEUV geregelte Rechtsprechungsmonopol das Unionsrecht nicht ausreichend vor völkerrechtlichen Einflüssen. Das Unionsrecht schreibt durch Art. 216 Abs. 2 AEUV eine Bindung der Unionsorgane an völkerrechtliche Abkommen der Union vor. Auf diesem Weg wird der EuGH als Unionsorgan an die Rechtsprechung völkerrechtlicher Spruchkörper gebunden. Diese Bindung ist nur dann unproblematisch, wenn der EuGH nicht daran gehindert wird, das Unionsrecht ohne Fremdeinflüsse verbindlich auszulegen. Über die Autonomie stellt der EuGH sicher, dass der Union und ihren Organen keine Auslegung von unionsrechtlichen Vorschriften verbindlich vorgegeben werden kann.

Erstmals erkannte der EuGH im Gut. 1/91 in wortgleichen Bestimmungen zwischen einem völkerrechtlichen Abkommensentwurf und Unionsrecht die Gefahr, dass er in seiner Auslegung von Unionsrecht an eine fremde Gerichtsbarkeit gebunden werden könnte. In der jüngeren *Achmea*-Entscheidung erklärte der

---

[204] *Simon/Müller*, Das Achmea-Urteil des EuGH und die Auswirkungen auf Streitbeilegungsmechanismen im Rechtsraum der EU, NJOZ 2018, 961 (962); GA *Wathelet*, Schlussanträge v. 19.09.2017 in der Rs. C-284/16, ECLI:EU:C:2017:699, Rn. 138 ff.

[205] Zur Reichweite von Art. 19 Abs. 1 S. 2 siehe S. 129 ff.

EuGH, dass die Autonomie auch durch völkerrechtliche Abkommen der Mitgliedstaaten beeinträchtigt werden könne. Völkerrechtliche Abkommen der Mitgliedstaaten sind nicht Teil der Unionsrechtsordnung und können keine rechtliche Bindung der Unionsorgane begründen. Der EuGH erkennt dennoch in völkerrechtlichen Streitbeilegungsmechanismen, die das innerstaatliche Recht der Mitgliedstaaten als Vertragsparteien verbindlich auslegen, eine Gefahr für die Autonomie des Unionsrechts.

Neuerdings ordnet der EuGH Art. 344 AEUV als Resultat des Rechtsprechungsmonopols als Bestandteil der Autonomie ein. Auf dieser Grundlage kann der Anwendungsbereich von Art. 344 AEUV nicht die Reichweite des Rechtsprechungsmonopols als Bestandteil der Autonomie beschränken. Durch unterschiedliche Voraussetzungen des Rechtsprechungsmonopols aus Art. 344 AEUV und der weiter gefassten Autonomie ergeben sich Unsicherheiten bezüglich der Reichweite des Rechtsprechungsmonopols des EuGH.

b) Schutzmechanismen des Letztentscheidungsanspruchs

Sieht ein völkerrechtliches Abkommen keine hinreichende Beschränkung der Rechtsprechungsreichweite seiner Einrichtungen vor, sodass diese Unionsrecht auslegen oder zumindest im Rahmen des anwendbaren Rechts berücksichtigen können, erhebt der EuGH einen Anspruch auf die verbindliche Letztentscheidung über unionsrechtliche Fragen. Eine wirksame Unterwerfung unter die Entscheidungsgewalt des EuGH wahrt – trotz Eröffnung des Rechtsprechungsmonopols – die Autonomie und ist über drei unterschiedliche Varianten möglich: Eine Einbindung des völkerrechtlichen Gerichts in die Unionsgerichtsbarkeit ist durch die Einrichtung des völkerrechtlichen Gerichts als Gericht im Sinne von Art. 267 AEUV, durch eine vertragliche Zuständigkeitszuweisung an den EuGH oder aber durch eine Aufhebungsmöglichkeit des Schiedsspruchs denkbar.

Wäre das Schiedsgericht als Teil des unionalen Gerichtssystems einzustufen, dann würden dessen Entscheidungen geeigneten Mechanismen zur Gewährleistung der vollen Wirksamkeit des Unionsrechts unterliegen – ein Verstoß gegen die Autonomie wäre ausgeschlossen.[206] Allerdings formuliert der EuGH an eine solche Gerichtsbarkeit hohe Voraussetzungen.

---

206 EuGH, Rs. C-284/16, ECLI:EU:C:2018:158, Rn. 43 – Achmea mit Nachweis auf EuGH, Rs. C -146/13, ECLI:EU:C:2015:298, Rn. 82 – Patentgericht; ausgeführt am Beispiel des Europ. Patentgerichts von *Tilmann*, Das Europäische Patentgericht nach dem Gutachten 1/09 des EuGH, GRUR Int 2011, 499 (499).

aa) Integration des Schiedsgerichts in die Unionsgerichtsbarkeit

Eine Vorlageberechtigung des völkerrechtlichen Gerichts besteht jedenfalls, wenn dieses als „Gericht eines Mitgliedstaats" im Sinne von Art. 267 AEUV anzusehen ist. Als Teil der Unionsgerichtsbarkeit wäre es vorlageberechtigt und -verpflichtet, sodass ein Letztentscheidungsrecht des EuGH abgesichert würde.

(1) Völkerrechtlicher Spruchkörper als Gericht eines Mitgliedstaats iSv Art. 267 AEUV

Das Vorabentscheidungsverfahren aus Art. 267 AEUV versteht der EuGH als „ein Instrument der Zusammenarbeit zwischen dem Gerichtshof und den nationalen Gerichten, mit Hilfe dessen Erster Letzteren die Kriterien für die Auslegung des Unionsrechts an die Hand gibt, die sie für die Entscheidung der bei ihnen anhängigen Rechtsstreitigkeiten benötigen".[207] Als Teil des Unionsrechts legt der EuGH dieses „Instrument" in seiner Reichweite selbst aus. Somit obliegt es auch der Feststellung des EuGH, welche Anforderungen er an Einrichtungen stellt, um als Gericht iSv Art. 267 AEUV eingeordnet zu werden.[208]

Das Vorabentscheidungsverfahren ist von zentraler Bedeutung für die Wahrung des Unionsrechts, indem es die gleiche Wirkung des Unionsrechts sicherstellt.[209] Das Vorabentscheidungsverfahren sei „das Schlüsselelement des so gestalteten Gerichtssystems", weil es durch die Einführung eines Dialogs von Gericht zu Gericht gerade zwischen dem Gerichtshof und den Gerichten der Mitgliedstaaten die einheitliche Auslegung des Unionsrechts garantiere und damit die Sicherstellung seiner Kohärenz, seiner vollen Geltung und seiner Autonomie gewährleiste.[210] Bereits die Prüfungsreihenfolge in der Rs. *Achmea* bezeugt, dass es dem EuGH für die Wahrung der Autonomie maßgeblich auf ein effektives Vorabentscheidungsverfahren iSd Art. 267 AEUV ankommt.[211] Würde nun das Vorabentscheidungsverfahren eingeschränkt, beispielsweise mangels Einbindung des Schiedsgerichts in die Unionsgerichtsbarkeit, würde die Geltung des Unionsrechts beschränkt und dadurch die Autonomie beeinträchtigt.[212] Die

---

[207] EuGH, Rs. C-297/88, ECLI:EU:C:1990:360, Rn. 33 – Dzodzi; *Karpenstein* in: Grabitz/Hilf/Nettesheim (Hrsg.), Das Recht der EU, Art. 267 AEUV, Rn. 1 mwN.

[208] Etwas weitgehend ist die Formulierung, der EuGH habe die Entscheidung über die Gerichtsqualität selbst „in der Hand", *Behrens*, Zur Vorlagebefugnis von Schiedsgerichten, EuZW 2018, 49 (49).

[209] EuGH, Gut. 1/09, ECLI:EU:C:2011:123, Rn. 83 – Patentgericht.

[210] EuGH, Rs. C-284/16, ECLI:EU:C:2018:158, Rn. 37 – Achmea; EuGH, Gut. 2/13, ECLI:EU:C:2014:2454, Rn. 176 – EMRK.

[211] *Pechstein/Kubicki* in: Pechstein/Nowak/Häde (Hrsg.), Frankfurter Kommentar EUV/GRC/AEUV, Art. 19 EUV, Rn. 53.

[212] EuGH, Rs. C-284/16, ECLI:EU:C:2018:158, Rn. 58 f. – Achmea.

Gretchenfrage lautet also, unter welchen Voraussetzungen sich ein Schiedsgericht als Gericht im Sinne von Art. 267 AEUV einstufen lässt.

Die Prüfungskriterien des EuGH für die Anerkennung eines Schiedsgerichts als Bestandteil der Unionsgerichtsbarkeit änderte sich mit der Entscheidung in der Rs. *Achmea.*[213] Früher verlangte der EuGH die summarische Erfüllung bestimmter Merkmale, die er selbst definierte. Entscheidend war demnach unter anderem die gesetzliche Grundlage der Einrichtung, ein ständiger Charakter, eine obligatorische Gerichtsbarkeit, ein streitiges Verfahren und die Anwendung von Rechtsnormen durch die Einrichtung sowie deren Unabhängigkeit.[214]

Anhand dieser Kriterien überprüfte auch GA *Melchior Wathelet* in einer formalisierten Herangehensweise die Voraussetzungen an das Schiedsgericht, indem er die bisherige Rechtsprechung des EuGH auf Schiedsgerichte der Investor-Staat-Streitbeilegung (*Investor-State-Dispute-Settlement* – ISDS) überträgt. Knackpunkt war dabei das Erfordernis einer gesetzlichen Grundlage des Schiedsgerichts: Schiedsgerichte auf der Grundlage privatautonomer Vereinbarungen waren demnach nicht vorlageberechtigt,[215] solche Schiedsgerichte auf der Grundlage gesetzlicher Bestimmungen hingegen schon.[216] Für das Schiedsgericht auf der Grundlage von Art. 8 BIT kam GA *Melchior Wathelet* zum Ergebnis, die gesetzliche Grundlage ergebe sich aus den nationalen Zustimmungsgesetzen der Vertragsparteien.[217] Er kam zu dem Schluss, dass die Kriterien an die Anerkennung des Schiedsgerichts als mitgliedstaatliches Gericht erfüllt seien.[218]

In seiner *Achmea*-Entscheidung rückte der EuGH von dieser kleinteiligen Prüfung ab. Vielmehr vollzog er für die Gerichtsqualifizierung iSv Art. 267 AEUV eine Gesamtbetrachtung im Einzelfall. Anstatt die einzelnen Voraussetzungen an die Gerichtsqualität zu prüfen, betrachtet der EuGH auf der Folgenseite das systemische Risiko des Schiedsgerichts bei einer Anerkennung als Teil der Unionsgerichtsbarkeit. Daher reduziert er seine Ausführungen auf das Verhältnis des Schiedsgerichts zum mitgliedstaatlichen Gerichtssystem.[219] Als Entscheidungskriterium nutzt er die Vergleichbarkeit zu den nationalen Gerichten. So bestehe

---

[213] EuGH, Rs. C-284/16, ECLI:EU:C:2018:158, Rn. 43 ff. – Achmea.

[214] EuGH, C 377/13, ECLI:EU:C:2014:1754, Rn. 23 – Ascendi; EuGH, C 394/11, EU:C:2013:48, Rn. 38 – Belov; EuGH, Rs. C-196/09, ECLI:EU:C:2011:388, Rn. 37 – Miles u. a.

[215] EuGH, Rs. 102/81, ECLI:EU:C:1982:107 – Nordsee; EuGH, Rs. C-125/04, ECLI:EU:C:2005:69, Rn. 13 – Benuit und Cordenier.

[216] EuGH, Rs. C-377/13, ECLI:EU:C:2014:1754, Rn. 28 – Ascendi; EuGH, Rs. C-555/13, ECLI:EU:C:2014:92, Rn. 18 – Merck.

[217] *Brauneck*, Multilateraler Gerichtshof und EuGH-Achmea-Urteil: Das Ende aller EU-mitgliedstaatlich vereinbarten Schiedsgerichte?, EuR 2018, 429 (449 f.; 454).

[218] GA *Wathelet*, Schlussanträge v. 19.09.2017 in der Rs. C-284/16, ECLI:EU:C:2017:699, Rn. 89.

[219] EuGH, Rs. C-284/16, ECLI:EU:C:2018:158, Rn. 44 – Achmea.

kein Risiko, wenn ein völkerrechtlicher Spruchkörper mit dem nationalen Rechtsweg verknüpft sei. Diese Konstellation bestehe jedoch nicht bei dem vorliegenden Schiedsgericht: Weil das Schiedsgericht auf Grundlage des Art. 8 BIT nicht in das mitgliedstaatliche Gerichtssystem eingeordnet sei, sei das Schiedsgericht nicht als Gericht im Sinne von Art. 267 AEUV einzustufen.[220]

(2) Gemeinsames Gericht von Mitgliedstaaten

Es ist möglich, dass mehrere Mitgliedstaaten ein gemeinsames Gericht errichten, das dem EuGH Fragen zur Vorabentscheidung vorlegen kann.[221] Entscheidend kommt es darauf an, ob durch die Errichtung eines völkerrechtlichen Gerichts lediglich der nationale Rechtsweg verlängert würde. Beispielsweise ordnet der EuGH den Benelux-Gerichtshof als ein Gericht im Sinne von Art. 267 AEUV ein, weil er die nationale Gerichtsbarkeit verlängere, indem er mit ihr prozessual verknüpft sei.[222] Diese Möglichkeit völkerrechtlicher Gerichte, als Verlängerung der nationalen Gerichtsbarkeit Vorlagen an den EuGH zu richten, dient einem umfassenden Vorabentscheidungsmechanismus, um die einheitliche Auslegung des Gemeinschaftsrechts zu gewährleisten.[223]

(a) Verlängerung des nationalen Rechtswegs

Dagegen bilden Schiedsgerichte auf der Grundlage von BITs regelmäßig keine Verlängerung des nationalen Rechtswegs. So gelangt der EuGH in der Rs. *Achmea* zu dem Ergebnis, dass das Schiedsgericht auf der Grundlage des BIT kein Gericht mehrerer Mitgliedstaaten sei, weil es an „Verbindungen mit den Gerichtssystemen" der Mitgliedstaaten fehle.[224] Vielmehr sei der Ausnahmecharakter der Schiedsgerichtsbarkeit im Verhältnis zu den Gerichten der Mitgliedstaaten ein Hauptgrund für das Bestehen von Art. 8 BIT.[225] Diese Sichtweise bekräftigt[226] der EuGH nochmals, indem den Unionsgerichten durch die Schiedsbestimmung Rechtsstreitigkeiten entzogen würden.[227]

---

220 EuGH, Rs. C-284/16, ECLI:EU:C:2018:158, Rn. 45 – Achmea.

221 EuGH, Rs. C-284/16, ECLI:EU:C:2018:158, Rn. 47 – Achmea; EuGH, Rs. C-337/95, EU:C:1997:517, Rn. 21 – Dior; EuGH, Rs. C-196/09, EU:C:2011:388, Rn. 41 – Miles u. a.

222 *Jaeger*, Zum Vorschlag einer permanenten Investitionsgerichtsbarkeit, EuR 2016, 203 (217).

223 EuGH, Rs. C-337/95, ECLI:EU:C:1997:517, Rn. 23 – Dior.

224 EuGH, Rs. C-284/16, ECLI:EU:C:2018:158, Rn. 48 – Achmea mit Verweis auf EuGH, Rs. C-196/09, EU:C:2011:388, Rn. 41 – Miles u. a.

225 EuGH, Rs. C-284/16, ECLI:EU:C:2018:158, Rn. 45 – Achmea.

226 EuGH, Rs. C-284/16, ECLI:EU:C:2018:158, Rn. 55 – Achmea.

227 Deutscher Bundestag, Wissenschaftliche Dienste, Das Urteil des EuGH vom 6. März 2018 in der Rs. C-284/16 (Slowakische Republik/Achmea BV) und seine Auswirkungen auf

(b) Keine Drittstaatenbeteiligung

An dieser Verbindung mit den mitgliedstaatlichen Gerichtssystemen fehlt es ebenfalls, wenn ein Drittstaat an dem Abkommen beteiligt ist.[228] Erst ohne eine Beteiligung von Drittstaaten wäre möglich, dass ein völkerrechtlicher Spruchkörper in die Unionsgerichtsbarkeit eingebettet wird. Daraus ergeben sich greifbare Konsequenzen: Eine Integration völkerrechtlicher Streitbeilegungsmechanismen in die Unionsgerichtsbarkeit ist nur möglich, wenn die völkerrechtliche Errichtungsgrundlage eine Beteiligung von Drittstaaten ausschließt. Für andere Abkommen, beispielsweise Extra-EU-BITs, aber auch ein mögliches Europäisches Patentgericht, wird eine Integration in die Unionsgerichtsbarkeit ausgeschlossen.

Es ist grundsätzlich möglich, dass auch völkerrechtliche Spruchkörper Teil der Unionsgerichtsbarkeit und mithin vor dem EuGH vorlageberechtigt und -verpflichtet sind. Allerdings ist dies nur möglich, wenn keine Drittstaaten am Abkommen beteiligt werden und der völkerrechtliche Spruchkörper sich der Letztentscheidungsgewalt des EuGH unterwirft. Dabei sind die Durchgriffsmöglichkeiten auf den völkerrechtlichen Spruchkörper entscheidend, der im innerstaatlichen Gerichtssystem wie ein mitgliedstaatliches Gericht eingegliedert sein muss.

(3) Gerichtskriterien als Ergebnis einer Folgenbetrachtung

Der EuGH nutzte in der Rs. *Achmea* seinen Gestaltungsraum für die Formulierung von Anforderungen völkerrechtlicher Einrichtungen als Bestandteil der Unionsgerichtsbarkeit. Fortan orientiert er seine Prüfung an einer auf eine Folgenbetrachtung ausgerichtete Gesamtschau. Zwar benannte der EuGH schon früher seine Prüfungspunkte lediglich als beispielhaft, dennoch ließ die Prüfung der Kriterien eine gewisse Voraussehbarkeit zu. Insgesamt lässt sich die Änderung der Prüfungskriterien durch den EuGH als „weicher Wandel" einstufen. Mittels der neuen Gesamtschau gelingt es dem EuGH, Wertungswidersprüche in der kleinteiligen Prüfung zur Anerkennung völkerrechtlicher Spruchkörper zu überdecken. Trotz der sorgfältigen Prüfung des GA *Melchior Wathelet* gelang dem EuGH, dem auf dem BIT beruhenden Schiedsgericht somit die Qualität eines Unionsgerichts absprechen, ohne sich mit dessen Argumentation auseinanderzusetzen.

CETA und den multilateralen Investitionsgerichtshof, BT PE 6 – 3000 – 57/18, S. 9, https://www.bundestag.de/resource/blob/560170/0007e0be4628aca2ab6a77e73a39fc8f/PE-6-057-18-pdf-data.pdf (zul. abg. am 15.03.2023).

[228] *Tilmann*, Das Europäische Patentgericht nach dem Gutachten 1/09 des EuGH, GRUR Int 2011, 499 (499).

Hinter den vom EuGH vormals aufgeführten Merkmalen verbarg sich der Gedanke der Vergleichbarkeit des Schiedsgerichts gegenüber den Unionsgerichten.[229] Deshalb bildeten die Merkmale keine abschließende, sondern nur eine exemplarische Aufzählung.[230] Bislang umfassten diese ausdrücklich genannten Merkmale nicht das Erfordernis, die völkerrechtliche Einrichtung müsse zum mitgliedstaatlichen Gerichtssystem zählen.[231] Ohne eine Verknüpfung des völkerrechtlichen Schiedsgerichts mit der nationalen Gerichtsbarkeit fehlt es aber an dieser Vergleichbarkeit zu den Vorlagemechanismen der Unionsgerichte. Für diesen Beweggrund des EuGH spricht auch die Zurückweisung der Argumentation des GA *Melchior Wathelet*: Dieser verwies auf eine Entscheidung[232] des EuGH, in welcher der EuGH portugiesische Schiedsgerichte als vorlageberechtigt einstufte, obwohl ihre Anrufung freiwillig war.[233] Dieses wiederum weite Gerichtsverständnis könnte für das grundsätzliche Bestreben[234] des EuGH sprechen, durch einen umfassenden Vorabentscheidungsmechanismus den Schutz der Eigenheiten des Unionsrechts zu gewährleisten. Eine Ausweitung auf Schiedsgerichte, die nicht in die Unionsgerichtsbarkeit eingeordnet sind, wäre jedoch nicht denkbar, weil es bereits an den Mechanismen einer effektiven Einbindung in die innerstaatliche Gerichtsbarkeit fehlen würde. Es wird deutlich, dass die Frage nach der Ausdehnung des Gerichtsbegriffs einen Konflikt zwischen einem umfassenden Vorabentscheidungsverfahren und einem etablierten, stabilisierten System darstellt.[235] In dieser Abwägung entstand mit dem Ziel der weiterreichenden Einbeziehung von Schiedsgerichten der Vorschlag, der Begriff des Unionsgerichts müsse erweitert werden. Um eine Einordnung als „Gericht eines Mitgliedstaats“ zu rechtfertigen, sollte eine Schwerpunktbetrachtung vorgenommen werden. *Joachim Gruber* meint, dass die Gerichte solcher Völkerrechtssubjekte, die überwiegend von Mitgliedstaaten der Union beherrscht werden, dem EuGH vorlageberechtigt und -verpflichtet sein müssten.[236]

---

[229] Der EuGH grenzt daher bei der Prüfung von einem „Schiedsgericht im engeren Sinn“ ab: EuGH, Rs. C-377/13, Rn. 29 – Ascendi.

[230] EuGH, Rs. C-555/13, ECLI:EU:C:2014:92, Rn. 17 – Merck Canada; EuGH, Rs. C-377/13, ECLI:EU:C:2014:1754, Rn. 23 – Ascendi.

[231] *Classen*, Autonomie des Unionsrechts als Festungsring?, EuR 2018, 361 (366).

[232] EuGH, Rs. C-377/13, ECLI:EU:C:2014:1754, Rn. 24 ff. – Ascendi.

[233] GA *Wathelet*, Schlussanträge v. 19.09.2017 in der Rs. C-284/16, ECLI:EU:C:2017:699, Rn. 112.

[234] *Miller*, Autonomie des Unionsrechts versus Schiedsgerichtsbarkeit, EuZW 2018, 357 (361).

[235] *Gundel*, Die Öffnung des Vorabentscheidungsverfahrens zum EuGH für nichtmitgliedstaatliche Gerichte, EuZW 2019, 934 (934).

[236] *Gruber*, Muss die Große Beschwerdekammer des EPA bei Auslegungsfragen zur Richtlinie 98/44/EG dem EuGH vorlegen?, GRUR Int 2009, 907 (911).

Die Ausweitung des Unionsgerichtsbegriffs ist indes weder notwendig, noch kann eine Schwerpunktbetrachtung überzeugen. Sie ist zunächst nicht notwendig, weil das Letztentscheidungsrecht des EuGH auch durch mildere Unterwerfungsmöglichkeiten – konkret einer völkervertraglichen Zuständigkeitszuweisung an den EuGH oder aber einer nachträglichen Aufhebungsmöglichkeit – gewährleistet werden könnte. Dabei gibt es bereits zahlreiche Beispiele[237] für völkerrechtliche Zuständigkeitserweiterungen des EuGH.[238] Darüber hinaus kann eine Erweiterung mittels einer Schwerpunktbetrachtung nicht überzeugen, weil eine klare Abgrenzung nicht möglich ist. Insbesondere bei der Änderung der Mehrheitsverhältnisse von Unions- und Nicht-EU-Staaten durch den Ein- oder Austritt von Mitgliedstaaten des Abkommens wäre eine „Oszillation[239] der Rechtsnatur“[240] des völkerrechtlichen Gerichts möglich.

bb) Vertragliche Zuständigkeitszuweisung an den EuGH

Grundsätzlich ist die Einbindung des EuGH auch durch eine vertragliche Zuständigkeitszuweisung in Verfahren auf Grundlage völkerrechtlicher Abkommen der Union möglich: Eine Übertragung zusätzlicher Aufgaben auf den EuGH verfälscht für sich genommen nicht dessen unionsrechtlich bestehenden Befugnisse.[241] So entschied der EuGH erstmals im Gut. 1/91 zum EWR-Abkommen, eine Zuständigkeitserweiterung des EuGH durch ein völkerrechtliches Abkommen sei grundsätzlich zulässig.[242] Der EWG-Vertrag schließe nicht aus, dass ein völkerrechtliches Abkommen dem Gerichtshof eine Zuständigkeit für die Auslegung von Abkommensbestimmungen zur Anwendung in Drittstaaten übertrage.[243] Dafür spricht, dass die Auslegung von Unionsrecht die vornehmste Aufgabe des EuGH sei und mithin die Übertragung von Auslegungsverantwortung für das Unionsrecht auf der Grundlage völkerrechtlicher Verträge der Union auf den

---

237 Dabei geht es nur um die Auslegung des völkerrechtlichen Abkommens, nicht aber Unionsrecht: Gründungsvertrag: ABl. 2019 L 176, 1; GELR: ABl. 2006 L 285, 3.

238 *Gundel*, Die Öffnung des Vorabentscheidungsverfahrens zum EuGH für nichtmitgliedstaatliche Gerichte, EuZW 2019, 934 (934).

239 Oszillation beschreibt die Schwankung zwischen Zuständen.

240 *Ullrich*, Internationale Gerichte bzw. Beschwerdeausschüsse und das Vorlageverfahren an den EuGH nach Art. 267 AEUV, EuR 2010, 573 (577 f.).

241 EuGH, Gut. 1/92, ECLI:EU:C:1992:189, Rn. 32 – EWR II; EuGH, Gut. 1/00, Rn. 21, 23, 26; EuGH, Gut. 1/09, ECLI:EU:C:2011:123, Rn. 75 – Patentgericht.

242 Völkervertraglich ist die Zuständigkeitszuweisung an den EuGH in Art. 107 EWR-Abkommen geregelt. Dem Gut. 1/91 lag der Art. 104 Abs. 2 EWR-Abkommensentwurf zugrunde, der ein Protokoll Nr. 34 vorsah. Dessen Bestimmungen sollten den EFTA-Staaten die Kompetenzübertragung ermöglichen, vgl. EuGH, Gut. 1/91, ECLI:EU:C:1991:490, Rn. 55 – EWR I.

243 EuGH, Gut. 1/91, ECLI:EU:C:1991:490, Rn. 59 – EWR I.

EuGH mit Unionsrecht vereinbar sein müsse.[244] Wird eine solche Zuständigkeitszuweisung vertraglich vorgesehen, muss aber die unionsrechtliche Stellung des EuGH, die sich in seinem Letztentscheidungsrecht widerspiegelt, effektiv abgesichert werden. Die Voraussetzungen an diese Absicherung unterscheiden sich nach den Gefährdungslagen für das Unionsrecht. Konkret kommt es darauf an, ob die Zuständigkeit der Einrichtung durch die völkervertragliche Errichtungsgrundlage „begründet" oder eine bestehende Zuständigkeit der Unionsgerichtsbarkeit auf eine völkervertragliche Einrichtung „übertragen" werden soll.

In jedem Fall müssen die Entscheidungen des EuGH für den völkerrechtlichen Spruchkörper eine Verbindlichkeit entfalten. Diese Verbindlichkeit muss zusätzlich durch einen Haftungsmechanismus[245] abgesichert werden, wenn eine Zuständigkeit auf einen völkerrechtlichen Spruchkörper übertragen wird, die ihrerseits bereits „unionalisiert" war, indem sie mitgliedstaatlichen Gerichten oblag. Eine solche Absicherung ist dagegen nicht erforderlich, wenn die Zuständigkeit durch ein völkerrechtliches Abkommen neu begründet wird.

(1) Begründung völkerrechtlicher Zuständigkeiten

Es verwundert, dass auch für den Fall der Schaffung völkerrechtlicher Zuständigkeiten eine Verbindlichkeit der EuGH-Entscheidungen anerkannt werden muss, wenn dieser in Streitbeilegungsverfahren eingebunden werden soll. Die Vorlagefragen im Rahmen „drittstaatlicher Vorabentscheidungsersuchen"[246] betreffen kein Unionsrecht, sondern die Auslegung des völkerrechtlichen Abkommens. Ein externer Einfluss auf die Unionsrechtsordnung ist somit ausgeschlossen. Dies erkennt der EuGH zumindest insoweit an, als dass im Kontext des EWR-Abkommens eine Vorlagepflicht der drittstaatlichen Gerichte der EFTA-Staaten nicht erforderlich sei.[247] Solange die Zuständigkeitszuweisung an den EuGH keine Auswirkungen auf das Unionsrecht bilden kann, dürfte der EuGH also an diese Verfahren keine gesteigerten Zulässigkeitsanforderungen formulieren. Dennoch stellte der EuGH fest, dass die auf einer völkerrechtlichen Zuständigkeitsgrundlage erfolgten Entscheidungen des EuGH für die vorlegenden Gerichte verbindlich sein müssten.[248] Fehle es an einer solchen Bindungswirkung, würde die Aufgabe des Gerichtshofs verfälscht.[249] Diese Sichtweise begründet

---

[244] *Frau*, Das Brexit-Abkommen und Europarecht, S. 126.

[245] EuGH, Gut. 1/09, ECLI:EU:C:2011:123, Rn. 86 ff. – Patentgericht.

[246] *Howald*, Der Ausbau der deutschen Patentgerichtsbarkeit – Konsequenzen und Möglichkeiten für die Schweiz, S. 108.

[247] Ein „grundsätzlicher Einwand" gegen die fehlende Vorlagepflicht könne daher nicht erhoben werden, EuGH, Gut. 1/91, ECLI:EU:C:1991:490, Rn. 60 – EWR I.

[248] EuGH, Gut. 1/91, ECLI:EU:C:1991:490, Rn. 59, 61–65 – EWR I.

[249] EuGH, Gut. 1/91, ECLI:EU:C:1991:490, Rn. 61 – EWR I.

der EuGH mit einer möglicherweise entstehenden rechtlichen „Unsicherheit" der Mitgliedstaaten über die rechtliche Bedeutung der Entscheidungen des EuGH.[250] Bemerkenswert ist, dass der EuGH diese verbindliche Wirkung also aus einer faktischen Erwägung trifft: Die Rechtsprechung des EuGH müsse in allen Konstellationen verbindlich sein, um die Autorität des EuGH zu sichern. Diese Anforderung für die Annahme dieser Gewährleistung konkretisierte der EuGH später im Gut. 1/09 betreffend die Errichtung eines Europäischen Patentgerichts.

(2) Übertragung mitgliedstaatlicher Gerichtszuständigkeiten

Bislang liegt die Zuständigkeit für die Entscheidung über Patente bei den mitgliedstaatlichen Gerichten, wobei sich die Rechtswege organisatorisch in den jeweiligen Mitgliedstaaten unterscheiden. Über ein völkerrechtliches Abkommen zur Errichtung eines Europäischen Patentgerichts sollten die Verfahren auf europäischer Ebene vereinheitlicht werden.

(a) Europäisierung des Patentschutzes

Das auf Antrag des Rates nach Art. 218 Abs. 11 AEUV erstellte Gut. 1/09 des EuGH erkennt in dem Abkommensentwurf des Rates, der die Schaffung eines Europäischen Patentgerichts vorsieht, einen Verstoß gegen die Autonomie der Unionsrechtsordnung. Demnach sei eine Zuständigkeitsübertragung, welches dem außerhalb der Unionsgerichtsbarkeit stehenden Patentgericht ermöglicht, Unionsrecht auszulegen und anzuwenden, unzulässig.[251]

Das Bestreben nach der Schaffung eines Europäischen Patentgerichts folgt einem tatsächlichen Problem im Patentschutz: Das Ziel der Errichtung eines europäischen Patentgerichts ist Teil einer Europäisierung des Patentrechts. Dazu zählte bereits 1973 die Einführung eines europäischen Patents.[252] Auf der Grundlage des Europäischen Patentübereinkommens (EPÜ) erteilt das von der Union unabhängige Europäische Patentamt europäische Patente. Das Vergabeverfahren organisiert institutionell das Europäische Patentamt auf der Grundlage von Art. 4 Abs. 1 EPÜ. Das Europäische Patent vereinheitlichte jedoch lediglich die Eintragung der Patente. Hinsichtlich der Durchsetzung stellt es sich als ein „Bündelpatent" heraus, es zerfällt in die einzelnen nationalen Schutzrechte.[253] Die natio-

---

250 EuGH, Gut. 1/91, ECLI:EU:C:1991:490, Rn. 62–64 – EWR I.

251 EuGH, Gut. 1/09, ECLI:EU:C:2011:123, Rn. 89 – Patentgericht.

252 Europäisches Patentübereinkommen (EPÜ) v. 05.10.1973 (https://www.epo.org/law-practice/legal-texts/html/epc/2016/d/EPC_conv_20191101_de_20191021.pdf (zul. abg. am 15.03.2023)).

253 vgl. Art. 64 Abs. 1 EPÜ; *Obergfell/Heuck* in: Dauses/Ludwigs (Hrsg.), Handbuch des EU-Wirtschaftsrechts, C.III., Rn. 66.

nalen Schutzrechte richten sich dann sowohl in ihrem materiellen Schutzbereich, als auch in der formellen Durchsetzbarkeit, nach dem jeweils nationalen Recht. Um einen einfacheren und besseren Schutz von Patenten zu gewährleisten, ist ein einheitlicher europäischer Schutz wünschenswert. Die konkrete Ausgestaltung eines solchen europäischen Patentschutzes war Ausgangspunkt einiger Streitigkeiten, die knapp anhand des deutschen Patentrechts erläutert werden sollen:[254]

Im deutschen Patentrecht werden bisher Nichtigkeits- und Verletzungsverfahren getrennt.[255] Nichtigkeitsverfahren betreffen die Überprüfung der Gültigkeit eines Patents, während Verletzungsverfahren auf die Prüfung der Verletzung eines Patents gerichtet sind. Durch die Trennung der Verfahrensarten finden in Deutschland lediglich wenige Nichtigkeitsverfahren statt, was einen effektiveren Rechtsschutz ermöglicht und einen Beitrag zur Rechtssicherheit leistet.[256] Der Abkommensentwurf sieht dagegen im Sinne der Rechtstradition der überwiegenden Mitgliedstaaten eine solche Trennung nicht vor. Neben der fehlenden Unterscheidung wurde die Einbindung des EuGH als Revisionsinstanz eines einheitlichen europäischen Patentgerichts als Gefahr für die Qualität der patentrechtlichen Entscheidungen eingeordnet.[257] Im Ergebnis setzten sich diese inhaltlichen Eckpfeiler aber durch und bildeten die Grundlage für den Abkommensentwurf, der dem Gut. 1/09 zugrunde lag.

(b) Gut. 1/09 zur Errichtung eines Europäischen Patentgerichts

Dieser Abkommensentwurf sah die Errichtung eines Europäischen Patentgerichts auf der Grundlage eines gemischten Abkommens unter der Beteiligung von der Union, den Mitgliedstaaten sowie Drittstaaten vor.[258] Einleitend betonte der EuGH seine ständige Rechtsprechung, dass „ein internationales Abkommen, das die Schaffung eines mit der Auslegung seiner Bestimmungen betrauten Gerichts

[254] Unter den europäischen Staaten beantragt Deutschland am häufigsten Europäische Patente, https://www.presseportal.de/pm/24954/4215465 (zul. abg. am 15.03.2023).

[255] *Pitz* in: Pitz (Hrsg.), Patentverletzungsverfahren, Teil 7 I. Verfahrensgrundsätze, Rn. 138.

[256] *Pagenberg*, Neue Überlegungen zur europäischen Patentgerichtsbarkeit – Ist Deutschland noch zu retten?, GRUR Int. 2010, 195 (196); allerdings führt die Trennung auf der Kehrseite bei parallel geführten Verletzungs- und Nichtigkeitsverfahren zu höheren Verfahrensdauern, die in Deutschland im Durchschnitt etwa zwei Jahre dauern und den Verletzungsbeklagten somit benachteiligen, *Keussen*, Das Trennungsprinzip im Patentrecht – ein Auslaufmodell?, GRUR 2021, 257 (257 f., 261).

[257] *Pagenberg*, Die Zukunft nationaler Patentgerichte im System einer künftigen europäischen Gerichtsbarkeit, GRUR 2009, 314 (316).

[258] Arbeitsdokument des Rates v. 23.03.2009, Nr. 7928/09, https://data.consilium.europa.eu/doc/document/ST%207928%202009%20INIT/DE/pdf (zul. abg. am 15.03.2023).

vorsieht, nicht grundsätzlich mit dem Unionsrecht unvereinbar ist".[259] Der Abkommensentwurf zum Europäischen Patentgericht war jedoch nach den Feststellungen des EuGH nicht mit dem Unionsrecht vereinbar, weil er einem völkerrechtlichen Gericht eine ausschließliche Zuständigkeit für die Entscheidung über eine beträchtliche Zahl von Klagen Einzelner im Zusammenhang mit dem Gemeinschaftspatent und zur Auslegung und Anwendung des Unionsrechts in diesem Bereich übertragen und somit die bestehenden Zuständigkeiten verfälschen würde.[260] Das Gutachten folgt damit den Schlussanträgen der Generalanwälte.[261] Der Abkommensentwurf sah als Rechtsquelle unter anderem die Berücksichtigung von Unionsrecht vor.[262] Somit hätte das ausschließlich zuständige Patentgericht Unionsrecht anwenden und auslegen können. Der EuGH erkannte hierin keinen Verstoß gegen das Rechtsprechungsmonopol des EuGH aus Art. 344 AEUV. Einen solchen Verstoß lehnte er mit der Begründung ab, dass Art. 344 AEUV darauf beschränkt sei, den Mitgliedstaaten zu verbieten, Streitigkeiten über die Anwendung oder Auslegung der Verträge anders als in den Verträgen vorgesehen zu regeln. Die Zuständigkeiten, die nach dem Übereinkommensentwurf dem Patentgericht übertragen werden sollten, beträfen jedoch ausschließlich Streitigkeiten zwischen Einzelnen im Zusammenhang mit Patenten.[263]

Allerdings erkannte der EuGH einen Verstoß gegen die Autonomie der Rechtsordnung. Der Knackpunkt liegt in der Übertragung einer ausschließlichen Zuständigkeit[264] an das Europäische Patentgericht, welches nicht in die Unionsgerichtsbarkeit eingebunden ist. Das Patentgericht sollte für Klagen betreffend Verletzungen von Patenten, auf Nichtigerklärung von Patenten sowie Schadensersatz- und Entschädigungsklagen aus Patentstreitigkeiten zuständig sein. Durch die Zuständigkeitsübertragung auf das Patentgericht würde das Vorabentscheidungsverfahren zwischen den nationalen Gerichten und dem EuGH umgangen und dadurch die in den Verträgen vorgesehene enge Zusammenarbeit gestört. Die Zuständigkeitsverteilung zwischen den nationalen Gerichten und dem EuGH

---

259 EuGH, Gut. 1/09, ECLI:EU:C:2011:123, Rn. 74 – Patentgericht, siehe auch S. 31.

260 EuGH, Gut. 1/09, ECLI:EU:C:2011:123, Rn. 89 – Patentgericht.

261 *Haberl/Schallmoser*, EU-Patent und einheitliches Europäisches Patentgerichtssystem auf der Kippe? – Die ablehnende Stellungnahme der Generalanwälte vor dem EuGH, GRUR Prax 2010, 385 (385); Schlussanträge sind nicht veröffentlicht worden, vgl. *Müller*, Die Errichtung des Europäischen Patentgerichts – Herausforderung für die Autonomie des EU-Rechtssystems?, EuZW 2010, 851 (852).

262 Art. 14a Übereinkommensentwurf sah vor, dass das Patentgericht nicht nur patentrechtliche Rechtsquellen, sondern auch unmittelbar anwendbares Unionsrecht heranziehen solle, vgl. EuGH, Gut. 1/09, ECLI:EU:C:2011:123, Rn. 73 – Patentgericht.

263 EuGH, Gut. 1/09, ECLI:EU:C:2011:123, Rn. 63 – Patentgericht.

264 Vgl. Art. 15 Abkommensentwurf Patentgericht, EuGH, Gut. 1/09, ECLI:EU:C:2011:123, Rn. 72 – Patentgericht.

sei daher „wesentlich für die Wahrung der Natur des Unionsrechts“[265]. Um den Wegfall der Möglichkeit des Vorabentscheidungsverfahrens durch die mitgliedstaatlichen Gerichte zu kompensieren und den Anforderungen der Autonomie zu genügen, wurde in Art. 48 des Abkommensentwurfs ein Vorlageverfahren an den EuGH vorgesehen. Bei der Prüfung dieses vertraglichen Vorlageverfahrens knüpfte der EuGH zunächst an seine EWR-I-Rechtsprechung an, die vertragliche Zuständigkeitszuweisungen an den EuGH als mit dem Unionsrecht vereinbar ansieht, sofern die Rechtsprechung des EuGH für das vorlegende Gericht verbindlich ist.[266] Erweitert wurde das Erfordernis der Verbindlichkeit um Sanktionsmechanismen für den Fall eines Verstoßes gegen das vertragliche Vorlageverfahren. Dabei seien die unionsrechtlich bestehenden Haftungsmechanismen auf ein Verhältnis zwischen Nationalstaaten[267] und EuGH angelegt, so könne eine Verletzung von Unionsrecht durch das Patentgericht weder Gegenstand eines Vertragsverletzungsverfahrens sein, noch eine mitgliedstaatliche Haftung auslösen.[268] Daraus schlussfolgert der EuGH, dass keine ausreichend gesicherte Verbindlichkeit an die Entscheidungen des EuGH im Rahmen des vertraglichen Vorlageverfahrens bestehe und daher die bestehenden Zuständigkeiten verfälscht würden. Daher sei der vertragliche Vorabentscheidungsmechanismus nicht mit Unionsrecht vereinbar. Der EuGH verlangt somit für die Übertragung von Zuständigkeiten der Unionsgerichte auf einen völkerrechtlichen Spruchkörper einen Sanktionsmechanismus, der die Verbindlichkeit der EuGH-Entscheidungen durch eine Erzwingbarkeit absichert.

(3) Absicherung durch sanktionsbewehrtes Vorlageverfahren

Der zur Absicherung des Vorabentscheidungsverfahrens verlangte Sanktionsmechanismus wird durch die Gefahr gerechtfertigt, die Zuständigkeiten der Unionsgerichte könnten durch Übertragungen auf völkerrechtliche Spruchkörper ausgehöhlt werden.

(a) Vergleich zum Gut. 1/92 (EWR)

An den Feststellungen des EuGH wurde kritisiert, der Abkommensentwurf des Europäischen Patentgerichts sei dem EWR-Abkommen nachgebildet, demnach hätte der EuGH beide Abkommen rechtlich vergleichbar behandeln müssen.[269]

---

[265] EuGH, Gut. 1/09, ECLI:EU:C:2011:123, Rn. 89 – Patentgericht.

[266] EuGH, Gut. 1/91, ECLI:EU:C:1991:490, Rn. 59, 61–65 – EWR I.

[267] Der EuGH meint die Mitgliedstaaten der Union.

[268] EuGH, Gut. 1/09, ECLI:EU:C:2011:123, Rn. 88 – Patentgericht.

[269] *Gaster*, Das Gutachten des EuGH zum Entwurf eines Übereinkommens zur Schaffung eines Europäischen Patentgerichts, EuZW 2011, 394 (396).

Im EWR-Gutachten ging der EuGH noch davon aus, dass ein völkerrechtliches Abkommen dem Gerichtshof eine Zuständigkeit für die Auslegung von Bestimmungen eines solchen Abkommens zum Zwecke seiner Anwendung in Drittstaaten übertragen könne.[270] Dabei teilt sich die Überwachung des EWR-Abkommens auf: Für die EWR-Mitgliedstaaten, die zugleich Mitgliedstaaten der Union sind, sind die Europäische Kommission und der EuGH für die Überwachung der Einhaltung des Abkommens zuständig. Bei EWR-Staaten, die nicht Mitglied der Union sind, erfolgt die Überwachung des EWR-Abkommens und der abgeleiteten Vorschriften durch die EFTA-Überwachungsbehörde und den EFTA-Gerichtshof.[271] Das EWR-Abkommen ist dabei abhängig von der Unionsrechtsordnung, um eine einheitliche Entwicklung der Rechtsordnungen zu sichern.[272] Dieser Gleichlauf wird durch die Möglichkeit abgesichert, dass der EuGH auch über die Auslegung von EWR-Bestimmungen entscheiden kann. Diese Vorlagemöglichkeit sah der EuGH im EWR-Gutachten als mit Gemeinschaftsrecht vereinbar an.[273] Treffend stellt *Jens Gaster* die Frage, wo der Unterschied zwischen dem EWR-Abkommen und dem Abkommensentwurf zum Europäischen Patentgericht liege.[274]

In beiden Abkommen wurde ein Gerichtssystem unter der Beteiligung von Drittstaaten vorgesehen und eine Vorlageberechtigung an den EuGH vertraglich festgelegt, die dieser auch gebilligt hat.[275] Im Vergleich der den Gutachten zugrundeliegenden Sachverhalte sind jedoch Unterschiede auszumachen. Genau genommen behandelt das Gut. 1/09 zum Europäischen Patentgericht die Kehrseite des Gut. 1/91 zum EWR. Während die Gutachten zum EWR-Abkommen die Voraussetzungen an Zuständigkeitszuweisungen an den EuGH formulierten, bezog sich das Gut. 1/09 auf die Übertragung von Zuständigkeiten mitgliedstaatlicher Gerichte auf einen völkerrechtlichen Spruchkörper. Es sollten durch den Abkommensentwurf zum Europ. Patentgericht keine völkerrechtlichen Zuständigkeiten geschaffen, sondern bereits „unionalisierte Zuständigkeiten" auf einen völkerrechtlichen Spruchkörper übertragen werden. Während durch das EWR-Abkommen neue Gerichtszuständigkeiten geschaffen wurden, waren die patentrechtlichen Zuständigkeiten den Unionsgerichten der Mitgliedstaaten zugeordnet.[276]

---

270 EuGH, Gut. 1/91, ECLI:EU:C:1991:490, Rn. 59 – EWR I.

271 *Gaster*, Das Gutachten des EuGH zum Entwurf eines Übereinkommens zur Schaffung eines Europäischen Patentgerichts, EuZW 2011, 394 (396).

272 Zum EWR-Abkommen siehe Gut. 1/92 des EuGH, S. 43.

273 EuGH, Gut. 1/91, ECLI:EU:C:1991:490, Rn. 59 – EWR I.

274 *Gaster*, Das Gutachten des EuGH zum Entwurf eines Übereinkommens zur Schaffung eines Europäischen Patentgerichts, EuZW 2011, 394 (396).

275 EuGH, Gut. 1/91, ECLI:EU:C:1991:490, Rn. 59 – EWR I.

276 Vgl. beispielsweise die Regelungen im Deutschen Patentgesetz, das je nach Verfahrens-

Matthias Müller behauptet, durch das Abkommen würden keine bestehenden Zuständigkeiten des Gerichtshofs auf das Europäische Patentgericht übertragen, sondern ebenfalls aus der Sicht des Gerichtshofs neu geschaffen.[277] Dies begründet er damit, dass es sich um Zuständigkeiten der mitgliedstaatlichen, nationalen Gerichte handele. Eine Übertragung lediglich nationaler gerichtlicher Zuständigkeiten könne jedoch die bestehende Zuständigkeitsordnung der Unionsrechtsordnung nicht wesentlich verfälschen.[278] Diese Sichtweise verkennt jedoch die Stellung der mitgliedstaatlichen Gerichte als Unionsgerichte. Durch die feste Einbindung als Gericht im Sinne von Art. 267 AEUV wäre es verkürzt, von einem lediglich mitgliedstaatlichen Gericht zu sprechen – die Zuständigkeiten dieses Gerichts sind bereits unionalisiert. Viel eher befürchtet der EuGH einen „Angriff auf die eigene Stellung im Rechtsschutzgefüge“[279]. Auch die Relativierung, durch das geplante Patentgerichtssystem sei fraglich, ob große Gefahren für das Rechtsprechungsmonopol entstanden seien,[280] ist aus Sicht des EuGH in einer Union als Rechtsgemeinschaft wohl nicht hinnehmbar.

(b) Einbindung innerhalb des Rechtswegs genügt

Gegen die Feststellung des EuGH, dass der Abkommensentwurf zum Europ. Patentgericht mit Unionsrecht unvereinbar sei, wurde eingewendet, dass bereits in der patentrechtlichen Praxis auf nationaler Ebene einige Verfahren vor Beschwerdekammern nationaler Patentämter geführt würden, die ebenso nicht zu Vorlagen an den EuGH berechtigt seien.[281] Allerdings steht gegen die Entscheidung der Beschwerdekammern der nationale Rechtsweg offen, der seinerseits vorlageberechtigte Gerichte umfasst. Wird beispielsweise gegen ein deutsches Patent Einspruch eingereicht, ist das Deutsche Patent- und Markenamt (DPMA) gemäß § 59 Abs. 1 PatG zuständig. Sodann entscheiden die angerufenen Patentabteilungen des DPMA gemäß § 61 Abs. 1 S. 1 PatG durch Beschluss. Beschwerden gegen Beschlüsse der Patentabteilung des DPMA sind gemäß § 65 Abs. 1 S. 1 PatG an das Bundespatentgericht zu richten, welches als Teil der deutschen

---

art den Zivilkammern der Landgerichte, dem Patentamt und dem Bundespatentgericht Zuständigkeiten einräumt.

277 *Müller*, Die Errichtung des Europäischen Patentgerichts – Herausforderung für die Autonomie des EU-Rechtssystems?, EuZW 2010, 851 (854).

278 *Müller*, Die Errichtung des Europäischen Patentgerichts – Herausforderung für die Autonomie des EU-Rechtssystems?, EuZW 2010, 851 (854).

279 *Bergmann*, Zur Souveränitätskonzeption des Europäischen Gerichtshofs, S. 178.

280 *Müller*, Das Rechtsprechungsmonopol des EuGH im Kontext völkerrechtlicher Verträge, S. 58.

281 *Gaster*, Das Gutachten des EuGH zum Entwurf eines Übereinkommens zur Schaffung eines Europäischen Patentgerichts, EuZW 2011, 394 (396).

Gerichtsbarkeit ein „Gericht eines Mitgliedstaats" im Sinne von Art. 267 AEUV darstellt. Das Letztentscheidungsrecht des EuGH wird also gesichert. Dieses muss sich nicht auf jede Instanz beziehen, vielmehr genügt die Einbindung der Letztinstanz des Rechtswegs in die Unionsgerichtsbarkeit.

(c) Ausblick: Der Abkommensentwurf v. 13.02.2013

Auf Grundlage der Feststellungen des EuGH gab es unterschiedliche Möglichkeiten, den Abkommensentwurf anzupassen. Man richtete den neuen Abkommensentwurf v. 13.02.2013 darauf aus, durch den Ausschluss von Drittstaaten ein völkerrechtliches Patentgericht nach dem Vorbild des Benelux-Gerichtshofs[282] zu errichten. Die Etablierung eines effektiven Sanktionssystems wäre dagegen komplexer gewesen. Neben der Frage, ob die Unterwerfung eines Drittstaats unter ein sanktionsbewehrtes Vorlagesystem des EuGH politisch durchsetzbar gewesen wäre, blieben die Anforderungen des EuGH an die Ausgestaltung dieses Sanktionssystems unklar.

Nach dem neuen Abkommensentwurf sollten Drittstaaten von der Beteiligung am Europäischen Patentgericht ausgeschlossen werden und lediglich Mitgliedstaaten der Union dem Abkommen beitreten können. Auf diesem Weg sollte die Einstufung des Gerichts als mitgliedstaatliches Gericht im Sinne von Art. 267 AEUV ermöglicht und das Gericht als vorlageberechtigt gelten. Dazu wurde in Art. 1 Abs. 1, Art. 2 lit. b EPGÜ aufgenommen, dass das Europäische Patentgericht ein gemeinsames Gericht der Mitgliedstaaten darstelle. Über Art. 21 EPGÜ wurde vertraglich ein Vorabentscheidungsersuchen an den EuGH eingerichtet. Dessen Entscheidungen sollten Bindungswirkungen entfalten. Der neue Abkommensentwurf wurde dem EuGH nicht vorgelegt, von der Vereinbarkeit mit Unionsrecht ist aber auszugehen. Tatsächlich scheiterte die Umsetzung des Abkommensentwurfs bislang an den Mitgliedstaaten. Das Abkommen über ein Einheitliches Patentgericht[283] trat bislang mangels einer Ratifikation durch Deutschland nicht in Kraft.[284] Auch ein erneuter Gesetzesentwurf[285] für die Ratifikation des

---

[282] Zum Benelux-Gerichtshof als Gericht iSv Art. 267 AEUV siehe S. 64.

[283] Übereinkommen über ein Einheitliches Patentgericht v. 19. Februar 2013 (ABl. C 175 v. 20.06.2013), https://eur-lex.europa.eu/LexUriServ/LexUriServ.do?uri=OJ:C:2013:175:0001:0040:DE:PDF (zul. abg. am 15.03.2023).

[284] Gemäß Art. 89 Abs. 1 EPGÜ bedarf das EPGÜ einer Ratifikation der drei Mitgliedstaaten, in denen es im Jahr vor dem Jahr der Unterzeichnung die meisten europäischen Patente gab. Deutschland hat das Abkommen im Gegensatz zu Frankreich und dem Vereinigten Königreich nicht ratifiziert. Nach einer Verfassungsbeschwerde erklärte das Deutsche Bundesverfassungsgericht den Abkommensentwurf für verfassungswidrig (Bundesverfassungsgericht 2 BvR 739/17 v. 13.02.2020, ECLI:DE:BVerfG:2020:rs20200213.2bvr073917).

[285] Gesetzentwurf der Bundesregierung: Entwurf eines Gesetzes zu dem Übereinkommen

Abkommens, der durch den Bundesrat am 18.12.2020 mit der erforderlichen 2/3-Mehrheit angenommen worden ist, wurde – vor der Unterschrift durch den Bundespräsidenten – durch zwei Verfassungsbeschwerden[286] und Eilanträge angegriffen.[287] Das BVerfG wies die Anträge auf Erlass einer einstweiligen Anordnung mit Hinweis auf die Unzulässigkeit der Verfassungsbeschwerden mit Entscheidung v. 23.06.2021 ab.[288] Damit ist trotz der ausstehenden Entscheidung in der Hauptsache der Weg frei für die Errichtung des Europäischen Patentgerichts.[289]

cc) Aufhebungsverfahren der mitgliedstaatlichen Rechtsordnungen

Neben einer Einbindung des Schiedsgerichts in die Unionsgerichtsbarkeit, die eine Absicherung des Letztentscheidungsrechts des EuGH vor dem Schiedsspruch sichern würde, wäre ebenso eine nachträgliche Aufhebungsmöglichkeit des Schiedsspruchs zur Wahrung der Autonomie denkbar.

Überträgt man den leitenden Gedanken um die Voraussetzungen an die Einbindung völkerrechtlicher Spruchkörper – nämlich die verbindliche Letztentscheidung des EuGH – auf mitgliedstaatliche Aufhebungsverfahren, müssten diese ein lückenloses Letztentscheidungsrecht des EuGH sicherstellen und sich im Prüfungsmaßstab auf das gesamte Unionsrecht beziehen. Diese Feststellung traf auch der EuGH: Demnach sei notwendig, dass die nationalen Aufhebungsverfahren nicht lediglich einen reduzierten Prüfungsmaßstab vorsehen, sondern umfassend das gesamte Primär- und Sekundärrecht überprüfen.[290]

Ob ein in den mitgliedstaatlichen Rechtsordnungen vorgesehenes Aufhebungsverfahren eingeleitet werden kann, hängt von dem der Streitsache zugrundeliegenden völkerrechtlichen Abkommen ab.[291] In der Rs. *Achmea* ermöglichte die

---

vom 19. Februar 2013 über ein Einheitliches Patentgericht v. 25.09.2020, BT-Drs. 19/22847, https://dip21.bundestag.de/dip21/btd/19/228/1922847.pdf (zul. abg. am 15.03.2023).

[286] Az. 2 BvR 2216/20 und 2 BvR 2217/20.

[287] *Bausch*, German UPCA Ratification – Now We Have The Salad, Kluwer Patent Blog 2021, http://patentblog.kluweriplaw.com/2021/03/05/german-upca-ratification-now-we-have-the-salad/ (zul. abg. am 15.03.2023).

[288] BVerfG, Beschluss des Zweiten Senats v. 23.06.2021, ECLI:DE:BVerfG:2021:rs2021 0623.2bvr221620.

[289] Die deutsche Bundesregierung rechnet mit einem Inkrafttreten des EPGÜ am Mitte 2022, Pressemitteilung des BMJV v. 27.09.2021 – Das Einheitliche Patentgericht kommt, https://www.bmj.de/SharedDocs/Artikel/DE/2021/0927_Patentgericht.html (zul. abg am 30.09. 2022).

[290] *Thym*, Todesstoß für autonome Investitionsschiedsgerichte, https://verfassungsblog.de/todesstoss-fuer-autonome-investitionsschutzgerichte/ (zul. abg. am 15.03.2023).

[291] Die Investor-Staat-Streitbeilegungsmechanismen auf der Grundlage von ICSID und UNCITRAL unterscheiden sich ihrerseits hinsichtlich der Überprüfbarkeit von Schiedssprüchen.

Schiedsklausel Art. 8 Abs. 5 BIT[292] durch die Anwendung der UNCITRAL-Vorschriften die Kontrolle durch staatliche Gerichte. Wegen der völkerrechtlich gewährleisteten Aufhebungsmöglichkeit kam es mithin darauf an, ob das mitgliedstaatliche Recht eine umfassende und gesicherte Kontrolle am Maßstab des Unionsrechts gewährleistet. Die mitgliedstaatlichen Rechtsordnungen sehen jedoch nur eingeschränkte Aufhebungsmöglichkeiten völkergerichtlicher Entscheidungen vor, eine unionsrechtliche Regelung gibt es nicht. Der EuGH entschied deshalb in der Rs. *Achmea*, dass die volle Wirksamkeit des Unionsrechts nicht gewährleistet werde[293] und der vertraglich in Art. 8 BIT vorgesehene Streitbeilegungsmechanismus mit Unionsrecht unvereinbar sei.[294] Damit wies er die Auffassung des vorlegenden deutschen Bundesgerichtshofs, sowie des GA *Melchior Wathelet*,[295] zurück, die reduzierte Kontrollmöglichkeit des Aufhebungsverfahrens aus § 1059 ZPO sei – trotz mangelnder Integration des Schiedsgerichts in die Unionsgerichtsbarkeit – ausreichend für die Autonomiewahrung.[296]

Auf der Suche nach Schutzmöglichkeiten des Rechtsprechungsmonopols wären Reformen im Bereich des Aufhebungsverfahrens am einfachsten umsetzbar: Neben der Möglichkeit, an den Begriffskriterien eines Gerichts im Sinne von Art. 267 AEUV zu feilschen oder die Anforderungen an eine völkervertragliche Zuständigkeitszuweisung an den EuGH zu senken, ließe sich entweder ein reduzierter Kontrollmaßstab an völkerrechtliche Schiedssprüche anlegen oder unionsrechtlich ein umfassendes Kontrollverfahren etablieren.

(1) Reduzierter Kontrollmaßstab bei privaten Handelsschiedsgerichten

Einen Ansatz für einen reduzierten Kontrollmaßstab bietet die Rechtsprechung des EuGH zur privaten Handelsschiedsgerichtsbarkeit, die auf ISDS-Schiedsgerichte übertragen werden könnte. ISDS-Schiedsgerichte beruhen auf völkerrechtlichen Verträgen von Staaten, Handelsschiedsgerichte auf Verträgen von Unternehmern, beide Vertragsarten beinhalten häufig materielle Schutzstandards sowie eigene Streitbeilegungsmechanismen. Daher könnte der Gedanke, dass solche Schiedsgerichte die Autonomie des Unionsrechts beeinträchtigen, grundsätzlich auch auf private Handelsschiedsgerichte übertragen werden. Durch den Argumentationsweg des EuGH, der die Autonomie absolut setzt, ließe sich so

---

[292] Art. 8 Abs. 5 BIT: „Das Schiedsgericht wird sein eigenes Verfahren unter Anwendung der Schiedsordnung der UNCITRAL festlegen.“.

[293] EuGH, Rs. C-284/16, ECLI:EU:C:2018:158, Rn. 53, 56 – Achmea.

[294] EuGH, Rs. C-284/16, ECLI:EU:C:2018:158, Rn. 59 – Achmea.

[295] GA *Wathelet*, Schlussanträge v. 19.09.2017 in der Rs. C-284/16, ECLI:EU:C:2017:699, Rn. 239 ff.

[296] EuGH, Rs. C-284/16, ECLI:EU:C:2018:158, Rn. 20 – Achmea; Vorlagebeschluss des BGH in: EuZW 2016, 512, Rn. 53 ff.

auch hinsichtlich privater Handelsschiedsgerichte einschränkend argumentieren.[297] Die Gefahr, die *Achmea*-Rechtsprechung könnte auf private Handelsschiedsgerichte übertragen werden, erkannte auch der EuGH und nahm dieser Spekulation mit dem Hinweis von vorn herein den Raum, dass die „Erfordernisse der Wirksamkeit des Schiedsverfahrens" eine Übertragbarkeit auf die Handelsschiedsgerichtsbarkeit ausschlößen.[298]

Damit knüpft der EuGH an die Entscheidung *Eco-Swiss* an. Dort lehnte er die Vorlagemöglichkeit von Handelsschiedsgerichten ab, weil es „die Erfordernisse der Effizienz des Schiedsverfahrens"[299] rechtfertigten, eine Überprüfung des Schiedsspruchs nur in beschränktem Umfang und außergewöhnlichen Fällen zuzulassen. Die *Eco-Swiss*-Rechtsprechung ist eine Liberalisierung gegenüber der früheren Ansicht des EuGH, dass Schiedssprüche umfassend mit dem Gemeinschaftsrecht vereinbar seien müssten.[300] In der früheren Rs. *Nordsee* hatte der EuGH entschieden, dass auch Spruchkörper auf der Errichtungsgrundlage eines privaten Handelsschiedsvertrags nicht von gemeinschaftsrechtlichen Vorschriften abweichen dürften.[301] Gleichzeitig versagte er solchen Gerichten eine Vorlageberechtigung und rügte auch nicht die beschränkte Überprüfbarkeit ihrer Entscheidungen.[302] Daraus resultierte ein Widerspruch zwischen einer Verpflichtung zur Achtung von Unionsrecht und der fehlenden Vorlageberechtigung.[303] Von diesem Widerspruch lenkte der EuGH durch die Betonung eines reduzierten Prüfungsmaßstabs in der Entscheidung *Eco-Swiss* ab. Demnach genüge eine auf den *Ordre-public*-Maßstab reduzierte Überprüfbarkeit der handelsschiedsgerichtlichen Entscheidungen zur Wahrung des Unionsrechts. Diese Offenheit bezeugt die Einsicht des EuGH, dass sowohl wegen der Effizienz des Schiedsverfahrens, als auch vor dem Hintergrund der New York Convention eine Reduktion des Prüfungsmaßstabs geboten war.[304]

Der EuGH begründet die Ungleichbehandlung von ISDS und privaten Handelsschiedsgerichten anhand ihrer Errichtungsgrundlage. So seien von Privaten geschaffene Schiedsgerichte hinnehmbar, weil sie auf der Parteiautonomie der

---

[297] *Wernicke*, Autonomie und Häresie – Investitionsschiedsgerichte in der Rechtsunion, NJW 2018, 1644 (1647).

[298] EuGH, Rs. 284/16, ECLI:EU:C:2018:158, Rn. 54 f. – Achmea.

[299] EuGH, Rs. C-126/97, ECLI:EU:C:1999:269, Rn. 35 – Eco-Swiss.

[300] EuGH, Rs. 102/81, ECLI:EU:C:1982:107, Rn. 14 – Nordsee.

[301] EuGH, Rs. 102/81, ECLI:EU:C:1982:107, Rn. 14 – Nordsee.

[302] EuGH, Rs. 102/81, ECLI:EU:C:1982:107, Rn. 13 f. – Nordsee.

[303] *Brauneck*, Multilateraler Gerichtshof und EuGH-Achmea-Urteil: Das Ende aller EU-mitgliedstaatlich vereinbarten Schiedsgerichte?, EuR 2018, 429 (452).

[304] *Classen*, Der EuGH und die Schiedsgerichtsbarkeit in Investitionsschutzabkommen, EuR 2012, 611 (620).

Vertragsparteien beruhten.[305] Die Mitgliedstaaten unterlägen hingegen strengen Rechtsbindungen: Sie seien über Art. 19 Abs. 1 UAbs. 2 EUV zur Gewährleistung von wirksamen Rechtsschutz am Maßstab des Unionsrechts verpflichtet und müssten unabhängige Gerichte bereitstellen.[306] Die unterschiedliche Errichtungsgrundlage kann jedoch eine Ungleichbehandlung nicht rechtfertigen, wenn man den Kern der *Achmea*-Entscheidung in der Entziehung von Zuständigkeiten der nationalen Gerichte erblickt.[307] Hier ergeben sich keine Unterschiede zwischen ISDS und der privaten Handelsschiedsgerichtsbarkeit: BITs sind völkerrechtliche Verträge, die eine neue völkerrechtliche Zuständigkeit begründen. Weil sie rein tatsächlich aber dem Investor einen parallelen Rechtsweg einräumen, lässt sich in dieser Form der schiedsrechtlichen Streitbeilegung eine Entziehung der Streitigkeit von nationalen Gerichten erblicken.[308] Für Streitigkeiten zweier Privatakteure gilt nichts Anderes. In den Auswirkungen auf das Unionsrecht macht es nämlich keinen Unterschied, ob ein Investor gegen einen Mitgliedstaat oder gegen einen Investor klagt.

Wenn der EuGH die Anforderungen an die Einbindung völkerrechtlicher Schiedsgerichte senken wollen würde, könnte er die Rechtsprechungsänderung gegenüber privaten Handelsschiedsgerichten auf ISDS-Schiedsgerichte übertragen. Es erschließt sich jedenfalls nicht, weshalb die „Erfordernisse der Wirksamkeit des ISDS-Schiedsverfahrens“ ungleich gegenüber den „Erfordernissen der Wirksamkeit des privatrechtlichen Schiedsverfahrens“ behandelt werden sollten.[309]

(2) Unionsrechtliches Aufhebungsverfahren für Schiedssprüche

Ebenso könnte auf der Ebene des Unionsrechts ein umfassendes Aufhebungsverfahren für Schiedssprüche festgeschrieben werden. Dazu wäre eine Ausweitung der VO (EU) 1215/2012 (sog. „Brüssel Ia-VO“) denkbar. Auf der Kompetenzgrundlage der Art. 67 Abs. 4, 81 Abs. 2 lit. a, c, e AEUV ist eine Angleichung des internationalen Privat- und Verfahrensrechts möglich, um das Funktionieren des

---

305 EuGH, Rs. C-284/16, ECLI:EU:C:2018:158, Rn. 55 – Achmea.

306 *Ohler*, Investitionsschutzrecht: Schiedsklausel in unionsinternem Investitionsschutzabkommen, JZ 2018, 511 (515).

307 *Jaeger/Zavodsky*, Ein Exempel statuieren, Deutscher AnwaltSpiegel 2018, 4 (5), https://www.deutscheranwaltspiegel.de/wp-content/uploads/sites/49/2019/11/DAS-Online_Ausgabe-21-2018.pdf (zul. abg. am 15.03.2023).

308 Zur Argumentation des EuGH im Bezug auf ISDS-Schiedsgerichte siehe EuGH, Rs. C-284/16, ECLI:EU:C:2018:158, Rn. 55 – Achmea.

309 *Müller*, Reformhindernisse im internationalen Investitionsrecht, S. 271 ordnet die Begründung der Unterscheidung durch den EuGH überzeugend als rechts- und wirtschaftspolitische Bewertung ein, die durch den EuGH nicht vorgenommen werden sollte.

Binnenmarkts zu sichern.[310] In diesen Bereich fällt auch die VO (EU) Nr. 1215/2012,[311] die eine gegenseitige Anerkennung von Gerichtsentscheidungen in Zivil- und Handelssachen vorschreibt. Gemäß Art. 1 Abs. 2 lit. d VO (EU) Nr. 1215/2012 sind schiedsgerichtliche Entscheidungen aber von der Verordnung ausgenommen.[312] Diese Entscheidung wird in Erwägungsgrund 12 der Verordnung dahingehend begründet, dass die mitgliedstaatlichen Gerichte schiedsgerichtliche Entscheidungen selbst umfassend überprüfen können sollen.[313] Spiegelbildlich lässt sich daraus der allgemeine Wille schließen, dass schiedsgerichtliche Entscheidungen umfassend überprüfbar sein sollen. Eine umfassende Überprüfbarkeit ist aber nur gegeben, wenn die jeweilige mitgliedstaatliche Rechtsordnung eine Kontrollmöglichkeit anbietet. Beispielsweise in Deutschland ist lediglich eine eingeschränkte Ordre-public-Prüfung vorgesehen.[314] Durch eine entsprechende Änderung der Verordnung könnte also ein einheitliches europäisches Überprüfungsverfahren geschaffen werden, um die Autonomie abzusichern. Dies könnte im Rahmen einer Neuregelung vom Verhältnis der Schiedsgerichtsbarkeit mit der Unionsgerichtsbarkeit geschehen. Im Vorfeld der VO (EU) Nr. 1215/2012 bestrebte die Kommission bereits, das Verhältnis zwischen Schiedsgerichtsbarkeit und Unionsgerichtsbarkeit durch die Verordnung zu regeln.[315]

dd) Zwischenergebnis

Das aus der Autonomie abgeleitete Rechtsprechungsmonopol des EuGH beinhaltet einen Anspruch auf die verbindliche Letztentscheidung über unionsrechtliche Fragestellungen. Wenn ein völkerrechtlicher Spruchkörper befugt ist, unionsrechtliche Fragestellungen zu beantworten, muss ein verbindliches Letztentscheidungsrecht des EuGH sichergestellt werden.

---

[310] *Leible* in: Streinz (Hrsg.), EUV/AEUV, Art. 81 AEUV, Rn. 4 f.

[311] VO (EU) Nr. 1215/2012 des Europäischen Parlaments und des Rates vom 12.12.2012 über die gerichtliche Zuständigkeit und die Anerkennung und Vollstreckung von Entscheidungen in Zivil- und Handelssachen, https://eur-lex.europa.eu/legal-content/DE/TXT/PDF/?uri=CELEX:32012R1215&from=EN (zul. abg. am 15.03.2023).

[312] Siehe Art. 1 Abs. 2 lit. d Brüssel Ia-VO; *Buchwitz*, Schiedsverfahrensrecht, S. 38.

[313] Erwägungsgrund 12 der VO (EU) Nr. 1215/2012 des Europäischen Parlaments und des Rates vom 12.12.2012 über die gerichtliche Zuständigkeit und die Anerkennung und Vollstreckung von Entscheidungen in Zivil- und Handelssachen, https://eur-lex.europa.eu/legal-content/DE/TXT/PDF/?uri=CELEX:32012R1215&from=EN (zul. abg. am 15.03.2023).

[314] Diese Feststellung trifft auch der EuGH in Bezug auf § 1059 II Nr. 2 lit. b ZPO, EuGH, Rs. C-284/16, ECLI:EU:C:2018:158, Rn. 53 – Achmea.

[315] Vorschlag der Kommission KOM(2019) 748, S. 4, 10, https://eur-lex.europa.eu/LexUriServ/LexUriServ.do?uri=COM:2010:0748:FIN:DE:PDF (zul. abg. am 15.03.2023).

Die Anforderungen an die Wahrung des Letztentscheidungsrechts werden durch den EuGH bestimmt. Dieser hat drei Möglichkeiten zur Einbindung völkerrechtlicher Spruchkörper herausgearbeitet: Die Anerkennung völkerrechtlicher Spruchkörper als Teil der Unionsgerichtsbarkeit, eine vertragliche Zuständigkeitszuweisung an den EuGH sowie ein Aufhebungsverfahren des Schiedsspruchs im innerstaatlichen Recht. Entscheidungen des EuGH müssen in jeder Konstellation eine Verbindlichkeit für den völkerrechtlichen Spruchkörper entfalten und je nach Einbindungsart strengere Voraussetzungen erfüllen. Diese Anforderungen sind im Einzelnen nicht durch transparente Kriterien festgelegt. In Bezug auf die Gerichtsqualifizierung im Sinne von Art. 267 AEUV lässt der EuGH eine klare Linie vermissen. Statt Prüfungskriterien zur Anerkennung völkerrechtlicher Spruchkörper festzulegen, überdeckt der EuGH mittels einer neuen Gesamtbetrachtung Wertungswidersprüche in seiner bisherigen Rechtsprechung.

Wegen der ausufernden Reichweite des Letztentscheidungsanspruchs des EuGH, welche die völkerrechtliche Bindungsfähigkeit der Union an Abkommen mit eigenen Streitbeilegungsmechanismen infrage stellt, sollten die Anforderungen an eine Unterwerfung völkerrechtlicher Spruchkörper unter die Letztentscheidung des EuGH gesenkt werden. Eine behutsame Korrektur des Letztentscheidungsanspruchs des EuGH wäre durch ein Aufhebungsverfahren am einfachsten umsetzbar. Für einen reduzierten Kontrollmaßstab gegenüber völkerrechtlichen Schiedssprüchen spricht die frühere Relativierung des Kontrollmaßstabs von Entscheidungen privater Handelsschiedsgerichte. Diese Rechtsprechungsänderung ließe sich auf völkerrechtliche Schiedsgerichte unter Staatenbeteiligung übertragen.

c) Kein Letztentscheidungsanspruch des EuGH

Wenn ein völkerrechtliches Abkommen die hohen Einbindungsanforderungen des EuGH nicht erfüllt, muss die Entscheidungsreichweite seiner Spruchkörper auf das Abkommen beschränkt werden, um das Rechtsprechungsmonopol des EuGH zu wahren. Dies gelingt durch das Abschirmen der Unionsrechtsordnung von völkerrechtlichen Einflüssen. Über die Anforderungen an den Schutz des Unionsrechts schaffte der EuGH mit seinem Gut. 1/17 (CETA)[316] weitgehend Klarheit.

Für die Beteiligung der Union an einem völkerrechtlichen Abkommen mit einem eigenen Streitbeilegungsmechanismus muss gewährleistet werden, dass die Autonomie des Unionsrechts durch den vorgesehenen ISDS-Mechanismus nicht beeinträchtigt wird. Im Hinblick auf den Beitritt der Union zum *Comprehensive*

[316] EuGH, Gut. 1/17, ECLI:EU:C:2019:341 – CETA.

Economic and Trade Agreement (CETA) war insbesondere unklar, ob die Autonomie durch eine gründliche Abschirmung des Unionsrechts von völkerrechtlichen Einflüssen auch ohne die Einbindung des EuGH gewahrt werden kann. Dafür genügt der Ausschluss der unmittelbaren Anwendbarkeit des völkerrechtlichen Abkommens in der Unionsrechtsordnung nicht allein, vielmehr hat der EuGH im Gut. 1/17 klare Anforderungen an die Abschirmung des Unionsrechts formuliert. Deshalb hing die Vereinbarkeit des CETA-Abkommens mit Unionsrecht maßgeblich davon ab, wie konsequent die Trennung der beiden Rechtsordnungen durchgehalten wurde.

Konkret war fraglich, ob durch den vorgesehenen Schiedsmechanismus die Autonomie des Unionsrechts und der allgemeine Gleichbehandlungsgrundsatz gewahrt werden und ob das Recht auf Zugang zu einem unabhängigen Gericht gegeben sei.[317] Das Königreich Belgien äußerte Bedenken gegen die Vereinbarkeit des Abkommensentwurfs mit Unionsrecht und reichte einen Gutachtenantrag gemäß Art. 218 Abs. 11 AEUV ein.[318] Für den vertraglich vorgesehenen Investor-Staat-Streitbeilegungsmechanismus war die Autonomie ein entscheidender Prüfstein,[319] der neben einem Gericht auch eine Rechtsbehelfsinstanz vorsieht. Dieser soll später durch ein ICS abgelöst werden, um langfristig einen ständigen multilateralen Gerichtshof einzurichten.[320] GA *Yves Bot* empfahl dem EuGH die Feststellung der Vereinbarkeit des Abkommensentwurfs mit Unionsrecht.[321] Er begrüßte den erkennbaren Willen der Vertragsparteien, Auswirkungen auf die internen Gerichtssysteme weitgehend auszuschließen.[322] In seinem Gutachten betonte der EuGH, dass die Zuständigkeit der Abkommensgerichte auf die Auslegung und Anwendung der CETA-Vorschriften beschränkt werden müsse und deren Urteilssprüche nicht dazu führen dürften, dass die Unionsorgane daran gehindert würden, gemäß dem verfassungsrechtlichen Rahmen der Union zu funktionieren.[323] Dem trägt der CETA-Abkommensentwurf aus der Sicht des EuGH durch vielfältige Mechanismen Rechnung.[324] Dazu zählen neben dem

---

317 *Hemler*, Anmerkung zum CETA-Gutachten 1/17, EuZW 2019, 457 (475).

318 EuGH, Gut. 1/17, ECLI:EU:C:2019:341, Rn. 46 ff. – CETA.

319 *Hindelang*, Parallel Administration of Justice and the Court of Justice of the European Union in: Hörnle/Möllers/Wagner (Hrsg.), Gerichte und ihre Äquivalente, S. 45 (48).

320 GA *Bot*, Schlussanträge v. 29.01.2019 zum Gut. 1/17, ECLI:EU:C:2019:72, Rn. 8 mit dem Hinweis auf die Verhandlungsrichtlinien für ein Übereinkommen zur Errichtung eines multilateralen Gerichtshofs für die Beilegung von Investitionsstreitigkeiten, Ratsdokument v. 20.03.2018, Nr. 12981/17, abrufbar unter: http://data.consilium.europa.eu/doc/document/ST-12981-2017-ADD-1-DCL-1/de/pdf (zul. abg. am 15.03.2023).

321 GA *Bot*, Schlussanträge v. 29.01.2019 zum Gut. 1/17, ECLI:EU:C:2019:72, Rn. 272.

322 GA *Bot*, Schlussanträge v. 29.01.2019 zum Gut. 1/17, ECLI:EU:C:2019:72, Rn. 183.

323 EuGH, Gut. 1/17, ECLI:EU:C:2019:341, Rn. 119 – CETA.

324 EuGH, Gut. 1/17, ECLI:EU:C:2019:341, Rn. 161 – CETA.

Ausschluss der unmittelbaren Anwendbarkeit die Begrenzung der Rechtsquellen der CETA-Gerichtsbarkeit, die unionsinterne Festlegung des Beklagten[325] und der Schutz des gesetzgeberischen Regulierungsspielraums.[326]

Das Rechtsprechungsmonopol wird im CETA-Abkommen zweistufig geschützt: Zunächst verhindert das CETA-Abkommen eine unionsrechtliche Bindung des EuGH aus Art. 216 Abs. 2 AEUV an Entscheidungen der CETA-Gerichte durch einen Ausschluss der unmittelbaren Anwendbarkeit. Der Ausschluss der unmittelbaren Anwendbarkeit lässt die Bindungswirkung des Art. 216 Abs. 2 AEUV faktisch ins Leere laufen, weil die Abkommensvorschriften trotz der unmittelbaren Geltung eines Abkommens durch die Unionsgerichte nicht berücksichtigt werden; ihnen wird eine interne Rechtswirkung nicht zuerkannt. So wird eine Bindung der Unionsorgane an die Auslegung der völkerrechtlichen Streitbeilegungsorgane verhindert. Vor einer faktischen Durchsetzung der Rechtsauffassungen der CETA-Gerichte soll sodann eine Beschränkung der Rechtsprechungsreichweite der CETA-Gerichte auf das Abkommen schützen. Eine Berücksichtigung des innerstaatlichen Rechts der Vertragsparteien ist demnach nur als Tatsache möglich.

Im Kontext des CETA-Abkommens stellen sich in Bezug auf das Rechtsprechungsmonopol des EuGH folgende Fragen: Steht die unmittelbare Anwendbarkeit eines völkerrechtlichen Abkommens zur Disposition der Vertragsparteien? Kann die Berücksichtigung von Unionsrecht als Tatsache sicherstellen, dass die CETA-Gerichte kein Unionsrecht auslegen? Dabei stellt sich insbesondere die Frage, ob ein CETA-Gericht das Bestehen einer Rechtsfrage im Sinne des Art. 8.31 Abs. 2 CETA feststellen darf oder diese Entscheidung über ein vorheriges Vorabbefassungsverfahren durch den EuGH hätte getroffen werden müssen.

aa) Ausschluss der unmittelbaren Anwendbarkeit

Wegen der unmittelbaren Geltung völkerrechtlicher Abkommen in der Unionsrechtsordnung scheint es auf den ersten Blick unmöglich, die Auswirkungen völkerrechtlicher Vorschriften im Unionsrecht auszuschließen. Durch eine – im Primärrecht nicht ausdrücklich geregelte – Auftrennung der unmittelbaren Geltung und Anwendbarkeit gelingt dem EuGH hier ein Kunstgriff, der im Folgenden dargestellt werden soll und in Unionsabkommen völkerrechtliche Streitbeilegungsmechanismen ohne eine Einbindung des EuGH ermöglicht. Der Ausschluss der unmittelbaren Anwendbarkeit kann eine Wahrung der Autonomie gleichwohl

---

325 Zur Festlegung des Beklagten als Bestandteil des Schutzes der bestehenden Zuständigkeitsverteilung siehe S. 85 ff.

326 Zum Schutz des gesetzgeberischen Regulierungsspielraums siehe S. 97 ff.

nicht umfassend sicherstellen. Er schützt lediglich vor der unionsrechtlichen Bindungswirkung aus Art. 216 Abs. 2 AEUV.

(1) Abgrenzung: Unmittelbare Geltung und Anwendbarkeit völkerrechtlicher Abkommen

Die Frage der völkerrechtlichen Bindung ist zu trennen von der unionsrechtlichen Bindung der Union. Nach den allgemeinen völkerrechtlichen Grundsätzen ergibt sich die Rechtswirkung eines Abkommens innerhalb einer Rechtsordnung aus der Anordnung der jeweiligen Rechtsordnung selbst.[327] Daher müssen die Mechanismen untersucht werden, die eine völkerrechtliche Bindung auf eine unionsrechtliche Bindung übertragen. Terminologisch ist hinsichtlich der unionsinternen Bindungsreichweiten[328] zwischen der unionsinternen Geltung, der unmittelbaren Anwendbarkeit und der unmittelbaren Wirkung zu differenzieren.[329] Konkret handelt es sich um unterschiedliche Intensitäten der Rechtswirkungen von Unionsabkommen.[330]

Eine Bindungswirkung völkerrechtlicher Abkommen der Union wird unionsrechtlich durch Art. 216 Abs. 2 AEUV festgehalten.[331] Der EuGH formulierte die Bindungswirkung in seiner *Haegeman*-Rechtsprechung dahingehend, dass völkerrechtliche Abkommen integrierende Bestandteile[332] des Unionsrechts werden.[333] Es bedarf mithin keines Übersetzungsaktes der völkerrechtlichen Vorschriften für die Geltung innerhalb des Unionrechts, vielmehr werden die Vorschriften unmittelbar in das Unionsrecht eingegliedert.[334]

Dagegen trifft das Unionsrecht keine ausdrückliche Aussage über die unmittelbare Anwendbarkeit völkerrechtlicher Abkommen in der Unionsrechtsord-

327 *Epping* in: Ipsen, Völkerrecht, § 4 Rn. 7, § 5 Rn. 1; *Uerpmann*, Völkerrechtliche Nebenverfassungen in: von Bogdandy (Hrsg.), Europäisches Verfassungsrecht, 1. Auflage 2003, S. 339 (342).

328 *Sauer*, Jurisdiktionskonflikte in Mehrebenensystemen, S. 211.

329 *Rosas/Armati*, EU Constitutional Law – An Introduction, S. 78 f.; *Sauer*, Jurisdiktionskonflikte in Mehrebenensystemen, S. 210 ff.

330 Es sei darauf hingewiesen, dass der EuGH die Begrifflichkeiten zum Teil selbst nicht klar trennt, *Schmalenbach* in: Calliess/Ruffert (Hrsg.), EUV/AEUV, Art. 216 AEUV, Rn. 32.

331 Vertiefend zur Bindungswirkung von Art. 216 Abs. 2 AEUV siehe S. 27 f.

332 Zur *Haegeman*-Rechtsprechung siehe S. 29.

333 *Vöneky/Beylage-Haarmann* in: Grabitz/Hilf/Nettesheim (Hrsg.), Das Recht der EU, Art. 216 AEUV, Rn. 27; EuGH, Rs. C-301/08, Rn. 23 – Irène Bogiatzi; *de Witte*, Direct effect, primacy, and the nature of the legal order in: Craig/De Búrca (Hrsg.), The Evolution Of EU Law, S. 323 (336).

334 *Eeckhout*, EU External Relations Law, S. 327 f.; *Schmalenbach*, Struggle for Exclusiveness: The ECJ and Competing International Tribunals in: International Law between Universalism and Fragmentation, Buffard/Crawford/Pellet/Wittich (Hrsg.), S. 1045 (1058).

nung.[335] Die Bindungswirkung von Art. 216 Abs. 2 AEUV wird beträchtlich geschmälert, wenn sie sich nur auf die Geltung, nicht aber die unmittelbare Anwendbarkeit völkerrechtlicher Abkommen in der Unionsrechtsordnung bezöge.[336] Während sich die unmittelbare Geltung nur auf die Frage bezieht, ob das Recht in die Rechtsordnung aufgenommen wird, beziehen sich die Begriffe der unmittelbaren Anwendbarkeit beziehungsweise der unmittelbaren Wirkung auf die „Außenwirkung". Die unmittelbare Geltung eines völkerrechtlichen Abkommens im Unionsrecht genügt also nicht, um verpflichtende Rechtswirkungen im Unionsrecht auszulösen, es besteht kein Automatismus, dass sich natürliche oder juristische Personen auf Vorschriften eines Unionsabkommens berufen können.[337]

(2) Voraussetzungen des EuGH an die unmittelbare Anwendbarkeit völkerrechtlicher Abkommen

Mangels einer klaren Regelung hat der EuGH auf der Grundlage seines Auftrags zur Auslegung des Unionsrechts[338] für die unmittelbare Anwendbarkeit völkerrechtlicher Abkommen in der Unionsrechtsordnung gegenüber der unmittelbaren Geltung weitere Voraussetzungen formuliert. Der EuGH geht bezugnehmend auf das Völkerrecht davon aus, die Vertragsparteien könnten die Wirkungen von Abkommensbestimmungen innerhalb der eigenen Rechtsordnung selbst bestimmen.[339] Ob einer völkerrechtlichen Vorschrift eine Wirkung innerhalb des Unionsrechts zukomme, entscheide sich demnach am Willen der Vertragsparteien, der sich in den Abkommensvorschriften niederschlage.[340] Wenn der Wille der Vertragsparteien im Abkommen nicht eindeutig festgelegt sei, müssten die Unionsgerichte den Willen durch Auslegung ermitteln.[341]

Für eine unmittelbare Wirkung völkerrechtlicher Vorschriften, also die Möglichkeit des Einzelnen, sich vor Unionsgerichten auf völkerrechtliche Abkommensbestimmungen berufen zu können, verlangt der EuGH – entsprechend sei-

---

[335] *Weiß*, Zur Haftung der EG für die Verletzung des WTO-Rechts, EuR 2005, 277 (282) sieht in der Vorgängervorschrift (Art. 300 Abs. 7 EGV) von Art. 216 Abs. 2 AEUV keine Regelung über die unmittelbare Anwendbarkeit völkerrechtlicher Abkommen in der Gemeinschaftsrechtsordnung.

[336] *Brauneck*, Kann ein neuer EU-Multilateralismus das WTO-Recht bestimmen?, EuZW 2019, 397 (400).

[337] *Schmalenbach* in: Calliess/Ruffert (Hrsg.), EUV/AEUV, Art. 216 AEUV, Rn. 33.

[338] Vertiefend zum Rechtsprechungsauftrag des EuGH aus Art. 19 Abs. 1 S. 2 EUV siehe S. 129 ff.

[339] EuGH, Rs. 104/81, ECLI:EU:C:1982:362, Rn. 17 – Kupferberg.

[340] EuGH, Rs. C-149/96, ECLI:EU:C:1999:574, Rn. 34 – Portugal/Rat.

[341] EuGH, Rs. 104/81, ECLI:EU:C:1982:362, Rn. 17 – Kupferberg; EuGH, Rs. C-149/96, ECLI:EU:C:1999:574, Rn. 34 – Portugal/Rat.

ner Rechtsprechung über die Wirkung des Unionsrechts im mitgliedstaatlichen Recht – die Erfüllung gesteigerter Voraussetzungen.[342] Demnach dürfte die unmittelbare Anwendbarkeit nicht aus der Rechtsnatur oder Systematik des Abkommens ausgeschlossen sein, außerdem müsste die einzelne Vorschrift unbedingt formuliert und hinreichend klar bestimmt sein.[343]

(3) Ausschluss der unmittelbaren Anwendbarkeit in CETA

Das CETA regelt in Art. 30.6 CETA ausdrücklich, dass dieses innerhalb der Unionsrechtsordnung nicht unmittelbar anwendbar sein soll. Die Vorschriften des CETA-Abkommens werden also weder durch die Unionsgerichte angewendet, noch können sich Rechtsunterworfene auf Vorschriften des CETA berufen. Zwar ließe sich anführen, trotz der fehlenden unmittelbaren Anwendbarkeit müsse das Abkommen im Rahmen der Völkerrechtsfreundlichkeit des Unionsrechts Beachtung finden,[344] dagegen spricht jedoch der Wille der Vertragsparteien, unmittelbare Wirkungen innerhalb der eigenen Rechtsordnungen auszuschließen.[345]

bb) Beschränkte Rechtsprechungsreichweite der CETA-Gerichte

Die CETA-Gerichtsbarkeit darf das Unionsrecht nicht auslegen oder anwenden. Sie wird gemäß Art. 8.31 Abs. 1 CETA darauf beschränkt, nur das CETA anzuwenden, wie es nach der WVK und anderen, zwischen den Vertragsparteien geltenden völkerrechtlichen Regeln, auszulegen ist.[346] Die Auslegung von Unionsrecht und innerstaatlichem Recht liegt somit nicht in der Zuständigkeit der CETA-Gerichte.[347]

Allerdings stellt die Beschränkung der Rechtsquellen auf das Abkommen noch nicht sicher, dass die CETA-Gerichte keine Entscheidung über Unionsrecht treffen. Bei der Prüfung, ob eine staatliche Maßnahme gegen die Schutzgewährleistungen des CETA verstößt, kommt es regelmäßig auf eine Abwägung zwischen den Investoreninteressen und den von den Vertragsparteien vertretenen Interessen an. Wenn die CETA-Gerichte nun das innerstaatliche Recht nicht berücksichtigen dürften, könnten sie legitime öffentliche Interessen der Vertrags-

---

[342] *Mögele* in: Streinz (Hrsg.), EUV/AEUV, Art. 216 AEUV, Rn. 63.

[343] EuGH, Rs. C-12/86, ECLI:EU:C:1987:400, Rn. 14 – Demirel; EuGH, Rs. C-162/96, ECLI:EU:C:1998:293, Rn. 31 – Racke; EuGH, Rs. C-366/10, ECLI:EU:C:2011:864, Rn. 74 – Air Transport.

[344] *Schmalenbach* in: Calliess/Ruffert (Hrsg.), EUV/AEUV, Art. 216 AEUV, Rn. 33.

[345] *Kubicki*, Aktueller Begriff Europa: Zu den Rechtswirkungen des CETA, WissD BT Nr. 06/16, S. 2; siehe S. 85 zur allgemeinen Frage, ob die unmittelbare Anwendbarkeit des Abkommens im Unionsrecht zur Disposition der Vertragsparteien steht.

[346] EuGH, Gut. 1/17, ECLI:EU:C:2019:341, Rn. 121 ff. – CETA.

[347] EuGH, Gut. 1/17, ECLI:EU:C:2019:341, Rn. 122 – CETA.

parteien nicht anerkennen[348] beziehungsweise nicht die Tragweite der Maßnahme ermitteln.[349] Es besteht somit ein schmaler Grat zwischen der notwendigen Berücksichtigung des innerstaatlichen Rechts und einer unzulässigen Entscheidung über Rechtsfragen des Unionsrechts durch die CETA-Gerichte. Als Kompromisslösung ermöglicht CETA den Abkommensgerichten, das innerstaatliche Recht zu berücksichtigen, indem Rechtsfragen als Tatsachen herangezogen werden.

(1) Reduzieren von Rechtsfragen auf Tatsachen

Die Idee, nationales Recht bei der Auslegung eines völkerrechtlichen Gerichts als Tatsache zu behandeln, ist nicht neu. Bereits 1926 formulierte der Ständige Internationale Gerichtshof (StIGH), dass aus dem Blickwinkel des Völkerrechts nationales Recht als Tatsache zu behandeln sei.[350] Demnach sei der StIGH nicht beauftragt, nationales Recht auszulegen und dennoch befähigt, das nationale Recht am Maßstab der völkerrechtlichen Verpflichtungen zu überprüfen.[351] Ebenfalls im internationalen Privatrecht[352] gibt es Rechtsordnungen, die eine Berücksichtigung von ausländischem Recht als Tatsache vorsehen. Während in Deutschland auf der Grundlage von § 293 ZPO ausländisches Recht als Recht angesehen wird,[353] wird in England ausländisches Recht als Tatsache eingeordnet. Dort obliegt es den Parteien, ausländisches Recht darzulegen und zu beweisen – gelingt dieser Beweis nicht, wird durch das Gericht common law angewendet.[354]

Das CETA regelt in Art. 8.31 Abs. 2 CETA ausdrücklich, dass „das Gericht [dabei] der herrschenden Auslegung des innerstaatlichen Rechts durch die Gerichte und Behörden der betreffenden Vertragspartei [folgt]“. Allerdings sind damit keine Situationen geregelt, in denen die Rechtslage unklar ist – eine Vorlage

---

348 GA *Bot*, Schlussanträge v. 29.01.2019 zum Gut. 1/17, ECLI:EU:C:2019:72, Rn. 130.

349 EuGH, Gut. 1/17, ECLI:EU:C:2019:341, Rn. 131 – CETA.

350 Case Concerning Certain German Interests In Polish Upper Silesia (Germany v. Polish Republic), 25.05.1926, Serie A Bd. 7, 1 (19), abrufbar unter: https://www.icj-cij.org/files/permanent-court-of-international-justice/serie_A/A_07/17_Interets_allemands_en_Haute_Silesie_polonaise_Fond_Arret.pdf (zul. abg. am 15.03.2023).

351 Case Concerning Certain German Interests In Polish Upper Silesia (Germany v. Polish Republic), 25.05.1926, Serie A Bd. 7, 1 (19), abrufbar unter: https://www.icj-cij.org/files/permanent-court-of-international-justice/serie_A/A_07/17_Interets_allemands_en_Haute_Silesie_polonaise_Fond_Arret.pdf (zul. abg. am 15.03.2023).

352 *Bodenheimer/Eller*, Unionsrechtszentrismus und ISDS, RIW 2018, 786 (789).

353 *Prütting* in: Krüger/Rauscher (Hrsg.), Münchener Kommentar zur ZPO, Band 1, § 293 ZPO, Rn. 1; *Geimer* in: Zöller (Hrsg.), ZPO, § 293 ZPO, Rn. 14; *Trautmann*, Ausländisches Recht vor deutschen und englischen Gerichten, ZEuP 2006, 283 (285).

354 *Rogoz*, Ausländisches Recht im deutschen und englischen Zivilprozess, S. 6.

an den EuGH ist jedenfalls nicht möglich.[355] Eine solche unklare Rechtslage besteht, wenn es an einer Auslegungsentscheidung des EuGH fehlt – sonst bestände nach Art. 8.31 Abs. 2 CETA eine Bindungswirkung –[356] und die Unionsrechtsordnung keinen entsprechenden Hinweis enthält.[357] In diesem Fall bliebe dem CETA-Gericht nichts anderes übrig, als selbst eine Entscheidung über die bestehenden Rechtsauslegungsmöglichkeiten zu treffen.

Für diesen speziellen Fall dürfte aus Sicht von GA *Yves Bot* das CETA-Gericht das Unionsrecht – allerdings unverbindlich – auslegen.[358] Der GA sah die Garantien von Art. 8.31 Abs. 2 CETA als genügend an, dass sich das CETA-Gericht mit seiner Auslegung innerhalb der Unionsrechtsordnung nicht durchsetzen könne.[359] Dafür spricht neben der einseitigen Bindung auch der strukturelle Aufbau der CETA-Gerichte. Die CETA-Gerichtsbarkeit ist durch die Rechtsbehelfsinstanz und die Einrichtung des CETA-Ausschusses grundlegend anders ausgestaltet als klassische Schiedsgerichte.[360] Darüber hinaus sieht das CETA-Abkommen eine Geltung des Schiedsspruchs gemäß Art. 8.41 CETA lediglich für den anhängigen Rechtsstreit vor (sog. *Inter-partes*-Wirkung). In diesem Sinne ließe sich eine notwendig werdende innerstaatliche Rechtsanalyse als lediglicher Nebeneffekt einer Feststellung eines Verstoßes gegen das Völkerrecht begreifen,[361] der die Autonomie nicht beeinträchtigt. Der EuGH folgte der Auffassung, dass die Berücksichtigung des innerstaatlichen Rechts als Tatsache nicht mit einer Auslegung des innerstaatlichen Rechts gleichgesetzt werden könne.[362] Durch ihre beschränkte Entscheidungsreichweite droht keine Rechtsprechungskonkurrenz durch die CETA-Gerichte. So überzeugt die Haltung des EuGH, die CETA-Gerichte seien durch Art. 8.31 Abs. 2 CETA daran gehindert, Unionsrecht auszulegen und anzuwenden.

(2) Kein Vorabbefassungsverfahren des EuGH

Wenn die CETA-Gerichte Rechtsfragen in der Unionsrechtsordnung als Tatsache heranziehen, müssten sie für die Entscheidung, ob eine Rechtsfrage vorliegt, die

---

355 Hinweis des Königreichs Belgien in: EuGH, Gut. 1/17, ECLI:EU:C:2019:341, Rn. 48 – CETA; *Müller*, Reformhindernisse im internationalen Investitionsrecht, S. 280.

356 EuGH, Gut. 1/17, ECLI:EU:C:2019:341, Rn. 138 – CETA.

357 EuGH, Gut. 1/17, ECLI:EU:C:2019:341, Rn. 139 – CETA.

358 GA *Bot*, Schlussanträge v. 29.01.2019 zum Gut. 1/17, ECLI:EU:C:2019:72, Rn. 139.

359 GA *Bot*, Schlussanträge v. 29.01.2019 zum Gut. 1/17, ECLI:EU:C:2019:72, Rn. 140.

360 *Scholtka*, Freihandelsabkommen der EU mit Kanada (CETA) europarechtskonform, NVwZ 2019, 868 (869).

361 *Hepburn*, CETA's New Domestic Law Clause, EJIL:Talk!, https://www.ejiltalk.org/cetas-new-domestic-law-clause/ (zul. abg. am 15.03.2023).

362 EuGH, Gut. 1/17, ECLI:EU:C:2019:341, Rn. 130 f. – CETA.

Rechtsprechung des EuGH auslegen. Hier zeigen sich somit Parallelen zum EMRK-Beitritt der Union: Im Gut. 2/13 verlangte der EuGH eine dem EGMR vorgelagerte Kontrolle über Unionsrecht, die er mit dem subsidiären Charakter der EMRK-Kontrolle und dem ordnungsgemäßen Funktionieren der Unionsgerichtsbarkeit begründete.[363] Das Vorabbefassungsverfahren sollte dem EuGH die Möglichkeit sichern, selbst die Vereinbarkeit von Unionsrecht mit Bestimmungen der EMRK zu überprüfen, bevor der EGMR die entsprechende Kontrolle von Unionsrecht vornimmt. Der EuGH forderte ein, dass ausschließlich den Unionsorganen die Entscheidung überlassen werden dürfe, ob eine Rechtsfrage bereits durch den EuGH entschieden worden sei.[364] Ansonsten würde dem EGMR in unzulässiger Weise die Zuständigkeit eingeräumt, die Rechtsprechung des EuGH auszulegen.[365] Deshalb soll geklärt werden, ob auch in Bezug auf die Feststellung des Bestehens einer ungeklärten Rechtsfrage im Sinne des Art. 8.31 Abs. 2 CETA durch die CETA-Gerichte ein Vorabbefassungsverfahren hätte verlangt werden müssen.

In CETA ließe sich argumentieren, dass den CETA-Gerichten ebenfalls die Zuständigkeit eingeräumt würde, über das Bestehen einer Rechtsfrage zu entscheiden und somit die Rechtsprechung des EuGH auszulegen. Der EuGH sah jedoch durch zahlreiche Unterschiede zum EMRK-Beitrittsentwurf als sichergestellt an, dass die Reichweite der EuGH-Rechtsprechung nicht durch die CETA-Gerichte festgelegt werden könne. Demnach sei es „nur folgerichtig", dass das CETA kein „Vorabentscheidungsverfahren" vorsehe, weil die CETA-Gerichtsbarkeit auf die Auslegung des Abkommens beschränkt sei und deshalb außerhalb des Gerichtssystems der Union stehe.[366] Diese Sichtweise des EuGH ist auf den ersten Blick überraschend. Schließlich hätte auch der EGMR innerstaatliches Recht lediglich am Maßstab der Verbürgungen der EMRK geprüft.[367] Im Kontext des EMRK-Beitritts wurde jedoch erfolglos vorgetragen, dass der EGMR kein Unionsrecht ausgelegt hätte, obwohl das völkerrechtliche Abkommen den Maßstab bildete und die Einbeziehung von Rechtsfragen als Tatsachen gleichgekommen wäre.[368] Der EGMR behandelt innerstaatliches Recht nämlich ebenfalls als Tatsache.[369]

---

[363] EuGH, Gut. 2/13, ECLI:EU:C:2014:2454, Rn. 236 – EMRK.

[364] EuGH, Gut. 2/13, ECLI:EU:C:2014:2454, Rn. 238 – EMRK.

[365] EuGH, Gut. 2/13, ECLI:EU:C:2014:2454, Rn. 239 ff. – EMRK.

[366] EuGH, Gut. 1/17, ECLI:EU:C:2019:341, Rn. 134 – CETA.

[367] *Krajewski*, Ist CETA der „Golden Standard"? EuGH hält CETA-Gericht für unionsrechtskonform, https://verfassungsblog.de/ist-ceta-der-golden-standard-eugh-haelt-ceta-gericht-fuer-unionsrechtskonform/ (zul. abg. am 15.03.2023).

[368] *Engel*, Anmerkung zum CETA-Gutachten 1/17, SchiedsVZ 2019, 226 (232).

[369] EGMR, Nr. 11105/84, Serie A Nr. 176-B, Rn. 28 – Huvig/France; *Kullak*, Der Beitritt der Europäischen Union zur Europäischen Konvention der Menschenrechte, WHI-Paper 05/14, https://www.rewi.hu-berlin.de/de/lf/oe/whi/publikationen/whi-papers/2014/whi-paper-5-2014-beitritt-der-eu-zur-emrk-elena.pdf (zul. abg. am 15.03.2023).

Im Ergebnis überzeugt die Entscheidung des EuGH, kein Vorabbefassungsverfahren zu verlangen, wegen der strukturellen Unterschiede zwischen der EMRK und CETA: Weil CETA die Auswirkungen der eigenen Gerichtsbarkeit auf das Unionsrecht hinreichend abschirmt, bedarf es keines Vorabbefassungsverfahrens für die Frage nach dem Bestehen einer ungeklärten Rechtsfrage.

Diese Auffassung bestätigt sich im Hinblick auf das Gut. 1/92 zum EWR-Abkommen. Sowohl CETA, als auch das EWR-Abkommen, sehen die Errichtung einer vertraglichen Streitbeilegung vor, die in einer besonderen Nähe zum Unionsrecht steht. Im Gut. 1/92 erklärte der EuGH zum EWR-Abkommen, ein völkerrechtliches Gericht dürfe völkerrechtliche Abkommensvorschriften, die wortgleich zum Unionsrecht abgefasst sind, nicht verbindlich auslegen.[370] Umgekehrt würde die Autonomie gewahrt, wenn der völkerrechtliche Spruchkörper für die Auslegung dieser wortgleichen Vorschriften nicht zuständig wäre beziehungsweise diese Vorschriften in völkerrechtlichen Schiedsgerichtsverfahren nicht behandelt würden.[371] Diese auf den ersten Blick konsequente Trennung wird aber durchbrochen, indem der EFTA-Gerichtshof – und nicht der EuGH – entscheidet, ob Abkommensvorschriften mit dem Unionsrecht identisch sind. Obwohl dem EFTA-Gerichtshof kein Entscheidungsspielraum bei der Beurteilung bleibt, ob eine Vorschrift wortgleich zum Unionsrecht formuliert wurde, lässt sich doch eine Nähe zum Unionsrecht erkennen. Wegen der Befugnis des EFTA-Gerichtshofs und der CETA-Gerichte, über eine das Unionsrecht betreffende Frage zu entscheiden – ohne dass der EuGH hierin eine Entscheidung über Fragen des Unionsrechts erblickt –, lässt sich das Gut. 1/17 als Anknüpfung an die EWR-II-Rechtsprechung deuten.[372]

(3) Offenkundige Fehler bei der Auslegung von Unionsrecht (CETA-Rechtsbehelfsinstanz)

Einen zusätzlichen Schutz der öffentlichen Interessen soll die CETA-Rechtsbehelfsinstanz bieten, indem sie die Beurteilung innerstaatlichen Rechts durch das erstbefasste CETA-Gericht überprüfen kann. Art. 8.28 Abs. 2 lit. b CETA bestimmt, dass die Rechtsbehelfsinstanz einen Urteilsspruch des Gerichts „aufgrund von offenkundigen Fehlern bei der Würdigung des Sachverhalts, unter anderem bei der Beurteilung relevanter Vorschriften des innerstaatlichen Rechts (…)“ bestätigen, abändern oder aufheben kann. Auf dieser Grundlage könnte

[370] Zur Zulässigkeit von mit dem Unionsrecht wortgleichen, völkerrechtlichen Vorschriften siehe S. 40 ff.

[371] EuGH, Gut. 1/92, ECLI:EU:C:1992:189, Rn. 36 – EWR II.

[372] *Gundel*, Die Öffnung des Vorabentscheidungsverfahrens zum EuGH für nichtmitgliedstaatliche Gerichte, EuZW 2019, 934 (936).

man annehmen, dass Unionsrecht – wenn auch im reduzierten Umfang – bereits dem Wortlaut nach eine Auslegung des innerstaatlichen Rechts vorsähe.[373] Der EuGH stellte hingegen fest, dass nicht die Absicht erkennbar sei, dass der CETA-Rechtsbehelfsinstanz eine Zuständigkeit für die Auslegung des innerstaatlichen Rechts übertragen werden solle.[374] Diese Auffassung deckt sich mit den Ausführungen von GA *Yves Bot*, der darin eine zusätzliche Garantie gegen ein falsches Verständnis des als Tatsache herangezogenen Unionsrechts erblickt.[375]

Konkret stellt sich die Frage, ob die Überprüfungsmöglichkeit den Ausschluss der Berücksichtigung von innerstaatlichem Recht bekräftigt[376] oder widerlegt. In diesem Rahmen prüft der EuGH nicht, ob eine Berücksichtigung von Unionsrecht durch die CETA-Berufungsinstanz ausgeschlossen wird. Es ist bemerkenswert, dass der EuGH erstmalig eine vermutete „Absicht" genügen lässt, um eine völkervertraglich vorgesehene Anwendung und Auslegung von Unionsrecht als mit der Autonomie vereinbar anzusehen, obwohl die CETA-Gerichte keiner Kontrollmöglichkeit durch den EuGH unterliegen. Zwar bietet der CETA-Ausschuss die Möglichkeit,[377] in laufende Schiedsverfahren einzugreifen und dem jeweiligen CETA-Schiedsgericht eine bestimmte Auslegung vorzugeben. Allerdings ist dafür ein Einvernehmen erforderlich, es wird mithin politischen Akteuren und nicht dem EuGH überlassen, welche Auslegung das jeweilige CETA-Schiedsgericht wählt.

Durch die vermeintliche Großzügigkeit des EuGH, eine „Absicht" der Vertragsparteien genügen zu lassen, dass der CETA-Rechtsbehelfsinstanz keine Zuständigkeit für die Auslegung des innerstaatlichen Rechts übertragen werden sollte, zeichnet sich deutlicher ab, dass der EuGH eine wertende Gesamtbetrachtung hinsichtlich der Wahrung der Autonomie zugrunde legt. Indem der EuGH die Berücksichtigung von Unionsrecht als lediglich Nebenfolge völkerrechtlicher Spruchkörper nicht – beziehungsweise nicht mehr – als Beeinträchtigung der Autonomie einstuft, entnimmt er dem *Achmea*-Urteil Schärfe und bekräftigt

---

373 *Krajewski*, Ist CETA der „Golden Standard"? EuGH hält CETA-Gericht für unionsrechtskonform, https://verfassungsblog.de/ist-ceta-der-golden-standard-eugh-haelt-ceta-gericht-fuer-unionsrechtskonform/ (zul. abg. am 15.03.2023).

374 EuGH, Gut. 1/17, ECLI:EU:C:2019:341, Rn. 133 – CETA.

375 GA *Bot*, Schlussanträge v. 29.01.2019 zum Gut. 1/17, ECLI:EU:C:2019:72, Rn. 148.

376 *Hepburn*, CETA's New Domestic Law Clause, EJIL:Talk!, https://www.ejiltalk.org/cetas-new-domestic-law-clause/ (zul. abg. am 15.03.2023).

377 Gemäß Art. 26.3 CETA iVm Art. 10 Abs. 2 der Geschäftsordnung des Gemischten CETA-Ausschusses kann dieser im Einvernehmen der Vertragsparteien Beschlüsse und Empfehlungen erlassen, die sich sogar auf laufende Schiedsverfahren beziehen können. Die Kommission hat dem Rat einen Beschlussvorschlag über den Standpunkt der Union im Gemischten Ausschuss unterbreitet: https://eur-lex.europa.eu/legal-content/EN/ALL/?uri=COM:2019:457:FIN (zul. abg. am 15.03.2023).

seine Grundaussage, dass „eine internationale Übereinkunft, die die Einrichtung eines mit der Auslegung ihrer Bestimmungen betrauten Gerichts vorsieht, dessen Entscheidungen für die Union bindend sind, grundsätzlich mit dem Unionsrecht vereinbar ist".[378]

d) Zwischenergebnis

Völkerrechtlichen Abkommen kommt über Art. 216 Abs. 2 AEUV eine unionsrechtliche Bedeutung zu. Auf völkerrechtlicher Ebene ist jedoch nicht gesichert, dass die ausschließliche Zuständigkeit des EuGH für die Auslegung von Unionsrecht respektiert wird. Der EuGH erweitert deshalb den Schutz seiner Auslegungshoheit über das Unionsrecht durch eine ausschließliche Zuständigkeit, die er aus der Autonomie des Unionsrechts ableitet. Sie gewährleistet über die Grenzen des ausdrücklichen Primärrechts hinaus einen umfangreichen Schutz seines Rechtsprechungsmonopols.

Der EuGH beansprucht für alle Konstellationen ein Letztentscheidungsrecht, in denen ein völkerrechtlicher Spruchkörper originäres Unionsrecht verbindlich auslegt. Dabei legt der EuGH ein weites Verständnis zugrunde: Wenn völkerrechtliche Abkommensbestimmungen im Wortlaut deckungsgleich zum Unionsrecht sind oder ein investitionsschutzrechtliches Schiedsgericht Unionsrecht als anwendbares Recht berücksichtigt, sieht der EuGH sein Rechtsprechungsmonopol gefährdet. Im Kern darf der Union und ihren Organen aus Sicht des EuGH keine Auslegung von unionsrechtlichen Bestimmungen verbindlich vorgegeben werden. Dabei können nicht nur rechtliche, sondern auch rein faktische Bindungen die Auslegungshoheit des EuGH beeinträchtigen.

Neben der Autonomie erweiterte der EuGH den Anwendungsbereich des geschriebenen Rechtsprechungsmonopols aus Art. 344 AEUV. Er stellte in der Rs. *MOX-Plant* fest, dass seine ausschließliche Zuständigkeit bei hybriden Streitigkeiten auch Rechtsbereiche in mitgliedstaatlicher Kompetenz erfasse. In der Rs. *Achmea* durchbrach der EuGH die Wortlautgrenzen des Anwendungsbereichs von Art. 344 AEUV in zweifacher Hinsicht, indem er einen Verstoß gegen die Vorschrift annahm, obwohl das der Streitigkeit zugrundeliegende Abkommen nicht zum Unionsrecht zählt und auf Streitigkeiten zwischen einem Investor und einem Mitgliedstaat beschränkt ist.

Die Ausweitung des Rechtsprechungsmonopols verschärft die Frage nach den Anforderungen des EuGH an den Schutz seiner Auslegungshoheit, die durch ein

---

378 EuGH, Gut. 1/91, EU:C:1991:490, Rn. 40, 70 – EWR I; EuGH, Gut. 1/09, EU:C:2011:123, Rn. 74 – Patentgericht; EuGH, Gut. 2/13, EU:C:2014:2454, Rn. 182 f. – EMRK; EuGH, Rs. C-284/16, ECLI:EU:C:2018:158, Rn. 57 – Achmea; EuGH, Gut. 1/17, ECLI:EU:C:2019:341, Rn. 106 – CETA.

Letztentscheidungsrecht realisiert werden soll. Die Anforderungen an die Gewährleistung dieses Letztentscheidungsrechts sind hoch und beinhalten eine umfassende und verbindliche Entscheidungsgewalt des EuGH, die im Einzelfall sogar durch Sanktionsmechanismen erzwingbar geschützt werden muss.

In neueren Freihandelsabkommen der Union wird deshalb auf eine Abschirmung des Unionsrechts vor völkerrechtlichen Einflüssen gesetzt. Dazu wurden vertragliche Mechanismen etabliert, die innerhalb der Union durch einen Ausschluss der unmittelbaren Anwendbarkeit völkerrechtlicher Abkommen Beeinträchtigungen der Funktionsweise der Union verhindern sollen. Neben dem Schutz seiner eigenen Rolle im Unionsgefüge verlangt der EuGH einen Schutz des Kerns der bestehenden Zuständigkeitsverteilung insgesamt.

3. Bestehende Zuständigkeitsverteilung

Es wäre mit dem Unionsrecht unvereinbar, wenn über das völkerrechtliche Außenverhältnis die Unionszuständigkeiten im Innenverhältnis tiefgreifend verschoben („verfälscht") würden. Weil aber die Unterwerfung unter eine externe Gerichtsbarkeit nach der Feststellung des EuGH grundsätzlich möglich ist, stellt sich die Frage, welche Änderungen die bestehende Zuständigkeitsverteilung (un-)zulässig verschieben.[379]

a) Völkervertragliche Zuständigkeitszuweisung an den EuGH

Die judikative Zuständigkeitsverteilung wird vor allem durch das Zusammenspiel von mitgliedstaatlichen Gerichten und dem EuGH geprägt, das sich zentral im Vorabentscheidungsverfahren gemäß Art. 267 AEUV abbildet.[380] Völkerrechtliche Zuständigkeitszuweisungen an den EuGH beeinflussen dieses Zusammenspiel grundsätzlich nicht und sind deshalb grundsätzlich mit dem Unionsrecht vereinbar. Die Zuständigkeitszuweisung darf jedoch die bestehenden Zuständigkeiten des EuGH nicht wesentlich[381] verfälschen. Konkret müssen die völkerrechtlichen Vorlageverfahren an den EuGH vergleichbar zu den bestehenden Zuständigkeiten des EuGH ausgestaltet sein, also den wesentlichen Regelungen des Vorabentscheidungsverfahrens gemäß Art. 267 AEUV im Grundsatz

---

379 Der EuGH nutzt hier den kryptischen Begriff des „Wesens" der bestehenden Zuständigkeiten, das nicht verletzt werden dürfe, zB: EuGH, Gut. 1/09, ECLI:EU:C:2011:123, Rn. 89 – Patentgericht; EuGH, Gut. 2/13, ECLI:EU:C:2014:2454, Rn. 183 – EMRK.

380 *Kerkemeyer*, Europarechtliche Bedenken gegen das CETA-Abkommen, Kritische Justiz 2015, 264 (272).

381 EuGH, Gut. 1/91, ECLI:EU:C:1991:490, Rn. 59 – EWR I; EuGH, Gut. 1/09, ECLI:EU:C:2011:123, Rn. 75 – Patentgericht.

entsprechen.[382] Die Entscheidung des EuGH muss somit für das vorlegende Gericht im Hinblick auf die Auslegung des Unionsrechts verbindlich sein.[383] Nicht nur an dieser Stelle überschneiden sich die Schutzgehalte des Rechtsprechungsmonopols und der bestehenden Zuständigkeitsverteilung.

b) Übertragung unionsgerichtlicher Zuständigkeiten auf völkerrechtliche Spruchkörper

Der EuGH formulierte bereits in früheren Fällen, dass eine Aushöhlung des Vorabentscheidungsverfahrens durch die Übertragung von Zuständigkeiten auf völkerrechtliche Spruchkörper bereits für sich genommen einen Autonomieverstoß begründen könne.[384] Das Vorabentscheidungsverfahren gewährleistet angesichts der dezentralen Anwendung von Unionsrecht durch die Unionsgerichtsbarkeit nicht nur die Einheit des Unionsrechts, sondern entfaltet auch eine entscheidende Bedeutung für den Individualrechtsschutz.[385] Daher beeinträchtigt nach der Position des EuGH schon eine Entleerung des Vorabentscheidungsverfahrens die Autonomie. Die Übertragung unionsgerichtlicher Zuständigkeiten muss deshalb sicherstellen, dass die Verlagerung der Zuständigkeiten zu keiner Schwächung des Vorabentscheidungsverfahrens führt. Der völkerrechtliche Spruchkörper muss also der Rechtsprechung des EuGH gleichermaßen unterworfen sein wie ein mitgliedstaatliches Gericht.

c) Schutz der Zuständigkeitsverteilung in gemischten Abkommen

Im Hinblick auf die Zuständigkeitsverteilung zwischen der Union und den Mitgliedstaaten stellen gemischte Abkommen[386] eine besondere Herausforderung dar. Bei gemischten Abkommen ergibt sich das Schutzgut der Wahrung der inneren Zuständigkeitsverteilung aus den Besonderheiten der Union als supranationale Organisation: Die Union ist keine monolithische Vertragspartei, sodass Entscheidungen durch Streitbeilegungsmechanismen die innere Aufgabenverteilung zwischen der Union und den Mitgliedstaaten betreffen können, insoweit die Union sowie die Mitgliedstaaten Vertragsparteien geworden sind. Hier zeigen sich – im Gegensatz zu Abkommen der Union[387] – die Besonderheiten des EWR-Ab-

---

382 *Obwexer*, Der Beitritt der EU zur EMRK: Rechtsgrundlagen, Rechtsfragen und Rechtsfolgen, EuR 2012, 115 (134).

383 EuGH, Gut. 1/91, ECLI:EU:C:1991:490, Rn. 59, 61–65 – EWR I.

384 EuGH, Gut. 1/91, ECLI:EU:C:1991:490, Rn. 61–65 – EWR I; EuGH, Gut. 1/09, ECLI:EU:C:2011:123, Rn. 83 ff. – Patentgericht.

385 *Wegener* in: Calliess/Ruffert (Hrsg.), EUV/AEUV, Art. 267 AEUV, Rn. 1.

386 Zu gemischten Abkommen siehe S. 47 ff.

387 EuGH, Gut. 1/00, ECLI:EU:C:2002:231, Rn. 15 f. – GELR.

kommensentwurfs als gemischtes Abkommen,[388] so führte beispielsweise die Frage über die Festlegung des Beklagten bereits zu einem Verstoß gegen die Autonomie.[389] Dagegen wurde im Fall des Abkommensentwurfs zum gemeinsamen europäischen Luftverkehrsraum nur die Gemeinschaft, nicht jedoch die Mitgliedstaaten Vertragsparteien, sodass durch die Gemeinschaft als einzig taugliche Verfahrenspartei bereits eine Gefahr für die innere Zuständigkeitsverteilung gegenüber den Mitgliedstaaten ausgeschlossen werden konnte.[390]

Gegen einen umfassenden Schutz der bestehenden Zuständigkeiten könnte auf den ersten Blick das Argument verfangen, die Festlegungen externer Streitbeilegungsmechanismen beträfen lediglich die völkerrechtlichen Bindungen der Union im Außenverhältnis. Allerdings stehen völkerrechtliche Abkommen der Union durch ihre Aufnahme in die Unionsrechtsordnung im Rang oberhalb des Sekundärrechts,[391] sodass eine Bindung der Unionsorgane an die Rechtsprechung völkerrechtlicher Spruchkörper als Verfälschung der bestehenden Zuständigkeiten eine reale Bedrohung darstellt: Durch den Beitritt der Union zu einem völkerrechtlichen Abkommen würden dessen Vorschriften gemäß Art. 216 Abs. 2 AEUV als integrierender Bestandteil[392] in die Unionsrechtsordnung aufgenommen. Das Abkommen gälte dann – in seiner Auslegung durch den völkerrechtlichen Spruchkörper – innerhalb der Unionsrechtsordnung. Festlegungen durch den völkerrechtlichen Spruchkörper könnten somit auch Bindungswirkungen für die Unionsorgane entfalten. Aus diesem Grund beansprucht der EuGH über die Autonomie, dass die Prüfung von Zuständigkeiten nur durch die Unionsorgane selbst vorgenommen werden dürfe.

Der Schutz der bestehenden Zuständigkeitsverteilung[393] beinhaltet zwei unterschiedliche Dimensionen: Neben der Zuständigkeitsverteilung zwischen der Union und den Mitgliedstaaten wird auch die Zuständigkeitsverteilung der Unionsorgane vor Verfälschungen durch völkerrechtliche Streitbeilegungsmechanismen geschützt.[394] Demzufolge wäre die Zuständigkeitsverteilung zwischen der Union und den Mitgliedstaaten gefährdet, wenn durch einen völkerrechtlichen

[388] *Müller*, Das Rechtsprechungsmonopol des EuGH im Kontext völkerrechtlicher Verträge, S. 50.

[389] Zur Festlegung des Beklagten innerhalb der Auslegung des Begriffs der „Vertragspartei" siehe S. 86 ff.

[390] EuGH, Gut. 1/00, ECLI:EU:C:2002:231, I-3522, Rn. 15 – GELR; *Müller*, Das Rechtsprechungsmonopol des EuGH im Kontext völkerrechtlicher Verträge, S. 55.

[391] Zum Rang völkerrechtlicher Abkommen in der Unionsrechtsordnung siehe S. 30.

[392] Zur *Haegeman*-Rechtsprechung siehe S. 29.

[393] EuGH, Gut. 1/91, ECLI:EU:C:1991:490, Rn. 61–65 – EWR I; EuGH, Gut. 1/92, ECLI:EU:C:1992:189, Rn. 32, 41 – EWR II; EuGH, Gut. 1/00, ECLI:EU:C:2002:231, Rn. 12 – GELR.

[394] *Kerkemeyer*, Unionsrecht und internationales Investitionsschutzrecht auf Kollisionskurs, EuZW 2016, 10 (13).

Spruchkörper die Unionszuständigkeiten verbindlich ausgelegt würden, um den Verantwortlichen für einen möglichen Abkommensverstoß zu ermitteln.

aa) Gut. 1/91 zur Auslegung des Begriffs „Vertragspartei“

Wird in einem völkergerichtlichen Verfahren bei einem mehrstufigen System wie der Union ein Beschwerdegegner festgelegt, beruht dies regelmäßig auf einer Entscheidung des externen Spruchkörpers hinsichtlich der inneren Zuständigkeitsverteilung.[395] Bei gemischten Abkommen besteht daher die Gefahr, dass ein externer Spruchkörper bindende Festlegungen[396] über die unionsinterne Kompetenzverteilung trifft und somit bestehende Zuständigkeiten verfälscht. Diese Konstellation einer unionsexternen Festlegung des Beklagten sah der Abkommensentwurf für den EWR-Gerichtshof vor. Dieser sollte selbst über die Auslegung des Begriffs der „Vertragspartei“ den Beklagten festlegen. Im EWR-Gutachten 1/91 stellte der EuGH deshalb fest, dass die Auslegung des Begriffs der Vertragspartei im Rahmen der Festlegung des Beklagten durch den EWR-Gerichtshof mit Gemeinschaftsrecht unvereinbar sei. Die bestehende Zuständigkeitsverteilung der Union sei gefährdet, wenn der EWR-Gerichtshof „über die jeweiligen Befugnisse der Gemeinschaft und ihrer Mitgliedstaaten auf den durch die Bestimmungen des Abkommens geregelten Gebieten entscheiden würde“.[397] Eine solche Entscheidungskompetenz sei gegeben, wenn der EWR-Gerichtshof über die Auslegung des vertraglichen Begriffs der Vertragspartei[398] festlegen könne, ob der Beklagte die Gemeinschaft, die Mitgliedstaaten oder die Gemeinschaften und ihre Mitgliedstaaten sei.[399] Für die Begriffsauslegung wäre es nämlich auf die innere Zuständigkeitsverteilung der Gemeinschaft angekommen, die somit durch ein externes Gerichtssystem ausgelegt worden wäre.[400]

bb) Gut. 2/13 zum Mitbeschwerdemechanismus

Um die bestehende Zuständigkeitsordnung zu wahren, musste ein System gefunden werden, das eine Festlegung des aus Unionssicht zutreffenden Beklagten gewährleistet. Dazu wurde im Rahmen des EMRK-Abkommensentwurfs ein

---

395 EuGH, Gut. 1/91, ECLI:EU:C:1991:490, Rn. 34 f. – EWR I.

396 Zur Bindung der Unionsorgane an Entscheidungen völkerrechtlicher Spruchkörper, siehe S. 30 f.

397 EuGH, Gut. 1/91, ECLI:EU:C:1991:490, Rn. 34 – EWR I.

398 Art. 2 lit. c EWR-Abkommensentwurf, vgl. EuGH, Gut. 1/91, ECLI:EU:C:1991:490, Rn. 34 – EWR I.

399 EuGH, Gut. 1/91, ECLI:EU:C:1991:490, Rn. 34 – EWR I.

400 EuGH, Gut. 1/91, ECLI:EU:C:1991:490, Rn. 34 – EWR I; *Schroeder*, Das Gemeinschaftsrechtssystem, S. 126.

Mitbeschwerdemechanismus (*Co-respondent mechanism*) entwickelt. Er sah vor, dass die jeweils mitverantwortlichen EMRK-Vertragsparteien am Verfahren beteiligt und über Art. 46 EMRK an das EGMR-Urteil gebunden würden, ohne dass es auf die Frage der internen Kompetenzverteilung ankäme.[401]

(1) Festlegung des Beschwerdegegners

Schon bei der Festlegung des Beschwerdegegners war auf der Grundlage von Art. 3 Abs. 3 des Abkommensentwurfs zum EMRK-Beitritt unklar, ob der EGMR den Beschwerdegegner nach der Urheberschaft der Handlung oder nach der Urheberschaft der Rechtsnorm, auf deren Grundlage die Handlung ergangen ist, benennt.[402] Die Festlegung des richtigen Beschwerdegegners wäre aber auch nicht erheblich, wenn durch einen automatisierten Mitbeschwerdemechanismus die Union sowie die jeweils betroffenen Mitgliedstaaten Verfahrensbeteiligte würden.

(2) Mitbeschwerdegegner

Der Mitbeschwerdemechanismus sieht zwei Möglichkeiten der Einbindung vor: Einerseits sollte der EGMR durch eine Aufforderung die Vertragspartei in das Verfahren einbinden können. Darüber hinaus sollten auch die Vertragsparteien die Möglichkeit haben, initiativ durch einen Antrag an den EGMR am Verfahren beteiligt zu werden. [403]

(a) Aufforderung an die Vertragspartei

Im Rahmen der Aufforderung an die Vertragspartei durch den EGMR ist nach dem Streitgegenstand zu differenzieren.

---

[401] *Obwexer*, Der Beitritt der EU zur EMRK: Rechtsgrundlagen, Rechtsfragen und Rechtsfolgen, EuR 2012, 115 (129).

[402] Für eine freie Wahl des Beschwerdeführers argumentiert *Breuer*, Kein Danaergeschenk! Eine Erwiderung auf Thyms „Ein trojanisches Pferd?", verfassungsblog.de/kein-danaergeschenk-erwiderung-auf-daniel-tyhms-trojanisches-pferd/ (zul. abg. am 15.03.2023); für den Urheber der Handlung argumentiert *Streinz*, Hoffentlich keine Odyssee – Der Beitritt der EU zur EMRK, verfassungsblog.de/hoffentlich-keine-odyssee-beitritt-eu-zur-emrk/ (zul. abg. am 15.03.2023).

[403] Art. 3 Abs. 5 Abkommensentwurf lautet: „Eine Vertragspartei wird Mitbeschwerdegegnerin durch Annahme einer *Aufforderung* des EGMR oder durch Entscheidung des EGMR im Anschluss an einen *Antrag* der Vertragspartei selbst. Wenn der EGMR eine Vertragspartei auffordert, Mitbeschwerdegegnerin zu werden, und wenn er über einen dahingehenden Antrag entscheidet, hört er alle Verfahrensbeteiligten an. Bei der Entscheidung über einen solchen Antrag prüft der EGMR, ob es im Licht des Vorbringens der betreffenden Vertragspartei plausibel ist, dass die in Abs. 2 oder Abs. 3 dieses Artikels vorgesehenen Voraussetzungen erfüllt sind."

(aa) Verstoß von Sekundärrecht gegen die EMRK

Ist Sekundärrecht mit Bestimmungen der EMRK unvereinbar, wird der Urheber des ergangenen Rechtsakts Beschwerdegegner und im Fall einer Handlung eines Mitgliedstaats die Union als Urheber der Sekundärrechtsnorm Mitbeschwerdegegner durch den EGMR. Diese Konstellation ist aus dem Blickwinkel der Autonomie unproblematisch, solange gewährleistet wird, dass sich die Union unmittelbar als Mitbeschwerdegegnerin einer Beschwerde anschließen könnte, wenn mit einer behaupteten Verletzung der EMRK durch eine Handlung eines Mitgliedstaats, mit der eine Vorschrift des Unionsrechts durchgeführt wird, deren Vereinbarkeit mit der EMRK in Frage gestellt würde.[404] Die Mitgliedstaaten müssen das Sekundärrecht nicht verantworten, gleichwohl völkerrechtlich für die Handlung einstehen. Sie sind daher der Beschwerdegegner, die Union im Rahmen der Durchführung von Unionsrecht Mitbeschwerdegegner.[405]

(bb) Verstoß von Primärrecht gegen die EMRK

Gleichwohl fehlt es aus Sicht des EuGH an einem Automatismus in dem Fall, dass mit einer behaupteten Verletzung der EMRK durch eine Handlung der Union die Vereinbarkeit der Verträge mit der EMRK in Frage gestellt wird.[406] Es stellt sich mithin die Frage, was passiert, wenn das Primärrecht Handlungen vorschreibt, die einen Verstoß gegen die EMRK darstellen. Bei einem Verstoß von Primärrecht gegen die EMRK würden alle Mitgliedstaaten Verfahrensbeteiligte. Der EuGH verlangt in diesem Fall keine Einbindung der Union als Mitbeschwerdegegnerin.[407] Für eine Auslassung dieser Konstellation spricht, dass die Schaffung des primärrechtlichen Rahmens durch die Mitgliedstaaten den Verstoß herbeiführt und deshalb diese das geschaffene Primärrecht auch als Mitbeschwerdegegner verteidigen müssten.[408] Die Union träfe jedoch die völkerrechtliche Verpflichtung, den Verstoß gegen die EMRK abzustellen, obwohl sie selbst ihr Primärrecht nicht ändern und mithin den Verstoß nicht eigenständig abstellen kann.[409] Gleichzeitig wäre es mit dem Unionsrecht unvereinbar, wenn die Mitgliedstaaten als „Alleinkämpfer" vor dem EGMR ihre Rechtsetzung verteidig-

---

[404] EuGH, Gut. 2/13, ECLI:EU:C:2014:2454, Rn. 84 – EMRK.

[405] *Streinz*, Hoffentlich keine Odyssee – Der Beitritt der EU zur EMRK, verfassungsblog.de/hoffentlich-keine-odyssee-beitritt-eu-zur-emrk/ (zul. abg. am 15.03.2023).

[406] EuGH, Gut. 2/13, ECLI:EU:C:2014:2454, Rn. 84 – EMRK.

[407] EuGH, Gut. 2/13, ECLI:EU:C:2014:2454, Rn. 84 – EMRK.

[408] *Streinz*, Hoffentlich keine Odyssee – Der Beitritt der EU zur EMRK, verfassungsblog.de/hoffentlich-keine-odyssee-beitritt-eu-zur-emrk/ (zul. abg. am 15.03.2023).

[409] *Streinz*, Hoffentlich keine Odyssee – Der Beitritt der EU zur EMRK, verfassungsblog.de/hoffentlich-keine-odyssee-beitritt-eu-zur-emrk/ (zul. abg. am 15.03.2023).

ten. Vielmehr verlange bereits der Grundsatz der loyalen Zusammenarbeit[410] eine einheitliche Vertretung der Mitgliedstaaten vor dem EGMR, welche im Abkommensentwurf nicht vorgesehen sei.[411] Der Mitbeschwerdemechanismus verstößt mithin aus der Sicht des EuGH wegen dieser – in der Praxis wohl seltenen – Konstellation gegen die Autonomie.

(b) Antrag durch die Vertragspartei

Stellt eine Vertragspartei einen Antrag auf die Beteiligung am Verfahren als Mitbeschwerdegegner, prüft der EGMR, ob das Vorbringen der Partei – gerichtet auf eine Beteiligung – „plausibel" erscheint. Entscheidend kommt es für die Einbindung darauf an, ob wegen der mehrschichtigen Struktur der Union der Handlungsurheber und der geistig-juristische Urheber auseinanderfallen. Dies ist in zwei Konstellationen gegeben: Zunächst, wenn entweder bei einer Beschwerde gegen einen Mitgliedstaat die behauptete Verletzung der EMRK nur durch eine Nichtbeachtung einer unionsrechtlichen Pflicht hätte vermieden werden können. Andernfalls wäre es der Fall, wenn bei einer Beschwerde gegen die Union die Vereinbarkeit einer Bestimmung des primären Unionsrechts mit den Rechten der EMRK infrage gestellt würde.[412] Zwar erscheinen die Kriterien für die Plausibilitätskontrolle klar und einschätzbar, dennoch gewähren sie keinen gebundenen Anspruch auf eine Verfahrensbeteiligung durch den geistig-juristischen Urheber. Der EuGH sieht daher, gemeinsam mit GA *Juliane Kokott*, [413] den Vorbehalt einer solchen Kontrolle als unvereinbar mit dem Unionsrecht an, weil er geeignet sei, in die Verteilung der Zuständigkeiten zwischen der Union und ihren Mitgliedstaaten einzugreifen.[414] Demnach könne der EGMR durch die Plausibilitätskontrolle die Regeln des Unionsrechts für die Verteilung der Zuständigkeiten zwischen der Union und ihren Mitgliedstaaten sowie die Kriterien für die Zurechnung ihrer Handlungen oder Unterlassungen beurteilen und insoweit eine endgültige Entscheidung treffen, die sowohl die Mitgliedstaaten als auch die Union binden würde.[415]

---

410 Zum Grundsatz der loyalen Zusammenarbeit siehe S. 97, 174.

411 EuGH, Gut. 2/13, ECLI:EU:C:2014:2454, Rn. 84 – EMRK.

412 Vertiefend *Obwexer*, Der Beitritt der EU zur EMRK: Rechtsgrundlagen, Rechtsfragen und Rechtsfolgen, EuR 2012, 115 (128 f.).

413 GA *Kokott*, Stellungnahme v. 13.06.2014 zum Gut. 2/13, ECLI:EU:C:2014:2475, Rn. 232 ff.

414 EuGH, Gut. 2/13, ECLI:EU:C:2014:2454, Rn. 225 – EMRK.

415 EuGH, Gut. 2/13, ECLI:EU:C:2014:2454, Rn. 224 – EMRK.

cc) Festlegung des Beklagten durch die Union

Trotz aller Bemühungen wurde erst im Freihandelsabkommen CETA ein System zur Bestimmung des Beklagten unter Wahrung der Autonomievoraussetzungen entwickelt. Dazu muss ein Investor den richtigen Klagegegner gemäß Art. 8.21 CETA bei der Union erfragen. Unionsintern wird der Klagegegner auf der Grundlage der Art. 4 ff. Verordnung (EU) Nr. 912/2014[416] bestimmt. Diese Form der Festlegung des Beklagten wahrt zwar nach der Feststellung des EuGH die Autonomie, sie wirkt sich aber zu Lasten des Rechtsschutzes klagender Investoren aus, indem sich anhängige Verfahren verzögern.

d) Bewertung

Die Rolle des EuGH wird durch die Autonomie in doppelter Hinsicht geschützt: Einerseits durch das Rechtsprechungsmonopol, andererseits durch seine Zuständigkeiten im Gefüge der Unionsorgane. Es wird deutlich, dass der Schutz der bestehenden Zuständigkeitsverteilung mit dem Rechtsprechungsmonopol des EuGH eng verwoben ist.

Trotz der berechtigten Sorge des EuGH um den Schutz der Zuständigkeitsordnung erschweren die hohen Autonomievoraussetzungen die völkerrechtliche Integration der Union maßgeblich. Zunächst eröffnet die Frage nach dem Wesensgehalt der Zuständigkeitsordnung Unklarheit über die Reichweite des Schutzes. Darüber hinaus ist der Beitritt zur EMRK erneut[417] gescheitert, obwohl über Art. 2 EUV die Wahrung der Menschenrechte zu den Werten zählt, auf die sich die Union gründet, und Art. 6 Abs. 2 EUV sogar die Beitrittsverpflichtung der Union zur EMRK ausdrücklich anordnet. Zwar könnte im Rahmen neuer Verhandlungen um einen Abkommensentwurf versucht werden, den Mitbeschwerdemechanismus mit einem gebundenen Anspruch der Unionsparteien auf eine Verfahrensbeteiligung auszustatten. Diese Forderung nach einem Automatismus der Verfahrenseinbindung wurde bereits nach der Veröffentlichung des Gut. 2/13 laut.[418] Allerdings besteht das Bedürfnis einer Plausibilitätskontrolle wegen der Stellung des EGMR als Herr des Verfahrens.[419] Die Unterwerfung unter eine

---

[416] Verordnung (EU) Nr. 912/2014 des Europäischen Parlaments und des Rates vom 23.07. 2014 zur Schaffung der Rahmenbedingungen für die Regelung der finanziellen Verantwortung bei Investor-Staat-Streitigkeiten vor Schiedsgerichten, welche durch internationale Übereinkünfte eingesetzt wurden, bei denen die Europäische Union Vertragspartei ist, abrufbar unter: https://eur-lex.europa.eu/legal-content/DE/TXT/?uri=CELEX%3A32014R0912 (zul. abg. am 15.03.2023).

[417] Erster Beitrittsversuch zur EMRK: EuGH, Gut. 2/94, ECLI:EU:C:1996:140 – EMRK I.

[418] *Obwexer*, Der Beitritt der EU zur EMRK: Rechtsgrundlagen, Rechtsfragen und Rechtsfolgen, EuR 2012, 115 (120).

[419] *Wendel*, Der EMRK-Beitritt als Unionsrechtsverstoß – Zur völkerrechtlichen Öffnung der EU und ihren Grenzen, NJW 2015, 921 (924).

externe Gerichtsbarkeit kann nicht gelingen, wenn alle Entscheidungen dieses externen Gerichts auf eine Vereinbarkeit mit Unionsrecht hin völkerrechtlich beschränkt werden. Dazu ist, wie der EuGH selbst feststellt,[420] zu beachten, dass der EGMR keine Begründetheitsprüfung, sondern lediglich eine reduzierte Plausibilitätskontrolle vorgenommen hätte.

4. Wirksamkeit des Unionsrechts

Der Schutz des Rechtsprechungsmonopols und der inneren Zuständigkeitsverteilung dienen als Ausprägungen der Autonomie dem Erhalt der Eigenheiten des Unionsrechts. Die Autonomie bildet dabei die notwendige Grundlage, dass sich das Unionsrecht wirksam und einheitlich durchsetzen kann.[421] Die Wirksamkeit der Unionsrechtsordnung kann jedoch durch vielfältige Arten beeinträchtigt werden – nicht nur durch Beschränkungen des Rechtsprechungsmonopols oder eine Verfälschung der inneren Zuständigkeiten. Deshalb schirmt sie der EuGH mittels der universell schützenden Autonomie gegen alle auch nur potenziellen Einflüsse durch externe Gerichte ab.[422] Dies verdeutlicht der EuGH rhetorisch bereits im Gut. 1/09 zur Errichtung eines Europäischen Patentgerichts. Demnach sei sicherzustellen, dass das Gemeinschaftsrecht „unter allen Umständen" in allen Mitgliedstaaten die gleiche Wirkung haben müsse.[423]

a) Umfassender Schutz des Unionsrechts durch die Autonomie

Der Schutz der Wirksamkeit des Unionsrechts ist nicht als dritte Säule des Autonomiebegriffs zu verstehen, sondern vielmehr ein Auffangbereich, der alle Beeinträchtigungen umfasst. Dadurch verschwimmen die – ohnehin unklaren – Grenzen zwischen den Ausprägungen der Autonomie. Dies zeigt sich an der Ungenauigkeit des EuGH im Gut. 2/13, in dem er die Beeinträchtigungen der Autonomie nicht mehr in den Schutz des Rechtsprechungsmonopols oder der bestehenden Zuständigkeitsverteilung einordnet: Das 16. Zusatzprotokoll zur EMRK ermöglicht letztinstanzlichen sowie Verfassungsgerichten, bei Auslegungsfragen den EGMR um eine *advisory opinion*[424] zu ersuchen.[425] Der EuGH

---

420 EuGH, Gut. 2/13, ECLI:EU:C:2014:2454, Rn. 224 – EMRK.

421 *Schmahl* in: Schulze/Janssen/Kadelbach (Hrsg.), Europarecht, § 6, Rn. 9ff.

422 *Miller*, Autonomie des Unionsrechts versus Schiedsgerichtsbarkeit, EuZW 2018, 357 (358).

423 EuGH, Gut. 1/09, ECLI:EU:C:2011:123, Rn. 83 – Patentgericht.

424 Art. 1 EMRK ZP 16: „Highest courts and tribunals of a High Contracting Party, as specified in accordance with Article 10, may request the Court to give advisory opinions on questions of principle relating to the interpretation or application of the rights and freedoms defined in the Convention or the protocols thereto."

425 Vertiefend zum Vorlageverfahren des 16. Zusatzprotokolls zur EMRK: *Kieber*, Inkraft-

erkannte die drohende Gefahr, ein Mitgliedstaat könnte mangels einer völkerrechtlichen Vorrangregelung zugunsten des Vorabentscheidungsverfahrens gemäß Art. 267 AEUV den durch das Zusatzprotokoll geschaffenen Mechanismus nutzen und somit die Wirksamkeit des Vorabentscheidungsverfahrens beeinträchtigen.[426] Der Schutz des Vorabentscheidungsverfahrens unterfällt aber dem Schutz der bestehenden Zuständigkeitsverteilung.[427] Seine Ausführungen zum 16. Zusatzprotokoll zur EMRK hätten deshalb dem Schutz der Zuständigkeitsverteilung unterfallen müssen; der EuGH nahm jedoch eine Beeinträchtigung der Autonomie an, ohne die Art der Beeinträchtigung auszuführen.[428] Dies erweckt den Eindruck, dem EuGH käme es schlicht auf das „Ergebnis" der externen Einflüsse auf das Unionsrecht an.

b) Grundsatz des gegenseitigen Vertrauens

Um die Wirksamkeit des Unionsrechts zu gewährleisten, bietet das Unionsrecht unterschiedliche Schutzmechanismen. Dazu zählt der Grundsatz des gegenseitigen Vertrauens, der mitgliedstaatliche Kooperationsverfahren sicherstellen soll, indem er mitgliedstaatliche Nachprüfungen verbietet.[429] Für den Vertrauensgrundsatz bilden völkerrechtliche Abkommen mit eigenen Streitbeilegungsorganen deshalb eine Gefahr, wenn neben der Union zumindest ein Mitgliedstaat Vertragspartei ist und somit wechselseitige Nachprüfungen angestellt werden könnten.

aa) Voraussetzung des gemeinsamen Rechtsraums

Der Grundsatz des gegenseitigen Vertrauens bildet ein normatives Grundprinzip der Unionsrechtsordnung,[430] dessen Reichweite der EuGH in seinem Gut. 2/13 neu definierte.[431] Er verlange von jedem Mitgliedstaat, grundsätzlich davon auszugehen, dass alle anderen Mitgliedstaaten das Unionsrecht und insbesondere

---

treten des 16. Protokolls zur EMRK – Möglichkeit zur Einholung von Gutachten beim EGMR durch höchste innerstaatliche Gerichte, NLMR 2018, 401 (401 ff.).

[426] EuGH, Gut. 2/13, ECLI:EU:C:2014:2454, Rn. 198 – EMRK.

[427] Zum Schutz des Vorabentscheidungsverfahrens über die bestehende Zuständigkeitsverteilung siehe S. 93 f.

[428] EuGH, Gut. 2/13, ECLI:EU:C:2014:2454, Rn. 199 – EMRK.

[429] *Meyer*, Der Grundsatz gegenseitigen Vertrauens – Konzeptualisierung und Zukunftsperspektiven eines neuen Verfassungsprinzips, EuR 2017, 163 (178).

[430] *Oppermann/Classen/Nettesheim*, Europarecht, § 32, Rn. 40.

[431] Zum neuen Ansatz des EuGH, den Grundsatz des gegenseitigen Vertrauens als Verfassungsgrundsatz zu etablieren siehe *Meyer*, Der Grundsatz gegenseitigen Vertrauens – Konzeptualisierung und Zukunftsperspektiven eines neuen Verfassungsprinzips, EuR 2017, 163 (170).

die dort anerkannten Grundrechte beachten.[432] Der EuGH leitet dieses gegenseitige Vertrauen aus den gemeinsamen Werten her. Demnach beruhe das Unionsrecht auf der grundlegenden Prämisse, dass die Mitgliedstaaten gemeinsame Werte teilten und rechtfertige deshalb ein gegenseitiges Vertrauen zwischen ihnen.[433] Der Vertrauensgrundsatz bildet die notwendige Grundlage für eine gegenseitige Anerkennung zwischen den Mitgliedstaaten zur Verwirklichung des Binnenmarkts[434] und im Bereich der justiziellen Zusammenarbeit.[435]

bb) Übertragung durch die Autonomie auf das Außenverhältnis

Über den Schutz der Autonomie hat der EuGH den nach innen gerichteten Grundsatz gegenseitigen Vertrauens als Kriterium für die Vereinbarkeit völkerrechtlicher Abkommen mit dem Unionsrecht auf das völkerrechtliche Außenverhältnis übertragen. Er monierte deshalb im Rahmen des Abkommensentwurfs zum EMRK-Beitritt die Staatenbeschwerde sowie die Möglichkeit von Klagen auf der Grundlage von Investitionsschutzabkommen innerhalb der Union (Intra-EU-BITs). Der EuGH schlussfolgert aus dem Grundsatz des gegenseitigen Vertrauens eine unionsrechtliche Pflicht, in der Prüfung einer Maßnahme eines Mitgliedstaats durch einen anderen Mitgliedstaat die Beachtung der Grundrechte zu unterstellen.[436] Diese Pflicht steht aus Sicht des EuGH jedoch im Widerspruch zur konventionsrechtlich vorgesehenen Staatenbeschwerde gemäß Art. 33 EMRK.

(1) Staatenbeschwerde

Im Kontext der Staatenbeschwerde nach Art. 33 EMRK stellte der EuGH fest, dass die Autonomie beeinträchtigt werde, wenn ein völkerrechtlicher Streitbeilegungsmechanismus ein Verfahren beinhalte, das Mitgliedstaaten eine alternative Streitbeilegung über Unionsrecht anböte. Die Staatenbeschwerde ermöglicht[437]

---

432 EuGH, Gut. 2/13, ECLI:EU:C:2014:2454, Rn. 191 – EMRK; zur Frage, ob der Grundsatz ein tatsächliches Vertrauen der Mitgliedstaaten verlangt oder eine Verhaltenspflicht der Mitgliedstaaten begründet, siehe *von Danwitz*, Der Grundsatz des gegenseitigen Vertrauens zwischen den Mitgliedstaaten der EU, EuR 2020, 61 (62 f.).

433 EuGH, Rs. C-284/16, ECLI:EU:C:2018:158, Rn. 34 – Achmea.

434 *Herdegen*, Europarecht, § 13, Rn. 3; *Oppermann/Classen/Nettesheim*, Europarecht, § 32, Rn. 40.

435 Im Bereich der justiziellen Zusammenarbeit gibt es eine ausdrückliche Regelung in Art. 81–83 AEUV; *Kaufhold*, Gegenseitiges Vertrauen – Wirksamkeitsbedingung und Rechtsprinzip der justiziellen Zusammenarbeit im Raum der Freiheit, der Sicherheit und des Rechts, EuR 2012, 408 (410).

436 EuGH, Gut. 2/13, ECLI:EU:C:2014:2454, Rn. 192 – EMRK.

437 Der EuGH ist der Ansicht, die EMRK verlange die Erhebung einer Staatenbeschwerde durch die Vertragsparteien, EuGH, Gut. 2/13, ECLI:EU:C:2014:2454, Rn. 194 – EMRK.

den Konventionsstaaten, mit der Behauptung eine Beschwerde zu erheben, eine andere Vertragspartei verstoße gegen die Konvention oder ihre Zusatzprotokolle.[438] Die Geltendmachung der Verletzung in eigenen Rechten ist nicht erforderlich.[439] Der Abkommensentwurf hätte daher wegen vertraglich zulässigen Beschwerdeverfahren zwischen der Union und den Mitgliedstaaten aus Sicht des EuGH sicherstellen müssen, dass die EMRK keine wechselseitige Nachprüfung von mitgliedstaatlichen Handlungen ermöglicht.[440]

(a) Kein völkerrechtlicher Ausschluss

Würden die Mitgliedstaaten oder die Union eine unionsrechtliche Streitigkeit dem EGMR vortragen, würde dies neben einem Verstoß gegen den Grundsatz des gegenseitigen Vertrauens auch einen Verstoß gegen das Rechtsprechungsmonopol des EuGH aus Art. 344 AEUV darstellen. Hier zeigt sich eine inhaltliche Nähe zwischen dem Schutz der Wirksamkeit des Unionsrechts und des Rechtsprechungsmonopols des EuGH. Dieser unionsrechtliche Verstoß wäre gemäß Art. 55 EMRK als Teil der zwischen den Mitgliedstaaten geltenden Verträge aus dem Blickwinkel der EMRK unbeachtlich. Art. 3 des Protokolls Nr. 8 zu Art. 6 Abs. 2 EUV über den Beitritt der Union zur EMRK[441] hat sich in Art. 5 des Abkommensentwurfs niedergeschlagen, indem Art. 55 EMRK um Verfahren vor dem EuGH im Anwendungsbereich beschränkt wird. Auf diesem Weg wird sichergestellt, dass Art. 344 AEUV nicht seinerseits gegen Art. 55 EMRK verstößt, der mit dem Auslegungsmonopol[442] des EGMR ein Pendant zu Art. 344 AEUV darstellt.[443] Dennoch blieben Staatenbeschwerden eines Mitgliedstaats gegen einen anderen Mitgliedstaat möglich. Legt ein Mitgliedstaat oder die Union Be-

---

Schon der Wortlaut von Art. 33 EMRK betont („können") die Möglichkeit, nicht aber die Pflicht, eine Staatenbeschwerde einzulegen. Tatsächlich belastet die Staatenbeschwerde die politischen Außenbeziehungen so stark, dass sie von den Vertragsparteien kaum erhoben wird und praktisch kaum eine Rolle spielt, *Kadelbach* in: Dörr/Grote/Marauhn (Hrsg.), EMRK/GG Konkordanzkommentar, Kap. 30, Rn. 94.

[438] *Kadelbach* in: Dörr/Grote/Marauhn (Hrsg.), EMRK/GG Konkordanzkommentar, Kap. 30, Rn. 94.

[439] *Karpenstein/Johann* in: Karpenstein/Mayer (Hrsg.), EMRK, Art. 33 EMRK, Rn. 1.

[440] EuGH, Gut. 2/13, ECLI:EU:C:2014:2454, Rn. 194 – EMRK.

[441] Abrufbar unter: https://eur-lex.europa.eu/eli/treaty/tfeu_2012/pro_8/oj (zul. abg. am 15.03. 2023).

[442] *Meyer-Ladewig/Renger* in: Meyer-Ladewig/Nettesheim/von Raumer (Hrsg.), Europäische Menschenrechtskonvention, Art. 55 EMRK, Rn. 1.

[443] *Bergmann*, Zur Souveränitätskonzeption des Europäischen Gerichtshofs, S. 170 f. – allerdings ermöglicht Art. 55 EMRK Ausnahmen des Auslegungsmonopols, vgl. *Meyer-Ladewig/Renger* in: Meyer-Ladewig/Nettesheim/von Raumer (Hrsg.), Europäische Menschenrechtskonvention, Art. 55 EMRK, Rn. 1.

schwerde gegen die Union oder einen anderen Mitgliedstaat ein, bliebe die vor dem EGMR eingelegte Beschwerde zulässig, Art. 33 iVm Art. 35 Abs. 1 EMRK. Weil das Abkommen völkerrechtlich ein unionsrechtswidriges Verhalten ermöglicht – indem es die Staatenbeschwerde der EMRK gemäß Art. 33 EMRK in Verbindung mit dem Ausschluss anderer Streitbeilegungsverfahren gemäß Art. 55 EMRK nicht ausschließe –, beeinträchtigt es nach der Feststellung des EuGH auch das Rechtsprechungsmonopol des EuGH.[444] Kurz gesagt gebiete die Autonomie, dass völkerrechtlich unzulässig sein müsse, was unionsrechtlich verboten ist.

(b) Völkerrechtlicher Ausschluss nicht erforderlich

Die hohen Anforderungen des EuGH an die Wahrung des Vertrauensgrundsatzes werden unter Berücksichtigung der Wirkung der Abkommen in der Unionsrechtsordnung nachvollziehbar: Durch die Bindung der Unionsorgane an die völkerrechtlichen Abkommen gemäß Art. 216 Abs. 2 AEUV bestände die Gefahr, dass Schutzmechanismen zur Wahrung der Wirksamkeit des Unionsrechts beschränkt würden:[445] Wenn die EMRK ein Gebot zur Erhebung der Staatenbeschwerde – beispielsweise für Staaten in Kenntnis der Verletzungshandlung – enthielte, dann stände das unionsrechtliche Abbedingen der Staatenbeschwerde im Widerspruch zur EMRK. In diesem Fall wären Entscheidungen des EGMR verbindlich für die Unionsorgane, einschließlich des EuGH. Weil aber die unionsrechtliche Verpflichtung, keine Staatenbeschwerde einzulegen, nicht gegen die Bestimmungen der EMRK verstieße, bestände weiterhin die Möglichkeit des EuGH, die unionsrechtlich verbotene Einleitung einer Staatenbeschwerde gegen einen Mitgliedstaat oder die Union zu unterbinden.[446]

Die Forderung des EuGH, die Staatenbeschwerde müsse bereits völkerrechtlich für Konstellationen innerhalb der Union ausgeschlossen werden, ist nicht überzeugend.[447] Art. 344 AEUV schließt im Innenverhältnis aus, dass Streitigkeiten zwischen den Mitgliedstaaten und der Union vor dem EGMR ausgetragen werden.[448] Der unionsrechtliche Schutz ist umfassend und lückenlos ausgestaltet, um Verstöße gegen Art. 344 AEUV zu ahnden: Ein möglicher Verstoß gegen

---

444 EuGH, Gut. 2/13, ECLI:EU:C:2014:2454, Rn. 208 – EMRK.

445 Ausführungen zur Wirkung völkerrechtlicher Abkommen und den Entscheidungen völkerrechtlicher Spruchkörper siehe S. 30ff.

446 *Obwexer*, Der Beitritt der EU zur EMRK: Rechtsgrundlagen, Rechtsfragen und Rechtsfolgen, EuR 2012, 115 (137f.).

447 Der EuGH beharrt darauf, dass schon die Existenz einer solchen Möglichkeit nicht im Einklang mit dem in Art. 344 AEUV aufgestellten Erfordernis stehe, siehe EuGH, Gut. 2/13, ECLI:EU:C:2014:2454, Rn. 208 – EMRK.

448 *Bergmann*, Zur Souveränitätskonzeption des Europäischen Gerichtshofs, S. 171.

Art. 344 AEUV setzt ein unionsrechtswidriges Handeln eines Mitgliedstaats voraus, der seinerseits unionsrechtlich verantwortlich ist. So könnte die Einbringung der Beschwerde durch die Kommission mittels eines Vertragsverletzungsverfahrens gemäß Art. 258 AEUV mit der Aufforderung zur Rücknahme der Beschwerde bekämpft werden.[449] Somit ist kein völkerrechtlicher Schutz erforderlich.[450] Das durch den EuGH aufgestellte Erfordernis einer völkerrechtlichen Absicherung unionsrechtlicher Verpflichtungen wird mithin weder durch die Verträge verlangt, noch ist es erforderlich.

Legt man den engen Maßstab des EuGH zugrunde, wäre dennoch ein Schutz des Vertrauensgrundsatzes einfach umsetzbar gewesen. GA *Juliane Kokott* wies darauf hin, die Mitgliedstaaten hätten eine gemeinsame Erklärung abgeben können, die in den Durchführungsbestimmungen zum Beitritt die Erhebung der Staatenbeschwerde unter den Mitgliedstaaten ausgeschlossen hätte.[451] Ebenso gut hätte eine völkerrechtliche Vorrangklausel zugunsten der unionalen Streitbeilegungsmechanismen verankert werden können, um ein unionsrechtswidriges Verhalten der Mitgliedstaaten auszuschließen.[452]

(2) Intra-EU-BITs

Auf demselben Gedankengang fußt die Auffassung des EuGH gegenüber investitionsschutzrechtlichen Verfahren unter Staatenbeteiligung innerhalb der Union: Dem Verfahren in der Rs. *Achmea*[453] lag ein völkerrechtliches Investitionsschutzabkommen zwischen zwei Mitgliedstaaten zugrunde, das einen eigenen Streitbeilegungsmechanismus beinhaltete. Der EuGH kam zu dem Ergebnis, dass Intra-EU-BITs gegen den Grundsatz des gegenseitigen Vertrauens verstießen.[454] Dem Vorschlag, an den Grundsatz des gegenseitigen Vertrauens einen

---

[449] *Obwexer*, Der Beitritt der EU zur EMRK: Rechtsgrundlagen, Rechtsfragen und Rechtsfolgen, EuR 2012, 115 (137).

[450] So betont GA *Kokott* die Möglichkeiten eines Vertragsverletzungsverfahrens, um einen möglichen Verstoß abzustellen: GA *Kokott*, Stellungnahme v. 13.06.2014 zum Gut. 2/13, ECLI:EU:C:2014:2475, Rn. 118 sowie *Wendel*, Der EMRK-Beitritt als Unionsrechtsverstoß – Zur völkerrechtlichen Öffnung der EU und ihren Grenzen, NJW 2015, 921 (924); *Streinz*, Hoffentlich keine Odyssee – Der Beitritt der EU zur EMRK, https://verfassungsblog.de/hoffentlich-keine-odyssee-beitritt-eu-zur-emrk/ (zul. abg. am 15.03.2023).

[451] GA *Kokott*, Stellungnahme v. 13.06.2014 zum Gut. 2/13, ECLI:EU:C:2014:2475, Rn. 120; *Krenn*, Autonomy and Effectiveness as Common Concerns: A path to ECHR Accession After Opinion 2/13, GLJ 2015, 147 (166).

[452] *Wendel*, Der EMRK-Beitritt als Unionsrechtsverstoß – Zur völkerrechtlichen Öffnung der EU und ihren Grenzen, NJW 2015, 921 (924).

[453] EuGH, Rs. C-284/16, ECLI:EU:C:2018:158 – Achmea; Sachverhaltsvorstellung siehe S. 56 ff.

[454] EuGH, Rs. C-284/16, ECLI:EU:C:2018:158, Rn. 58 – Achmea.

reduzierten Maßstab anzulegen, weil die Vertragsparteien der Unterwerfung unter ein Investitionsschiedsgericht zugestimmt und somit in die Möglichkeit einer Klage eingewilligt hätten, erteilte der EuGH somit eine Absage. Diese Sichtweise überzeugt, so kann der Grundsatz des gegenseitigen Vertrauens als Prinzip des Unionsrechts nicht zur Disposition der Mitgliedstaaten stehen.[455]

(3) Exkurs: Kündigungsanspruch der Intra-EU-BITs aus dem Grundsatz des gegenseitigen Vertrauens

Obwohl zwischen den meisten Mitgliedstaaten Einigkeit besteht, dass infolge der *Achmea*-Entscheidung die bestehenden Intra-EU-BITs gekündigt werden mussten,[456] soll untersucht werden, ob sich gegen die übrigen Mitgliedstaaten ein Anspruch auf Kündigung der Intra-EU-BITs auch aus dem Grundsatz des gegenseitigen Vertrauens herleiten lässt.[457]

Aus der durch den EuGH festgestellten Unvereinbarkeit des Investitionsschutzabkommens könnte sich ein wechselseitiger Kündigungsanspruch der Mitgliedstaaten aus dem Prinzip der loyalen Zusammenarbeit als Ausprägung[458] des Grundsatzes des gegenseitigen Vertrauens ergeben. Das Prinzip der loyalen Zusammenarbeit umfasst Unterlassungs- und Handlungspflichten.[459] Dabei sind die Mitgliedstaaten verpflichtet, im Sinne einer Vertragsakzessorietät die Verpflichtungen aus den Verträgen zu erfüllen.[460] Für einen gebundenen Anspruch auf eine Kündigungserklärung wäre jedenfalls notwendig, dass der jeweilige Mitgliedstaat die Unionsrechtsrechtsverletzung nicht ohne eine Kündigung abstellen könnte. Ihm dürften also keine divergierenden Möglichkeiten für eine

---

455 *Ostropolski* sieht die Ausarbeitung des Grundsatzes durch den EuGH vergleichbar zu ungeschriebenen Merkmalen des Unionsrechts wie die unmittelbare Wirkung und den Anwendungsvorrang: *Ostropolski*, The CJEU as a Defender of Mutual Trust, NJECL 2015, 166 (178).

456 Erklärung der Regierungsvertreter der Mitgliedstaaten v. 15.01.2019, https://finance.ec.europa.eu/system/files/2019-01/190117-bilateral-investment-treaties_en.pdf (zul. abg. am 15.03.2023); außerdem schlossen am 05.05.2020 23 Mitgliedstaaten ein Übereinkommen zur Beendigung bilateraler Investitionsschutzverträge zwischen den Mitgliedstaaten der Europäischen Union, siehe https://eur-lex.europa.eu/legal-content/DE/TXT/PDF/?uri=CELEX:22020A0529(01)&from=EN (zul. abg. am 15.03.2023).

457 Problemaufriss in: Deutscher Bundestag, Wissenschaftliche Dienste, Zu den Konsequenzen des Urteils des EuGH vom 6. März 2018 in der Rs. C-284/16, BT PE 6-3000-42/18, S. 14, https://www.bundestag.de/resource/blob/560166/745c3f416a0663c109593f3741a12d9d/PE-6-042-18-pdf-data.pdf (zul. abg. am 15.03.2023).

458 *Meyer*, Der Grundsatz gegenseitigen Vertrauens – Konzeptualisierung und Zukunftsperspektiven eines neuen Verfassungsprinzips, EuR 2017, 163 (183 f.) spricht von „entscheidender Abstützung“.

459 *Franzius* in: Pechstein/Nowak/Häde (Hrsg.), Frankfurter Kommentar EUV/GRC/AEUV, Art. 4 EUV, Rn. 105.

460 *Kahl* in: Calliess/Ruffert (Hrsg.), EUV/AEUV, Art. 4 EUV, Rn. 110.

unionsrechtskonforme Entscheidung zustehen. Das Festhalten an den bestehenden Intra-EU-BITs stellt nach der Entscheidung des EuGH in der Rs. *Achmea*, sofern das zugrundeliegende BIT mit dem BIT Slowakei/Niederlande vergleichbar ist, einen Verstoß dar. Darüber hinaus sind Vertragsänderungen und Neuverpflichtungen durch die Zuständigkeitsübertragung auf die Union nicht mehr ohne die Genehmigung der Kommission möglich:[461] Die Union ist für Investitionsschutz von Direktinvestitionen seit dem Vertrag von Lissabon gemäß Art. 207 Abs. 1 AEUV zuständig. Der Mitgliedstaat kann das Abstellen des Verstoßes zunächst also nur durch eine Kündigung herbeiführen. Im Bezug auf Intra-EU-BITs vermag der Grundsatz des gegenseitigen Vertrauens somit auch einen Kündigungsanspruch zu bilden.

c) Schutz des gesetzgeberischen Regulierungsspielraums

Im Gut. 1/17 stellte der EuGH erstmals fest, dass ein völkerrechtliches Abkommen die Entscheidungsfähigkeit der demokratisch legitimierten Unionsorgane hinsichtlich öffentlicher Interessen schützen müsse.[462] Demnach dürfe die Union nicht durch ein völkerrechtliches Abkommen gezwungen werden, auf Regelungen im allgemeinen Interesse zu verzichten.[463] Der EuGH etabliert hier keinen neuartigen Mechanismus zur Absicherung staatlicher Regulierungsspielräume, die kein erhöhtes Schutzniveau von Investoren zuließen, sondern stellt lediglich klar, dass ein Mindestmaß staatlichen Regulierungsrechts geschützt werden müsse.

Die politische Gestaltung des eigenen Rechts betrifft den Kern souveräner Staatlichkeit. So wurde schon im Kontext zum Vertrag von Lissabon die gesetzgeberische Gestaltungsfreiheit durch mitgliedstaatliche Höchstgerichte thematisiert.[464] Das Bedürfnis, demokratische Prozesse zu schützen, besteht ebenso auf Unionsebene:[465] Primärrechtlich beschreibt Art. 2 EUV die Demokratie als Wert der Union, die im Titel II des EUV konkretisiert wird.[466] Auch der EuGH zählt die Grundsätze der Demokratie zu den Grundlagen der Unionsrechtsordnung.[467]

---

[461] Vertiefend: *Hahn* in: Calliess/Ruffert (Hrsg.), EUV/AEUV, Art. 207 AEUV, Rn. 93.

[462] *Sauer* spricht davon, die Autonomie sei hinsichtlich des Schutzes der demokratischen Entscheidungsfreiheit durch den EuGH „ausgebaut“ worden, *Sauer*, Europarechtliche Schranken internationaler Gerichte, JZ 2019, 925 (929).

[463] EuGH, Gut. 1/17, ECLI:EU:C:2019:341, Rn. 150 – CETA.

[464] Hervorzuheben ist die Entscheidung des BVerfG: Die Wahrung der Gestaltungsfreiheit der wirtschaftlichen, kulturellen und sozialen Lebensverhältnisse zählte das BVerfG im Rahmen des Vertrags von Lissabon als Kriterium im Rahmen des Demokratieprinzips für die Prüfung der Verfassungsmäßigkeit des Abkommens, vgl. BVerfGE 123, 267 (357 f.) – Lissabon.

[465] *Weiß*, Die externe Autonomie des Unionsrechts als Schranke für den Investitionsschutz und weit darüber hinaus?, EuR 2020, 621 (644).

[466] *Calliess* in: Calliess/Ruffert (Hrsg.), EUV/AEUV, Art. 2 EUV, Rn. 23.

[467] In der Entscheidung EuGH, Rs. C-402/05 P, ECLI:EU:C:2008:461, Rn. 303 – Rs. Kadí

Der Schutz demokratischer Prozesse ist mithin im Unionsrecht angelegt und wird über die Autonomie auf die Anforderungen an völkerrechtliche Abkommen reflektiert.[468] Durch völkerrechtliche Abkommen droht der gesetzgeberische Regulierungsspielraum zunehmend eingeengt zu werden, weil diese auch innenpolitische Regelungsspielräume determinieren.[469]

aa) Bedrohung durch regulatory chill

Die Entscheidung, ob der Anwendungsbereich der investorschützenden CETA-Vorschriften eröffnet und eine unionsrechtliche Bestimmung mit dem CETA-Abkommen vereinbar ist, trifft nicht der EuGH, sondern ein CETA-Gericht. In dieser Entscheidung muss es prüfen, ob eine unionsrechtliche Maßnahme[470] gegen CETA verstößt[471] und dabei eine Interessenabwägung vornehmen. Diese Abwägung zwischen der unternehmerischen Freiheit des Investors und den öffentlichen Interessen könnte parallel zu Entscheidungen der Unionsgerichte ergehen, weil diese Interessen auch in den Unionsverträgen und der Grundrechte-Charta verbürgt werden. Daher könnte die Entscheidung des CETA-Gerichts grundsätzlich in Konkurrenz zu den Entscheidungen des EuGH treten und einen Anpassungsdruck auf den EuGH bilden, um Widersprüche in der Rechtsprechung zu Schadensersatzklagen zu verhindern.[472]

Obwohl das CETA-Gericht weder eine Gültigkeitsprüfung von Unionsrecht vornehmen kann, noch ein Anspruch auf Rechtsanpassung besteht oder Sanktionen vorgesehen sind,[473] genügt die Möglichkeit zur Verurteilung von Schadensersatz, um eine Gefahr für die Autonomie zu erblicken. Würde nämlich ein völ-

---

erklärte der EuGH, dass unionsrechtliche Vorschriften eine Abweichung von den in Art. 6 EUV niedergelegten Grundsätzen, wie beispielsweise die Demokratie, nicht zulässig sei; vertiefend: *Hilf/Schorkopf* in: Grabitz/Hilf/Nettesheim (Hrsg.), Das Recht der EU, Art. 2 EUV, Rn. 26ff.

468 aA: *Sauer*, Europarechtliche Schranken internationaler Gerichte, JZ 2019, 925 (934) hält die Erweiterung der Autonomie um den Schutz des Regulierungsspielraums für nicht überzeugend.

469 *Weiß*, Die externe Autonomie des Unionsrechts als Schranke für den Investitionsschutz und weit darüber hinaus?, EuR 2020, 621 (644).

470 Der Begriff der Maßnahme wird in Art. 1.1 CETA definiert und umfasst neben Gesetzen zahlreiche Handlungsformen.

471 Das Schiedsgericht müsste entscheiden, ob eine Maßnahme der Union „gerecht und billig" iSv Art. 8.10 CETA oder eine indirekte Enteignung iSv Art. 8.12 CETA oder eine ungerechtfertigte Beschränkung iSv Art. 8.13 CETA darstellt.

472 EuGH, Gut. 1/17, ECLI:EU:C:2019:341, Rn. 138 – CETA; *Lang*, Der Europäische Gerichtshof und die Investor-Staat-Streitbeilegung in TTIP und CETA: Zwischen Konfrontation, Konstitutionalisierung und Zurückhaltung in: Tietje/Kraft, Beiträge zum Transnationalen Wirtschaftsrecht, Heft 138, S. 11.

473 Die CETA-Gerichte sind gemäß Art. 8.39 Abs. 1 lit. a CETA auf den Ausspruch finanzieller Verpflichtungen beschränkt, EuGH, Gut. 1/17, ECLI:EU:C:2019:341, Rn. 144 – CETA.

kerrechtliches Schiedsgerichts außerhalb der Unionsgerichtsbarkeit die Reichweite des Schutzes des öffentlichen Interesses festlegen, könnte die Union faktisch durch Schadensersatzklagen zu einer Rücknahme des gewährten Schutzniveaus gezwungen werden (*regulatory chill*).[474] Der EuGH sieht darin eine abstrakte „Gefahr für das autonome Funktionieren der Union in ihrem eigenen verfassungsrechtlichen Rahmen".[475]

bb) Schutzvorkehrungen des CETA-Abkommens

Deshalb verlangt der EuGH zum Schutz des gesetzgeberischen Regulierungsspielraums, dass auf völkerrechtliche Streitbeilegungsorgane keine Zuständigkeit zur Überprüfung demokratisch legitimierter Regulierungsmaßnahmen übertragen werden darf.[476]

(1) Zum Schutz des legislativen Regulierungsspielraums

Im Unterschied zu älteren Investitionsschutzabkommen sieht CETA ausdrücklich vor, die gesetzgeberische Handlungsfreiheit durch allgemeine, als auch spezielle Abkommensvorschriften zu schützen.[477] Zentrale Bedeutung kommt dabei Art. 8.9 CETA zu, der das Recht der Vertragsparteien festschreibt, zur Erreichung legitimer politischer Ziele Regelungen zu erlassen, ohne dass diese grundsätzlich einen Verstoß gegen das CETA-Abkommen begründen. Für dessen Verwirklichung enthält CETA zahlreiche Ausnahmevorschriften zu den vertraglich festgeschriebenen Investitionsschutzbestimmungen.[478] Der EuGH stellte fest, durch Vorschriften wie Art. 28.3 Abs. 2 CETA und Art. 8.9 CETA hätten die Vertragsparteien einer Aushöhlung der Regulierungsmöglichkeiten vorgebeugt.[479] Deshalb genügten die Schutzvorschriften für eine Beschränkung der inhaltlichen Reichweite der Prüfung, um das Schutzniveau des öffentlichen Interesses zu wahren.[480]

---

[474] EuGH, Gut. 1/17, ECLI:EU:C:2019:341, Rn. 149 f. – CETA.

[475] EuGH, Gut. 1/17, ECLI:EU:C:2019:341, Rn. 150 – CETA.

[476] *Holterhus*, Das CETA-Gutachten des EuGH – Neue Maßstäbe allerorten, Verfassungsblog, https://verfassungsblog.de/das-ceta-gutachten-des-eugh-neue-massstaebe-allerorten/ (zul. abg. am 15.03.2023).

[477] *Schill*, Investitionsschutz in EU-Freihandelsabkommen: Erosion gesetzgeberischer Gestaltungsmacht?, ZaöRV 2018, 33 (70).

[478] Dazu zählen u. a. Art. 8.16 CETA, Art. 28.3 Abs. 1, 2 CETA, Art. 28.6 CETA, siehe *Schill*, Investitionsschutz in EU-Freihandelsabkommen: Erosion gesetzgeberischer Gestaltungsmacht?, ZaöRV 2018, 33 (71 f.).

[479] EuGH, Gut. 1/17, ECLI:EU:C:2019:341, Rn. 152, 154 – CETA.

[480] EuGH, Gut. 1/17, ECLI:EU:C:2019:341, Rn. 156 – CETA.

(2) Zur Überprüfbarkeit von Regulierungsmaßnahmen

Dagegen überrascht[481] die Entscheidung des EuGH, dass die CETA-Gerichte nicht zur Feststellung befugt seien, dass das durch Maßnahmen der Union festgesetzte Schutzniveau eines öffentlichen Interesses nicht mit dem CETA-Abkommen vereinbar sei.[482] Zwar schützt das CETA-Abkommen legitime Regulierungsmaßnahmen, es verhindert aber keine völkerrechtliche Kontrolle von Unionsrecht, wenn die Regulierungsmaßnahme durch den klagenden Investor als „nicht erforderlich" oder „willkürlich" gerügt wird.[483] Hier wirkt der Begründungsweg des EuGH inkonsequent, weil trotz des geschützten Regulierungsspielraums Kontrollen innerhalb dieses Bereichs nicht ausgeschlossen werden. Gleichzeitig wäre bei einer strengen Anwendung dieses Autonomiemaßstabs, keine Kontrollen über demokratisch legitimierte Regulierungsmaßnahmen zuzulassen, eine völkerrechtliche Integration der Union nahezu ausgeschlossen, weil beispielsweise hinsichtlich eines Beitritts zur EMRK dem EGMR eine Zuständigkeit zur völkerrechtlichen Überprüfung von unionsrechtlichen Maßnahmen eingeräumt werden müsste.[484] Eines solchen Schutz bedarf es auch gar nicht, weil der gesetzgeberische Handlungsspielraum und mithin der Kern des Werts der Demokratie durch das CETA-Abkommen hinreichend geschützt wird.[485]

cc) Exkurs: Völkerrechtliche Gewährleistung des Regulierungsspielraums?

Im Hinblick auf den Schutz des gesetzgeberischen Gestaltungsspielraums muss eingeräumt werden, dass legislative Entscheidungen auch dann getroffen werden, wenn sich Staaten über völkerrechtliche Abkommen auf gemeinsame Schutzstandards einigen.[486] Auf dieser Grundlage stellt sich die Frage, ob der gesetzgeberische Regulierungsspielraum zwingend auf Unionsebene fortbestehen muss

---

481 *Holterhus*, Das CETA-Gutachten des EuGH – Neue Maßstäbe allerorten, Verfassungsblog, https://verfassungsblog.de/das-ceta-gutachten-des-eugh-neue-massstaebe-allerorten/ (zul. abg. am 15.03.2023), nennt das Ergebnis „erstaunlich".

482 EuGH, Gut. 1/17, ECLI:EU:C:2019:341, Rn. 153 – CETA.

483 *Holterhus*, Das CETA-Gutachten des EuGH – Neue Maßstäbe allerorten, Verfassungsblog, https://verfassungsblog.de/das-ceta-gutachten-des-eugh-neue-massstaebe-allerorten/ (zul. abg. am 15.03.2023).

484 *Holterhus*, Das CETA-Gutachten des EuGH – Neue Maßstäbe allerorten, Verfassungsblog, https://verfassungsblog.de/das-ceta-gutachten-des-eugh-neue-massstaebe-allerorten/ (zul. abg. am 15.03.2023); *Sauer*, Europarechtliche Schranken völkerrechtlicher Gerichte, JZ 2019, 925 (928) nennt das Ergebnis „erstaunlich".

485 *Schill*, Investitionsschutz in EU-Freihandelsabkommen: Erosion gesetzgeberischer Gestaltungsmacht?, ZaöRV 2018, 33 (89).

486 *Weiß*, Die externe Autonomie des Unionsrechts als Schranke für den Investitionsschutz und weit darüber hinaus?, EuR 2020, 621 (648).

oder völkerrechtliche Einflussmöglichkeiten zur Gewährleistung der legislativen Entscheidungsfreiheit genügen. Geht man davon aus, dass die gesetzgeberische Entscheidungsfreiheit auch durch Einflussmöglichkeiten auf völkerrechtliche Streitbeilegungsorgane gewahrt werden könnte, wäre für den Schutz des allgemeinen Interesses entscheidend, ob die gesetzgeberische Entscheidungsfreiheit entweder unmittelbar unionsrechtlich gewahrt oder ihr Wegfall durch völkerrechtliche Einflussmöglichkeiten kompensiert würde. Weil der EuGH diesen Gesichtspunkt jedoch nicht in seine Begründung aufnahm, könnte ebenso jede völkerrechtliche Entscheidung, die zur Einschränkung der gesetzgeberischen Entscheidungsfreiheit führt, die Autonomie beeinträchtigen.[487] Eine solche Schutzreichweite des Regulierungsspielraums wäre jedoch kaum nachvollziehbar, weil der Schutz des Regulierungsspielraums auf beiden Wegen erreichbar wäre.

dd) Erweiterung des Autonomiebegriffs

Indem der EuGH neuerdings einen Schutz der Entscheidungsfreiheit der demokratisch legitimierten Organe der Union verlangt, erweitert er den Autonomiebegriff abermals und beschränkt die unionsrechtlich zulässige Entscheidungsreichweite völkerrechtlicher Spruchkörper. Daraus wurde geschlossen, der EuGH determiniere weitgehend das auswärtige Handeln der Union.[488] Auch wenn die Bestrebungen des EuGH nach dem Schutz eines Regulierungsspielraums grundsätzlich überzeugen, darf dieser eine völkerrechtliche Integration der Union nicht ausschließen,[489] sondern muss mit der völkerrechtlichen Bindungsfähigkeit der Union durch Ausgleich in Einklang gebracht werden.[490] Bislang hat der EuGH indes nicht ausgeschlossen, dass der Regulierungsspielraum auch über völkerrechtliche Einflussmöglichkeiten gewährleistet werden kann. Darüber hinaus fordert er nur einen Mindestgehalt verbleibender Entscheidungsfreiheit ein und steht einem völkerrechtlichen Investorenschutz nicht grundsätzlich entgegen.

---

[487] *Sauer*, Europarechtliche Schranken völkerrechtlicher Gerichte, JZ 2019, 925 (935).

[488] *Stöbener de Mora/Wernicke*, Riskante Vorgaben für Investitionsschutz und Freihandel – Das CETA-Gutachten des EuGH, EuZW 2019, 970 (972); *Holterhus*, Das CETA-Gutachten des EuGH – Neue Maßstäbe allerorten, https://verfassungsblog.de/das-ceta-gutachten-des-eugh-neue-massstaebe-allerorten/ (zul. abg. am 15.03.2023).

[489] GA *Bot*, Schlussanträge v. 29.01.2019 zum Gut. 1/17, ECLI:EU:C:2019:72, Rn. 176 ff. leitet aus Art. 3 Abs. 5 EUV und Art. 21 Abs. 2 EUV ab, dass eine Unterwerfung der Union unter völkerrechtliche Spruchkörper durch die Verträge grundsätzlich ermöglicht werde.

[490] *Weiß*, Die externe Autonomie des Unionsrechts als Schranke für den Investitionsschutz und weit darüber hinaus?, EuR 2020, 621 (646 ff.) beschreibt dazu eine Grenze der zulässigen Selbstbindung.

5. Ergebnis

Völkerrechtliche Einflüsse können sich nicht nur durch die „Überleitungsvorschrift“ Art. 216 Abs. 2 AEUV in der Unionsrechtsordnung verwirklichen, die eine Geltung völkerrechtlicher Abkommen in der Unionsrechtsordnung festschreibt.[491] Die Verträge beinhalten – im Unterschied zu einigen im ersten Kapitel vorgestellten Nationalverfassungen – keinen ausdifferenzierten Schutz der Rechtsordnung vor völkerrechtlichen Einflüssen. Eine solche Schutzfunktion schreibt der EuGH der Autonomie zu, die er gegenüber völkerrechtlichen Einflüssen erweitert hat.

Die durch den EuGH in vergangenen Entscheidungen festgestellten Beeinträchtigungen der Autonomie lassen sich in drei Kategorien systematisieren. Das Rechtsprechungsmonopol überlagert die Grenzen des Anwendungsbereichs der in den Verträgen geregelten ausschließlichen Zuständigkeit des EuGH aus Art. 344 AEUV. Es beinhaltet eine umfassende Auslegungshoheit des EuGH über originäres Unionsrecht. Wird ein völkerrechtlicher Spruchkörper durch einen völkerrechtlichen Vertrag errichtet, der über unionsrechtliche Fragestellungen entscheidet, muss dem EuGH ein verbindliches Letztentscheidungsrecht eingeräumt werden.

Dies ist unter anderem durch eine völkerrechtliche Zuständigkeitszuweisung an den EuGH möglich, die grundsätzlich nicht die bestehende Zuständigkeitsverteilung verfälscht. Spiegelbildlich ist es grundsätzlich zulässig, Zuständigkeiten der Unionsgerichte auf völkerrechtliche Streitbeilegungsmechanismen auszulagern. In beiden Konstellationen muss indes die Stellung des EuGH als Spitze der Unionsgerichtsbarkeit gewahrt werden. Besonderheiten gelten für die bestehende Zuständigkeitsverteilung bei gemischten Abkommen. Hier droht durch die Bindungswirkung von Art. 216 Abs. 2 AEUV eine Festlegung unionsinterner Zuständigkeiten durch völkerrechtliche Spruchkörper. Zur Verhinderung einer solchen Bindung schreibt die Autonomie für gemischte Abkommen eine eigenständige Festlegung von Verfahrensparteien durch die Union vor.

Die Wirksamkeit des Unionsrechts ist eine Auffangkategorie, deren Reichweite im Einzelnen unklar ist. Über den Schutz der Wirksamkeit des Unionsrechts projiziert der EuGH unionsrechtliche Verpflichtungen als Anforderungen völkerrechtlicher Abkommen für die Vereinbarkeit mit Unionsrecht auf das völkerrechtliche Außenverhältnis.

---

[491] *Schmalenbach* in: Calliess/Ruffert (Hrsg.), EUV/AEUV, Art. 216 AEUV, Rn. 25, 28 ff.

III. Widersprüchliche Systematik des EuGH

Auf Grundlage der im vorangegangenen Textabschnitt vorgestellten Reichweite des Autonomieanspruchs sollen im folgenden Abschnitt die Autonomiekategorien des EuGH bewertet werden. Insbesondere soll geklärt werden, welche Bedeutung diesen Kategorien zukommt und ob ihnen eine schlüssige Systematik zugrunde liegt. Anschließend werden das Verhältnis zwischen der Autonomie und unionsrechtlichen Regelungen, beispielsweise dem Rechtsprechungsmonopol aus Art. 344 AEUV und dem Grundsatz des gegenseitigen Vertrauens, sowie die abstrakten Auswirkungen auf die völkerrechtlichen Bindungen der Union untersucht und bewertet.

1. Inhaltliche Überschneidungen der Kategorien

Der EuGH benennt seine Autonomiekategorien nicht ausdrücklich. Vielmehr verwendet er bestimmte Begriffe und Formulierungen, die er in leicht veränderten Varianten regelmäßig wiederholt. Diese lassen sich in die Bereiche des Rechtsprechungsmonopols, den Schutz der bestehenden Zuständigkeitsverteilung sowie Wirksamkeit des Unionsrechts unterteilen.

In seinen frühen Entscheidungen zur Vereinbarkeit von völkerrechtlichen Streitbeilegungsmechanismen und Unionsrecht unterscheidet der EuGH zwischen dem Schutz seines Rechtsprechungsmonopols und der bestehenden Zuständigkeitsverteilung.[492] Der Bereich des Rechtsprechungsmonopols beinhaltet den Anspruch, dass dem EuGH keine bestimmte Auslegung von unionsrechtlichen Vorschriften vorgegeben werden darf.[493] Daneben richtet sich der Schutz der Zuständigkeitsverteilung auf die festgelegte Zuständigkeitsordnung in den Verträgen, die nicht beeinträchtigt beziehungsweise verfälscht werden darf.[494] Diese Trennung wird durch die Wortwahl des EuGH im Gut. 1/00 zur Schaffung eines gemeinsamen europäischen Luftraums verdeutlicht:

„Die Wahrung der Autonomie setzt daher *zum einen* voraus, dass die Zuständigkeiten der Gemeinschaft und ihrer Organe, wie sie im Vertrag ausgestaltet sind, nicht verfälscht werden (Gut. 1/91, Rn. 61–65 und Gut. 1/92, Rn. 32, 41). Sie erfordert *zum anderen*, dass die Mecha-

---

[492] EuGH, Gut. 1/91, ECLI:EU:C:1991:490, Rn. 35, 46 ff. – EWR I; EuGH, Gut. 1/00, ECLI:EU:C:2002:231, I-3521, Rn. 12, 13 – GELR.

[493] EuGH, Gut. 1/91, ECLI:EU:C:1991:490, Rn. 46 – EWR I; EuGH, Gut. 1/00, ECLI:EU:C:2002:231, I-3521, Rn. 11, 13 – GELR.

[494] EuGH, Gut. 1/91, ECLI:EU:C:1991:490, Rn. 34 f. – EWR I; EuGH, Gut. 1/00, ECLI:EU:C:2002:231, I-3521, Rn. 12 – GELR; EuGH, Rs. C-459/03, ECLI:EU:C:2006:345, Rn. 123 – MOX-Plant; EuGH, Gut. 1/09, ECLI:EU:C:2011:123, Rn. 89 – Patentgericht; EuGH, Rs. C-284/16, ECLI:EU:C:2018:158, Rn. 32 – Achmea.

nismen betreffend die einheitliche Auslegung der Bestimmungen des GELR-Übereinkommens und die Streitbeilegung nicht dazu führen, dass der Gemeinschaft und ihren Organen bei der Ausübung ihrer internen Zuständigkeiten eine bestimmte Auslegung der durch das Übereinkommen übernommenen Gemeinschaftsvorschriften verbindlich vorgegeben wird (Gut. 1/91 und 1/92).“[495]

Die Anwendungskategorien des EuGH überschneiden sich wegen eines teilidentischen Schutzziels: Das Rechtsprechungsmonopol schützt die Zuständigkeit des EuGH und ist somit Teil der bestehenden Zuständigkeitsverteilung der Unionsorgane. Deshalb müsste die Auslegungshoheit des EuGH einen Unterfall des Schutzes der bestehenden Zuständigkeitsverteilung darstellen.

In Bezug auf den Schutz seiner Auslegungshoheit führt der EuGH in der Prüfung zum Schutz der Zuständigkeitsverteilung aus, dass die Zuständigkeitsverteilung als Bestandteil der Autonomie das Vorabentscheidungsverfahren schütze.[496] Der Schutz des Vorabentscheidungsverfahrens über die bestehende Zuständigkeitsordnung lässt folgenden Schluss zu: Das Rechtsprechungsmonopol schützt den EuGH vor einer Bindung an die Entscheidungen völkerrechtlicher Spruchkörper über Unionsrecht. Dagegen schützt die bestehende Zuständigkeitsverteilung die institutionelle Grundlage des EuGH durch einen Schutz des Vorabentscheidungsverfahrens. Dieses Konstrukt führt aber dazu, dass die beiden Kategorien nicht konsequent voneinander getrennt werden können. Dass es dem EuGH auf eine solche Trennung auch gar nicht ankommt, zeigt sich in den jüngeren Entscheidungen des Gerichtshofs.

Mit dem Gut. 2/13 erweiterte der EuGH die Autonomieanforderungen dahingehend, dass die Wirksamkeit der unionsrechtlichen Mechanismen insgesamt geschützt werden müsse[497] und formulierte in einer Vorbemerkung seiner Entscheidung, die Unionsrechtsordnung sei mit einem eigenen „verfassungsrechtlichen Rahmen“ ausgestattet.[498] Diesen Schutzanspruch führt der EuGH im Gut. 1/17 näher aus. Er erklärt, die Autonomie bestehe darin, dass die Union über einen eigenen „verfassungsrechtlichen Rahmen“ verfüge.[499] Zu diesem Rahmen zählt der EuGH die in Art. 2 EUV festgeschriebenen „Werte, auf die sich die

---

[495] EuGH, Gut. 1/00, ECLI:EU:C:2002:231, I-3521, Rn. 12, 13 – GELR (Hervorhebungen durch den Verfasser).

[496] EuGH, Gut. 1/09, ECLI:EU:C:2011:123, Rn. 89 – Patentgericht.

[497] EuGH, Gut. 2/13, ECLI:EU:C:2014:2454, Rn. 199 – EMRK. Der EuGH sieht in der fehlenden Regelung über das Verhältnis des Vorlageverfahrens an den EGMR nach dem Protokoll Nr. 16 und dem Vorabentscheidungsverfahren gemäß Art. 267 AEUV an den EuGH eine Gefahr für die „Autonomie und Wirksamkeit“ des Unionsrechts. Er ordnet alle Fälle, welche die Wirksamkeit des Unionsrechts beeinträchtigen, als Beeinträchtigungen der Autonomie ein, vgl. EuGH, Gut. 2/13, ECLI:EU:C:2014:2454, Rn. 258 – EMRK.

[498] EuGH, Gut. 2/13, ECLI:EU:C:2014:2454, Rn. 158 – EMRK.

[499] EuGH, Gut. 1/17, ECLI:EU:C:2019:341, Rn. 110 – CETA.

Union gründet".[500] Auf dieser Grundlage legt der EuGH als Prüfungsmaßstab für den völkerrechtlichen Streitbeilegungsmechanismus nicht die Wahrung des Rechtsprechungsmonopols oder den Schutz der bestehenden Zuständigkeitsverteilung zugrunde, sondern verlangt, dass die Unionsorgane nicht daran gehindert werden dürften, gemäß dem verfassungsrechtlichen Rahmen der Union zu funktionieren.[501]

In seinem Gut. 1/17 verzichtet der EuGH dann erstmals auf eine Trennung zwischen den Kategorien. Mit der Aufgabe der Autonomiekategorien zieht der EuGH wohl die Konsequenz daraus, dass er diese nicht konsistent anwendete. In mehreren Fällen vermischte er Verstöße gegen das Rechtsprechungsmonopol sowie gegen die bestehende Zuständigkeitsordnung: In den Rs. *MOX-Plant* und *Achmea* beschreibt der EuGH den Schutzzweck von Art. 344 AEUV. Zunächst verstand der EuGH Art. 344 AEUV (vormals Art. 292 EGV) in der Rs. *MOX-Plant* als Bestätigung für die ausschließliche Zuständigkeit des EuGH zum Schutz der bestehenden Zuständigkeitsordnung.[502] In der Folge änderte der EuGH seine Begründung in der Rs. *Achmea* kaum merklich ab. Er stellte fest, in Art. 344 AEUV sei der Grundsatz „verankert", dass ein völkerrechtliches Abkommen die festgelegte Zuständigkeitsordnung und damit die Autonomie nicht beeinträchtigen dürfe.[503]

Jedoch dient Art. 344 AEUV dem Schutz der Auslegungshoheit des EuGH. Er soll sicherstellen, dass ausschließlich der EuGH verbindlich über die Auslegung von Unionsrecht entscheidet, um eine einheitliche Auslegung und Anwendung von Unionsrecht zu gewährleisten.[504] Diese Rechtsauffassung von Art. 344 AEUV teilt auch der EuGH in der Rs. *Achmea*, indem er den Anwendungsbereich von Art. 344 AEUV auch gegenüber völkerrechtlichen Spruchkörpern als eröffnet ansieht. In Bezug auf die Autonomie wäre deshalb das Rechtsprechungsmonopol – und nicht die bestehende Zuständigkeitsordnung – betroffen, weil die Auslegungshoheit durch die Errichtung eines völkerrechtlichen Streitbeilegungsmechanismus gefährdet würde.

Im Gut. 2/13 zum EMRK-Beitritt vermischte der EuGH seine Autonomiekategorien gleichermaßen in Bezug auf das Protokoll Nr. 16, das die höchsten Gerichte der Mitgliedstaaten ermächtigen sollte, in Grundsatzfragen über die Auslegung und Anwendung der EMRK den EGMR zu ersuchen. Der EuGH erklärte, dass in solchen Konstellationen das Unionsrecht verlange, über das Vor-

---

500 EuGH, Gut. 1/17, ECLI:EU:C:2019:341, Rn. 110 – CETA.

501 EuGH, Gut. 1/17, ECLI:EU:C:2019:341, Rn. 112 – CETA.

502 EuGH, Rs. C-459/03, ECLI:EU:C:2006:345, Rn. 123 – MOX-Plant.

503 EuGH, Rs. C-284/16, ECLI:EU:C:2018:158, Rn. 32 – Achmea.

504 *Athen/Dörr* in: Grabitz/Hilf/Nettesheim, Das Recht der EU, Art. 344 AEUV, Rn. 3.

abentscheidungsverfahren gemäß Art. 267 AEUV den EuGH anzurufen.[505] Zwar erkannte der EuGH die Gefahr einer Umgehung des Vorabentscheidungsverfahrens, wertete diese jedoch nicht als Gefahr für die bestehende Zuständigkeitsverteilung, sondern allgemein für die Autonomie und Wirksamkeit des Unionsrechts.[506]

Durch die unsaubere Trennung der Kategorien beziehungsweise die Aufgabe der Kategorien in den späteren Entscheidungen verschwimmen die Konturen des Autonomiebegriffs.

2. *Unklare Funktion des Art. 344 AEUV*

Trotz des in Art. 19 Abs. 1 S. 2 EUV offen formulierten Auftrags zur „Wahrung des Rechts" ist die ausschließliche Zuständigkeit des EuGH sachlich begrenzt. Art. 274 AEUV definiert für den EuGH eine Rechtsprechungsbefugnis nur auf der Grundlage einer Zuweisung durch die Verträge. Für den EuGH gilt deshalb der „Grundsatz der ausschließlichen, aber begrenzten Zuständigkeit".[507] Daraus ergibt sich ein Spannungsverhältnis, in dessen Rahmen der EuGH nicht über ausdrückliche Vorschriften, sondern durch die Autonomie entscheidet: In seiner Rechtsprechung markiert diese die Grenze seiner ausschließlichen Zuständigkeit.

a) Erweiterung des Rechtsprechungsmonopols

Der EuGH erklärt seine ausschließliche Zuständigkeit über zwei unterschiedliche Begründungswege. Einerseits zieht er das in Art. 344 AEUV festgeschriebene Rechtsprechungsmonopol heran, andererseits leitet er seine ausschließliche Zuständigkeit aus der Autonomie ab. Mit der schrittweisen Ausweitung seines Rechtsprechungsmonopols – als Bestandteil der Autonomie – änderte der EuGH sein Verständnis in Bezug auf das Verhältnis von Art. 344 AEUV und dem aus der Autonomie abgeleiteten Rechtsprechungsmonopol.

In der Rs. *MOX-Plant* trat ein noch engeres, wortlautbezogenes Verständnis des EuGH von Art. 344 AEUV zutage. Dort verlangte der EuGH noch unionsrechtliche Vorschriften als Streitgegenstand beziehungsweise bei hybriden Streitigkeiten „einen bedeutenden Teil" der Streitigkeit über Unionsrecht.[508] Soweit ausschließlich mitgliedstaatliche Kompetenzen betroffen waren, sollte die judikative Zuständigkeit bei den Mitgliedstaaten verbleiben. In der Rs. *Achmea* äu-

---

505 EuGH, Gut. 2/13, ECLI:EU:C:2014:2454, Rn. 196 – EMRK.

506 EuGH, Gut. 2/13, ECLI:EU:C:2014:2454, Rn. 198 f. – EMRK.

507 *Karpenstein* in: Grabitz/Hilf/Nettesheim, Das Recht der EU, Art. 274 AEUV, Rn. 4.

508 EuGH, Rs. C-459/03, ECLI:EU:C:2006:345, Rn. 120 f., 127 – MOX-Plant.

ßerte sich der EuGH nicht mehr zur Kompetenzverteilung zwischen der Union und den Mitgliedstaaten. Obwohl der Abschluss von Extra-EU-BITs seit dem Vertrag von Lissabon gemäß Art. 207 AEUV in der ausschließlichen Kompetenz der Union liegt, erstreckt sich dies nicht auf die Kompetenz zum Abschluss von Intra-EU-BITs.[509] Vor dem Hintergrund der *MOX-Plant*-Rechtsprechung wäre zu erwarten gewesen, dass der EuGH einen Verstoß gegen das Rechtsprechungsmonopol aus Art. 344 AEUV schon deshalb ablehnt, weil aufgrund der mitgliedstaatlichen Kompetenz der Anwendungsbereich nicht eröffnet sei.

Im Hinblick auf das Gut. 1/09 zur Errichtung eines Europäischen Patentgerichts ergibt sich ein ähnliches Bild. Auch hier hatte der EuGH noch wortlautbezogen entschieden und einen möglichen Verstoß gegen Art. 344 AEUV separat von der Wahrung der Autonomie geprüft. Gemäß seiner Feststellung beschränkt sich der Anwendungsbereich von Art. 344 AEUV auf das Verbot gegenüber den Mitgliedstaaten, Streitigkeiten über die Auslegung der Verträge anders als in den Verträgen vorgesehen zu regeln.[510] Der EuGH ging stattdessen von einem Verstoß gegen die Autonomie aus, weil durch die Zuständigkeitsübertragung auf einen völkerrechtlichen Spruchkörper das Vorabentscheidungsverfahren umgangen würde.[511]

Sowohl in der Rs. *MOX-Plant* als auch in dem Gut. 1/09 zur Errichtung eines europäischen Patentgerichts versuchte der EuGH, einen Schutz seiner Auslegungshoheit über den Autonomiegrundsatz zu gewährleisten. In beiden Fällen differenzierte er zwischen der Autonomie und Art. 344 AEUV und sah in der Autonomie eine Absicherung für die Verwirklichung von Art. 344 AEUV. Deshalb zog der EuGH in der Rs. *MOX-Plant* den Autonomiegrundsatz zum Schutz von Art. 344 AEUV heran, der durch die Integration völkerrechtlicher Streitbeilegungsmechanismen in die Unionsrechtsordnung unterminiert werden könnte.[512]

In der Rs. *Achmea* sah der EuGH die Autonomie dagegen als in Art. 344 AEUV „verankert"[513] an und prüfte die Vorschrift deshalb erstmals gemeinsam mit Art. 267 AEUV nach Maßgabe des Kriteriums der Autonomie.[514] Er stellte seine ausschließliche Zuständigkeit fest, obwohl weder eine Streitigkeit unter

[509] Art. 207 AEUV bezieht sich lediglich auf ausländische Direktinvestitionen (Extra-EU-BITs) und regelt keine Kompetenz über Intra-EU-BITs. Die Kompetenz der Mitgliedstaaten zum Abschluss von Intra-EU-BITs folgt unmittelbar aus der souveränen Staatlichkeit der Mitgliedstaaten; *Tietje*, Bilaterale Investitionsschutzverträge zwischen EU-Mitgliedstaaten (Intra-EU-BITs) als Herausforderung im Mehrebenensystem des Rechts, Beiträge zum transnationalen Wirtschaftsrecht 2011, S. 6.

[510] EuGH, Gut. 1/09, ECLI:EU:C:2011:123, Rn. 63 – Patentgericht.

[511] EuGH, Gut. 1/09, ECLI:EU:C:2011:123, Rn. 89 – Patentgericht.

[512] Vertiefend siehe S. 46 ff.

[513] EuGH, Rs. C-284/16, ECLI:EU:C:2018:158, Rn. 32 – Achmea.

[514] EuGH, Rs. C-284/16, ECLI:EU:C:2018:158, Rn. 31 f., 60 – Achmea.

Mitgliedstaaten vorlag, noch das Unionsrecht Gegenstand des Rechtsstreits war. Insgesamt entsteht der Eindruck, dass der EuGH neben der Entkopplung von legislativer Kompetenz und judikativer Zuständigkeit die Wortlautgrenzen von Art. 344 AEUV überwinden möchte, um ein umfassendes Letztentscheidungsrecht zu etablieren. Durch die Überlagerung von Art. 344 AEUV durch die Autonomie ist jedoch unklar, in welchem Verhältnis Art. 344 AEUV und die Autonomie in Bezug auf den Schutz der Auslegungshoheit des EuGH zueinanderstehen.

b) Umfassendes Letztentscheidungsrecht des EuGH

Nur durch Rückgriff auf die Autonomie als Begründung gelang dem EuGH die Ausweitung seiner judikativen Zuständigkeit auch auf mitgliedstaatliche Abkommen. Demnach genüge eine lediglich mittelbare Überschneidung mit dem Unionsrecht für die Eröffnung seiner judikativen Zuständigkeit. Durch Einhegung von Art. 344 AEUV als Bestandteil der Autonomie vermied es der EuGH, sich mit den detaillierten Ausführungen des GA *Melchior Wathelet* auseinandersetzen zu müssen. Dieser hatte in seinen Schlussanträgen eine getrennte Prüfung[515] von Art. 344 AEUV und der Autonomie vorgenommen und wegen lediglich partieller Überschneidungen keinen Verstoß gegen materielles Unionsrecht festgestellt.[516] Der EuGH argumentierte dabei insoweit auf der Makroebene, als dass er die Anforderungen an die Berührungspunkte mit dem Unionsrecht nicht näher beleuchtete.[517] Losgelöst von den ausdrücklichen primärrechtlichen Vorschriften entschied der EuGH „mit der Axt“[518]. *Daniel Thym* resümiert, dem EuGH gehe es in Bezug auf sein Verständnis der Autonomie nicht um dogmatische Feinheiten, sondern um eine Grundsatzfrage mit wenig Raum für Kompromisse.[519] Dem ist insoweit zuzustimmen, als dass die Entkopplung vom Wortlaut die Suche nach Lösungsvorschlägen zur Erhaltung der völkerrechtlichen Integrationsfähigkeit der Union erheblich erschwert. Letztlich wird „für ein minimales Risiko eine maximale Absicherung“[520] beansprucht. Es entsteht mithin der Eindruck, es gehe um die Abschirmung der Union gegen jede potentielle Ein-

[515] GA *Wathelet*, Schlussanträge v. 19.09.2017 in der Rs. C-284/16, ECLI:EU:C:2017:699, Rn. 229.

[516] GA *Wathelet*, Schlussanträge v. 19.09.2017 in der Rs. C-284/16, ECLI:EU:C:2017:699, Rn. 210.

[517] *Klages*, Autonomie sticht Schiedsklausel, EuZW 2018, 217 (218).

[518] Zu den Begriffen der „Pinzette und der Axt“: *Klages*, Autonomie sticht Schiedsklausel, EuZW 2018, 217 (217).

[519] *Thym*, Todesstoß für autonome Investitionsschiedsgerichte, https://verfassungsblog.de/todesstoss-fuer-autonome-investitionsschutzgerichte/ (zul. abg. am 15.03.2023).

[520] *Lang*, Autonomie „über alles“: Eine Kritik des Achmea-Urteils des EuGH, https://www.juwiss.de/24-2018/ (zul. abg. am 15.03.2023).

flussnahme.[521] Jedenfalls ist davon auszugehen, dass die weitreichende Sicherung der Interpretationshoheit als Schutz gegen Entscheidungen völkerrechtlicher Spruchkörper zu den leitenden Motiven des EuGH gezählt hat.[522]

Das durch den EuGH beanspruchte Rechtsprechungsmonopol lässt sich als Konsequenz aus der hohen Stellung völkergerichtlicher Entscheidungen in der Unionsrechtsordnung, die sogar eine Bindung des EuGH auslösen können, bewerten. Die unionsrechtlichen Voraussetzungen an völkerrechtlich errichtete Gerichte erklären sich durch das Ziel des EuGH, einen umfassenden Schutz der Einheitlichkeit des Unionsrechts zu gewährleisten. Dieses Ziel rechtfertigt aus Sicht des EuGH die Schlussfolgerung, dass die Reichweite der Autonomie noch nicht einmal durch ausdrückliche Wortlautgrenzen eingeschränkt werden kann. Der EuGH beansprucht daher eine ausschließliche Zuständigkeit auch außerhalb der Grenzen des ausdrücklichen Primärrechts. Hierdurch drohen primärrechtliche Vorschriften wie Art. 273 AEUV, die eine fakultative Einbindung des EuGH vorsehen, durch eine Überlagerung des Anwendungsbereichs ins Leere zu laufen. Die Ausweitung des Rechtsprechungsmonopols durch eine Herleitung aus der Autonomie wirft somit zwei grundlegende Bedenken auf. Zunächst gerät sie in Konflikt mit dem Grundsatz der begrenzten Einzelermächtigung, mit dem sich der EuGH nicht auseinandersetzt. Darüber hinaus ist eine Unklarheit über die Reichweite des Rechtsprechungsmonopols entstanden, die eine unerwünschte Rechtsunsicherheit zur Folge hat. Insbesondere in der Rs. *Achmea* wurde die bestehende Rechtsunsicherheit durch die unterschiedlichen Auffassungen des vorlegenden BGH, des GA *Melchior Wathelet* und des EuGH offenkundig.

3. Verklärung des Grundsatzes des gegenseitigen Vertrauens

Mit Blick auf die effektive Verwirklichung der Union verlangt der EuGH, dass die Wirksamkeit der unionsrechtlichen Mechanismen geschützt wird.[523] Unter diesen Schutz fällt auch der Grundsatz des gegenseitigen Vertrauens. Dieser Grundsatz wurde durch den EuGH im Gut. 2/13 zum Strukturprinzip von Verfassungsrang[524] erklärt. Eine bahnbrechende Entscheidung im Sinne von *van Gend & Loos* war nicht erforderlich,[525] weil der Grundsatz über die bereits etablierte

---

[521] *Miller*, Autonomie des Unionsrechts versus Schiedsgerichtsbarkeit, EuZW 2018, 357 (357).

[522] *Lang*, Die Autonomie des Unionsrechts und die Zukunft der Investor-Staat-Streitbeilegung in Europa nach Achmea, EuR 2018, 525 (537).

[523] Zum Schutz der Wirksamkeit unionsrechtlicher Mechanismen siehe S. 101 ff.

[524] *Kohler*, Ein Bruderzwist im europäischen Haus: Die Kontroverse zwischen EuGH und EGMR um den Grundrechtsschutz in der EU in: Rolf Schütze, Fairness, justice, equity: Festschrift für Reinhold Geimer zum 80. Geburtstag, S. 375 (378); zum Grundsatz des gegenseitigen Vertrauens siehe S. 102 ff.

[525] Der EuGH spricht im EuGH, Gut. 2/13, ECLI:EU:C:2014:2454, Rn. 191 – EMRK von

Autonomie Schutz erfährt. Der Grundsatz verpflichtet die Mitgliedstaaten, untereinander von der Beachtung des Unionsrechts durch den jeweils anderen auszugehen. Diesen Vertrauensgrundsatz, auf den ursprünglich die Mitgliedstaaten verpflichtet wurden, übertrug der EuGH über den Schutz der Autonomie als Kriterium für die Vereinbarkeit völkerrechtlicher Abkommen mit dem Unionsrecht auf völkerrechtliche Abkommen. Der EuGH räumt gegenüber den Mitgliedstaaten zwar Ausnahmen vom Vertrauensgrundsatz ein, im Falle völkerrechtlicher Abkommen verlangt er den Schutz des Vertrauensgrundsatzes ohne jede Ausnahme.

a) Defizite des Vertrauensgrundsatzes

Bei näherer Betrachtung ist der Vertrauensgrundsatz jedoch nicht unberührbar. Menschenschutzrechtliche Defizite innerhalb des Unionsrechtsraums zwingen den EuGH zur Feststellung, dass der Grundsatz des gegenseitigen Vertrauens erschütterbar ist. In Bezug auf die Auslieferung von Strafgefangenen in Mitgliedstaaten mit schlechten Haftbedingungen erklärte der EuGH Ausnahmen vom Vertrauensgrundsatz in der Rs. *Aranyosi und Căldăraru*, wenn menschenrechtliche Defizite vorlägen. Während der EuGH bis zur Rs. *Abdullahí*[526] noch systemische Mängel voraussetzte, um den Grundsatz des gegenseitigen Vertrauens zu durchbrechen, genügen neuerdings[527] bereits punktuelle Mängel einer bestimmten Personengruppe oder bei bestimmten Haftanstalten.[528]

b) Ausnahmslose Vereinbarkeitsanforderung an völkerrechtliche Abkommen

Diese Relativierung des Vertrauensgrundsatzes führte jedoch nicht zu reduzierten Anforderungen an völkerrechtliche Streitbeilegungsmechanismen. Erst im Gut. 2/13 hatte der EuGH zum Verfahren der Staatenbeschwerde nach Art. 33 EMRK erklärt, wegen möglicher Beschwerdeverfahren zwischen Union und Mitgliedstaaten hätte der Entwurf des Abkommens sicherstellen müssen, dass die EMRK keine wechselseitige Nachprüfung von mitgliedstaatlichen Handlungen ermöglicht.[529] Ungeachtet der beschränkten Reichweite des Grundsatzes des

einer „fundamentale[-n] Bedeutung" des Grundsatzes des gegenseitigen Vertrauens zwischen den Mitgliedstaaten im Unionsrecht. Die Formulierung weckt bei *Meyer*, Der Grundsatz gegenseitigen Vertrauens – Konzeptualisierung und Zukunftsperspektiven eines neuen Verfassungsprinzips, EuR 2017, 163 (174) Erinnerungen an die Entscheidung *„van Gend & Loos"*.

[526] EuGH, Rs. C-394/12, ECLI:EU:C:2013:813, Rn. 60 – Abdullahí.

[527] EuGH, Rs. C-404/15 und C-659/15 PPU, ECLI:EU:C:2016:198, Rn. 88 – Aranyosi und Căldăraru.

[528] *Callewaert*, Kontrolle ist gut, Vertrauen ist besser? in: Kadelbach (Hrsg.), Die Welt und Wir – Die Außenbeziehungen der Europäischen Union, S. 67 (77).

[529] Zur Staatenbeschwerde gemäß Art. 33 EMRK siehe S. 103 ff.

gegenseitigen Vertrauens gegenüber den Mitgliedstaaten formulierte der EuGH ihn als unabdingbare Voraussetzung an völkerrechtliche Abkommen. So nutzt der EuGH den Vertrauensgrundsatz, um Überprüfungen von Unions- beziehungsweise mitgliedstaatlichem Handeln durch den EGMR zu unterbinden, ohne zur Verkürzung des Individualrechtsschutzes Stellung zu nehmen.[530] Weiterhin kam der EuGH in der Rs. *Achmea* zu dem Ergebnis, dass Intra-EU-BITs gegen den Grundsatz des gegenseitigen Vertrauens verstoßen, ohne auf mögliche Ausnahmen des Vertrauensgrundsatzes hinzuweisen.[531]

c) Projektion in strengerer Form auf völkerrechtliche Streitbeilegungsmechanismen

Der EuGH zeigt sich in seiner Position als ambivalent: Einerseits wird er im Bereich des Strafvollzugs gezwungen, im Einzelfall Ausnahmen vom Grundsatz des gegenseitigen Vertrauens anzuerkennen. In Bezug auf völkerrechtliche Abkommen ist der EuGH zu diesem Eingeständnis nicht bereit. So verlangt er, dass völkerrechtliche Abkommen eine wechselseitige Kontrollmöglichkeit der Mitgliedstaaten bereits völkerrechtlich durchweg ausschließen. Der EuGH projiziert den Grundsatz gegenseitigen Vertrauens konsequent als Vereinbarkeitsanforderung auf völkerrechtliche Abkommen, obwohl er selbst gegenüber den Mitgliedstaaten Ausnahmen einräumt. Das unionsrechtliche Nachprüfungsverbot wird also in einer strengeren Form auf völkerrechtliche Abkommen angewendet, obwohl im Fall der Einleitung eines völkerrechtlichen Verfahrens unionsrechtliche Sanktionsmechanismen gegen die Mitgliedstaaten bestehen.

Für den strengeren Maßstab an die Vereinbarkeit völkerrechtlicher Abkommen mit dem Unionsrecht liefert der EuGH keine Begründung. Somit leistet er Bedenken dahingehend Vorschub, dem EuGH gehe es um die Etablierung eines Rechtsideals, das er entgegen den realen Herausforderungen über die Rechtsprechung durchzusetzen versucht. Es ist nachvollziehbar, dass durch den Beitritt zur EMRK, der dem in den Unionszielen definierten Menschenrechtsschutz dient, der Grundsatz des gegenseitigen Vertrauens verletzt werden kann. Konkret können die Mitgliedstaaten Verstöße anderer Mitgliedstaaten gegen die EMRK vor dem EGMR rügen. Nicht nachvollziehbar ist hingegen, dass der EuGH dies als Gefahr für das Gleichgewicht in der Union und Beeinträchtigung der Autonomie wertet.[532] Durch den umfassenden Schutz der Autonomie werden sämtliche kol-

---

[530] *Kohler*, Ein Bruderzwist im europäischen Haus: Die Kontroverse zwischen EuGH und EGMR um den Grundrechtsschutz in der EU in: Rolf Schütze, Fairness, justice, equity: Festschrift für Reinhold Geimer zum 80. Geburtstag, S. 375 (378).

[531] Zum Grundsatz des gegenseitigen Vertrauens in der Achmea-Entscheidung siehe S. 106.

[532] EuGH, Gut. 2/13, ECLI:EU:C:2014:2454, Rn. 194 – EMRK.

lidierenden Ziele der Union zurückgestellt. Eine effektive Menschenrechtskontrolle durch Hinweise seitens der Mitgliedstaaten[533] wird aber unmöglich sein, wenn die wechselseitige Kontrolle der Mitgliedstaaten über den Vertrauensgrundsatz die Autonomie beeinträchtigt.

4. Autonomiebehauptung zulasten des Völkerrechts

Völkerrechtliche Abkommen müssen umfassend den primärrechtlichen Vorschriften genügen. Dies belegen neben dem Gutachtenverfahren gemäß Art. 218 Abs. 11 AEUV auch andere Rechtsschutzverfahren, die eine Überprüfung völkerrechtlicher Verträge am Maßstab des Primärrechts ermöglichen.[534] Die primärrechtlichen Anforderungen werden jedoch maßgeblich durch die Autonomie-Rechtsprechung des EuGH und nicht durch die ausdrücklichen Vorschriften der Verträge bestimmt.

In den letzten Jahrzehnten kommt der Abgrenzung des Unionsrechts gegenüber völkerrechtlichen Streitbeilegungsmechanismen besondere Bedeutung zu. Der EuGH betont in ständiger Rechtsprechung, dass eine Unterwerfung unter eine externe Gerichtsbarkeit grundsätzlich mit dem Unionsrecht vereinbar sei, soweit der völkerrechtliche Spruchkörper über die Auslegung eines internationalen Abkommens als Bestandteil der Rechtsordnung der Gemeinschaft zu entscheiden habe.[535] Es ist mithin möglich, dass sich ein in die Unionsrechtsordnung aufgenommenes, völkerrechtliches Abkommen mit einem eigenen Gerichtssystem innerhalb des Unionsrechts auswirkt. Diese Möglichkeit ergebe sich aus der notwendigen Fähigkeit der Union, sich einer solchen Gerichtsbarkeit zu unterwerfen.[536] Eine Grenze stelle jedoch die Autonomie der Rechtsordnung dar.

a) Völkerrechtliche Bindungsunfähigkeit der Union?

Die Kritik an der Rechtsprechung des EuGH richtet sich im völkerrechtlichen Kontext nicht gegen das Bestehen, sondern lediglich die Reichweite des Autonomiebegriffs. Schon in der Rs. *Kadi* zeigte sich die Notwendigkeit der Autonomie im völkerrechtlichen Kontext, um einen konsistenten Grundrechtsschutz zu ge-

533 Die Staatenbeschwerde ist ein objektiver Rechtsbehelf. Hierbei üben die Konventionsstaaten eine „Wächterfunktion" zur Wahrung der konventionsrechtlich verbürgten Menschenrechte aus, siehe *Meyer-Ladewig/Kulick* in: Meyer-Ladewig/Nettesheim/von Raumer (Hrsg.), Europäische Menschenrechtskonvention, Art. 33 EMRK, Rn. 2.

534 *Dörr* in: Grabitz/Hilf/Nettesheim (Hrsg.), Das Recht der EU, Art. 47 EUV, Rn. 79.

535 EuGH, Rs. C-284/16, ECLI:EU:C:2018:158, Rn. 57 – Achmea.

536 EuGH, Gut. 1/91, ECLI:EU:C:1991:490, Rn. 40, 70 – EWR I; EuGH, Gut. 1/09, ECLI:EU:C:2011:123, Rn. 74, 76 – Patentgericht; EuGH, Gut. 2/13, ECLI:EU:C:2014:2454, Rn. 182f. – EMRK.

währleisten.[537] Andererseits kann die Behauptung der Eigenständigkeit des Unionsrechts nicht bedeuten, dass alle externen Einflüsse und Bindungen ausgeschlossen werden müssen. Eine solche völkerrechtliche Bindungsunfähigkeit würde den Verträgen nicht gerecht,[538] die in zahlreichen Vorschriften[539] die Stellung des Völkerrechts hervorheben.[540] Deshalb dürfen die in den Unionsverträgen festgeschriebenen Entscheidungsfreiräume im auswärtigen Handeln nicht durch strenge Vorgaben des EuGH zunichtegemacht werden.[541] Vielmehr muss der EuGH über die Ausgestaltung der Reichweite des Autonomiebegriffs den teilweise entgegenstehenden Werten und Zielen des Unionsrechts gerecht werden. Zwar hat der EuGH einerseits das Recht zu wahren und die Funktionsfähigkeit der Union zu schützen, andererseits muss er ebenso die völkerrechtliche Bindungsfähigkeit der Union erhalten. In dieser schwierigen Ausgangslage ist das Unionsrecht durch den EuGH mit großer Flexibilität ausgestattet worden, indem er die Autonomie nicht als Resultat primärrechtlicher Vorschriften, sondern die primärrechtlichen Vorschriften als Resultat der Autonomie einstuft.[542] Die Autonomie muss deshalb in diesem Spannungsverhältnis einen Ausgleich zwischen der Behauptung der Eigenständigkeit, und zwar durch den Ausschluss externer Einflüsse auf die Integrität der Unionsrechtsordnung, und der rechtlichen Möglichkeit zur völkerrechtlichen Integration der Union schaffen.

Die Entscheidung darüber, ob der Entwurf eines Abkommens die Autonomie wahrt, hängt mittlerweile von einer kleinteiligen Prüfung ab, deren Ergebnis in der Vergangenheit kaum vorhersehbar war und hohe Anforderungen an völkerrechtliche Streitbeilegungsmechanismen stellt. Somit drängt sich die Frage auf, ob die völkerrechtliche Bindungsfähigkeit der Union nicht durch eine ausufernde Reichweite der Autonomie weitgehend überlagert wird.

b) Abschottung als Lösungsmodell?

Vor diesem Hintergrund stellt sich die Frage, ob der EuGH in den neuen Freihandels- und Investitionsabkommen der Union eine Lösung für die Beteiligung der Union an völkerrechtlichen Abkommen mit eigenen Streitbeilegungsmechanismen gefunden hat.

---

[537] Zur Rs. Kadí siehe S. 32 ff.

[538] *Aust*, Eine völkerrechtsfreundliche Union? Grund und Grenze der Öffnung des Europarechts zum Völkerrecht, EuR 2017, 106 (106).

[539] Art. 3 Abs. 5 EUV, Art. 21 Abs. 1 UAbs. 1 EUV, Art. 216 Abs. 2 AEUV.

[540] *Aust*, Eine völkerrechtsfreundliche Union? Grund und Grenze der Öffnung des Europarechts zum Völkerrecht, EuR 2017, 106 (109).

[541] *Sauer*, Europarechtliche Schranken internationaler Gerichte, JZ 2019, 925 (932).

[542] Siehe S. 57.

Mit dem Gut. 1/17 beendete der EuGH die Mutmaßungen über das Ende des völkerrechtlichen Investitionsschutzes in der Union.[543] Er stellte klar, dass die Etablierung eines völkerrechtlichen Gerichtssystems auch ohne die Einbindung des EuGH mit der Autonomie grundsätzlich vereinbar sei. Die Entscheidung wurde im Ergebnis als „zurückhaltender Ansatz“ gelobt, weil sie die Beteiligungsmöglichkeit der Union an völkerrechtlichen Streitbeilegungsmechanismen sichere.[544] Demnach habe der EuGH als „großer Freund und Helfer“[545] die Kommission in ihren Bemühungen um neue Streitbeilegungsmechanismen im Investitionsschutz unterstützt und den Planungen eines reformierten Investitionsschutzes neuen Aufwind gegeben.[546]

In gewissen Zügen weist das CETA-Gutachten tatsächlich Kurskorrekturen gegenüber der *Achmea*-Entscheidung auf, weil der EuGH trotz seiner fehlenden Einbindung die Vereinbarkeit des Abkommens mit Unionsrecht feststellt, obwohl Unionsrecht als Nebeneffekt[547] durch die CETA-Gerichte berücksichtigt wird: Infolge der *Achmea*-Rechtsprechung ging man davon aus, dass Unionsrecht nicht zum anwendbaren Recht völkerrechtlicher Spruchkörper außerhalb der Unionsgerichtsbarkeit zählen dürfe. Weil sich die Rechtsquellen der *Achmea*-Schiedsgerichte auf das Unionsrecht erstreckten, blieb die Frage ungeklärt, ob die Autonomie bereits durch das tatsächliche „Berücksichtigen“ von Unionsrecht beeinträchtigt werden könnte. Der EuGH schuf in seinem Gut. 1/17 Klarheit: Obwohl das CETA-Abkommen über Art. 216 Abs. 2 AEUV Bestandteil der Unionsrechtsordnung wurde,[548] darf es weiterhin durch die CETA-Gerichte ausgelegt werden. Anknüpfend an seine EWR II Rechtsprechung konstatierte der EuGH, dass eine Zuständigkeit für die Auslegung oder Anwendung von Unionsrecht auf die Abkommensgerichte nur soweit übertragen werden dürfe, wie diese von der Auslegung und Anwendung der Abkommensvorschriften nach den zwischen den Vertragsparteien geltenden völkerrechtlichen Regeln und Grundsätzen notwendigerweise umfasst sei.[549]

---

543 Zu dieser Prognose siehe *Thym*, Todesstoß für autonome Investitionsschiedsgerichte, https://verfassungsblog.de/todesstoss-fuer-autonome-investitionsschutzgerichte/ (zul. abg. am 15.03.2023).

544 *Gundel*, Die Öffnung des Vorabentscheidungsverfahrens zum EuGH für nichtmitgliedstaatliche Gerichte, EuZW 2019, 934 (936).

545 *Krajewski*, Ist CETA der „Golden Standard“? EuGH hält CETA-Gericht für unionsrechtskonform, https://verfassungsblog.de/ist-ceta-der-golden-standard-eugh-haelt-ceta-gericht-fuer-unionsrechtskonform/ (zul. abg. am 15.03.2023).

546 *Hemler*, Anmerkung zum CETA-Gutachten 1/17, EuZW 2019, 457 (475).

547 *Hepburn*, CETA's New Domestic Law Clause, EJIL:Talk!, https://www.ejiltalk.org/cetas-new-domestic-law-clause/ (zul. abg. am 15.03.2023).

548 Zur Integration völkerrechtlicher Abkommen in die Unionsrechtsordnung siehe S. 30 f.

549 EuGH, Gut. 1/17, ECLI:EU:C:2019:341, Rn. 119 – CETA.

Zwar wird bei der Behandlung von Rechtsfragen als Tatsachen und der Kontrolle offenkundiger Auslegungsfehler durch die Rechtsbehelfsinstanz Unionsrecht berücksichtigt, jedoch wird aus Sicht des EuGH die Autonomie durch diese Überschneidung mit dem Unionsrecht nicht beeinträchtigt. Diese Entscheidung zugunsten einer abweichenden Einordnung des CETA-Abkommens gegenüber anderen völkerrechtlichen Abkommen ist wegen der zahlreichen Unterschiede der CETA-Streitbeilegungsorgane überzeugend.

Die zahlreichen Besonderheiten des CETA-Abkommens erschweren jedoch die Bewertung der Frage, ob der EuGH die Anforderungen an völkerrechtliche Streitbeilegungsmechanismen in Bezug auf die Wahrung der Autonomie relativiert hat. Für die Wahrung der Autonomie sah der EuGH vielfältige Schutzmechanismen als notwendig an, um das Unionsrecht von den völkergerichtlichen Entscheidungen abzuschirmen: Über Art. 8.31 Abs. 1 CETA wird die unmittelbare Anwendbarkeit des Abkommens in der Unionsrechtsordnung ausdrücklich ausgeschlossen. Darüber hinaus werden die CETA-Gerichte in ihrer Auslegungszuständigkeit durch kleinteilige Mechanismen[550] auf das Abkommen beschränkt. Materiell wurde der Autonomiebegriff um den Schutz einer gesetzgeberischen Entscheidungsfreiheit erweitert, die in Einzelfragen zum Gewährleistungsgehalt und zur Übertragbarkeit auf die völkerrechtliche Ebene noch unklar bleibt.[551]

Mangels einer unmittelbaren Anwendbarkeit des CETA-Abkommens in der Unionsrechtsordnung scheidet eine Rechtmäßigkeitskontrolle von Unionsrecht am Maßstab des Abkommens aus. Investoren haben somit keine Möglichkeit, Verletzungen von Verpflichtungen aus dem CETA-Abkommen klageweise vor Unionsgerichten geltend zu machen. Sie können nur vor den CETA-Gerichten Schadensersatz verlangen. Diese Beschränkung der völkergerichtlichen Entscheidungsreichweite erregte Besorgnis dahingehend, die Union könne sich mangels einer Bindung an die Entscheidungen der CETA-Gerichte völkerrechtlich nicht verpflichten, das europäische und nationale Recht abkommensgerecht auszugestalten.[552]

aa) Keine völkerrechtliche Verpflichtung zur Erfüllung von Schutzstandards

Durch die Formulierung erhöhter Anforderungen an die unmittelbare Anwendbarkeit völkerrechtlicher Abkommen in der Unionsrechtsordnung begrenzt der EuGH externe Einflüsse auf das Unionsrecht und schafft einen vertraglich nicht

---

[550] Zur Behandlung von Rechtsfragen als Tatsachen und der Prüfung offenkundiger Auslegungsfehler durch die Rechtsbehelfsinstanz siehe S. 87 ff.

[551] Zum Schutz des gesetzgeberischen Regulierungsspielraums siehe S. 108 ff.

[552] *Stöbener de Mora/Wernicke*, Riskante Vorgaben für Investitionsschutz und Freihandel – Das CETA-Gutachten des EuGH, EuZW 2019, 970 (973).

festgeschriebenen Spielraum für die Erfüllung völkervertraglicher Verpflichtungen. Auf diesem Weg kann die Wahrung der Autonomie bei völkerrechtlichen Abkommen mit eigenen Streitbeilegungsmechanismen auch ohne ein Letztentscheidungsrecht des EuGH gelingen. Einen solchen völkerrechtlichen Ausschluss der unmittelbaren Anwendbarkeit sehen bereits „moderne" Handelsabkommen der Union mit Drittstaaten vor.[553]

Die Abschirmung des Unionsrechts von völkerrechtlichen Einflüssen zur Wahrung der Autonomie ist jedoch keine Universallösung für die völkerrechtliche Bindungsfähigkeit der Union. Sie bietet nur für solche Fälle eine Lösung, in denen ein Vertragsverstoß umfassend durch finanzielle Verpflichtungen kompensiert werden kann. In allen anderen Fällen – beispielsweise dem Beitritt der Union zu menschenrechtlichen Schutzabkommen – bleibt eine Unterwerfung unter völkerrechtliche Streitbeilegungsmechanismen, trotz der Beitrittsverpflichtung zur EMRK aus Art. 6 EUV, weiterhin ausgeschlossen.

Die strikte Durchsetzung der Autonomie gegenüber kollidierendem Unionsrecht erklärt sich aus der Sorge des EuGH, unionsrechtliche Wertungen könnten durch Handlungsmöglichkeiten im Rahmen des völkerrechtlichen Abkommens umgangen werden. Deshalb projiziert er die inneren Rechtsverhältnisse über den Autonomiebegriff auf die völkerrechtlichen Außenverhältnisse und stellt somit die völkerrechtliche Bindungsfähigkeit der Union auf die Probe. Diese in sich geschlossene Argumentation auf der Grundlage einer eigenen, abgeschlossenen Rechtsordnung beinhaltet stets die Gefahr einer Uferlosigkeit, solange sie nicht in Relation zu anderen Unionszielen gesetzt wird. Durch die Weiterentwicklung von Rechtsprechungszitaten, die Übertragung von Gedanken von einem Bereich in einen anderen und Verallgemeinerungen wurden hohe Anforderungen an die Unterwerfung einer völkerrechtlichen Gerichtsbarkeit – beispielsweise im Hinblick auf einen EMRK-Beitritt – formuliert, die kaum erfüllbar erscheinen.[554] Dabei verlangen die Verträge bereits ohne die Anforderungen aus dem Autonomiebegriff hohe Verfahrenshürden für den Beitritt der Union zur EMRK.[555]

---

[553] Beispielsweise Art. 30.6 CETA; Art. 336 des Abkommens mit Kolumbien und Peru, abrufbar unter: http://trade.ec.europa.eu/doclib/docs/2011/march/tradoc_147704.pdf (zul. abg. am 15.03.2023).

[554] *Grabenwarter*, Menschenrechtliche Verschlechterungsverbote als Integrationshindernisse? in: Kment (Hrsg.), Das Zusammenwirken von deutschem und europäischem Öffentlichen Recht, Festschrift für Hans D. Jarass zum 70. Geburtstag, S. 43 (48).

[555] *Pache/Rösch*, Europäischer Grundrechtsschutz nach Lissabon – die Rolle der EMRK und der Grundrechtecharta in der EU, EuZW 2008, 519 (521).

bb) Keine Relativierung der Haegeman-Rechtsprechung

Richtet man das Augenmerk auf die Haltung des EuGH zur Verwirklichung völkerrechtlicher Abkommen in der Unionsrechtsordnung, stellt sich die Frage, ob die Rechtsprechung zur unmittelbaren Anwendbarkeit[556] den Bedeutungsgehalt der *Haegeman*-Rechtsprechung schmälert.

Der EuGH stellte in seiner *Haegeman*-Rechtsprechung fest, dass völkerrechtliche Abkommen als „integrierende Bestandteile" in die Unionsrechtsordnung aufgenommen werden.[557] Es bedarf mithin keines Übersetzungsaktes, damit die völkerrechtlichen Vorschriften innerhalb des Unionrechts gelten, vielmehr werden diese unmittelbar in das Unionsrecht eingegliedert.

Gegen die Abkopplung der unmittelbaren Anwendbarkeit von der Geltung eines völkerrechtlichen Abkommens richtete sich der Vorwurf, der EuGH habe die *Haegeman*-Rechtsprechung relativiert, indem er den Vertragsparteien die Dispositionsbefugnis über die unmittelbare Anwendbarkeit zusprach.[558] Durch den Ausschluss der unmittelbaren Anwendbarkeit könnten völkerrechtliche Vorschriften unterminiert werden, obwohl sie als integrierender Bestandteil der Unionsrechtsordnung nach Art. 216 AEUV dem Sekundärrecht vorgehen müssten.[559] Andererseits erkennt das Unionsrecht durch die Rechtswirkungen von Verordnungen und Richtlinien einen Unterschied zwischen der unmittelbaren Geltung und der unmittelbaren Anwendbarkeit selbst an.[560] So gelten Richtlinien zwar als unmittelbarer Bestandteil des Unionsrechts, entfalten jedoch grundsätzlich keine unmittelbare Anwendbarkeit.[561] Die Unterscheidung der unmittelbaren Geltung von der unmittelbaren Anwendbarkeit ist deshalb keine Relativierung der *Haegeman*-Rechtsprechung. Die Möglichkeit der Vertragsparteien, die unmittelbare Anwendbarkeit eines völkerrechtlichen Abkommens im Unionsrecht auszuschließen ist schlicht Ausdruck der Bindungsreichweite. Die unionsrechtliche Bindung an völkerrechtliche Abkommen ist nämlich beschränkt „to the extent of their terms".[562] Insoweit überzeugt die *Kupferberg*-Rechtsprechung des EuGH, derzufolge über die unmittelbare Anwendbarkeit eines völkerrechtlichen Abkommens nur dann zu entscheiden sei, wenn die Rechtswirkungen des Abkom-

---

[556] Zur Begriffsdefinition der unmittelbaren Geltung und unmittelbaren Anwendbarkeit siehe S. 83 f.

[557] Zur *Haegeman*-Rechtsprechung siehe S. 29.

[558] *Schmalenbach* in: Calliess/Ruffert (Hrsg.), EUV/AEUV, Art. 216 AEUV, Rn. 29.

[559] *Berrisch*, Zum „Bananen"-Urteil des EuGH vom 5.10.1994, EuR 1994, 461 (469) mahnt, dass die Feststellung völkerrechtlicher Abkommen als „integrierender Bestandteil der Gemeinschaftsrechtsordnung" leer liefe, wenn Verstöße sanktionslos blieben.

[560] *Weiß*, Zur Haftung der EG für die Verletzung des WTO-Rechts, EuR 2005, 277 (281).

[561] *Weiß*, Zur Haftung der EG für die Verletzung des WTO-Rechts, EuR 2005, 277 (281).

[562] *Rosas/Armati*, EU Constitutional Law – An Introduction, S. 80.

mens in den Rechtsordnungen der Vertragsparteien nicht bereits im Abkommen geregelt wurden.[563]

Dennoch wirft der Lösungsansatz zur Beteiligung der Union an völkerrechtlichen Abkommen mit eigenen Streitbeilegungsmechanismen über die Abschirmung des Unionsrechts erhebliche Bedenken auf. So begünstigt der Ausschluss der unmittelbaren Anwendbarkeit völkerrechtlicher Abkommen in der Unionsrechtsordnung die Fragmentierung des Völkerrechts, das sich nur noch in Abhängigkeit zum innerstaatlichen Recht gegenüber den Rechtsunterworfenen verwirklicht.[564]

cc) Drohende Fragmentierung des Völkerrechts

Wenn der EuGH die unmittelbare Anwendbarkeit eines völkerrechtlichen Abkommens verneint, wird das Sekundärrecht nicht am Maßstab des Abkommens geprüft. Dies kann zu einem potentiellen Auseinanderfallen der Rechtsakte zwischen dem Unionsrecht und dem völkerrechtlichen Abkommen führen und somit die Verwirklichung des Abkommens im Unionsrecht gefährden. Wird die unmittelbare Anwendbarkeit eines völkerrechtlichen Abkommens in der Unionsrechtsordnung ausgeschlossen, droht mithin eine uneinheitliche Anwendung des völkerrechtlichen Abkommens im innerstaatlichen Recht der Vertragsparteien. Die Abschirmung des Unionsrechts führt zwar zum Schutz der Autonomie, spiegelbildlich aber auch zur mangelnden Durchsetzung des völkerrechtlichen Abkommens in der Unionsrechtsordnung. Solange das Abkommen nicht auf die Verwirklichung im innerstaatlichen Recht ausgelegt ist, erscheint diese Fragmentierung der Abkommen durch unterschiedliche Reichweiten in den jeweiligen innerstaatlichen Rechtsordnungen unproblematisch. Am Beispiel von Freihandels- und Investitionsschutzabkommen offenbart sich jedoch die Gefahr, dass vertragliche Schutzvorschriften bei entsprechender Sekundärrechtsgebung ins Leere laufen könnten.

Durch den Ausschluss der unmittelbaren Anwendbarkeit besteht die Möglichkeit eines „demokratischen *treaty override*".[565] Es wäre also prinzipiell möglich, dass die völkerrechtlichen Abkommensvorschriften unionsrechtlich durch – streng genommen niederrangiges – Sekundärrecht überschrieben werden. Grundsätzlich wird ein völkerrechtliches Abkommen der Union über Art. 216 Abs. 2 AEUV in die Unionsrechtsordnung inkorporiert und gilt auf einer Ebene zwi-

---

563 EuGH, Rs. 104/81, ECLI:EU:C:1982:362, Rn. 17 – Kupferberg.

564 Zur Fragmentierung der Welthandelsabkommen siehe S. 118 ff.

565 *Thym*, Todesstoß für autonome Investitionsschiedsgerichte, https://verfassungsblog.de/todesstoss-fuer-autonome-investitionsschutzgerichte/ (zul. abg. am 15.03.2023).

schen Primär- und Sekundärrecht.[566] Allerdings hätte ein völkerrechtliches Abkommen nur dann Vorrang vor Sekundärrecht, wenn es unmittelbar anwendbar wäre. Ist dies, wie im Fall des CETA-Abkommens[567], ausgeschlossen, dann könnte sich Sekundärrecht gegenüber dem Investitionsschutzabkommen durchsetzen. Ein Normkonflikt läge schon deshalb nicht vor, weil nur das neu erlassene Sekundärrecht unmittelbar anwendbar wäre. Käme es nun infolge eines Prozesses unionsinterner Willensbildung zum Erlass sekundärrechtlicher Vorschriften, die dem Abkommen widersprächen, würde hierdurch das nicht unmittelbar anwendbare Abkommen unionsrechtlich überschrieben. Im Rahmen eines staatlichen Verfahrens zur Aufhebung des Schiedsspruchs wäre somit ein *treaty override* möglich, der die Wirksamkeit des völkerrechtlichen Streitbeilegungsmechanismus aushebeln könnte.

Die vielfältigen Problemstellungen um die Abschottung des Unionsrechts durch den Ausschluss der unmittelbaren Anwendbarkeit völkerrechtlicher Abkommen wurden wissenschaftlich bereits im Kontext des Welthandelsrechts aufgearbeitet. Für die Bewertung der Auswirkungen von Entscheidungen der CETA-Gerichte auf die Unionsrechtsordnung bietet sich deshalb ein Vergleich zu den Schiedsgerichten auf der Grundlage der Welthandelsabkommen an. Die Abkommen ähneln sich insoweit, als dass die auf ihren Grundlagen errichteten Gerichte in keiner Weise mit der Unionsgerichtsbarkeit verbunden sind. Darin sieht der EuGH jedoch keinen Verstoß gegen sein Letztentscheidungsrecht, weil er die Abkommensvorschriften als im Unionsrecht nicht unmittelbar anwendbar einstuft.[568]

dd) Exkurs: Welthandelsrecht

Die WTO-Abkommen[569] nehmen eine gewisse Sonderrolle ein, weil der EuGH in diesem Bereich von seiner sonstigen Rechtsprechung zu völkerrechtlichen Abkommen im Unionsrecht insofern abweicht, als er die Rechtmäßigkeit von Unionshandeln nicht anhand des WTO-Rechts bemisst.[570] Dieses Ergebnis er-

---

566 Zur Herleitung der Rangwirkung völkerrechtlicher Abkommen in der Unionsrechtsordnung siehe S. 30 f.

567 vgl. Art. 30.6 CETA.

568 EuGH, Gut. 1/17, ECLI:EU:C:2019:341, Rn. 181, 198 – CETA; für das Welthandelsrecht: EuGH, Rs. C-149/96, ECLI:EU:C:1999:574 – Portugal/Rat; vertiefend: *Sander*, Zur unmittelbaren Anwendbarkeit der WTO-Abkommen in der europäischen Rechtsordnung, Verfassung und Recht in Übersee 2003, 261 (265).

569 GATT (General Agreement on Tariffs and Trade), GATS (General Agreement on Trade in Services), TRIPS (Agreement on Trade-Related Aspects of Intellectual Property Rights).

570 *Vöneky/Beylage-Haarmann* in: Grabitz/Hilf/Nettesheim (Hrsg.), Das Recht der EU, Art. 216 AEUV, Rn. 28.

reicht der EuGH, indem er eine unmittelbare Anwendbarkeit der WTO-Abkommen verneint. Ungeachtet der tiefgreifenden strukturellen Änderungen durch die neuen Welthandelsabkommen hält der EuGH an seiner Rechtsprechung zum GATT 1947[571] fest und lehnt weiterhin eine unmittelbare Anwendbarkeit der Welthandelsabkommen ab.[572] Dabei ist ein völkerrechtlicher Ausschluss[573] der unmittelbaren Anwendbarkeit in den Abkommen nicht ausdrücklich vorgesehen.

Diese Rechtsprechungsabweichung ist insbesondere im Hinblick auf die Autonomie bedeutsam: Die Welthandelsorganisation ist auf der Grundlage völkerrechtlicher Abkommen errichtet worden, die nicht nur durch die Mitgliedstaaten der Gemeinschaft, sondern auch die Gemeinschaft selbst unterzeichnet wurden.[574] Eine Gefährdung der Autonomie spricht der EuGH trotz der eigenständigen Streitbeilegungsorgane der WTO-Abkommen nicht einmal an. Scheinbar gelangt er zu diesem Ergebnis, weil er die Abkommen im Unionsrecht als nicht unmittelbar anwendbar und die Entscheidungen der Streitbeilegungsorgane als nicht bindend einordnet.[575]

(1) Keine unmittelbare Anwendbarkeit der WTO-Abkommen

Betrachtet man die Frage nach der unmittelbaren Anwendbarkeit der WTO-Abkommen aus dem Blickwinkel der *Kupferberg*-Rechtsprechung,[576] hätte der EuGH zum Ergebnis der unmittelbaren Anwendbarkeit der WTO-Abkommen kommen müssen. In der Rs. *Kupferberg* ging es um die Frage, ob ein Freihandelsabkommen zwischen der Gemeinschaft und dem damaligen Nicht-EG-Land Portugal im Unionsrecht unmittelbar anwendbar ist und Einzelpersonen aus dem Abkommen Rechte ableiten können. Obwohl die Regierungen der Mitgliedstaaten das Freihandelsabkommen als Bestandteil der Gemeinschaftsrechtsordnung

---

571 EuGH, Rs. 21-24/72, ECLI:EU:C:1972:115, Rn. 19/20 ff. – International Fruit Company.

572 EuGH, Rs. C-149/96, ECLI:EU:C:1999:574, Rn. 42 ff. – Portugal/Rat.

573 *Sauer*, Jurisdiktionskonflikte in Mehrebenensystemen, S. 217 betont, dass es im WTO-Recht weder eindeutige Hinweise für oder wider eine unmittelbare Anwendbarkeit gibt. Dagegen argumentiert *Krajewski*, Verfassungsperspektiven und Legitimation des Rechts der Welthandelsorganisation (WTO), S. 63 ff., dass mangels einer Regelung der völkerrechtlichen WTO-Streitschlichtungsmechanismen und der innerunionalen Rechtsanwendung von dem Willen auszugehen sei, dass keine unmittelbare Anwendbarkeit beabsichtigt gewesen sei.

574 *Sauer*, Jurisdiktionskonflikte in Mehrebenensystemen, S. 216.

575 *Thym*, Todesstoß für autonome Investitionsschiedsgerichte, https://verfassungsblog.de/todesstoss-fuer-autonome-investitionsschutzgerichte/ (zul. abg. am 15.03.2023); *Bäumler* in: Krenzler/Herrmann/Niestedt (Hrsg.), EU-Außenwirtschafts- und Zollrecht, XIII. 131a. WTO, Rn. 237 weist trotz der fehlenden unmittelbaren Anwendbarkeit auf die (neuen) materiellen Autonomie-Anforderungen im Gut. 1/17 (siehe S. 108 ff.) hin und sieht deshalb auch für die WTO-Abkommen in Bezug auf die Autonomie Klärungsbedarf.

576 Zur Kupferberg-Rechtsprechung siehe S. 85.

anerkannten, argumentierten sie gegen die Anwendbarkeit der Kriterien zur unmittelbaren Wirkung auf Freihandelsabkommen zwischen der Gemeinschaft und einem Drittstaat.[577] Insbesondere sprächen bei Freihandelsabkommen der Grundsatz der Gegenseitigkeit, der institutionelle Rahmen zur Beilegung von Streitigkeiten sowie Schutzklauseln, die Vertragsabweichungen ermöglichten, gegen eine unmittelbare Anwendbarkeit des Abkommens im Unionsrecht.[578] Der EuGH erteilte dieser Sichtweise eine klare Absage: Die Entscheidung über die Wirkungen eines völkerrechtlichen Abkommens im innerstaatlichen Recht, sofern diese durch die Vertragsparteien nicht geregelt worden seien, obliege den Unionsgerichten.[579] Außerdem begründe eine einseitige unmittelbare Geltung beziehungsweise Anwendbarkeit völkerrechtlicher Vorschriften im innerstaatlichen Recht keine fehlende Gegenseitigkeit bei der Durchführung der Abkommen.[580] Diese Grundhaltung ist folgerichtig im Hinblick auf Assoziierungsabkommen: Im Rahmen von Assoziierungsabkommen entspricht es sogar der Absicht der Union, den Vertragspartnern spezifische Vorteile einzuräumen. Gleichwohl verfügt die Union über entsprechende wirtschaftliche und politische Möglichkeiten, um die Vertragseinhaltung durch die Assoziierungsstaaten trotz einer einseitigen unmittelbaren Anwendbarkeit des Abkommens herbeizuführen.[581]

Wegen dieser Kriterien zur unmittelbaren Anwendbarkeit von Freihandelsabkommen im Unionsrecht müssen hinreichende Unterschiede zwischen WTO-Abkommen und anderen Freihandelsabkommen gegeben sein, um einen Ausschluss der unmittelbaren Anwendbarkeit zu rechtfertigen.[582]

(2) Begründung der Ungleichbehandlung durch den EuGH

In seiner Begründung in der Rs. *Portugal/Rat*[583] rekurriert der EuGH mehrfach auf die *Kupferberg*-Rechtsprechung, obwohl er inhaltlich eine völlig andere Entscheidung trifft. Beide Entscheidungen eint die Maßgabe, dass die zu ergreifenden rechtlichen Maßnahmen durch die Vertragsparteien selbst bestimmt werden

---

[577] EuGH, Rs. 104/81, ECLI:EU:C:1982:362, Rn. 15 – Kupferberg.

[578] EuGH, Rs. 104/81, ECLI:EU:C:1982:362, Rn. 16 – Kupferberg.

[579] EuGH, Rs. 104/81, ECLI:EU:C:1982:362, Rn. 17 – Kupferberg

[580] EuGH, Rs. 104/81, ECLI:EU:C:1982:362, Rn. 18 – Kupferberg; EuGH, Rs. C-149/96, ECLI:EU:C:1999:574, Rn. 44 – Portugal/Rat.

[581] *Rosas*, Note Case C-149/96 (Portugal v. Council), CLMR 2000, 797 (813); *Hilf/Schorkopf*, Kompetenz des Gerichtshofs zur Prüfung von Gemeinschaftshandlungen anhand von Vorschriften der WTO, EuR 2000, 62 (85).

[582] *Mögele*, Die Rechtswirkungen von WTO-Bestimmungen in der Gemeinschaftsrechtsordnung – Überlegungen zur Rechtsprechung des EuGH – in: Bauer/Czybulka/Kahl/Vosskuhle, Wirtschaft im offenen Verfassungsstaat, S. 129 (144).

[583] EuGH, Rs. C-149/96, ECLI:EU:C:1999:574 – Portugal/Rat.

könnten, wenn ein völkerrechtliches Abkommen keine Maßnahmen zur Zielerreichung vorgibt.[584] Allerdings legt der EuGH ausgehend von diesem gemeinsamen Punkt andere Schwerpunkte:

Für Freihandelsabkommen genügt nach der *Kupferberg*-Rechtsprechung ein institutioneller Rahmen für Verhandlungen nicht, um eine unmittelbare Anwendbarkeit des Abkommens im innerstaatlichen Recht auszuschließen.[585] Außerdem sei eine Gegenseitigkeit bei der Durchführung des Abkommens auch dann gegeben, wenn die Abkommensvorschriften einseitig in nur einer innerstaatlichen Rechtsordnung unmittelbare Geltung entfalteten.[586] In Bezug auf das Welthandelsrecht betont der EuGH dagegen die Ausrichtung des WTO-Rechts auf Verhandlungen. Messe man innerstaatliche Rechtsvorschriften am Maßstab des WTO-Rechts, so seine Hypothese, würde den Vertragsparteien die Befugnis aus Art. 22 DSU genommen, Lösungen über den Verhandlungsweg zu erreichen.[587] Weil die WTO-Abkommen im Unterschied zum Freihandelsvertrag mit Portugal nicht asymmetrisch ausgestaltet seien,[588] führe eine nur einseitige unmittelbare Anwendbarkeit zu einem Ungleichgewicht.[589] So würde den Unionsorganen – im Gegensatz zu den entsprechenden Organen der Handelspartner – der Spielraum für Verhandlungen genommen. Zusammengefasst lägen die Unterschiede strukturell in den WTO-Abkommen begründet, die eine Dispositionsbefugnis der Unionsorgane über die Einhaltung von WTO-Recht im innerstaatlichen Recht notwendig machen würde.

(3) Politische Entscheidungsfreiheit über die Einhaltung von WTO-Recht

Im Welthandelsrecht besteht keine „Übermacht" der Union, die eine wirtschaftliche und politische Durchsetzung abseits rechtlicher Systeme sicherstellen könnte. Es besteht daher die Sorge, die einseitige Anerkennung der unmittelbaren Anwendbarkeit könnte die bestehende Ordnung, die auf Verhandlungen „auf Augenhöhe" beruht, gefährden. Einzelne Mitgliedstaaten könnten über den Rechtsweg ein bestimmtes Unionshandeln erzwingen und die politische Entscheidungsfreiheit der Union im Welthandel somit beschränken.[590] Darüber hinaus eröffnet der Ausschluss der gerichtlichen Überprüfung von Maßnahmen der

[584] EuGH, Rs. 104/81, ECLI:EU:C:1982:362, Rn. 18 – Kupferberg; EuGH, Rs. C-149/96, ECLI:EU:C:1999:574, Rn. 35 – Portugal/Rat.

[585] EuGH, Rs. 104/81, ECLI:EU:C:1982:362, Rn. 20 – Kupferberg.

[586] EuGH, Rs. 104/81, ECLI:EU:C:1982:362, Rn. 18 – Kupferberg.

[587] EuGH, Rs. C-149/96, ECLI:EU:C:1999:574, Rn. 40 – Portugal/Rat.

[588] EuGH, Rs. C-149/96, ECLI:EU:C:1999:574, Rn. 42 – Portugal/Rat.

[589] EuGH, Rs. C-149/96, ECLI:EU:C:1999:574, Rn. 43 ff. – Portugal/Rat.

[590] *Hilf/Schorkopf*, Kompetenz des Gerichtshofs zur Prüfung von Gemeinschaftshandlungen anhand von Vorschriften der WTO, EuR 2000, 62 (74).

Union die Möglichkeit, mit Augenmaß einen Ausgleich zwischen Handel und Gesellschaft herzustellen und damit auch die Akzeptanz der WTO-Abkommen zu steigern.[591]

Ungeachtet der inhaltlich überzeugenden Argumente kann die unmittelbare Anwendbarkeit völkerrechtlicher Abkommen in der Unionsrechtsordnung nicht von politischen Folgeabwägungen des EuGH abhängen. Deshalb hätte nicht der Spielraum der Unionsorgane für Verhandlungen mit anderen Vertragsparteien der WTO-Abkommen den EuGH in seiner Entscheidung leiten dürfen, sondern vielmehr die Vorgaben des Primärrechts für die Integration völkerrechtlicher Abkommen.

Die Möglichkeit, die unmittelbare Anwendbarkeit eines völkerrechtlichen Abkommens durch eine völkerrechtliche Vorschrift auszuschließen, relativiert für sich genommen die *Haegeman*-Rechtsprechung des EuGH nicht.[592] Wenn der EuGH aber trotz einer fehlenden Regelung über die Anwendbarkeit des Abkommens im innerstaatlichen Recht auf der Grundlage unklarer Anforderungen die unmittelbare Anwendbarkeit der Welthandelsabkommen ablehnt, droht die *Haegeman*-Rechtsprechung zur „leeren Floskel“[593] zu verkommen. Zwischen Freihandelsabkommen und den WTO-Abkommen gibt es inhaltlich keine grundsätzlichen Unterschiede, die einen Ausschluss der unmittelbaren Anwendbarkeit der WTO-Abkommen rechtfertigen würden.[594] Durch die Formulierung gesteigerter Anforderungen an die unmittelbare Anwendbarkeit der GATT-Vorschriften begründet der EuGH faktisch ein dualistisches Transformationserfordernis.[595] Indem er die Prüfung von Sekundärrechtsvorschriften anhand des GATT ablehnt, durchbricht er aufgrund der Gefahr eines Auseinanderfallens völkerrechtlicher und unionsrechtlicher Verpflichtungen[596] seine ansonsten völkerrechtsfreundliche Sichtweise.[597]

---

[591] *Pescatore*, The Reconciliation of Interests and the Revision of Dispute Resolution Procedures in the Framework of the World Trade Organization in: van Kappel/Heusel, Free World Trade and the European Union, S. 9 (13); *Rosas*, Note Case C-149/96 (Portugal v. Council), CLMR 2000, 797 (815 f.).

[592] Zum Vorwurf, die *Haegeman*-Rechtsprechung würde durch die Möglichkeit, die unmittelbare Anwendbarkeit vertraglich auszuschließen, relativiert, siehe S. 128 f.

[593] *Berrisch*, Zum „Bananen“-Urteil des EuGH vom 5.10.1994, EuR 1994, 461 (469).

[594] *Berrisch/Kamann,* WTO-Recht im Gemeinschaftsrecht – (k)eine Kehrtwende des EuGH, EWS 2000, 89 (92); *Ott*, Der EuGH und das WTO-Recht: Die Entdeckung der politischen Gegenseitigkeit – altes Phänomen oder neuer Ansatz?, EuR 2003, 504 (519 f.). Demnach seien die durch den EuGH angeführten Unterschiede als Rechtfertigung einer Sonderbehandlung nicht überzeugend.

[595] *Petersmann*, Darf die EG das Völkerrecht ignorieren?, EuZW 1997, 325 (327).

[596] *Petersmann*, Darf die EG das Völkerrecht ignorieren?, EuZW 1997, 325 (327) weist auf die Gefahr einer faktischen „Option zum Völkerrechtsbruch“ hin.

[597] *Vöneky/Beylage-Haarmann* in: Grabitz/Hilf/Nettesheim (Hrsg.), Das Recht der EU,

Eine grundsätzliche Gefahr für die Einheit der WTO-Abkommen besteht bereits durch das Fehlen von Mechanismen zur Wahrung der einheitlichen Auslegung und Anwendung.[598] Dieses vertragliche Risiko manifestiert sich in der WTO-Rechtsprechung des EuGH: Indem der EuGH den WTO-Abkommen eine unmittelbare Anwendbarkeit abspricht und die Überprüfung von Sekundärrechtsakten anhand des WTO-Rechts ablehnt, bleiben Verstöße gegen das Welthandelsrecht innerhalb der Unionsrechtsordnung sanktionslos. Aus der eingeschränkten Durchsetzung resultiert die Gefahr einer Fragmentierung des Welthandelsrechts, weil die Verwirklichung der WTO-Abkommen aus Sicht des EuGH vom jeweiligen innerstaatlichen Recht abhängt. Darüber hinaus bestehen Haftungsfallen für die Mitgliedstaaten, da diese vor dem EuGH keine Möglichkeit haben, Verletzungen des GATT zu rügen, innergemeinschaftlich zur Umsetzung GATT-widriger Sekundärrechtsakte verpflichtet bleiben und auf völkerrechtlicher Ebene für die Einhaltung der Vorschriften der Abkommen haften.[599] Lediglich in einem einzigen Ausnahmefall hat der EuGH die unmittelbare Anwendbarkeit der welthandelsrechtlichen Abkommen angenommen. Eine solche unmittelbare Wirkung bestehe demnach, wenn die GATT-Bestimmungen in den Tatbestand bereits bestehender Sekundärrechtsnormen aufgenommen beziehungsweise darin umgesetzt wurden und sie somit unmittelbare Wirkung im Gemeinschaftsrecht entfalteten.[600] Dieser so genannten *Fediol-Nakajima*-Rechtsprechungslinie folgte der EuGH auch im Falle des neuen GATT.[601]

5. *Willkürliche Festlegung der Autonomiereichweite*

Ziel des Kapitels war eine umfassende Analyse der Anwendung des Autonomiegrundsatzes durch den EuGH gegenüber völkerrechtlichen Einflüssen. Hierbei hat sich gezeigt, dass der Gerichtshof den Grundsatz in unterschiedlichen Facetten anwendet, die sich im Laufe der Entwicklung seiner Rechtsprechung verändert haben.

In den frühen Entscheidungen formulierte der EuGH für den Schutz der Eigenheiten des Unionsrechts den Schutz seiner Auslegungshoheit sowie einen Schutz der bestehenden Zuständigkeitsverteilung. Hierbei wurde deutlich, dass

Art. 216 AEUV, Rn. 28; *Schmalenbach* in: Calliess/Ruffert (Hrsg.), EUV/AEUV, Art. 216 AEUV, Rn. 32.

598 *von Bogdandy*, Legal Effects of World Trade Organization Decisions Within European Union Law, JWT 2005, 45 (53); *Sauer*, Jurisdiktionskonflikte in Mehrebenensystemen, S. 230.

599 *Petersmann,* Darf die EG das Völkerrecht ignorieren?, EuZW 1997, 325 (327).

600 EuGH, Rs. 70/87, ECLI:EU:C:1989:254, Rn. 19 ff. – Fediol; EuGH, Rs. C-69/89, ECLI:EU:C:1991:186, Rn. 26 ff. – Nakajima.

601 EuGH, Rs. C-149/96, ECLI:EU:C:1999:574, Rn. 49 – Portugal/Rat.

sich die beiden Anwendungskategorien inhaltlich überschneiden und der EuGH die Kategorien nicht konsistent anwendete. Später weitete der Gerichtshof den Schutzanspruch auf die Wirksamkeit unionsrechtlicher Mechanismen aus und wies der Autonomie die Funktion eines Schutzinstruments für den „verfassungsrechtlichen Rahmen" der Union zu.

In dem *Kadí*-Urteil benennt der EuGH erstmals Kernelemente der Gemeinschaftsrechtsordnung als „Verfassungsgrundsätze".[602] Auf diesem Weg schuf der EuGH eine vertraglich nicht angelegte Normenhierarchie innerhalb des Primärrechts. Diese Rangabstufung ist gedanklich notwendig, um mit der Autonomie kollidierendes Primärrecht zu relativieren und zurücktreten zu lassen.

Besonders gut lässt sich diese Herangehensweise am Beispiel der Kollisionsvorschrift Art. 351 AEUV (vormals Art. 307 EGV) veranschaulichen. Art. 351 AEUV ermöglicht Mitgliedstaaten im Falle einer Kollision unions- und völkerrechtlicher Verpflichtungen eine Missachtung des Unionsrechts, ohne unionsrechtliche Verpflichtungen zu verletzen und schützt sie mithin vor einem unionsrechtlich evozierten Völkerrechtsbruch.[603] Nach dem Wortlaut der Vorschrift können dabei sämtliche, mithin auch primärrechtliche, Verpflichtungen dispensiert werden. Von daher müsste Art. 351 AEUV auch die Autonomie des Unionsrechts verdrängen können. Der EuGH stellte in der Rs. *Kadí* hingegen fest, dass die Grundsätze, die zu den Grundlagen der Gemeinschaftsrechtsordnung zählen, durch Art. 307 EGV nicht in Frage gestellt werden können.[604] Deshalb könne Art. 307 EGV auch eine Überprüfbarkeit der Verordnung nicht ausschließen. So gelingt es, kollidierendes Primärrecht – hier die Kollisionsvorschrift Art. 307 EGV – zu relativieren.[605] Der EuGH postuliert die Autonomie somit als effektiven Schild des Unionsrechts gegenüber völkerrechtlichen Einflüssen.

Die Reichweite der Autonomie basiert auf einer Festlegung des EuGH, der diese in seinen Entscheidungen sukzessive ausweitete. Heute überlagert die Autonomie zahlreiche Regelungen des Primärrechts: Für die ausschließliche Zuständigkeit des EuGH sind die Wortlautgrenzen des Art. 344 AEUV nicht mehr von Bedeutung, wodurch Vorschriften zur fakultativen Einbindung des EuGH – beispielsweise Art. 273 AEUV – in ihrem Anwendungsbereich beschnitten werden.

---

[602] *Kämmerer*, Das Urteil des Europäischen Gerichtshofs im Fall „Kadi": Ein Triumph der Rechtsstaatlichkeit?, EuR 2009, 114 (119); damit knüpft er an seine EWR-I-Rechtsprechung an, wonach der EWG-Vertrag, obwohl er als völkerrechtliches Abkommen begründet wurde, dennoch die Verfassungsurkunde einer Rechtsgemeinschaft darstelle (EuGH, Gut. 1/91, ECLI:EU:C:1991:490, Rn. 21 – EWR I).

[603] *Lorenzmeier* in: Grabitz/Hilf/Nettesheim (Hrsg.), Das Recht der EU, Art. 351 AEUV, Rn. 2.

[604] EuGH, Rs. C-402/05 P, ECLI:EU:C:2008:461, Rn. 304 – Kadí.

[605] *Kämmerer*, Das Urteil des Europäischen Gerichtshofs im Fall „Kadi": Ein Triumph der Rechtsstaatlichkeit?, EuR 2009, 114 (119 f.).

Aber auch die unionsrechtliche Bindungswirkung aus Art. 216 Abs. 2 AEUV wird durch eine umfassende Autonomierechtsprechung in ihrem Bedeutungsgehalt geschmälert: Durch die hohen Autonomieanforderungen des EuGH an völkerrechtliche Abkommen scheitern zahlreiche Abkommen bereits als Entwurf an der Vereinbarkeit mit Unionsrecht, sodass die Vorschrift seltener zur Anwendung kommt. Zur Abschirmung des Unionsrechts wird deshalb in jüngeren Abkommen der Union die unmittelbare Anwendbarkeit der Abkommensvorschriften in der Unionsrechtsordnung ausgeschlossen und so die Bindungswirkung aus Art. 216 Abs. 2 AEUV zu Lasten der innerstaatlichen Verwirklichung völkerrechtlicher Abkommen umgangen.

Mit der Verdrängung des ausdrücklichen Primärrechts durch den weitgehend konturlosen Rechtsgrundsatz der Autonomie ist eine tiefgreifende Rechtsunsicherheit entstanden, weil der EuGH in Bezug auf seine eigenen Zuständigkeiten die vertraglichen Anwendungsgrenzen des Unionsrechts durchbricht und somit den Grundsatz der begrenzten Einzelermächtigung infrage stellt. Die Konsequenz zeigte sich unmittelbar in den divergierenden Rechtsauffassungen der beteiligten Unionsorgane im Gut. 2/13 zum EMRK-Beitritt. Unter Zugrundelegung derselben Fakten gelangten die Kommission, GA *Juliane Kokott* sowie der EuGH zu grundlegend unterschiedlichen juristischen Bewertungen. Es wird deutlich, dass der EuGH hinsichtlich der Bewertung um die Vereinbarkeit mit Unionsrecht Interpretationsspielräume[606] geschaffen hat. Solche Interpretationsspielräume sind in einem bestimmten Rahmen unvermeidlich, sie gefährden jedoch die Rechtssicherheit und lassen die Grenzen zwischen Recht und Politik verschwimmen. So liegt der Vorwurf nicht fern, der EuGH betreibe in seinem Gut. 2/13 eher Politik, als dass er Recht auslege.[607] Die Rhetorik des EuGH, dass die Autonomie „unter allen Umständen"[608] gewahrt werden müsse, leistet dieser Sorge Vorschub.

Zwar betonte GA *Yves Bot* zuletzt in den Schlussanträgen zum Gut. 1/17, die Autonomie sei nicht als Autarkie[609] zu verstehen, sondern beschränke lediglich die zulässigen Auswirkungen auf Bereiche des Unionsrechts außerhalb der „Integrität der Rechtsordnung". Die Grenzziehung des EuGH hinsichtlich dieses Integritätskerns – GA *Yves Bot* spricht von einer Balance[610] zwischen der Akzep-

---

606 *Lazowski/Wessel*, When Caveats Turn into Locks: Opinion 2/13 on Accession of the European Union to the ECHR, GLJ 2015, 179 (211).

607 *Thym*, Das EMRK-Gutachten des EuGH, EuZW 2015, 180 (180).

608 EuGH, Gut. 1/09, ECLI:EU:C:2011:123, Rn. 83 – Patentgericht.

609 GA *Bot*, Schlussanträge v. 29.01.2019 zum Gutachten 1/17, ECLI:EU:C:2019:72, Rn. 59.

610 GA *Bot*, Schlussanträge v. 29.01.2019 zum Gutachten 1/17, ECLI:EU:C:2019:72, Rn. 118. Die Balance würde gewahrt, indem einerseits die völkerrechtliche Bindungsfähigkeit einschließlich völkerrechtlicher Streitbeilegungsmechanismen gewahrt, andererseits eine Über-

tanz einer externen Kontrolle sowie der Wahrung der Autonomie – bleibt jedoch unklar: Die hinnehmbaren Auswirkungen auf die Autonomie zeichnen sich nicht durch abgrenzbare, rechtliche Voraussetzungen aus, sondern orientieren sich an konzeptionellen Gründen.[611] Eben aufgrund dieser unklaren Reichweite der Autonomie wurden zahlreiche Abkommensentwürfe[612] ausverhandelt, die der EuGH als mit dem Unionsrecht unvereinbar einstufte. Dies führte insbesondere in Reaktion auf die jüngsten Entscheidungen zu dem Vorwurf, die Autonomie-Rechtsprechung begründe eine „*new era of closure and isolationism*".[613]

An den bestehenden Unsicherheiten zeigt sich Folgendes deutlich: Die Unionsrechtsordnung benötigt klare Vorrangregelungen für Kollisionen mit anderen Rechtsordnungen.[614] Wegen unzureichender Regelungen wurde die Autonomie zunehmend zum Instrument für die Lösung von Kollisionsfällen im Unionsrecht durch die Rechtsprechung.[615] Es gilt deshalb zu klären, welcher konzeptionelle Kern dem Autonomieanspruch des EuGH zugrunde liegt und über welche Muster die These einer autonomen Rechtsordnung begründbar ist.

---

prüfung von Unionsrecht durch einen völkerrechtlichen Spruchkörper außerhalb der Unionsgerichtsbarkeit kategorisch ausgeschlossen werde.

[611] *Engel*, Anmerkung zum CETA-Gutachten 1/17, SchiedsVZ 2019, 226 ff.

[612] Beispielsweise EWR-Abkommensentwurf (S. 40), Abkommensentwurf zur Errichtung eines Europäischen Patentgerichts (S. 71), Abkommensentwurf zum Beitritt zur EMRK (S. 88, 96).

[613] *Govaere/Garben*, The interface between EU and international law, S. 299.

[614] *Ritzer*, Europäische Kompetenzordnung, S. 53 ff.

[615] *Ritzer*, Europäische Kompetenzordnung, S. 53 ff.

Drittes Kapitel

Begründbarkeit der Autonomiethese

I. Kern des Autonomieanspruchs aus Sicht des EuGH

Im Kern beinhaltet der Autonomieanspruch des EuGH zwei Dimensionen.[1] Gegenüber dem mitgliedstaatlichen Recht ist der Autonomieanspruch auf einen absoluten Vorrang gerichtet, der von den mitgliedstaatlichen Gerichten mehrheitlich bestritten wird. In Bezug auf völkerrechtliche Einflüsse behauptet der EuGH absolut geschützte Regelungsbereiche und widersetzt sich damit ausdrücklichen primärrechtlichen Festlegungen. Setzt man den Autonomiebegriff in der Rechtsprechung des EuGH in Bezug zur Begriffsnutzung im historischen und völkerrechtlichen Kontext, zeigt sich die Neuartigkeit der Begriffsnutzung, für die es kein Vorbild gibt.

Der griechische Begriff *αὐτονομία* (autonomia) bezeichnet eine Eigengesetzlichkeit, also das Recht, eine eigene Angelegenheit unabhängig von äußeren Kräften regeln zu können.[2] Dieses Recht geht auf den Anspruch von Stadtstaaten im antiken Griechenland zurück, die gegen Bedrohungen von innen (Tyrannis) und außen (Fremdherrschaft) nach relativer Selbstbestimmung strebten.[3] Autonomie bezeichnet somit im historisch-politischen Kontext die Eigenständigkeit innerhalb eines größeren Machtbereichs.[4]

Diese Begriffsdefinition deckt sich mit dem völkerrechtlichen Verständnis von Autonomie. In Bezug auf internationale Organisationen wurde der Autonomiebegriff durch die Verwaltungsunionen Mitte des 19. Jahrhunderts geprägt. Dabei ging es um eine „gewisse Selbstständigkeit“[5] gegenüber dem Einfluss der Signa-

---

1 *Sauer* unterscheidet dagegen zwischen der Autonomie als „Verselbstständigung“ und als „Selbstbestimmung“ der europäischen Rechtsordnung, *Sauer*, Europarechtliche Schranken internationaler Gerichte, JZ 2019, 925 (929 ff.).

2 *Pohlmann*, Autonomie in: Ritter/Gründer/Gabriel (Hrsg.), Historisches Wörterbuch der Philosophie online, https://www.schwabeonline.ch/schwabe-xaveropp/elibrary/start.xav?start=%2F%2F%2A%5B%40attr_id%3D%27hwph_productpage%27%5D#__elibrary__%2F%2F*%5B%40attr_id%3D%27verw.autonomie%27%5D__1589208135501 (zul. abg. am 15.03.2023).

3 *Gottschalk-Mazouz* in: Liggieri/Müller (Hrsg.), Mensch – Maschine – Interaktion. Handbuch zur Geschichte – Kultur – Ethik, S. 239.

4 *von Ungern-Sternberg*, Griechische Studien, S. 143.

5 *Koch*, Internationale Organisationen in der Weltgesellschaft, S. 42 f.

tarstaaten. Auf Staatenebene bezeichnet Autonomie dagegen die Selbstverwaltung einer Region mit einem gewissen Schutz vor externen Einflüssen.[6] Diese Autonomie kann graduell unterschiedlich ausgeprägt sein.[7] Deshalb ist ein Ausschließen aller Fremdeinflüsse nicht erforderlich.[8] Ungeachtet der Anerkennung autonomer Regionen beansprucht der Staat jedoch die ausschließliche Regelungskompetenz in denjenigen Bereichen, die für den Erhalt als Rechtsgemeinschaft unverzichtbar sind. Dies verdeutlicht das Beispiel Spanien: Die spanische Verfassung erkennt in ihren Art. 137ff. SpanVerf die besondere Rechtsstellung autonomer Gebietskörperschaften („*Comunidades Autónomas*“) an. Sie schafft dabei einen Ausgleich zwischen der für den Gesamtstaat notwendigen Einheit und den verschiedenen autonomen Regionen mit ihren individuellen Autonomiestatuten.[9]

Der EuGH fasst den Autonomiebegriff in seiner Rechtsprechung inhaltlich weiter als das historische und völkerrechtliche Verständnis, indem er die Verwirklichung des Unionsrechts in den mitgliedstaatlichen Rechtsordnungen einfordert. Dies begründet sich in der Mehrebenenstruktur des Unionsrechtsraums. Der Schutz vor Fremdeinflüssen wird im Mehrebenensystem noch nicht dadurch gewährleistet, dass das Unionsrecht keinen Fremdeinflüssen ausgesetzt ist. Vielmehr muss sich das Unionsrecht in den mitgliedstaatlichen Rechtsordnungen verwirklichen können. Der Autonomiebegriff in der Rechtsprechung des EuGH ist damit „neu“, es gibt kein historisches Vorbild, bei dem der Begriff inhaltlich so weit gefasst wäre. Der vorbildlose Autonomiebegriff wird ausschließlich durch den EuGH ausgestaltet. Die Union ist nicht Bestandteil eines Staates, sondern umfasst mehrere Mitgliedstaaten. Die europäische Integration beinhaltet somit ein komplett anderes Autonomieverständnis als historisch und völkerrechtlich bislang üblich. Dieser Befund bestätigt sich im Primärrecht. Das Unionsrecht beinhaltet einerseits Vorschriften betreffend die Einheit des Unionsrechts, andererseits schützt es mit zahlreichen Vorschriften, vor allem Art. 4 Abs. 2 EUV, die Vielfalt der mitgliedstaatlichen Rechtsordnungen. In diesem Fall schützt das Unionsrecht als vorgegebene Ordnung also die freie Selbstbestimmung der Mitgliedstaaten.

---

[6] *Heintze*, Selbstbestimmungsrecht der Völker als Herausforderung des souveränitätsorientierten Völkerrechts in: Hilpold, Autonomie und Selbstbestimmung, S. 50 (57).

[7] *Hannum/Lillich*, The Concept Of Autonomy In International Law, AJIL 1980, 858 (885).

[8] *Hannum/Lillich*, The Concept Of Autonomy In International Law, AJIL 1980, 858 (886).

[9] *Arzoz*, Autonomie und Selbstbestimmung in Spanien aus verfassungsrechtlicher Sicht in: Hilpold, Autonomie und Selbstbestimmung, S. 242 (242f.). Zur Entscheidung des Spanischen Verfassungsgerichts, STC 76/1983 v. 05.08.1983, ECLI:ES:TC:1983:76 mit der Anerkennung des höchsten Ranges der Autonomiestatute siehe *Blanke*, Förderalismus und Integrationsgewalt, S. 73.

II. Begründungsmöglichkeiten des Autonomieanspruchs

Die Frage nach der Reichweite der Autonomie betrifft die Kernfrage, ob das Unionsrecht in seiner Geltung von völkerrechtlichen Verträgen abhängig ist. Die Europäische Union wurde, ebenso wie ihre Vorgängerorganisationen EWG und EG, auf der Grundlage völkerrechtlicher Verträge errichtet. Wenn die Geltung des Unionsrechts auf den völkerrechtlichen Gründungsverträgen beruht, wäre die Reichweite des Autonomieanspruchs durch die Grenzen der mitgliedstaatlichen Ratifikationsakte beschränkt. Der Autonomieanspruch des EuGH beinhaltet jedoch einen Vorrang gegenüber dem mitgliedstaatlichen Recht sowie die Etablierung eines Regelungsrangs oberhalb des Primärrechts. Ein absoluter Vorrang des Unionsrechts gegenüber dem nationalen Recht wäre jedoch von den mitgliedstaatlichen Ratifikationsakten regelmäßig nicht gedeckt, weil sie im Rang unter der Verfassung stehen und diese nicht ändern können. Außerdem wäre eine Einordnung oberhalb des Primärrechts, die den Mitgliedstaaten jegliche Änderungsmöglichkeit versagte, ausgeschlossen, weil die Mitgliedstaaten die Herrschaft über die Verträge verlören.[10]

Wie im zweiten Kapitel aufgezeigt, nutzt der EuGH die Autonomiethese, um die Anwendungsbereiche primärrechtlicher Vorschriften umzudefinieren. Dies wird am Beispiel des Art. 344 AEUV besonders deutlich. Wenn der EuGH aufgrund seines Autonomieanspruchs Vorschriften des Primärrechts ausgestalten kann und sich im Hinblick auf die EMRK-Beitrittsverpflichtung aus Art. 6 Abs. 1 EUV kompromisslos durchsetzt, schafft er einen ungeschriebenen Grundsatz, der im hierarchischen Normengefüge oberhalb des Primärrechts einzuordnen ist. Dies bestätigt sich in der Haltung des EuGH, bestimmte primärrechtliche Vorschriften seien lediglich als Resultat der Autonomie einzuordnen.[11] Da ungeschriebene Rangabstufungen innerhalb des Primärrechts die durch die Verträge getroffenen Grundentscheidungen der Mitgliedstaaten als Herren der Verträge unterminieren, muss die Geltung des Unionsrechts von den völkerrechtlichen Verträgen losgelöst sein, um die Grundentscheidungen der völkerrechtlichen Verträge infrage stellen zu können. Sowohl im Hinblick auf die Dimension der Autonomie gegenüber dem nationalen Recht der Mitgliedstaaten als auch auf die Schaffung ungeschriebener Rangabstufungen innerhalb des Primärrechts dürfte die Geltung des Unionsrechts nicht auf den völkerrechtlichen Gründungsverträgen beruhen.

---

[10] *Heintzen*, Hierarchisierungsprozesse innerhalb des Primärrechts der Europäischen Gemeinschaft, EuR 1994, 35 (45).

[11] Zur Achmea-Rechtsprechung siehe S. 57 ff.

Im folgenden Abschnitt soll zunächst geklärt werden, ob der EuGH überhaupt auf der Grundlage der Verträge für die Feststellung der Autonomie zuständig war. Sodann sollen verschiedene Erklärungsansätze untersucht werden, die eine Unterscheidung zwischen der Gründungs- und der Geltungsgrundlage des Unionsrechts begründen könnten.

1. Vertragliche Zuständigkeit des EuGH

Die Frage, ob der EuGH durch Feststellung einer autonomen Gemeinschaftsrechtsordnung über den Vorrang des Gemeinschaftsrechts gegenüber dem nationalen Recht der Mitgliedstaaten entscheiden durfte, muss zweischrittig beantwortet werden. Zunächst ist zu klären, ob der EuGH gemeinschaftsrechtlich befugt war, über seine beanspruchte Autonomie eine absolute Stellung gegenüber dem mitgliedstaatlichen Recht zu proklamieren. Anschließend ist zu untersuchen, ob sich aus der gemeinschaftsrechtlichen Feststellung einer Autonomie ein Vorrang des Unionsrechts im nationalen Recht der Mitgliedstaaten ergibt. Durch die Entscheidung *van Gend & Loos* über die unmittelbare Anwendbarkeit von Gemeinschaftsrecht im nationalen Recht der Mitgliedstaaten warf der EuGH die Frage nach dem Rangverhältnis von mitgliedstaatlichem Recht und Unionsrecht auf. Diese ungeklärte Rechtsfrage entschied der EuGH in der sich anschließenden Rs. *Costa/E.N.E.L.* mit der Postulierung der Autonomiethese.

a) Beinhaltet Art. 19 Abs. 1 S. 2 EUV die Zuständigkeit des EuGH zur Feststellung der Autonomie?

Die Autonomie ist Ausfluss[12] der Rechtsprechung des EuGH, nach dessen Feststellung in der Rs. *Costa/E.N.E.L.* eine autonome Rechtsordnung entstanden sei.[13] Die Verträge müssen also die Befugnis des EuGH beinhalten, dass dieser das Bestehen einer Autonomie feststellen durfte. Davon ausgehend, dass die Autonomiethese von den vertraglich festgeschriebenen Zuständigkeiten gedeckt ist, kann der EuGH die Unionsrechtsordnung verbindlich als autonom einordnen.

Den Ausgangspunkt bildet Art. 19 Abs. 1 S. 2 EUV,[14] der die Aufgabe der Unionsgerichtsbarkeit präzisiert:[15] „Er [Der EuGH] sichert die Wahrung des Rechts bei der Auslegung und Anwendung der Verträge."

---

[12] *Nettesheim* in: Grabitz/Hilf/Nettesheim (Hrsg.), Das Recht der EU, Art. 1 AEUV, Rn. 60 f.

[13] *Häde* in: Pechstein/Nowak/Häde (Hrsg.), Frankfurter Kommentar EUV/GRC/AEUV, Art. 1 AEUV, Rn. 7.

[14] Der Passus aus Art. 19 Abs. 1 S. 2 EUV zur Wahrung des Rechts wurde bereits wortgleich in Art. 164 EWGV festgeschrieben.

[15] *Wegener* in: Calliess/Ruffert (Hrsg.), EUV/AEUV, Art. 19 EUV, Rn. 1.

aa) Keine ausdrückliche Kollisionsregelung

Zum Zeitpunkt der erstmaligen Feststellung der Autonomie in den Verträgen von 1964 gab es weder eine ausdrückliche Regelung in Bezug auf das Rangverhältnis von Unionsrecht und nationalem Recht, noch generelle Regelungen für den Fall einer Kollision zwischen Unionsrecht und externen Rechtsordnungen. Wäre der EuGH von einem Ableitungszusammenhang zwischen dem Geltungsgrund des Gemeinschaftsrechts und dem nationalen Recht ausgegangen, hätte sich daraus eine Abhängigkeit des Unionsrechts von den mitgliedstaatlichen Verfassungsvorschriften ergeben. Eine autonome Geltungsgrundlage ist dagegen notwendig, um dem Unionsrecht im innerstaatlichen Recht der Mitgliedstaaten eine Vorrangstellung einzuräumen. Mithin ist zu klären, ob der EuGH auf Grundlage der Verträge befugt ist, diese Rechtslücke einer fehlenden ausdrücklichen Kollisionsregelung zu schließen.

(1) Rechtslücken in einer Teilrechtsordnung

Für die Europäische Union, die selbst auf einer Teilrechtsordnung beruht, ist die Bestimmung von Rechtslücken besonders schwierig, weil solche wegen des Prinzips der begrenzten Einzelermächtigung nicht in unionaler Kompetenz liegen.[16] Hierdurch entsteht eine Grauzone zwischen der Verwirklichung der Ziele der Union und dem Prinzip der begrenzten Einzelermächtigung. Die Frage, ob den unionsrechtlichen Vorschriften ein Vorrang gegenüber dem nationalen Recht zusteht, wird durch die Verträge nicht geregelt – insoweit besteht eine inhaltliche Lücke.[17] Der Grund hierfür ist allerdings nicht, dass man die Festschreibung einer Kollisionsregelung „übersehen" hätte, sondern dass man sich vertraglich nicht auf einen umfassenden Vorrang des Unionsrechts hatte einigen können.[18]

Die Tatsache, dass man sich in den ausdrücklichen Verträgen nicht auf einen Vorrang des Unionsrechts einigen konnte, bedeutete in der Folge jedoch nicht, dass der EuGH über einen solchen Vorrang nicht entscheiden durfte. Tatsächlich zeichnet sich das Unionsrecht durch zahlreiche Rechtslücken aus, für die es – neben Uneinigkeit in den Vertragsverhandlungen – vielfältige Ursachen gibt.

---

[16] *Grosche*, Rechtsfortbildung im Unionsrecht, S. 110.

[17] *Walter*, Rechtsfortbildung durch den EuGH, S. 91; *Baudenbacher/Bergmann*, Der EuGH außer Kontrolle? in: Haltern/Bergmann (Hrsg.), Der EuGH in der Kritik, S. 191 (227).

[18] Die deutsche Forderung nach einem Vorrang der Nationalverfassung wurde ebenso abgelehnt, *Friauf* in: Friauf/Scholz, Europarecht und Grundgesetz, S. 19. Auch in der späteren Diskussion um einen Verfassungsvertrag konnte man sich nicht auf einen in den Verträgen festgeschriebenen Anwendungsvorrang einigen – der Entwurf für den Verfassungsvertrag sah in Art. I-10 (1) vor, dass das Unionsrecht Vorrang vor dem Recht der Mitgliedstaaten habe, vgl. *Oppermann*, Eine Verfassung für die Europäische Union, DVBl. 2003, 1165 (1171).

Dazu zählt beispielsweise die im Vergleich zu den historisch gewachsenen mitgliedstaatlichen Rechtsordnungen deutlich kürzere Rechtsentwicklung in der Union.[19] Dennoch besteht eine praktische Notwendigkeit zum Lückenschluss in der Unionsrechtsordnung als geschlossenem Rechtssystem.[20] Das geschriebene Unionsrecht muss insoweit als Kompromissergebnis verstanden werden, als es die Entscheidungsgrundlage des EuGH bildet, dessen Zuständigkeit aber nicht auf die Auslegung bestehender Regelungen beschränkt. Vielmehr entsprechen grundlegendere Rechtslücken sogar dem dynamischen Charakter des Unionsrechts: Das Unionsrecht wurde lückenhaft ausgestaltet, um dessen Entwicklungsfreiheit vertraglich abzusichern.[21]

(2) Zwischenergebnis

In den Verträgen besteht eine entscheidungsbedürftige Regelungslücke in Bezug auf Kollisionen mit anderen Rechtsordnungen. Ob der EuGH für die Feststellung der Kollisionsregel auch zuständig war, hängt wiederum von der Reichweite des Art. 19 Abs. 1 S. 2 EUV ab.

bb) Unionsrechtliche Auslegungsmethodik

Zunächst ist zu klären, ob Art. 19 Abs. 1 S. 2 EUV völkerrechtlich oder unionsrechtlich auszulegen ist.

(1) Abgrenzung zwischen völkerrechtlicher und unionsrechtlicher Auslegung

Für die Auslegung des Unionsrechts kommen unterschiedliche Methoden in Betracht. Der Begriff „Auslegung" bezeichnet die Ermittlung des normativen Bedeutungsgehalts rechtlicher Regelungen und Begriffe.[22] Dabei kommt es entscheidend auf die Kriterien an, die der Auslegung zugrunde gelegt werden. Diese

---

[19] *Borchardt*, Richterrecht durch den EuGH in: Randelzhofer/Scholz/Wilke, Gedächtnisschrift für Eberhard Grabitz, S. 29 (29); *Borchardt* in: Schulze/Janssen/Kadelbach (Hrsg.), Europarecht, § 15, Rn. 20.

[20] Das Unionsrecht erfordert die Organisation als geschlossenes Rechtssystem für eine Einheitlichkeit, *Barends*, Streitbeilegung in Unionsabkommen und Europäisches Unionsrecht, S. 38; ausführlich gegen die Auffassung einer Geschlossenheit des Gemeinschaftsrechts: *Marschik*, Subsysteme im Völkerrecht, S. 259 ff.; dagegen argumentiert *Ionita*, Is European Union law a fully self-contained regime?, Romanian Political Science Review 2015, 39 (39 ff.), dass infolge der Autonomie-Rechtsprechung die Union als Rechtsordnung in einer Zwischenstufe weder als offene Rechtsordnung, noch als self-contained-regime einzuordnen sei.

[21] Zum Spannungsverhältnis zwischen Entwicklungsdynamik und Lückenhaftigkeit siehe *Seyr*, Der effet utile in der Rechtsprechung des EuGH, S. 330.

[22] *Pieper* in: Dauses/Ludwigs (Hrsg.), Handbuch des EU-Wirtschaftsrechts, B.I. Rechtsquellen, Rn. 9.

sind keineswegs einheitlich, vielmehr wurden auf nationaler Ebene andere Methodiken entwickelt als für völkerrechtliche Verträge. Die Auslegungsmethodik für das Unionsrecht ist schwierig zu bestimmen, da sie sich sowohl nach den nationalstaatlichen Methoden als auch nach der völkerrechtlichen Auslegungsmethodik richten könnte.[23] Untersucht man die Europäische Union hinsichtlich ihrer völkerrechtlichen und staatsrechtlichen Merkmale, erweist sie sich als Zwischenform. Die Union wurde auf der Grundlage völkerrechtlicher Verträge gegründet. Das spricht aber nur auf den ersten Blick für eine Auslegung als völkerrechtlicher Vertrag nach Art. 31 ff. WVK. Tatsächlich unterscheidet sich die Union grundlegend von klassischen völkerrechtlichen Organisationen.[24] Obwohl sich die Union nicht als Staat einordnen lässt, weist sie doch im Einzelnen staatsähnliche Merkmale auf.[25] In Bezug auf ihre inhaltliche Ausgestaltung und die Durchgriffsmöglichkeiten auf den Einzelnen ähnelt das Unionsrecht durchaus nationalen Verfassungen.[26]

(2) Unionsrecht auf Fortentwicklung angelegt

Wie bereits in der Präambel des EUV beschrieben, haben sich die Mitgliedstaaten entschlossen, „den Prozess der Schaffung einer immer engeren Union der Völker Europas […] weiterzuführen“.[27] Schon der EWGV[28] und später der EGV[29] betonten in ihrer Präambel – wenn auch etwas zurückhaltender formu-

[23] *Bernhardt*, Zur Auslegung des europäischen Gemeinschaftsrechts in: Grewe/Rupp/Schneider (Hrsg.), Europäische Gerichtsbarkeit und nationale Verfassungsgerichtsbarkeit – Festschrift zum 70. Geburtstag von Hans Kutscher, S. 17 (18).

[24] *Tomuschat*, Die Europäische Union als ein Akteur in den internationalen Beziehungen, Vortrag an der Humboldt-Universität am 28.01.2003, S. 1, https://www.rewi.hu-berlin.de/de/lf/oe/whi/FCE/2003/tomuschat.pdf (zul. abg. am 15.03.2023) spricht von der Durchbrechung des Grundkonzepts einer Organisation souveräner Staaten.

[25] *Nettesheim* in: Grabitz/Hilf/Nettesheim (Hrsg.), Das Recht der EU, Art. 1 AEUV, Rn. 55; *Wessels/Wolters*, Europäische Union in: Voigt, Handbuch Staat, S. 688; *Griller*, Ein Staat ohne Volk? Zur Zukunft der Europäischen Union, IEF Working Paper Nr. 21, S. 19, https://www.researchgate.net/publication/277231357_Ein_Staat_ohne_Volk_Zur_Zukunft_der_Europaischen_Union (zul. abg. am 15.03.2023).

[26] *Anweiler*, Die Auslegungsmethoden des Gerichtshofs der Europäischen Gemeinschaften, S. 66.

[27] Dieses Ziel wurde schon in den EWGV und nachfolgend in den EGV und EUV aufgenommen.

[28] […] durch diesen Zusammenschluß ihrer Wirtschaftskräfte Frieden und Freiheit zu wahren und zu festigen, und mit der Aufforderung an die anderen Völker Europas, die sich zu dem gleichen hohen Ziel bekennen, sich diesen Bestrebungen anzuschließen […].

[29] […] durch diesen Zusammenschluß ihrer Wirtschaftskräfte Frieden und Freiheit zu wahren und zu festigen, und mit der Aufforderung an die anderen Völker Europas, die sich zu dem gleichen hohen Ziel bekennen, sich diesen Bestrebungen anzuschließen […].

liert – das Ziel einer Fortentwicklung. Das Unionsrecht unterscheidet sich also insofern von anderen völkerrechtlichen Verträgen, als es keinen Rechtszustand konserviert, sondern auf eine laufende Fortentwicklung angelegt ist.[30]

(3) Berücksichtigung nachträglicher Staatenpraxis

Die Unionsrechtsordnung zeichnet sich also durch ihre Entwicklungsoffenheit für die Zukunft aus,[31] für die es kein historisches Vorbild gibt.[32] Deshalb kann es auch kein historisches Vorbild für die Auslegungsmethodik des Unionsrechts geben. Eine eigenständige Auslegungsmethodik ist notwendig,[33] um die Verwirklichung eines gemeinsamen Rechtsraums zu forcieren.[34] Erst durch die einheitliche Auslegung und Anwendung des Unionsrechts wird die Verwirklichung der Gemeinschaftsziele gewährleistet.[35]

Eine Betonung der mitgliedstaatlichen Souveränität wäre dagegen hinderlich für die Entwicklung des Unionsrechts. Eine völkerrechtliche Auslegungsmethodik, die den Mitgliedstaaten weitreichenden Einfluss ermöglicht, würde deshalb den vertraglich angelegten Integrationsprozess gefährden. Bezogen auf den völkerrechtlichen Auslegungsgrundsatz *in dubio mitius* darf die Souveränität der Mitgliedstaaten nicht in den Vordergrund gestellt werden, im Zweifelsfall müsste eher von der Gebundenheit der Mitgliedstaaten ausgegangen werden.[36] Der Fokus müsste somit auf die Wahrung der einheitlichen Rechtsordnung gelegt werden, der auch im nationalen Recht große Bedeutung zukommt.[37] Die Unterschiede zwischen den nationalen Auslegungsmethoden und der völkerrechtlichen Auslegungsmethode zeigen sich exemplarisch besonders deutlich bei einer nachträglichen Änderung des Willens der Vertragsparteien beziehungsweise Mitglied-

[30] *Buck*, Über die Auslegungsmethoden des Gerichtshofs der Europäischen Gemeinschaft, S. 63 f.

[31] *Schorkopf*, Staatsrecht der internationalen Beziehungen, § 1, Rn. 25.

[32] Kritisch mit Blick auf die strukturellen Parallelen der Union zu historischen Vorbildern: *Junge*, Imperium, S. 9 f.

[33] *Kühling/Lieth*, Dogmatik und Pragmatik als leitende Parameter der Rechtsgewinnung im Gemeinschaftsrecht, EuR 2003, 371 (384).

[34] *Roth*, Europäische Verfassung und europäische Methodenlehre, RabelsZ 2011, 787 (808 f.).

[35] *Vogenauer*, Eine gemeineuropäische Methodenlehre des Rechts – Plädoyer und Programm, ZEuP 2005, 234 (236).

[36] *Bernhardt*, Zur Auslegung des europäischen Gemeinschaftsrechts in: Grewe/Rupp/Schneider, Europäische Gerichtsbarkeit und nationale Verfassungsgerichtsbarkeit – Festschrift zum 70. Geburtstag von Hans Kutscher, S. 17 (19).

[37] *Bernhardt*, Zur Auslegung des europäischen Gemeinschaftsrechts in: Grewe/Rupp/Schneider, Europäische Gerichtsbarkeit und nationale Verfassungsgerichtsbarkeit – Festschrift zum 70. Geburtstag von Hans Kutscher, S. 17 (19).

staaten. Konkret betrifft dies die Berücksichtigung späterer Staatenpraxis in der Auslegung des Rechts:

Die Auslegungsmethode völkerrechtlicher Verträge ist allgemein in Art. 31–33 WVK geregelt. Danach wird der Schutz der Souveränität der Vertragsstaaten betont, und deshalb werden insbesondere der Wille sowie die spätere Praxis der Vertragsstaaten geschützt.[38] Art. 31 Abs. 3 lit. b WVK[39] sieht vor, dass die spätere Praxis der Staaten bei der Auslegung des Vertrags berücksichtigt werden kann.[40]

Der EuGH berücksichtigt die nachträgliche Praxis der Mitgliedstaaten grundsätzlich nicht. In der Rs. *Versorgungsagentur* entschied der EuGH, dass eine nachträgliche Staatenpraxis keine gemeinschaftsrechtlichen Vorschriften abbedingen könne, sondern eine ausdrückliche Vertragsänderung erforderlich sei, um der Gemeinschaft nachträglich Hoheitsbefugnisse zu entziehen.[41] Eine spätere Staatenpraxis, die im Widerspruch zum Unionsrecht steht, ist unionsrechtlich unzulässig.[42]

Dagegen überrascht die Haltung des EuGH in den Rs. *International Fruit Company*. Der Entscheidung lag u. a. die Frage zugrunde, ob und unter welchen Voraussetzungen die Gemeinschaften in die Rechte und Pflichten der Mitgliedstaaten aus dem GATT eingetreten seien. Mangels primärrechtlicher Vorschriften stellte der EuGH Voraussetzungen für diese Funktionsnachfolge der Gemeinschaft auf.[43] Bei der Prüfung dieser Voraussetzungen berücksichtigte der EuGH im Rahmen der Bindung der Union an das GATT die nachträgliche Staatenpraxis:[44]

„Die Gemeinschaft hat – schrittweise im Laufe der Übergangszeit und in vollem Umfang am Ende derselben (Artikel 111 und 113 des Vertrages) – die mit der Zoll- und Handelspolitik verbundenen Aufgaben übernommen. Bei der Übertragung dieser Befugnisse auf die Gemein-

---

38 *Roth*, Europäische Verfassung und europäische Methodenlehre, RabelsZ 2011, 787 (797).

39 Art. 31 Abs. 3 WVK: Außer dem Zusammenhang sind in gleicher Weise zu berücksichtigen[…] lit. b) jede spätere Übung bei der Anwendung des Vertrags, aus der die Übereinstimmung der Vertragsparteien über seine Auslegung hervorgeht; […].

40 Vertiefend: *Sorel/Boré Eveno* in: Corten/Klein (Hrsg.), The Vienna Conventions On The Law Of Treaties, Art. 31 Convention of 1969, S. 825 ff.; *Dörr* in: Dörr/Schmalenbach (Hrsg.), Vienna Convention On The Law Of Treaties, Art. 31, Rn. 76 ff.

41 EuGH, Rs. 7/71, Slg. 1971, ECLI:EU:C:1971:121, Rn. 18/20 – Versorgungsagentur; später bestätigt: EuGH, Rs. 43/75, ECLI:EU:C:1976:56, Rn. 56 ff. – Defrenne.

42 *Franzius* in: Pechstein/Nowak/Häde (Hrsg.), Frankfurter Kommentar EUV/GRC/AEUV, Art. 48 EUV, Rn. 24; *Herrnfeld* in: Schwarze/Becker/Hatje/Schoo, EU-Kommentar, Art. 48 EUV, Rn. 22; *Pechstein* in: Streinz (Hrsg.), EUV/AEUV, Art. 48 EUV, Rn. 14; *Ohler* in: Grabitz/Hilf/Nettesheim (Hrsg.), Das Recht der EU, Art. 48 EUV, Rn. 26.

43 *Pache/Bielitz*, Das Verhältnis der EG zu den völkerrechtlichen Verträgen ihrer Mitgliedstaaten, EuR 2006, 316 (322).

44 *Sorel/Boré Eveno* in: Corten/Klein (Hrsg.), The Vienna Conventions On The Law Of Treaties, Art. 31 Convention of 1969, S. 828.

schaft haben die Mitgliedstaaten ihren Willen erkennen lassen, die Gemeinschaft an die aufgrund des GATT eingegangenen Verpflichtungen zu binden."[45]

Hinsichtlich der nachträglichen Staatenpraxis lässt sich in der Rechtsauslegung des EuGH keine einheitliche Linie feststellen. Stattdessen wirkt es, als käme es dem EuGH eher auf das Ergebnis als auf die Auslegungskriterien selbst an. Der EuGH nutzte die Berücksichtigung späterer Staatenpraxis in seiner Auslegung, soweit diese der Verwirklichung der vertraglichen Ziele diente.[46]

(4) Zwischenergebnis: Spezifische Auslegungsmethodik des Unionsrechts

Die Auslegung des Unionsrechts unterscheidet sich grundlegend von der Auslegung völkerrechtlicher Verträge. Insbesondere anhand des Beispiels zur Berücksichtigung nachträglicher Staatenpraxis wird deutlich, dass die Verwirklichung eines Rechtsraums eine „zielorientierte" Auslegung erfordert. Aus diesem Grunde sind die Zuständigkeiten der Union nicht auf die vertraglich explizit eingeräumten Zuständigkeiten begrenzt, vielmehr ermöglichen die Verträge es dem EuGH, der Union ungeschriebene Zuständigkeiten zuzusprechen.[47]

cc) Auslegung von Art. 19 Abs. 1 S. 2 EUV

Durch Auslegung von Art. 19 Abs. 1 S. 2 EUV anhand unionsrechtlicher Methoden gilt es zu klären, ob dem EuGH in den Verträgen die Aufgabe zugeschrieben wird, eine Kollisionsregelung gegenüber anderen Rechtsordnungen verbindlich festzustellen.

(1) Wortlaut und terminologische Konsistenz

Gegen eine Befugnis des EuGH zur Formulierung einer Kollisionsregelung wird der konservierende Charakter des Begriffs der „Wahrung" angeführt. Dieser beziehe sich ausschließlich auf den Schutz des bestehenden Rechts, nicht dagegen auf die Schöpfung neuen Rechts.[48] Damit stellt sich die Frage nach der inhaltlichen Reichweite des Rechtsbegriffs. Aufgrund der sprachpolitischen Regelungen in der Union und der damit verbundenen terminologischen Komplexität kann der Wortlautauslegung im Unionsrecht nur eine nachrangige Bedeutung zukommen.[49] Da das Primärrecht in den 24 gleichwertigen Amtssprachen ver-

---

[45] EuGH, Rs. 21–24/72, ECLI:EU:C:1972:115, Rn. 14/18 – International Fruit Company.

[46] *Sorel/Boré Eveno* in: Corten/Klein (Hrsg.), The Vienna Conventions On The Law Of Treaties, Art. 31 Convention of 1969, S. 828.

[47] *Schroeder*, Das Gemeinschaftsrechtssystem, S. 140 ff.

[48] *Hillgruber*, Spielräume und Grenzen des EuGH in: Behrens/Eger/Schäfer (Hrsg.), Ökonomische Analyse des Europarechts, S. 7.

[49] *Pechstein/Kubicki* in: Pechstein/Nowak/Häde (Hrsg.), Frankfurter Kommentar EUV/

bindlich ist, müssten alle Sprachfassungen dieselbe inhaltliche Aussage aufweisen.[50] Weil eine deckungsgleiche Abfassung der Verträge in so vielen Sprachen zu ein und demselben Zeitpunkt aus pragmatischer Sicht aber unmöglich ist, müssen für die Wortlautauslegung unterschiedliche Sprachfassungen miteinander verglichen werden.[51] Dazu hat der EuGH die aus dem Völkerrecht stammende „wertende Rechtsvergleichung" entwickelt.[52]

Der Begriff des „Rechts" ist demnach nicht am Wortlaut einer Sprachfassung zu bemessen, vielmehr müssen die Wortbedeutungen in den unterschiedlichen Amtssprachen verglichen werden. Die fachterminologische Bedeutung ist in der englischen und der französischen Sprachfassung konsistent: Der englische Begriff „*law*" sowie der französische Begriff „*droit*" sind in ihrer Bedeutung jeweils von engl. „*treaties*" beziehungsweise franz. „*traités*" abzugrenzen. Aus der Formulierung der Bestimmung geht bereits hervor, dass sich die Wahrung des „Rechts" nicht zwingend auf die Wahrung der „Gesetze" beschränken muss.[53]

Die Rechtsprechungszuständigkeit des EuGH muss vielmehr über die Wahrung der Verträge hinausreichen. Weil der Begriff „Verträge" fachsprachlich bereits das geschriebene und ungeschriebene Unionsrecht beinhaltet, muss der Rechtsbegriff in seiner inhaltlichen Reichweite umfassender sein. Überzeugend wird unter diesem „Mehr an Zuständigkeit" verstanden, dass der EuGH zum Schließen von Rechtslücken[54] im Unionsrecht befugt sei[55] – der Rechtsbegriff sei also Ausdruck der umfassenden Zuständigkeit des EuGH.[56]

GRC/AEUV, Art. 19 EUV, Rn. 26; *Pache* in: Vedder/Heintschel von Heinegg (Hrsg.), Europäisches Unionsrecht, Art. 19 EUV, Rn. 17.

[50] *Dautzenberg* in: Haritz/Menner/Bilitewski (Hrsg.), UmwStG, C. Europarechtliche Grundlagen des Umwandlungssteuerrechts, Rn. 21.

[51] EuGH, Rs. C-283/81, ECLI:EU:C:1982:335, Rn. 18 – C.I.L.F.I.T.

[52] *Fehling*, Rechtsvergleichende Methode und europäisches Verwaltungsrecht, EuR-Beiheft 2016, 59 (62).

[53] *Calliess*, Grundlagen, Grenzen und Perspektiven europäischen Richterrechts, NJW 2005, 929 (930) versteht unter der Formulierung eine „klare Absage an einen rigorosen Gesetzespositivismus".

[54] Kritisch zum Begriff der Lückenfüllung siehe *Mayer* in: Grabitz/Hilf/Nettesheim (Hrsg.), Das Recht der EU, Art. 19 EUV, Rn. 31 mit Hinweis auf *Dumon*, Die Rechtsprechung des Gerichtshofes – Kritische Prüfung der Auslegungsmethoden in: Begegnung von Justiz und Hochschule, 1976, S. III/151, der diese Lückenfüllung als „Ergänzung der geschriebenen Norm, jedoch unter Anwendung anderer Regeln des Gemeinschaftsrechts" beschreibt.

[55] *Everling*, Richterliche Rechtsfortbildung in der Europäischen Gemeinschaft, JZ 2000, 217 (221).

[56] *Mayer* in: Grabitz/Hilf/Nettesheim (Hrsg.), Das Recht der EU, Art. 19 EUV, Rn. 23; *Säuberlich*, Staatliche Haftung unter europäischem Einfluss – Die Pflicht zur gemeinschaftsrechtskonformen Auslegung des Amtshaftungsanspruchs bei legislativem Unrecht, EuR 2004, 954 (957).

(2) Historische Auslegung

Ebenso bereitet die historische Auslegung der Verträge Schwierigkeiten. Eine historische Auslegung des Primärrechts ist kaum ergiebig, weil die Verhandlungsprotokolle zu den Gründungsverträgen der Union nicht veröffentlicht[57] wurden. Anknüpfend an die Vorgängerbestimmungen von Art. 19 Abs. 1 S. 2 EUV (Art. 164 EWGV, Art. 220 EGV) zeigt sich lediglich, dass der EuGH – ebenso wie zuvor der Gerichtshof der Europäischen Gemeinschaft für Kohle und Stahl (EGKS) – seine Zuständigkeit von Beginn an gegenüber völkerrechtlichen und mitgliedstaatlichen Gerichtsbarkeiten behaupten musste.[58] Um diese Aufgabe zum Schutz des Unionsrechts effektiv wahrnehmen zu können, verfügt er über umfassende Zuständigkeiten.[59] Diese wurden bereits im EWG-Vertrag v. 25. März 1957 in den Art. 164 ff. EWGV geregelt. Schon damals war der EuGH gemäß Art. 164 EWGV beauftragt, das Gemeinschaftsrecht bei der Auslegung und Anwendung des Vertrags zu wahren.[60] Diese Aufgabe umfasste sowohl die Rechtskontrolle als auch die Rechtsgestaltung.[61] Durch die geringe Wortlautbedeutung und den Ausfall der historischen Auslegungsmöglichkeiten des Primärrechts reduzieren sich die Ansatzpunkte für die Auslegung erheblich und führen zu einer gesteigerten Bedeutung der systematischen und teleologischen Auslegung.[62]

(3) Systematik und Telos

Das Unionsrecht besteht schwerpunktmäßig aus Zielsetzungen, um die vertraglich verankerten Werte zu verwirklichen.[63] Aufgrund der Stellung, die der EuGH

---

57 *Pechstein/Drechsler*, Die Auslegung und Fortbildung des Primärrechts in: Riesenhuber, Europäische Methodenlehre, S. 125 (172); *Borchardt* in: Schulze/Janssen/Kadelbach (Hrsg.), Europarecht, § 15, Rn. 41.

58 *Schlochauer*, Die Gerichtsbarkeit der Europäischen Gemeinschaft für Kohle und Stahl, AdVR 1952, 385 (395).

59 *Hirsch*, Europäischer Gerichtshof und Bundesverfassungsgericht – Kooperation oder Konfrontation?, NJW 1996, 2457 (2465); *Everling*, Richterliche Rechtsfortbildung in der Europäischen Gemeinschaft, JZ 2000, 217 (221); *Wolf-Niedermaier*, Der Europäische Gerichtshof zwischen Recht und Politik, S. 41.

60 Art. 164 EWGV.

61 *Mühlenhöver* in: von der Groeben/von Boeckh/Thiesing (Hrsg.), Kommentar zum EWG-Vertrag, Band 2 Art. 137–248 EWGV, Art. 164 EWGV, S. 103.

62 *Borchardt* in: Schulze/Janssen/Kadelbach (Hrsg.), Europarecht, § 15, Rn. 45; *Wegener* in: Calliess/Ruffert (Hrsg.), EUV/AEUV, Art. 19 EUV, Rn. 31 f.; aA: *Dederichs*, Die Methodik des Gerichtshofs der Europäischen Gemeinschaften, EuR 2004, 345 (354, 357), die aus einer quantitativen Analyse von EuGH-Entscheidungen zu dem Schluss kommt, die systematische und teleologische Auslegung würden überschätzt.

63 *Mayer* in: Grabitz/Hilf/Nettesheim (Hrsg.), Das Recht der EU, Art. 19 EUV, Rn. 42.

unionsrechtlich innehat, ist dieser umfassend zur Auslegung und Entwicklung des Unionsrechts legitimiert.[64] Dabei nimmt der EuGH als Höchstgericht die Aufgabe wahr, die Zuständigkeiten sowohl der Mitgliedstaaten als auch der Union zu präzisieren[65] sowie die Vertragsbefolgung durch die Mitgliedstaaten zu prüfen.[66] Der EuGH ist somit von zentraler Bedeutung für die Wahrung und Präzisierung der Unionsrechtsordnung. Die Unionsrechtsordnung ist dabei stärker auf eine Ausgestaltung durch den EuGH angewiesen, als die Mitgliedstaaten durch ihre jeweiligen Höchstgerichte.[67] Systematische Erwägungen deuten somit auf eine weitreichende Befugnis des EuGH hin, die sogar die Festlegung einer Kollisionsregelung beinhalten könnte.

Gegen eine primärrechtliche Befugnis des EuGH zur Rechtsentwicklung spricht die Auffassung, dass das Unionsrecht bereits durch Art. 352 AEUV Rechtslücken anerkenne und durch ein ausdrücklich geregeltes Verfahren einen Lückenschluss durch den EuGH ausschließen wolle.[68] Darüber hinaus bestimme Art. 13 Abs. 2 S. 1 EUV[69], dass die Unionsorgane in der Wahrnehmung ihrer Befugnisse auf die festgelegten Verfahren unter Berücksichtigung der Bedingungen und Ziele beschränkt seien.[70] Diese einseitige Sicht auf die Funktion von Art. 13 Abs. 2 S. 1 EUV kann aber nicht überzeugen. Der Artikel beinhaltet das Gebot eines vertragsgemäßen Handelns durch die Organe.[71] Dieses ist als Pendant zum Prinzip der begrenzten Einzelermächtigung aus Art. 5 EUV zu lesen, insoweit es nicht die Verbands-, sondern die Organkompetenz behandelt.[72] Das Prinzip der begrenzten Einzelermächtigung bestimmt, dass die Union nur solche Zuständigkeiten besitzt, die ihr übertragen wurden.[73] Das berührt aber nicht die ungeschriebenen Kompetenzen, die ihr konkludent mitverliehen wurden (sog.

---

[64] *Borchardt* in: Schulze/Janssen/Kadelbach (Hrsg.), Europarecht, § 15, Rn. 19.

[65] *Wolf-Niedermaier*, Der Europäische Gerichtshof zwischen Recht und Politik, S. 42.

[66] *Geiger* in: Geiger/Khan/Kotzur (Hrsg.), EUV/AEUV, Art. 19 EUV, Rn. 22.

[67] *Höreth*, Hemmungslos, aber ungefährlich?: Der Gerichtshof der Europäischen Union als Verfassungsgericht im System der EU-Gewaltenteilung, Zeitschrift für Politik, 2013, 48 (48 f.).

[68] *Hillgruber*, Spielräume und Grenzen des EuGH in: Behrens/Eger/Schäfer (Hrsg.), Ökonomische Analyse des Europarechts, S. 9 f.

[69] Art. 13 Abs. 2 S. 1 EUV: „(2) Jedes Organ handelt nach Maßgabe der ihm in den Verträgen zugewiesenen Befugnisse nach den Verfahren, Bedingungen und Zielen, die in den Verträgen festgelegt sind".

[70] *Hillgruber*, Spielräume und Grenzen des EuGH in: Behrens/Eger/Schäfer (Hrsg.), Ökonomische Analyse des Europarechts, S. 9.

[71] *Epping* in: Vedder/Heintschel von Heinegg (Hrsg.), Europäisches Unionsrecht, Rn. 8.

[72] *Calliess* in: Calliess/Ruffert (Hrsg.), EUV/AEUV, Art. 13 EUV, Rn. 20; *Hatje* in: Schwarze/Becker/Hatje/Schoo (Hrsg.), EU-Kommentar, Art. 13 EUV, Rn. 29; *Streinz* in: Streinz (Hrsg.), EUV/AEUV, Art. 13 EUV, Rn. 28; *Epping* in: Vedder/Heintschel von Heinegg (Hrsg.), Europäisches Unionsrecht, Rn. 8.

[73] *Calliess* in: Calliess/Ruffert (Hrsg.), EUV/AEUV, Art. 5 EUV, Rn. 7.

implied powers).[74] Aus dem Primärrecht lässt sich deshalb nicht schlussfolgern, dass eine Rechtsentwicklung durch den EuGH grundsätzlich ausgeschlossen ist.

In der Rs. *C.I.L.F.I.T.* formulierte der EuGH, jede Vorschrift des Gemeinschaftsrechts sei „in ihrem Zusammenhang zu sehen und im Lichte des gesamten Gemeinschaftsrechts“ auszulegen.[75] Daher müssten sich die Vorschriften der Gemeinschaftsverträge geänderten Verhältnissen anpassen können und seien deshalb in den Verträgen dynamisch ausgestaltet worden.[76] Allerdings lässt der EuGH die systematische Auslegung zurücktreten, wenn Grundsätze des Unionsrechts zu einem anderen Auslegungsergebnis führen.[77]

Zu diesen Grundsätzen zählt auch die Berücksichtigung der nützlichen Wirkung (*effet utile*) innerhalb der teleologischen Auslegung.[78] Dieser Grundsatz besagt, dass eine Vorschrift im Sinne einer größtmöglichen Wirkung auszulegen ist.[79] Das Erfordernis einer solchen zielorientierten Auslegung wird durch die Ausrichtung der Union unterstrichen: Da die Gemeinschaftsrechtsordnung der Verwirklichung eines gemeinsamen Binnenmarktes und einer Rechtsgemeinschaft dient, müssen die Vertragsziele innerhalb der Auslegung besondere Berücksichtigung finden.[80] Es besteht allerdings die Schwierigkeit, dass die Zielbestimmungen und Grundwerte im Primärrecht recht unbestimmt formuliert sind.[81] Insbesondere der Grundsatz der begrenzten Einzelermächtigung sei nicht hinreichend ein- bzw. abgegrenzt, weil bereits die ausdrücklichen Rechtsetzungskompetenzen häufig allgemein politische Ziele forcierten und somit einen weiten Interpretationsspielraum eröffneten.[82] Da sich eine allgemeingültige Grenze der

---

74 Die ungeschriebenen Kompetenzen der Union werden nicht durch das Prinzip der begrenzten Einzelermächtigung berührt, *Läufer*, Die Organe der EG – Rechtsetzung und Haushaltsverfahren zwischen Kooperation und Konflikt, S. 218; *Streinz* in: Streinz (Hrsg.), EUV/AEUV, Art. 5 EUV, Rn. 13.

75 EuGH, Rs. C-283/81, ECLI:EU:C:1982:335, Rn. 20 – C.I.L.F.I.T.

76 *Everling*, Richterliche Rechtsfortbildung in der Europäischen Gemeinschaft, JZ 2000, 217 (226).

77 *Pechstein/Drechsler*, Die Auslegung und Fortbildung des Primärrechts in: Riesenhuber (Hrsg.), Europäische Methodenlehre, S. 170.

78 *Mayer* in: Grabitz/Hilf/Nettesheim (Hrsg.), Das Recht der EU, Art. 19 EUV, Rn. 57 beschreibt effet utile als mit der teleologischen Auslegung „verwandt“.

79 EuGH, Rs. 9/70, ECLI:EU:C:1970:78, Rn. 5 – Leberpfennig; Rs. 6/90 und 9/90, ECLI:EU:C:1991:428, Rn. 32 – Francovich/Italien.

80 *Bleckmann*, Zu den Auslegungsmethoden des Europäischen Gerichtshofs, NJW 1982, 1177 (1181).

81 *von Danwitz*, Verwaltungsrechtliches System und Europäische Integration, S. 133.

82 *Wolf-Niedermaier*, Der Europäische Gerichtshof zwischen Recht und Politik, S. 43; anderer Auffassung ist *Grosche*, Rechtsfortbildung im Unionsrecht, S. 110, der die Bestimmung von Rechtslücken im Unionsrecht als besonders schwierig einschätzt, weil solche wegen des Prinzips der begrenzten Einzelermächtigung nicht in unionaler Kompetenz lägen. Siehe zum

von den Zuständigkeiten umfassten Auslegung nicht festlegen lässt, sollten im Einzelfall die Aufgaben und Funktionen des EuGH im Unionsrecht herangezogen werden.[83] Wegen seiner Aufgabe, der Wahrung des Rechts, müsste somit die Sicherung der Funktionsfähigkeit des Unionsrechts entscheidend sein.[84] Die Formulierung einer Kollisionsregelung ist als Voraussetzung für die einheitliche Verwirklichung der Rechtsordnung notwendig und deshalb für die Funktionsfähigkeit des Unionsrechts unabdingbar. Im Ergebnis muss die Aufgabe des EuGH aus Art. 19 Abs. 1 S. 2 EUV auch die Befugnis umfassen, fehlende ausdrückliche Regelungen für den Kollisionsfall durch Rechtsprechung festzulegen.[85]

b) Pflicht des EuGH zur Feststellung des unionsrechtlichen Vorrangs?

Im Anschluss an die Frage, ob der EuGH überhaupt zur Feststellung einer Kollisionsregelung befugt war, soll weitergehend untersucht werden, ob die Formulierung des Autonomieanspruchs durch den EuGH in dessen freien Ermessen lag oder sein Ermessen auf die Feststellung eines unionsrechtlichen Vorrangs beschränkt war. Für ein „auf Null reduziertes" Ermessen innerhalb der Rechtsfindung spräche die Aufgabe des EuGH, das Unionsrecht mit seiner Dynamik zur Rechtsentwicklung zu sichern.[86] Schließlich zähle es zu seinen Aufgaben, das Recht zu wahren[87] und einen Beitrag für die Funktionsfähigkeit der Union zu leisten.[88] Allerdings wird ein Grenzbereich betroffen, wenn daraus geschlussfolgert wird, der EuGH müsse stets im Sinne einer Stärkung der Union entscheiden.[89]

Rechtsfindung betrifft Rechtsbereiche jenseits klarer Regelungen. Häufig bedarf es einer ausgleichenden Entscheidung zwischen unterschiedlichen unionsrechtlichen Vorschriften. Im Hinblick auf die Feststellung von Kollisionsvorschriften gegenüber dem mitgliedstaatlichen Recht zählen beispielsweise das Prinzip der begrenzten Einzelermächtigung aus Art. 5 EUV sowie die Achtung

Streit, ob das gegenseitige Vertrauen als Grundsatz oder Prinzip ausgestaltet wurde *Schroeder*, Das Gemeinschaftsrechtssystem, S. 141 f.

83 *Peters*, Elemente einer Theorie der Verfassung Europas, S. 414 f.

84 *Hobe/Fremuth*, Europarecht, § 10, Rn. 54.

85 *Anweiler*, Die Auslegungsmethoden des Gerichtshofs der Europäischen Gemeinschaften, S. 73.

86 *Groh*, Die Auslegungsbefugnis des EuGH im Vorabentscheidungsverfahren, S. 151.

87 *Lochmann*, Taricco I – ein Ultra-vires-Akt? Zur Rechtsfortbildung durch den EuGH, EuR 2019, 61 (75).

88 *Nicolaysen*, Der Gerichtshof – Funktion und Bewährung der Judikative, EuR 1972, 375 (379).

89 *Mancini/Keeling*, Democracy and the European Court of Justice, Mod. Law Rev. 1994, 175 (186); mit Beispielen aus der EuGH-Rechtsprechung siehe *Peters*, Elemente einer Theorie der Verfassung Europas, S. 416 f.

der nationalen Identität aus Art. 4 Abs. 2 EUV dazu. Eine gebundene Entscheidung im Sinne der Sicherung der Funktionsfähigkeit der Union würde deshalb der Wahrung des Rechts zuwiderlaufen, weil es die Vorschriften zur Wahrung der mitgliedstaatlichen Hoheitsbefugnisse im Bereich der Rechtsfindung teilweise derogieren müsste.

Dieses Verständnis bestätigt sich im Hinblick auf die anderen Unionsorgane. Die Kommission ist durch Art. 17 Abs. 1 S. 3 EUV mit der Aufgabe betraut, die einheitliche Beachtung und Durchsetzung des Unionsrechts zu überwachen.[90] Dazu versteht sie sich auf der Grundlage des Vertragsverletzungsverfahrens aus Art. 258 AEUV als „Hüterin der Verträge".[91] Schon der Wortlaut von Art. 258 AEUV spricht der Kommission die Freiheit zu, darüber zu entscheiden, ob sie ein Vertragsverletzungsverfahren einleiten möchte oder nicht.[92] Wenn aber schon die Einleitung eines Vertragsverletzungsverfahrens durch die Kommission in ihrem freien Ermessen liegt, dann kann die Unionsrechtsordnung nicht auf eine kompromisslose Durchsetzung unionsrechtlicher Verpflichtungen ausgerichtet sein. Der EuGH muss deshalb nicht zwingend im Sinne einer Stärkung der Union entscheiden. Im Spannungsverhältnis des Primärrechts muss der EuGH seine Integrationsfunktion[93] und die Wahrnehmung seiner Funktion als Schiedsrichter[94] zwischen den Mitgliedstaaten und der Union zur Einheit führen.

c) Zuständigkeit des EuGH in den Grenzen des Unionsrechts

Art. 19 Abs. 1 S. 2 EUV räumt dem EuGH das Recht ein, fehlende ausdrückliche Regelungen der Unionsrechtsordnung durch Rechtsprechung festzulegen. Seine Zuständigkeit beinhaltet daher auch, durch die Formulierung der Autonomie unionsrechtlich verbindlich über das Verhältnis der Unionsrechtsordnung gegen-

---

[90] *Cremer* in: Calliess/Ruffert (Hrsg.), EUV/AEUV, Art. 258 AEUV, Rn. 2.

[91] *Pechstein* in: Pechstein/Nowak/Häde (Hrsg.), Frankfurter Kommentar EUV/GRC/AEUV, Art. 258 AEUV, Rn. 1.

[92] Deutscher Wortlaut: „Kommt der Staat dieser Stellungnahme innerhalb der von der Kommission gesetzten Frist nicht nach, so *kann* die Kommission den Gerichtshof der Europäischen Union anrufen."; englischer Wortlaut: „If the State concerned does not comply with the opinion within the period laid down by the Commission, the latter *may* bring the matter before the Court of Justice of the European Union."; französischer Wortlaut: „Si l'État en cause ne se conforme pas à cet avis dans le délai déterminé par la Commission, celle-ci *peut* saisir la Cour de justice de l'Union européenne.".

[93] *Hallstein* beschrieb den EuGH als „Integrationsfaktor erster Ordnung", *Hallstein*, Die echten Probleme der europäischen Integration, Rede gehalten am Institut für Weltwirtschaft an der Universität Kiel (19. Februar 1965), in: Oppermann (Hrsg.), Hallstein – Europäische Reden, S. 523 (529).

[94] *Schwarze*, Die Abwägung von Zielen der europäischen Integration und mitgliedstaatlichen Interessen in der Rechtsprechung des EuGH, EuR 2013, 253 (254).

über fremden Rechtsordnungen zu entscheiden. Diese Auslegung von Art. 19 Abs. 1 S. 2 EUV deckt sich mit dem Selbstverständnis des EuGH, als höchstes Gericht der Rechtsgemeinschaft eine umfassende Rechtsgarantie zu gewährleisten. Dennoch kann sich der Autonomieanspruch nur in der durch den EuGH proklamierten Reichweite durchsetzen, wenn entweder ein solcher Vorrang von den mitgliedstaatlichen Ratifikationsakten umfasst wäre oder dem Unionsrecht ein originärer Geltungsgrund zukäme, der nicht von den mitgliedstaatlichen Ratifikationsakten abhinge.

2. Erklärung Nr. 17 zum Vertrag von Lissabon

Auf den ersten Blick könnte man annehmen, dass die Mitgliedstaaten durch die Erklärung Nr. 17 zum Vertrag von Lissabon[95], welche über das Gutachten des Juristischen Dienstes des Rats auf die *Costa/E.N.E.L.*-Rechtsprechung des EuGH verweist, den durch den EuGH beanspruchten Vorrang des Unionsrechts im innerstaatlichen Recht anerkannt haben.

Bis heute ist der Vorrang des Unionsrechts gegenüber dem nationalen Recht nicht explizit geregelt. Der frühere Versuch, den Vorrang des Unionsrechts ausdrücklich festzuschreiben, ist mit dem Entwurf eines Europäischen Verfassungsvertrags gescheitert.[96] Dennoch wurde in den Erklärungen zur Schlussakte der Regierungskonferenz eine Regelung über den Vorrang von Unionsrecht getroffen:

> „Die Konferenz weist darauf hin, dass die Verträge und das von der Union auf der Grundlage der Verträge gesetzte Recht im Einklang mit der ständigen Rechtsprechung des Gerichtshofs der Europäischen Union unter den in dieser Rechtsprechung festgelegten Bedingungen Vorrang vor dem Recht der Mitgliedstaaten haben.“[97]

Zunächst muss die rechtliche Bedeutung der Erklärung untersucht werden. Art. 51 EUV bestimmt, dass auch die Protokolle und Anhänge der Verträge Bestandteil der Verträge sind. Es besteht jedoch weitgehend[98] Einigkeit darüber, dass Schlusserklärungen dem Anwendungsbereich von Art. 51 EUV nicht unterfallen und ihnen keine verbindliche Rechtswirkung zukommt.[99] Es fehlt mithin an einer primärrechtlichen Regelung des Vorrangs von Unionsrecht. Die fehlen-

---

[95] ABl. 2008, C 115/344, Erklärung Nr. 17 zur Schlussakte der Regierungskonferenz unter Beifügung des Gutachtens des Juristischen Dienstes, Dok.Nr. 11197/07.

[96] *Streinz* in: Streinz (Hrsg.), EUV/AEUV, Art. 4 EUV, Rn. 35.

[97] ABl. 2008, C 115/344, Erklärung Nr. 17 zur Schlussakte der Regierungskonferenz unter Beifügung des Gutachtens des Juristischen Dienstes, Dok.Nr. 11197/07.

[98] aA: *Ehlers* in: Schulze/Janssen/Kadelbach (Hrsg.), Europarecht, § 11, Rn. 17.

[99] *Becker* in: Schwarze/Becker/Hatje/Schoo (Hrsg.), EU-Kommentar, Art. 31 EUV, Rn. 9 f.; *Schmalenbach* in: Calliess/Ruffert (Hrsg.), EUV/AEUV, Art. 51 EUV, Rn. 6; *Kahl* in: Kahl/Ludwigs, Handbuch des Verwaltungsrechts Band 2, § 37, Rn. 18.

de Regelung über den Vorrang ändert indes nicht die bestehende Rechtslage.[100] Die Erklärung bringt vielmehr den Willen der Mitgliedstaaten zum Ausdruck, am Vorrang des Unionsrechts auch ohne eine explizite Regelung in den Verträgen festzuhalten.[101] Die Grundlage für den Vorrang bildet weiterhin die Autonomie-Rechtsprechung des EuGH.[102] Deshalb sollte das Fehlen einer expliziten Vorrangregelung nicht überbewertet werden.[103]

Zum selben Ergebnis gelangt auch das BVerfG, das die Erklärung Nr. 17 als lediglich deklaratorisch einordnet.[104] Es ist der Ansicht, dass wegen der Geltungsbegründung des Unionsrechts in Ableitung zum Recht der Mitgliedstaaten unerheblich sei, ob der Vorrang des Unionsrechts in den Verträgen selbst oder der Erklärung Nr. 17 vorgesehen ist.[105] Für die Einordnung der Erklärung Nr. 17 ist es deshalb ohne Bedeutung, ob man ihr eine verbindliche Rechtswirkung zuerkennt. Jedenfalls kann aus ihr eine Autonomie des Unionsrechts nicht hergeleitet werden.

Die mitgliedstaatlichen Gesetzgeber waren bei dem nationalen Ratifikationsakt ihrerseits an das nationale Recht gebunden. Dem nationalen Integrationsgesetzgeber stand es – je nach Ausgestaltung des innerstaatlichen Rechts – gar nicht zu, eine Verpflichtung einzugehen, die im Rang über nationalem Verfassungsrecht steht. Die Erklärung Nr. 17 zum Vorrang des Unionsrechts kann also nicht als wirksame Anerkennung durch die Mitgliedstaaten gewertet werden, weil nach den mitgliedstaatlichen Rechtsordnungen[106] lediglich der nationale Verfassungsgeber zu einer solchen Entscheidung befugt gewesen wäre.[107]

Der Ableitungszusammenhang zwischen Unionsrecht und nationalem Recht wird also nicht durch eine vorbehaltlose Anerkennung des Vorrangs von Unionsrecht durchbrochen. Der beanspruchte Vorrang bleibt ein völkerrechtlich übertragenes, derivatives Institut.[108] Der Zweck der Erklärung Nr. 17 bleibt deshalb unklar.[109] Vermutlich soll sie lediglich deklaratorisch den Vorrang des Unions-

---

[100] *Streinz* in: Streinz (Hrsg.), EUV/AEUV, Art. 4 EUV, Rn. 35.

[101] *Vedder* in: Vedder/Heintschel von Heinegg (Hrsg.), Europäisches Unionsrecht, Art. 288 AEUV, Rn. 64.

[102] *Streinz/Ohler/Herrmann*, Der Vertrag von Lissabon zur Reform der EU, § 10 VI; *Skouris*, Der Vorrang des Unionsrechts und die Ultra Vires-Theorie, AnwBl-Online 2021, 147 (147).

[103] *Ellerbrok/Pracht*, Das Bundesverfassungsgericht als Taktgeber im horizontalen Verfassungsgerichtsverbund, EuR 2021, 188 (189 f.).

[104] BVerfGE 123, 267 (396) – Lissabon.

[105] BVerfGE 123, 267 (402) – Lissabon.

[106] Zur Höherrangigkeit der mitgliedstaatlichen Nationalverfassungen aus Sicht mitgliedstaatlicher Gerichte siehe S. 6 ff.

[107] *Schilling*, Verhältnis zwischen Völkerrecht, Gemeinschaftsrecht und staatlichem Recht in: Griller/Rill, Rechtstheorie, S. 153 (175 f.).

[108] *Ehlers* in: Schulze/Janssen/Kadelbach (Hrsg.), Europarecht, § 11, Rn. 27.

[109] *Mayer* in: Grabitz/Hilf/Nettesheim (Hrsg.), Das Recht der EU, Art. 19 EUV, Rn. 37.

rechts unterstreichen, den der EuGH vor dem Vertrag von Lissabon etabliert hat.[110] Aus Sicht des EuGH, der den Ursprung des unionsrechtlichen Vorrangs in der autonomen Rechtsquelle verortet, dürfte der Bedeutungsgehalt der Erklärung Nr. 17 ohnehin auf eine lediglich deklaratorische Wirkung beschränkt sein. Dies hat sich bis Ende 2021 in seinen Entscheidungen manifestiert, bei denen er sich noch nie auf die Erklärung Nr. 17 gestützt hatte.

Umso stärker verwundert die Begründung des Vorrangs von Unionsrecht durch den EuGH in der Rs. *Euro Box Promotion*.[111] Zunächst bekräftigt der EuGH seine ständige Rechtsprechung und verweist darauf, dass durch den EWG-Vertrag eine neue, eigene Rechtsordnung geschaffen worden sei.[112] Anschließend bricht der EuGH jedoch mit seiner bisherigen Rechtsprechung und zieht erstmals die spätere mitgliedstaatliche Praxis zur Begründung des Vorrangs von Unionsrecht heran. Konkret seien die wesentlichen Merkmale der Unionsrechtsordnung durch die vorbehaltlose Ratifizierung der Verträge zur Änderung des EWG-Vertrags und des Vertrags von Lissabon durch die Mitgliedstaaten „bestätigt" worden.[113] Dabei ordnet er der Erklärung Nr. 17 eine zentrale Bedeutung zu:

> „Bei der Annahme dieses Vertrags hat die Konferenz der Vertreter der Regierungen der Mitgliedstaaten nämlich in ihrer Erklärung Nr. 17 zum Vorrang, die der Schlussakte der Regierungskonferenz, die den Vertrag von Lissabon angenommen hat, beigefügt ist (ABl. 2012, C 326, S. 346), ausdrücklich darauf hingewiesen, dass die Verträge und das von der Union auf der Grundlage der Verträge gesetzte Recht im Einklang mit der ständigen Rechtsprechung des Gerichtshofs unter den in dieser Rechtsprechung festgelegten Bedingungen Vorrang vor dem Recht der Mitgliedstaaten haben."[114]

Die Begründung des EuGH zum Vorrang des Unionsrechts ist insoweit widersprüchlich, als sie gleichzeitig auf die Existenz einer autonomen Rechtsquelle als auch auf eine spätere Erklärung der Mitgliedstaaten gestützt wird. Wenn der EuGH den Vorrang des Unionsrechts von der Ratifikation der Verträge durch die Mitgliedstaaten abhängig macht, kann es keinen absoluten Vorrang des Unionsrechts gegenüber dem mitgliedstaatlichen Recht geben. Durch Rückgriff auf die Erklärung Nr. 17 stellt der EuGH in seiner Argumentation den Vorrang des Unionsrechts zur Disposition der Mitgliedstaaten und erkennt einen Ableitungszusammenhang zwischen Unionsrecht und nationalem Recht an. Auf diesem Weg

---

[110] *Voßkuhle*, Der europäische Verfassungsgerichtsverbund, NVwZ 2010, 1 (5); *Mayer* in: Grabitz/Hilf/Nettesheim (Hrsg.), Das Recht der EU, Art. 19 EUV, Rn. 37.

[111] EuGH, Rs. C-357/19, ECLI:EU:C:2021:1034 – Euro Box Promotion; zu den Vorlagefragen siehe: S. 12.

[112] EuGH, Rs. C-357/19, ECLI:EU:C:2021:1034, Rn. 254 f. – Euro Box Promotion; zur autonomen Rechtsquelle des Unionsrechts siehe S. 5; 26.

[113] EuGH, Rs. C-357/19, ECLI:EU:C:2021:1034, Rn. 248 – Euro Box Promotion.

[114] EuGH, Rs. C-357/19, ECLI:EU:C:2021:1034, Rn. 248 – Euro Box Promotion.

konterkariert der EuGH seine eigene Begründung über das Bestehen einer autonomen Rechtsquelle.

3. Naturrecht

Da die Reichweite der mitgliedstaatlichen Ratifikationsakte den nationalen Verfassungen unterliegt, sind mögliche Geltungsbegründungen außerhalb der völkerrechtlichen Gründungsverträge der Union zu suchen. Das Naturrecht folgt im Gegensatz zum Rechtspositivismus der Prämisse, dass Recht und Moral untrennbar miteinander verbunden sind.[115] Es umfasst Regeln, die sich aus der Natur des Menschen ableiten lassen.[116] Diese Normen bestehen deshalb unabhängig von der Rechtsetzung souveräner Gewalt.[117] Die Existenz der durch den EuGH nicht hergeleiteten „autonomen Rechtsquelle" könnte sich insoweit als naturrechtlicher Impuls erweisen, als die „Rechtsquelle" ohne eine Festschreibung durch den Menschen als überpositives Recht Geltung beansprucht. Eine solche naturrechtliche Herleitung widerspräche jedoch dem Kern moderner Demokratien.[118] Diese basieren auf der Idee der Volkssouveränität und sehen deshalb die Selbstregierung durch eine eigene Rechtsetzung vor.[119]

Spricht man überpositiven Einflüssen eine originäre, verselbstständigte Geltung zu, zerfällt die bestehende Rechtsordnung in zwei Verfassungsteile: in naturrechtliche und in positivrechtliche Verfassungsnormen.[120] Eine solche Aufspaltung gefährdet aber die positivrechtliche Verfassungsentwicklung, die durch überpositive Wertungen überlagert werden könnte.[121] Es stellt sich mithin die Frage, wie Rechtseinheit und -sicherheit als Errungenschaften des positiven Rechts[122] mit dem – durch die Bindung an die Moral vermittelten – Schutz vor Unrecht durch das Naturrecht in Einklang gebracht werden können. In Ansehung des nationalsozialistischen Unrechts formulierte der frühere Rechtspositivist *Gustav Radbruch* die *Radbruchsche Formel*:

---

115 *Alexy/Fisahn/Hähnchen/Mushoff/Trepte*, Das Rechtslexikon, Naturrecht.

116 *Werner* in: Creifelds, Rechtswörterbuch, Naturrecht, S. 1163.

117 *Preuß*, Formales und materiales Recht in Franz Neumanns Rechtstheorie in: Iser/Strecker (Hrsg.), Kritische Theorie der Politik, S. 95 (98).

118 *Sheplyakova*, Das Recht der Klage aus demokratietheoretischer Perspektive, DZPhil 2016, 45 (48).

119 *Sheplyakova*, Das Recht der Klage aus demokratietheoretischer Perspektive, DZPhil 2016, 45 (48).

120 *Häberle*, Verfassungstheorie ohne Naturrecht, AöR 1974, 437 (441).

121 *Häberle*, Verfassungstheorie ohne Naturrecht, AöR 1974, 437 (442).

122 Unter Zugrundelegung eines krassen Rechtspositivismus formulierte *Radbruch*, Rechtsphilosphie, S. 178: „Auch wenn er [der Richter], weil das Gesetz es so will, aufhört, Diener der Gerechtigkeit zu sein, bleibt er noch immer Diener der Rechtssicherheit".

„Der Konflikt zwischen der Gerechtigkeit und der Rechtssicherheit dürfte dahin zu lösen sein, dass das positive, durch Satzung und Macht gesicherte Recht auch dann den Vorrang hat, wenn es inhaltlich ungerecht und unzweckmäßig ist, es sei denn, dass der Widerspruch des positiven Rechts zur Gerechtigkeit ein so unerträgliches Maß erreicht, dass das Gesetz als „unrichtiges Recht" der Gerechtigkeit zu weichen hat."[123]

Die *Radbruchsche Formel* erweist sich als überzeugender Kompromiss zwischen Naturrecht und Rechtspositivismus: Die Einheitlichkeit der Rechtsordnung kann nur gewährleistet werden, wenn überpositive Normen erst durch eine Festschreibung im Verfassungsrecht ihre innerstaatliche Geltung entfalten. Es bedarf deshalb eines formellen Rechtsetzungsakts, damit naturrechtliche Rechtssätze innerstaatliche Geltung erhalten.[124] Beispielhaft für die mitgliedstaatlichen Gerichte folgt das deutsche Bundesverfassungsgericht weitgehend dem durch *Gustav Radbruch* vorgeschlagenen Kompromiss. Es berücksichtigt im Rahmen einer verfassungsrechtlichen Prüfung aufgrund der Vielfalt der Naturrechtslehren grundsätzlich keine überpositiven Normen[125] und beschränkt die Unwirksamkeit des positiven Rechts auf qualifizierte Ausnahmefälle.[126] Da naturrechtlichen Einflüssen also grundsätzlich keine unmittelbare Geltung in der positivrechtlichen Rechtsordnung zukommt, lässt sich die Kernfrage bezüglich der Stellung des Unionsrechts gegenüber dem mitgliedstaatlichen Recht und dem Völkerrecht nicht naturrechtlich klären.

4. Gesamtakttheorie nach Hans-Peter Ipsen

Die Gesamtakttheorie entstammt dem deutschen nationalen Verfassungsrecht und dient – ausgehend von dem Gedanken einer Übertragung von Hoheitsbefugnissen auf der Grundlage völkerrechtlicher Verträge – der Überwindung der Grenzen höherrangigen Verfassungsrechts.

Der zentrale Punkt ist die Einordnung der nationalen Zustimmungsgesetze, welche nur als Voraussetzung im Sinne einer rechtlichen Bedingung, nicht aber als die Geltungsgrundlage des Unionsrechts innerhalb des nationalen Rechts angesehen werden. Demnach bemisst sich die Gründungsgrundlage nach den Anforderungen des nationalen Rechts, die Geltungsgrundlage dagegen nicht: Laut *Hans-Peter Ipsens* Gesamtakttheorie ergibt sich der eigenständige Geltungsgrund dadurch, dass als Geltungsgrundlage des Gemeinschaftsrechts nicht das nationale Zustimmungsgesetz, sondern der nationale Anteil am Gesamtakt der

---

123 *Radbruch*, Rechtsphilosophie, S. 345.

124 *Oliver*, Rechtsverständnis im Wandel, NJW 1989, 3187 (3188).

125 BVerfGE 10, 59 (81) – Elterliche Gewalt.

126 *Graßhof* in: Graßhof, Nachschlagewerk der Rechtsprechung des BVerfG, Einleitung GG, Nr. 123 mit Hinweisen auf BVerfGE 6, 132 (199); 6, 389 (414 f.).

Gemeinschaftsrechtsordnung[127] herangezogen werden müsse. Die nationale Verfassungsvorschrift diene demnach lediglich als „Integrationshebel"[128] für das nationale Zustimmungsgesetz als Gründungsgrundlage der Gemeinschaften. Es liege insoweit ein Hebel vor, als dass ein einfaches Gesetz die Änderung von Verfassungsbestimmungen erlaube.[129] Es werde also eine Vorschrift des nationalen Rechts benötigt, ohne dass die Gemeinschaft ihrerseits von ihrer Gründung ab daran gebunden sei.[130] Über diesen Begründungsweg ließe sich eine originäre Herrschaftsgewalt der Gemeinschaften herleiten, und gleichsam ließen sich die nationalen Vorschriften über die Einbindung völkerrechtlicher Bestimmungen in die nationale Rechtsordnung begründen.

Allerdings fehlt für die Auffassung, das Zustimmungsgesetz fungiere nur als Voraussetzung, nicht aber als Geltungsgrundlage der Union, eine umfassende Begründung, da die Mitgliedstaaten den Gründungsakt innerhalb der in ihren Nationalverfassungen vorgesehenen Verfahren leisten. Hier mangelt es an einer schlüssigen Herleitung der „Hebelfunktion". Es bleibt offen, weshalb in den nationalen Ratifikationsakten nicht der Geltungsgrund des Unionsrechts gesehen werden darf. Aufbauend auf der Gesamtakttheorie seines Lehrers *Hans-Peter Ipsen*[131] argumentierte *Gert Nicolaysen*, die parlamentarische Billigung der Verträge begründe nicht die Aufnahme der Verträge in die nationale Rechtsordnung, sondern sei Teil der Verfassungsgebung für die Gemeinschaften gewesen.[132] Diese Behauptung zeigt starke Parallelen zu verfassungspluralistischen Ansätzen, die im folgenden Abschnitt behandelt werden.

5. Verfassungspluralistischer Ansatz: Konzept eines Verfassungsverbunds nach Ingolf Pernice

Eine Erklärung für eine vom mitgliedstaatlichen Recht unabhängige Geltung des Unionsrechts könnte das Konzept des Verfassungsverbunds von *Ingolf Pernice* bieten. Nach traditioneller Auffassung bilden Verfassungen die Rechtsgrundlage von Staaten und völkerrechtliche Verträge die Rechtsgrundlage von internationalen Organisationen.[133] Allerdings kann über völkerrechtliche Verträge kein Vorrang des Unionsrechts gegenüber dem mitgliedstaatlichen Recht begründet wer-

---

[127] *Ipsen*, Europäisches Gemeinschaftsrecht, S. 58.

[128] *Ipsen*, Europäisches Gemeinschaftsrecht, S. 58.

[129] *Ipsen*, Europäisches Gemeinschaftsrecht, S. 58.

[130] *Streinz*, Bundesverfassungsgerichtlicher Grundrechtsschutz und Europäisches Gemeinschaftsrecht, S. 95.

[131] *Hatje*, Rezension: Gert Nicolaysen, Europarecht I, Die Europäische Integrationsverfassung, EuR 2004, 649 (649).

[132] *Nicolaysen*, Europarecht I, S. 73.

[133] *Grimm*, Braucht Europa eine Verfassung? JZ 1995, 581 (581).

den, weil das Unionsrecht damit in seiner Geltung auf die Reichweite der nationalen Ratifikationsakte beschränkt wäre.[134] Dieser Vorstellung einer einheitlichen, geschlossenen Verfassungsordnung stehen verfassungspluralistische Ansätze entgegen.[135] Diese betrachten widerstreitende Ansprüche auf eine originäre Hoheitsgewalt als nicht auflösbare Konflikte und weisen deshalb hierarchische Denkweisen in Bezug auf den Geltungsgrund der Rechtsnormen zurück.[136] Das Konzept des Verfassungsverbunds basiert auf der Prämisse, den Verfassungsbegriff von der Staatlichkeit abzulösen und die Verfassung als höchstes positives Recht zu verstehen.[137] Es proklamiert selbstständig „verfasste Gewalten" sowohl auf Ebene der Mitgliedstaaten als auch auf Unionsebene, die miteinander verschränkt seien.[138] Die Auftrennung dieser Hoheitsbefugnisse setzt bei den Bürgern an: Diese seien – unabhängig davon, ob ein Handeln der Union oder eines Mitgliedstaats vorliegt – Adressaten öffentlicher Gewalt, und zwar in einer Doppelrolle als Staatsbürger sowie als Unionsbürger.[139] Der Begriff des *Verfassungsverbunds* ist insoweit als Gegenbegriff zum Begriff des *Staatenverbunds*[140] zu verstehen, als er neben den Mitgliedstaaten auch die Bürger als unmittelbare Adressaten des Gemeinschaftsrechts in den Fokus rücken soll.[141] In diese Richtung einer unmittelbaren Verbindung zwischen dem Unionsrecht und den rechtsunterworfenen Bürgern ließe sich auch die Haltung des EuGH zur autonomen Rechtsquelle verstehen, und zwar ausgehend davon, dass dieser die Geltung des Gemeinschaftsrechts aus der unmittelbaren Beziehung zwischen dem Gemeinschaftsrecht und den Völkern Europas schöpfe.[142]

---

134 *Huber*, Europäisches und nationales Verfassungsrecht, VVDStRL 60 (2001), S. 194 (217).

135 *Mayer*, Verfassung im Nationalstaat: Von der Gesamtordnung zur europäischen Teilordnung?, VVDStRL 75 (2016), S. 7 (23 ff.).

136 *Mayer*, Verfassung im Nationalstaat: Von der Gesamtordnung zur europäischen Teilordnung?, VVDStRL 75 (2016), S. 7 (28).

137 Zum Verfassungsbegriff ohne Staatlichkeit s. *Peters*, Elemente einer Theorie der Verfassung Europas, S. 93 ff.; *Franzius*, Verfassungspluralismus – Was bedeutet das konkret?, Rechtswissenschaft 2016, 62 (72).

138 *Pernice*, Kompetenzabgrenzung im Europäischen Verfassungsverbund, JZ 2000, 866 (870).

139 *Pernice*, Kompetenzabgrenzung im Europäischen Verfassungsverbund, JZ 2000, 866 (870).

140 Das deutsche Bundesverfassungsgericht (BVerfGE 89, 155 (181) – Maastricht; BVerfGE 123, 267 (348) – Lissabon) führte den Begriff des Staatenverbunds als Kunstbegriff ein, der an das 1882 erschienene Werk „Das Recht der Staatenverbindungen" von *Georg Jellinek* anknüpft, siehe *Schorkopf*, Staatsrecht der internationalen Beziehungen, § 1 Rn. 27.

141 *Peters*, Elemente einer Theorie der Verfassung Europas, S. 208; *Pernice*, Die Dritte Gewalt im europäischen Verfassungsverbund, EuR 1996, 27 (29 ff.).

142 EuGH, Rs. 26/62, ECLI:EU:C:1963:1, 1 (24); *Maduro*, Der Kontrapunkt im Dienste eines europäischen Verfassungspluralismus, EuR 2007, 3 (5).

Den pluralistischen Verfassungskonzeptionen ist gemeinsam, dass die Herleitung der neben den nationalen Verfassungen stehenden, originären Hoheitsbefugnisse erhebliche Begründungsschwierigkeiten beinhaltet. *Miguel Poiares Maduro* verweist als Begründung der originären Hoheitsbefugnisse auf die nationalen Gerichte, die den EuGH durch ihre Kooperation und den justiziellen Dialog dazu ermächtigt hätten, die abgeleitete Geltung des Unionsrechts vom mitgliedstaatlichen Recht zu überwinden und den Anspruch auf eine „unabhängige rechtliche und politische Souveränität" zu erheben.[143] Die Geltungsgrundlage des Unionsrechts kann sich aber nicht durch gerichtliche Entscheidungen ändern, weil diese keine originäre Hoheitsgewalt übertragen können. Darüber hinaus bestreitet die breite Mehrheit der mitgliedstaatlichen Gerichte eine Autonomie des Unionsrechts in der Reichweite des EuGH.[144]

Da der Verfassungsbegriff aus dem Kontext des Staatsrechts stammt, muss für die Begründung originärer Hoheitsbefugnisse auf die Ansätze der nationalen Verfassungstheorie zurückgegriffen werden. Originäre Hoheitsbefugnisse können dort ausschließlich durch das Volk als verfassungsgebende Gewalt begründet werden.[145] Es gibt jedoch kein europäisches Staatsvolk, sondern nur einzelne Völker der europäischen Staaten.[146] Ausgehend von der Feststellung, dass die Union kein Staat sei, wird deshalb vorgeschlagen, die Legitimationsanforderungen an die Union nicht staatsanalog auf ein Volk zu beziehen.[147] *Ingolf Pernice* sieht die verfassungsgebende Gewalt in den Bürgern der Mitgliedstaaten verkörpert.[148] Diese hätten formal durch völkerrechtliche Verträge, tatsächlich aber durch eine „Art europäischen Sozialvertrag" die europäische verfasste Gewalt konstituiert.[149] Nach seiner Auffassung bilden die Öffnungsklauseln der mitgliedstaatlichen Verfassungen den Ausgangspunkt für eine originäre supranationale Verfassungsgebung.[150] Demzufolge entspringe die Geltung des Unionsrechts nicht den nationalen Ratifikationsakten. Diese seien lediglich Ausdruck

---

143 *Maduro*, Der Kontrapunkt im Dienste eines europäischen Verfassungspluralismus, EuR 2007, 3 (17).

144 Zur Reichweite der Autonomie aus Sicht mitgliedstaatlicher Gerichte siehe S. 19 ff.

145 *Peters*, Elemente einer Theorie der Verfassung Europas, S. 105; *Pache*, Eine Verfassung für Europa – Krönung oder Kollaps der europäischen Integration?, EuR 2002, 767 (782).

146 *Isensee*, Europa – die politische Erfindung eines Erdteils in: Isensee (Hrsg.), Europa als politische Idee und als rechtliche Form, S. 103 (133 f.).

147 *Pernice*, Der Europäische Verfassungsverbund, S. 46.

148 *Pernice*, Kompetenzabgrenzung im Europäischen Verfassungsverbund, JZ 2000, 866 (870).

149 *Pernice*, Kompetenzabgrenzung im Europäischen Verfassungsverbund, JZ 2000, 866 (870).

150 *Pernice*, Kompetenzabgrenzung im Europäischen Verfassungsverbund, JZ 2000, 866 (870).

des Willens der Bürger, eine Union mit originären Hoheitsbefugnissen zu errichten.[151] Stattdessen seien die auf die Union übertragenen Hoheitsbefugnisse als „Verzicht auf die Ausschließlichkeit nationaler Handlungskompetenz" einzuordnen.[152]

Das Konzept eines europäischen Verfassungsverbunds liefert jedoch keine schlüssige Erklärung, inwiefern die völkerrechtlichen Gründungsverträge tatsächlich eine „Art europäischen Sozialvertrag" begründet haben sollen. Es fehlt schon deshalb an einer verfassungsgebenden Gewalt, weil sich die Verträge in der Präambel auf „die Völker" und nicht „das Volk" im Sinne einer für die Verfassungsgebung notwendigen Einheit beziehen.[153] Selbst wenn man entgegen guter Argumente[154] die Unionsbürgerschaft als politische Einheit anerkennt und ihr verfassungsgebende Gewalt zuspricht, erhielte die Union ihre Hoheitsbefugnisse durch die Mitgliedstaaten, nicht aber durch die Bevölkerung.[155] Dies wird in der Frage eines möglichen Austrittsrechts deutlich: Es sind die Staaten, nicht die Völker, die der Union durch einen Austritt die Hoheitsbefugnisse wieder entziehen können.[156] Dieser Einwand könnte durch das Argument entkräftet werden, dass in Demokratien die Bürger ausschließlich durch die Regierung ihres jeweiligen Staates vertreten würden und deshalb durch die Staaten selbst eine Verfassungsgebung möglich gewesen sei.[157] Allerdings gibt es keinen Hinweis auf die Rolle der Mitgliedstaaten lediglich als Vertreter der Bürger. Vielmehr widerspräche die endgültige Übertragung von Hoheitsbefugnissen im Sinne eines Verzichts eklatant den Auffassungen mitgliedstaatlicher Gerichte über die Funktion und Reichweite der nationalverfassungsrechtlichen Öffnungsklauseln.[158]

---

151 *Pernice*, Kompetenzabgrenzung im Europäischen Verfassungsverbund – Antrittsvorlesung, S. 11, abrufbar unter: https://edoc.hu-berlin.de/bitstream/handle/18452/2254/Pernice.pdf?sequence=1&isAllowed=y (zul. abg. am 15.03.2023).

152 *Pernice*, Der Europäische Verfassungsverbund, S. 45.

153 *Piris*, Hat die Europäische Union eine Verfassung? Braucht sie eine?, EuR 2000, 311 (336).

154 *Isensee*, Europa – die politische Erfindung eines Erdteils in: Isensee (Hrsg.), Europa als politische Idee und als rechtliche Form, S. 103 (133).

155 *Tomuschat*, Die Europäische Union unter der Aufsicht des Bundesverfassungsgerichts, EuGRZ 1993, 489 (495).

156 *Tomuschat*, Die Europäische Union unter der Aufsicht des Bundesverfassungsgerichts, EuGRZ 1993, 489 (495).

157 *Pernice*, Der Europäische Verfassungsverbund auf dem Wege der Konsolidierung, JöR 2000, 205 (213 f.); *Pache*, Eine Verfassung für Europa – Krönung oder Kollaps der europäischen Integration?, EuR 2002, 767 (782).

158 Zur Öffnung der mitgliedstaatlichen Rechtsordnungen aus der Perspektive der mitgliedstaatlichen Gerichte siehe S. 6 ff.

6. Grundnormlehre nach Hans Kelsen

In Ansehung des Auftrags zur Wahrung des Rechts aus Art. 19 Abs. 1 S. 2 EUV und der damit verbundenen Befugnis, die Autonomie des Unionsrechts festzustellen, wirft *Udo Di Fabio* in Anlehnung an die Grundnormtheorie von *Hans Kelsen* die Frage auf, ob der EuGH durch die Errichtung als höchstes Gericht im Unionsrechtsraum zur Entscheidung über alles Recht befugt sei und somit über die Grundnorm – verstanden als alles Recht, das kompetenzsetzend mit einem Vorranganspruch besteht – der Union entscheiden könne.[159] Deutlicher formuliert könnte man dem EuGH die Intention unterstellen, die Unionsrechtsordnung als ein höherrangiges Rechtssystem im Sinne einer Grundnorm zu etablieren, die gegenüber dem mitgliedstaatlichen Recht höherrangig wäre.[160] In seinem Werk „Reine Rechtslehre" beschäftigt sich *Hans Kelsen* unter anderem mit der Geltung von Rechtsvorschriften. Er unterscheidet zwischen den Kategorien des Seins und des Sollens und konstatiert, dass sich eine Rechtsnorm, die stets eine Sollensvorschrift („bedingte Norm") darstelle, jeweils aus einer ranghöheren Sollensvorschrift („bedingende Norm") ableite.

Wenn jede Rechtsnorm ihre Geltung von einer ranghöheren Sollensvorschrift ableitet, droht ein infiniter Regress[161], der erst durch die Annahme einer Grundnorm sein Ende findet. Die Grundnorm ist letztlich ein theoretisches Konstrukt, eine Annahme oder Hypothese, die den Geltungsursprung des positiven Rechts bildet.[162] In Bezug auf einen absoluten Vorrang des Unionsrechts müsste das Unionsrecht also in einem unmittelbaren Zusammenhang zur Grundnorm stehen: Das Recht bestimmt, „dass die eine Rechtsnorm das Verfahren, in dem eine andere Rechtsnorm erzeugt wird",[163] festlegt. Hinge nun die Geltung des Unionsrechts von den mitgliedstaatlichen Ratifikationsakten ab, dann wäre ein Vorrang des Unionsrechts von den jeweiligen verfassungsrechtlichen Bestimmungen abhängig. Würde nun die Grundnorm der Entscheidungsgewalt des EuGH unterworfen, könnte dieser den Rahmen der Rechtsordnung vorgeben. In diesem Fall wären die Vorschriften des Unionsrechts nicht als bedingte Rechtsnormen in einem Ableitungszusammenhang

---

[159] *Di Fabio*, Grenzen der Rechtsfortbildung in Europa, Zentrum für europäisches Wirtschaftsrecht, Nr. 199, S. 7, https://www.jura.uni-bonn.de/fileadmin/Fachbereich_Rechtswissenschaft/Einrichtungen/Sonstige/Zentrum_fuer_Europaeisches_Wirtschaftsrecht/Schriftenreihe/heft199difabio.pdf (zul. abg. am 15.03.2023).

[160] *Maduro*, Der Kontrapunkt im Dienste eines europäischen Verfassungspluralismus, EuR 2007, 3 (13).

[161] Ein infiniter Regress besteht, wenn durch eine stets neue Ableitung die Begründung nicht zur Ursache gelangt.

[162] *Jakab*, Kelsens Völkerrechtslehre zwischen Erkenntnistheorie und Politik, ZaöRV 2004, 1045 (1047).

[163] *Kelsen*, Reine Rechtslehre, 1. Auflage, S. 74.

zum mitgliedstaatlichen Verfassungsrecht formuliert worden, und der EuGH hätte wirksam einen absoluten Vorrang des Unionsrechts feststellen können.

Für eine solche Entscheidungsreichweite des EuGH gibt es jedoch keine Anhaltspunkte. Primärrechtlich wird die Stellung des EuGH über Art. 19 Abs. 1 S. 2 EUV[164] beschrieben. Demnach sichert der Gerichtshof die Wahrung des Rechts bei der Auslegung und Anwendung des Vertrags bzw. der Verträge. In diesem völkervertraglich erteilten Auftrag lässt sich keine Übertragung der Grundnorm sehen. Vielmehr war der Gesetzgeber bei dem nationalen Ratifikationsakt selbst an das nationale Gesetz gebunden. Dem nationalen Integrationsgesetzgeber stand es nach innerstaatlichem Recht gar nicht zu, über die Grundnorm zu entscheiden. Die Grundnorm ist im vorverfassungsrechtlichen Raum der Verfassungstheorie zu verorten, weil sie den Ursprung des höchsten positiv gesetzten Rechts darstellt. Wenn aber der Gesetzgeber seinerseits an die Verfassung gebunden war, kann der Auftrag des EuGH nicht die Verfassung verdrängen. Die bedingte Norm kann nicht die Grenzen der bedingenden Rechtsnorm überwinden.

Eine Änderung der Grundnorm kommt daher nur mittels einer Revolution durch den EuGH infrage. Die Gründung der Gemeinschaften auf einer nicht abgeleiteten Geltungsgrundlage lasse sich laut *Theodor Schilling* als Revolution einordnen, weil der EuGH durch seine Rechtsprechung einen Anspruch auf eine autonome Überordnung des Gemeinschaftsrechts formuliert habe, obwohl völkerrechtliche Verträge einen solchen Vorrang eben nicht zuließen.[165]

> „Wie jede Revolution ist auch diese aus der Sicht der vorrevolutionären Rechtsordnung(en) rechtswidrig, aus der Sicht des externen Betrachters ein zu beachtendes Faktum und aus der eigenen Sicht der Revolution die Grundlage einer neuen Rechtsordnung.“[166]

Betrachtet man die Feststellung der Autonomie durch den EuGH als ein Übertreten seiner eigenen Kompetenzen,[167] wäre eine Legitimation dennoch möglich, sofern die Verfassung – hier also die Gemeinschaftsrechtsordnung – wirksam wäre. Demnach sei eine Loslösung der Geltungsgrundlage durch einen tatsächlichen Prozess gekennzeichnet, der sich seinerseits durch seine Wirksamkeit rechtfertige.[168] Mithin hätte sich ein Wandel der Grundnorm vollzogen, wenn

---

[164] Vormals Art. 164 EWGV, dann Art. 220 EGV.

[165] *Schilling*, Verhältnis zwischen Völkerrecht, Gemeinschaftsrecht und staatlichem Recht in: Griller/Rill, Rechtstheorie, S. 170.

[166] *Schilling*, Verhältnis zwischen Völkerrecht, Gemeinschaftsrecht und staatlichem Recht in: Griller/Rill, Rechtstheorie, S. 172.

[167] *Schroeder*, Das Gemeinschaftsrechtssystem, S. 241 geht zutreffend davon aus, dass der EuGH zur Transformation der Gemeinschaftsrechtsordnung von einem völkerrechtlichen Vertrag hin zu einer Verfassung auf der Grundlage der Gemeinschaftsverträge nicht befugt war.

[168] *Schroeder*, Das Gemeinschaftsrechtssystem, S. 241 mit Hinweis auf *Hans Kelsen*, Reine Rechtslehre, S. 214.

sich die Anordnungen im Rahmen der europäischen Einigung tatsächlich generell durchgesetzt hätten. Der Ableitungszusammenhang hätte sich somit verschoben, und die nationalstaatlichen Verfassungen wären hierarchisch dem Unionsrecht unterworfen.

Von einer Veränderung der Grundnorm kraft einer Revolution ist indes nicht auszugehen. *Stefan Oeter* begründet das Ausbleiben einer Revolution mit dem „unmerklich-gleitenden Charakter" der europäischen Integration, der gradueller Natur sei und einen konkreten Akt als Wendepunkt vermissen ließe.[169] Dabei fehle es nicht nur an einem Revolutionsakt selbst, sondern bereits an einem Bedürfnis nach einer Revolution, weil mangels einer Fremdherrschaft keine Neuordnung erforderlich sei.[170] Dagegen sieht *Theodor Schilling* die Revolution als insoweit gescheitert an, als sie sich wegen fortdauernder Kontrollvorbehalte nationaler Gerichte nicht durchsetzen konnte. So bestehe der mitgliedstaatliche Anspruch auf Höherrangigkeit bis heute fort,[171] sodass ein Wandel der Grundnorm nicht vorliege.[172] Tatsächlich haben die meisten Mitgliedstaaten eine Autonomie in der Reichweite der EuGH-Rechtsprechung nie akzeptiert.[173]

Neben der nationalstaatlichen Sichtweise erkennt auch das Unionsrecht die eigenständige Geltung des mitgliedstaatlichen Rechts an: Die Art. 48, 50 EUV schreiben das Recht der Mitgliedstaaten fest, die Verträge zu ändern oder aus der Union auszutreten. Die Mitgliedstaaten können also weiterhin durch einseitiges Handeln sämtliche Hoheitsbefugnisse „zurückholen".[174] Diese Rückholungsmöglichkeit der Hoheitsbefugnisse unterstreicht indes ohne Zweifel die Souveränität der Mitgliedstaaten.[175] Solange die Mitgliedstaaten aber der Union Hoheitsbefugnisse entziehen können, ist der Geltungsgrund des Unionsrechts im mitgliedstaatlichen Recht verortet.[176] Somit liefert auch die Anwendung der Grundnormtheorie auf die Autonomie-Rechtsprechung des EuGH keine schlüssige Erklärung.

---

[169] *Oeter*, Souveränität und Demokratie als Probleme in der „Verfassungsentwicklung" der Europäischen Union, ZaöRV 1995, 659 (689) beschreibt die europäische Integration als Entwicklung „schleichender Akkumulation".

[170] *Hofmann*, Von der Staatssoziologie zu einer Soziologie der Verfassung?, JZ 1999, 1065 (1074).

[171] Zum mitgliedstaatlichen Anspruch auf eine Höherrangigkeit siehe S. 6 ff.

[172] *Schilling*, Verhältnis zwischen Völkerrecht, Gemeinschaftsrecht und staatlichem Recht in: Griller/Rill, Rechtstheorie, S. 174.

[173] Zur Reichweite der Autonomie aus Sicht mitgliedstaatlicher Gerichte siehe S. 19.

[174] *Schorkopf*, Staatsrecht der internationalen Beziehungen, § 2 Rn. 156 mit dem zusätzlichen Hinweis, dass trotz der unionsrechtlichen Rückübertragungsmöglichkeit das nationale Recht einen Austritt ausschließen könnte.

[175] *Hanschel*, Der Rechtsrahmen für den Beitritt, Austritt und Ausschluss zu bzw. aus der Europäischen Union und Währungsunion, NVwZ 2012, 995 (998).

[176] *Karaosmanoğlu*, Die Nichtanwendung deutscher unionsrechtswidriger Gesetze, S. 91.

7. Keine Geltung des Unionsrechts außerhalb der mitgliedstaatlichen Ratifikationsakte

Das Unionsrecht ruht in seiner Geltungsgrundlage weiterhin auf den völkerrechtlichen Verträgen.[177] Weil die Geltungsreichweite des Unionsrechts mithin von den nationalen Ratifikationsakten abhängig ist, gelten die jeweiligen verfassungsrechtlichen Grenzen als Grenzen des Vorrangs.

III. Begründungsausfall des EuGH

Über 50 Jahre nach der Entscheidung in der Rs. *Costa/E.N.E.L.* ist die Frage bezüglich des Geltungsgrunds des Unionsrechts außerhalb der völkerrechtlichen Gründungsverträge noch immer nicht geklärt. Der EuGH begründet den Ursprung der autonomen Rechtsquelle nicht, sodass unklar bleibt, wie diese den mitgliedstaatlichen Souveränitätspanzer[178] durchdringen kann. Selbst wenn ein Begründungsansatz der oben vorgestellten Erklärungsansätze als überzeugend angenommen würde, hat sich der EuGH keinen Erklärungsansatz zu eigen gemacht. Lediglich die Andeutung einer unmittelbaren Beziehung zwischen dem Gemeinschaftsrecht und den Völkern der Mitgliedstaaten lässt sich in Richtung einer verfassungspluralistischen Vorstellung werten.[179] Auch aus der Begriffsbedeutung der Autonomie lassen sich keine Rückschlüsse ziehen, weil der Autonomiebegriff in Bezug auf inter- beziehungsweise supranationale Organisationen mangels Vorbildern nicht vorgeprägt ist.[180] Insgesamt drängt sich in Anbetracht der stetigen Fortentwicklung der Autonomiereichweite[181] der Eindruck auf, der EuGH habe die Begründung der Autonomie absichtlich knappgehalten, um sich spätere Rechtsprechungskorrekturen offenzuhalten. Dies leitet zu der Frage über, welche unionsrechtlichen Anforderungen an den Begründungsumfang der EuGH-Entscheidungen gestellt werden.

---

177 Zum selben Ergebnis gelangt auch *Schmitt-Glaeser*, Grundgesetz und Europarecht als Elemente Europäischen Verfassungsrechts, S. 43, der die Theorien zur Herleitung der Autonomie als Konstrukte einordnet, um „die Souveränität der Mitgliedstaaten als „Störfaktor“ der Einigungsbewegung auszuschalten […]“.

178 *Röhl/Röhl*, Allgemeine Rechtslehre, S. 533.

179 Zum verfassungspluralistischen Ansatz nach *Ingolf Pernice* siehe S. 160 ff.

180 Zur Herleitung des Autonomiebegriffs siehe S. 139 ff.

181 Zur Entwicklung des Autonomiebegriffs gegenüber völkerrechtlichen Spruchkörpern siehe Kapitel 2.

1. Umfang der Begründungspflicht

Der EuGH ist gemäß Art. 36 S. 1 EuGH-Satzung verpflichtet, seine Urteile „mit Gründen zu versehen". Eine Begründung seiner Urteile ist schon aufgrund rechtsstaatlicher Gesichtspunkte erforderlich, die sich aus dem Grundrecht auf ein faires Gerichtsverfahren aus Art. 47 Abs. 2 GRC, Art. 6 Abs. 1 EMRK ableiten lassen.[182] Konkret bestimmt Art. 87 lit. l, m EuGH-VerfO, dass in Urteile des EuGH eine kurze Darstellung des Sachverhalts sowie die Entscheidungsgründe aufzunehmen sind. Somit normiert das Unionsrecht zwar eine Begründungspflicht der Entscheidungen des EuGH, macht diesem aber keine Vorgaben über Art und Umfang der Begründung.

Mangels unionsrechtlicher Regelungen über den Begründungsumfang kann behelfsmäßig nur auf die Funktionen der Urteilsbegründung zurückgegriffen werden. Dabei liegt die Kernaufgabe von Urteilsbegründungen in der Herstellung von Transparenz.[183] Spiegelbildlich dienen die Urteilsbegründungen der Geltungskraft der Entscheidungen in den Mitgliedstaaten.[184] Sie tragen dazu bei, dass die Entscheidungen als legitim anerkannt und ohne Weiteres befolgt werden.[185] In Bezug auf die Autonomie besteht ein besonderer Begründungsbedarf. Die Auffassung des EuGH betreffend eine autonome Unionsrechtsordnung wird durch die mitgliedstaatlichen Gerichte – zumindest in ihrer Reichweite – nicht anerkannt. Die Gemeinschaft kann sich also nicht auf eine natürliche Autorität berufen, wie sie den mitgliedstaatlichen Gerichten zukommt.[186] Die Akzeptanz und Befolgung der EuGH-Entscheidungen ist entscheidend mit der Transparenz und Überzeugungskraft ihrer Begründungen verknüpft.[187] Diese wiederum hängen vor allem von einer unparteiischen und unbefangenen Rechtserkenntnis, mithin von ihrer Methodentreue, ab.[188] Eine methodentreue Entscheidung reduziert die Gefahr einer politischen Entscheidung des Spruchkörpers.[189]

---

[182] *Dittert* in: von der Groeben/Schwarze/Hatje, Europäisches Unionsrecht, Art. 36 EuGH-Satzung, Rn. 1; *Möllers*, Juristische Methodenlehre, § 1, Rn. 43.

[183] *Dittert* in: von der Groeben/Schwarze/Hatje, Europäisches Unionsrecht, Art. 36 EuGH-Satzung, Rn. 5.

[184] *Everling*, Zur Begründung der Urteile des Gerichtshofs der Europäischen Gemeinschaften, EuR 1994, 127 (130).

[185] *Everling*, Zur Begründung der Urteile des Gerichtshofs der Europäischen Gemeinschaften, EuR 1994, 127 (131).

[186] *Everling*, Zur Begründung der Urteile des Gerichtshofs der Europäischen Gemeinschaften, EuR 1994, 127 (143); *Grimm*, Die Europäische Union im 60. Jahr, ZSE 2017, 3 (4).

[187] *Everling*, Zur Begründung der Urteile des Gerichtshofs der Europäischen Gemeinschaften, EuR 1994, 127 (143).

[188] *Rieble*, Methodische Rechtserkenntnis: Irgendwie und sowieso, rescriptum 2013/2, S. 163 (165).

[189] *Rieble*, Methodische Rechtserkenntnis: Irgendwie und sowieso, rescriptum 2013/2, S. 163 (165).

2. Methodik und Legitimität

Die Entscheidung des EuGH in der Rs. *Costa/E.N.E.L.* zeichnet sich durch ihre knappe Begründung zum Vorrang des Unionsrechts aus. Der Ursprung der proklamierten autonomen Rechtsquelle wird durch den EuGH nicht hergeleitet. Die Urteilsbegründung steht in ihrem Aufbau jedoch in der Tradition der frühen EuGH-Entscheidungen, die durch Feststellungen anstatt durch argumentative Begründungen geprägt sind.[190] Für dieses Vorgehen erntete der EuGH harsche Kritik: Es sei „höchste Zeit, daß der rechtsmißbräuchlichen und besatzungsrechtsähnlichen Intervention in gewachsene und allein vollzugseffiziente Normstrukturen des nationalen Rechtes Einhalt geboten“ werde.[191] Es gibt jedoch einige strukturelle Gründe, die den mangelnden Begründungsaufwand des EuGH zwar nicht rechtfertigen, aber doch wenigstens nachvollziehbar erklären.

Blickt man zurück auf die Entstehungsgeschichte der Europäischen Union, war die EGKS als Verwaltungsgemeinschaft ausgestaltet und orientierte sich weitgehend an der Organisation des französischen Rechts.[192] Typisch für die französischen Rechtstradition sind anstelle eingehender argumentativer Begründungen knappe Feststellungen, denen die knapp begründeten Entscheidungen des EuGH entsprachen.[193] Darüber hinaus wird die Entscheidungsfindung des EuGH im Vergleich zu derjenigen nationaler Gerichte erheblich erschwert: Abgesehen von Sprachproblemen, die sich aufgrund der Arbeitssprache Französisch ergeben, müssen Richter aus verschiedenen Rechtssystemen und dem Blickwinkel aus unterschiedlichen Rechtstraditionen auf der Grundlage einer bis heute nicht durchgebildeten Rechtsordnung diskutieren.[194]

Seit der Entscheidung in der Rs. *Costa/E.N.E.L.* vor mehr als 50 Jahren hat der EuGH immer wieder auf die Feststellung der Autonomie des Unionsrechts verwiesen.[195] Er nutzte jedoch keine Gelegenheit, Ausführungen über den Ursprung der autonomen Rechtsquelle nachzuholen. Stattdessen verwies er in späteren

---

190 *Everling*, Zur Begründung der Urteile des Gerichtshofs der Europäischen Gemeinschaften, EuR 1994, 127 (137, 140).

191 *Salzwedel/Reinhardt*, Neuere Tendenzen im Wasserrecht, NVwZ 1991, 946 (947) wiedergegeben in *Everling*, Zur Begründung der Urteile des Gerichtshofs der Europäischen Gemeinschaften, EuR 1994, 127 (128).

192 *Everling*, Zur Begründung der Urteile des Gerichtshofs der Europäischen Gemeinschaften, EuR 1994, 127 (132).

193 *Everling*, Zur Begründung der Urteile des Gerichtshofs der Europäischen Gemeinschaften, EuR 1994, 127 (132); *Möllers*, Juristische Methodenlehre, § 1, Rn. 60.

194 *Everling*, Zur Begründung der Urteile des Gerichtshofs der Europäischen Gemeinschaften, EuR 1994, 127 (140); *Dittert* in: von der Groeben/Schwarze/Hatje, Europäisches Unionsrecht, Art. 36 EuGH-Satzung, Rn. 10.

195 Eine systematisierte Übersicht der EuGH-Entscheidungen zur Autonomie des Unionsrechts findet sich in Kapitel 2 der Arbeit.

Entscheidungen – scheinbar als häufigste Auslegungsmethode[196] – auf seine frühere Rechtsprechung. Der EuGH leitete zu keinem Zeitpunkt die autonome Rechtsquelle her, obwohl die Ausarbeitung zeigt, dass es keinen überzeugenden Erklärungsansatz für eine von den völkerrechtlichen Verträgen losgelöste Geltungsgrundlage des Unionsrechts gibt. Dadurch wirkt die Begründung des Vorrangs des Unionsrechts bis heute willkürlich.

In Bezug auf die Zulässigkeit völkerrechtlicher Streitbeilegungsmechanismen schürte der EuGH zudem grundlegende Rechtsunsicherheit, weil es an klaren Konturen fehlt. Außer im Gut. 2/13 zum EMRK-Beitritt trat diese Rechtsunsicherheit auch in der Rs. *Achmea* zutage, in der die Rechtsansichten des vorlegenden deutschen Bundesgerichtshofs, des Generalanwalts sowie des EuGH grundlegend differierten.

3. Vorschlag: Notwendigkeit eines neuen Begründungsansatzes

Bis heute fehlt es an einer Herleitung der autonomen Rechtsquelle als Ursprung der Autonomie des Unionsrechts durch den EuGH. Eine Erklärung ist aber umso dringender erforderlich, als die mitgliedstaatlichen Verfassungsgerichte mehrheitlich die Autonomie in der Reichweite, die der EuGH beansprucht, nicht anerkennen. Dies schlägt sich zunehmend in offenen Justizkonflikten zwischen dem EuGH und nationalen Verfassungsgerichten nieder.[197] Der ausschließlich durch Rechtsprechung erschlossene Autonomiebegriff ist an seine Grenzen gestoßen: Weder gelingt es dem EuGH, den beanspruchten Vorrang gegenüber den mitgliedstaatlichen Gerichten durchzusetzen,[198] noch konnte die Autonomie Rechtssicherheit über die Zulässigkeit völkerrechtlicher Streitbeilegungsmechanismen herstellen. Anknüpfend an die oben untersuchten Erklärungsansätze wird deutlich, dass der EuGH die Autonomie des Unionsrechts auch bei einer hinzugedachten Herleitung der autonomen Rechtsquelle nicht überzeugend erklären könnte. Daraus folgt nicht, dass der Schutz des Unionsrechts zurückgenommen werden müsste. Stattdessen muss die Frage der Autonomie durch eine politische Debatte geklärt werden. Das richtige Forum für die Auseinandersetzung um die Geltungsbegründung des Unionsrechts ist die politische Arena.[199] Dabei muss

---

[196] *Dederichs*, Die Methodik des Gerichtshofes der Europäischen Gemeinschaften, EuR 2004, 345 (347); aA: *Walter*, Rechtsfortbildung durch den EuGH, S. 57.

[197] Beispielhaft zur PSPP-Entscheidung des BVerfG siehe S. 20 und das Urteil des polnischen Verfassungsgerichts K 3/21 v. 07.10.2021 in Reaktion auf EuGH, Rs. C-824/18, ECLI:EU:C:2021:153; *Mögele*, Vorrang – die Nächste!, EuZW 2021, 609 (609 f.).

[198] Zu dem durch mitgliedstaatliche Gerichte bestrittenen absoluten Vorrang des Unionsrechts siehe S. 6 ff.

[199] Zum Vorschlag, die gerichtliche Auseinandersetzung zwischen EuGH und BVerfG um

der Fokus auf zwei Kernpunkte gerichtet werden: 1. Welchen Schutz braucht das Unionsrecht? und 2. Wie soll dieser Schutz gewährleistet werden?

Fraglos leistet der EuGH einen nicht wegzudenkenden Beitrag zur europäischen Integration.[200] Allerdings ruft diese „gestaltende" Rechtsprechung des EuGH auch tiefgreifende Kritik hervor: So habe der EuGH durch die Ablösung vom Vertragstext und der Entwicklung hin zu einem Gebilde aus Leitentscheidungen eine Rechtsunsicherheit geschaffen, die dem Rechtsanwender erhebliche Schwierigkeiten bereite.[201] Dabei gilt es zu berücksichtigen, dass in vielen Belangen – auch hinsichtlich des Vorrangs des Unionsrechts[202] – über Rechtsfragen entschieden werden musste, bei denen im Rahmen der politischen Debatte kein Konsens erzielt werden konnte.[203]

Um die aktuelle Legitimitätskrise des EuGH zu überwinden, sollte die durch Rechtsprechung bereits geleistete Konstitutionalisierung ausdrücklich festgeschrieben werden.[204] Das bedeutet nicht, dass die Reichweite des unionsrechtlichen Schutzes durch die Autonomie zwingend relativiert werden müsste. Stattdessen sollte die Frage bezüglich der Reichweite der Autonomie dem demokratischen Diskurs zugeführt werden. Eine Debatte über die Autonomie wird nämlich dadurch wesentlich erschwert, dass die Reichweite des Autonomiebegriffs ausschließlich durch die Rechtsprechung des EuGH ausgestaltet wurde und in den Verträgen nicht festgeschrieben ist. Schon im Nachgang des Gut. 2/13 wurde gefordert, einen EMRK-Beitritt durch Änderung des Primärrechts zu ermöglichen und somit die Autonomiereichweite zu beschneiden.[205] Als „Herren der Verträge" sind deshalb die Mitgliedstaaten aufgefordert, Klarheit zu schaffen. Die im Rahmen des Vertrags von Lissabon abgegebene Erklärung Nr. 17

---

die PSPP-Entscheidung auf die politische Arena zu übertragen siehe *Haltern*, Wirkliche Widersprüche und die Methode, wodurch sie sich lösen, AöR 2021, 195 (250 f.).

200 *Höreth*, Stille Revolution im Namen des Rechts? Zur Rolle des Europäischen Gerichtshofes (EuGH) im Prozess der europäischen Integration, ZEI Discussion Paper: 2000, C 78, S. 3; *Grimm*, Europa ja – aber welches?, S. 21.

201 *Rupp*, Anmerkungen zu einer Europäischen Verfassung, JZ 2003, 18 (19).

202 Siehe S. 142 ff.

203 *Grimmel*, Was den Motor antreibt: Der EuGH als Wegbereiter der europäischen Integration?, Verfassungsblog v. 22.04.2013, https://verfassungsblog.de/was-den-motor-antreibt-der-eugh-als-wegbereiter-der-europaischen-integration/ (zul. abg. am 15.03.2023).

204 *Grimm*, Die Europäische Union im 60. Jahr, ZSE 2017, 3 (13 f.) schlägt vor, nur einen Kern des Primärrechts zu erhalten und die restlichen primärrechtlichen Vorschriften auf dem Rang des Sekundärrechts einzurichten, um Rechtsprechungslinien politisch korrigieren zu können.

205 *Wendel*, Mehr Offenheit wagen! Eine kritische Annäherung an das Gutachten des EuGH zum EMRK-Beitritt, Verfassungsblog v. 21.12.2014, https://verfassungsblog.de/mehr-offenheit-wagen-eine-kritische-annaeherung-das-gutachten-des-eugh-zum-emrk-beitritt/ (zul. abg. am 15.03.2023).

bietet – wie aufgezeigt – keinen überzeugenden Lösungsansatz. Durch den Prozess der Festschreibung unterläge die Reichweite der Autonomie nicht nur der demokratischen Auseinandersetzung, sondern die mitgliedstaatlichen Verfassungsgerichte könnten außerdem auch über die Vereinbarkeit der Verträge nach Maßgabe des nationalen Verfassungsrechts entscheiden. Dieser Prozess wäre gewiss nicht ohne Hürden, aber er führt mittelfristig zu einer Akzeptanz der EuGH-Entscheidungen und sichert somit langfristig den europäischen Integrationsprozess: Erst auf der Grundlage einer ausdrücklich geregelten Reichweite des Autonomiebegriffs kann der EuGH methodentreue Entscheidungen fällen und eine breite Akzeptanz seiner Autonomie-Rechtsprechung erreichen. Solange der Vorwurf verfängt, der EuGH habe eine politische Agenda energisch durchsetzen wollen[206] beziehungsweise eine „Neigung zur Konstitutionalisierung" gezeigt,[207] ist mit einer Befolgung der EuGH-Entscheidungen nur eingeschränkt zu rechnen.

---

[206] *Perju*, Reason and Authority in the European Court of Justice, Virginia Journal of International Law 49 (2009), 307 (330).

[207] *Huber*, Europäisches und nationales Verfassungsrecht, VVDStRL 60 (2001), S. 194 (235).

Viertes Kapitel

Ausblick

Neue Herausforderungen entfalten zunehmend grenzüberschreitende Effekte, sodass nationales Recht wegen seiner beschränkten Regelungsreichweite an seine Grenzen gerät.[1] Beispielsweise im Hinblick auf die Bekämpfung der Folgen des Klimawandels werden deshalb grenzüberschreitende Lösungsansätze über völkerrechtliche Regelungen verfolgt. Seit der Klimakonferenz von *Rio de Janeiro* im Jahr 1992[2] wurde durch zahlreiche völkerrechtliche Abkommen versucht, die Emissionen von Treibhausgasen zu senken.[3] Darüber hinaus werden völkergewohnheitsrechtliche Haftungsmöglichkeiten für Klimaschädigungen in den Blick genommen.[4]

Die Herausforderungen des Klimawandels werden zunehmend als Aufgabe der internationalen Gemeinschaft betrachtet und es wird zunehmend auf internationaler Ebene nach Lösungen gesucht. Es stellt sich deshalb die Frage, ob der EuGH der Union durch den erweiterten Autonomiebegriff die Möglichkeit nimmt, hierbei eine internationale Führungsrolle zu übernehmen.[5] Im vierten Kapitel wird deshalb die Frage gestellt, ob die erweiterte Autonomiereichweite die Union daran hindert, als „Global Player" zu agieren. Dazu werden die Auswirkungen des erweiterten Autonomiebegriffs auf den ECT untersucht und Rahmenbedingungen für ein ICS aus dem Blickwinkel der Autonomie auf der Grundlage der bisherigen EuGH-Rechtsprechung formuliert.

---

[1] *Markus*, Die Problemwirksamkeit des internationalen Klimaschutzrechts, ZaöRV 2016, 715 (716).

[2] Rahmenübereinkommen der Vereinten Nationen über Klimaänderungen, https://unfccc.int/resource/docs/convkp/convger.pdf (zul. abg. am 15.03.2023).

[3] Eine knappe Übersicht über völkervertragliches Klimaschutzrecht siehe *Cremer*, Verfassungskräftiger Klimaschutz nach Maßgabe völkerrechtlich verbindlicher Verpflichtungen und Ziele, ZUR 2019, 278 (279 f.).

[4] *Frank*, Überlegungen zur Klimahaftung nach Völkerrecht, NVwZ-Extra 2014, 1 (1 ff.).

[5] Frage aufgeworfen durch *Müller*, Reformhindernisse im internationalen Investitionsrecht, S. 234, 284 f., der den Autonomiegrundsatz als Reformhindernis einstuft.

I. Energiecharta-Vertrag (ECT)

Anhand der Kriterien des vorangegangenen Kapitels soll zunächst untersucht werden, ob die Streitbeilegungsmechanismen des ECT gemäß Art. 26, 27 ECT unzulässige Auswirkungen auf das Unionsrecht haben. Nach einer Vorstellung des ECT soll untersucht werden, ob der ECT die Autonomie beeinträchtigt und etwaige Verstöße gegen das Unionsrecht gemäß Art. 351 AEUV unbeachtlich wären.

Der ECT könnte die Autonomie beeinträchtigen, weil er als gemischter Vertrag unter der Beteiligung von Drittstaaten Investitionsschutzklauseln und Streitbeilegungsmechanismen umfasst. Bislang wurde der ECT hinsichtlich seiner Unionsrechtsmäßigkeit noch nicht vom EuGH überprüft.[6] Das Königreich Belgien hat jedoch am 02.12.2020 einen Gutachtenantrag eingereicht, um die Vereinbarkeit des ECT mit Unionsrecht überprüfen zu lassen.[7] Selbst wenn man davon ausgeht, dass zwischen dem materiellen Schutzstandard des ECT und dem Unionsrecht keine Kollision besteht, wäre dennoch die Zulässigkeit der Streitbeilegungsmechanismen weiterhin ungeklärt.[8] Diese wurden zuletzt vor allem durch die *Achmea*-Rechtsprechung des EuGH infrage gestellt. Es muss daher untersucht werden, ob die Streitbeilegungsmechanismen aus Art. 26, 27 ECT die Autonomie des Unionsrechts beeinträchtigen. Die Schaffung eines mit der Auslegung seiner völkervertraglichen Vorschriften vertrauten Gerichts verstößt nicht grundsätzlich gegen die Autonomie.[9] Dennoch ist infolge der jüngsten, restriktiven Rechtsprechung unklar, ob die Streitbeilegungsvorschriften des ECT in ihrer Ausgestaltung mit Unionsrecht vereinbar sind.[10]

1. Anwendung der Autonomiekategorien

Der ECT schafft den rechtlichen Rahmen für die Zusammenarbeit europäischer Staaten im Energiebereich, vgl. Art. 2 ECT[11]. Seinen Ursprung hat der Vertrag im

[6] *Germelmann* in: Theobald/Kühling (Hrsg.), Energierecht, 12. Internationaler Investitionsschutz im Energierecht, Energiecharta-Prozess und Energiecharta-Vertrag, Rn. 139.

[7] Vorlagefrage abrufbar unter: https://curia.europa.eu/juris/document/document.jsf?text=&docid=237792&pageIndex=0&doclang=de&mode=lst&dir=&occ=first&part=1&cid=824674 (zul. abg. am 15.03.2023).

[8] *Germelmann* in: Theobald/Kühling (Hrsg.), Energierecht, 12. Internationaler Investitionsschutz im Energierecht, Energiecharta-Prozess und Energiecharta-Vertrag, Rn. 139 f.

[9] Siehe S. 31 ff.

[10] *Germelmann*, Der Investitionsschutz im Energie- und Klimaschutzrecht zwischen „European Green Deal" und Grenzen des Unionsprimärrechts, EuR 2020, 375 (386).

[11] Art. 2 ECT schreibt den Zweck des Vertrags fest: „Dieser Vertrag schafft den rechtlichen Rahmen für die Förderung langfristiger Zusammenarbeit im Energiebereich auf der Grundlage

Kontext des Zusammenbruchs der osteuropäischen Staaten, die gemeinsame Energiemärkte mit Westeuropa erschließen sollten.[12] Das oberste Ziel bildete die Versorgungssicherheit, insbesondere der westlichen, energieimportierenden Staaten.[13] Der ECT soll den Vertragsparteien den Zugang zum internationalen Energiemarkt erleichtern und durch Investitionsanreize und -schutzmechanismen einen offenen und wettbewerblichen Markt entwickeln.[14] Mittlerweile haben neben der Union 56 Staaten den ECT ratifiziert, von denen etwa die Hälfte Mitgliedstaaten der Union sind.[15] Der Austritt Italiens 2016 ändert nichts an der Bedeutung des ECT. Ungefähr jedes fünfte Schiedsverfahren weltweit arbeitet auf der Grundlage des ECT.[16] Davon wurden in den letzten Jahren etwa 60 Prozent aller ECT-Verfahren innerhalb der Union geführt.[17] Die Kommission, die zunächst für den Beitritt zum ECT warb,[18] ist nun von davon überzeugt, der ECT verstoße gegen Unionsrecht.[19] Die Kommission wurde infolge ihrer Empfehlung[20] durch einen Beschluss des Rats v. 15.07.2019 ermächtigt, für die Union[21]

---

der gegenseitigen Ergänzung und des gegenseitigen Nutzens im Einklang mit den Zielen und Grundsätzen der Charta.“.

[12] *Rusche*, Der Energiecharter-Vertrag auf dem Prüfstein von Achmea und CETA, EuZW 2020, 169 (169).

[13] *Germelmann* in: Theobald/Kühling (Hrsg.), Energierecht, Europäisches Energierecht – 12. Internationaler Investitionsschutz im Energierecht, Rn. 7.

[14] *Weiß* in Grabitz/Hilf/Nettesheim (Hrsg.), Das Recht der EU, Art. 207 AEUV, Rn. 241; Empfehlung für einen Beschluss des Rates über die Ermächtigung zur Aufnahme von Verhandlungen über die Modernisierung des Vertrags über die Energiecharta v. 14.05.2019, S. 1, https://ec.europa.eu/transparency/regdoc/rep/1/2019/DE/COM-2019-231-F1-DE-MAIN-PART-1.PDF (zul. abg. am 15.03.2023).

[15] Zuletzt trat Jemen dem ECT im Januar 2019 bei, *Wilske/Markert/Ebert*, Entwicklungen in der internationalen Schiedsgerichtsbarkeit im Jahr 2019 und Ausblick auf 2020, SchiedsVZ 2020, 97 (98).

[16] *Simon/Müller*, Das Achmea-Urteil des EuGH und die Auswirkungen auf Streitbeilegungsmechanismen im Rechtsraum der EU, NJOZ 2018, 961 (964).

[17] *Berger*, Die Bundesrepublik Deutschland – Internationaler Investitionsschutz und das Vattenfall-Verfahren, EuZW 2020, 229 (231).

[18] *Rusche*, Der Energiecharter-Vertrag auf dem Prüfstein von Achmea und CETA, EuZW 2020, 169 (169); ICSID Case No. ARB/07/19, Decision, Rn. 4.60: ECT „as a brainchild of the European Union“.

[19] Äußerung der Kommission in ICSID Case No. ARB/14/3, Award 27.12.2016, Rn. 288.

[20] Empfehlung für einen Beschluss des Rates über die Ermächtigung zur Aufnahme von Verhandlungen über die Modernisierung des Vertrags über die Energiecharta v. 14.05.2019, https://ec.europa.eu/transparency/regdoc/rep/1/2019/DE/COM-2019-231-F1-DE-MAIN-PART-1.PDF (zul. abg. am 15.03.2023).

[21] Die Verhandlungen über die Modernisierung des ECT betreffen sowohl Zuständigkeiten der Union, als auch der Mitgliedstaaten. Formal wurden deshalb zwei Beschlüsse über die Ermächtigung der Kommission zur Aufnahme von Verhandlungen angenommen.

Verhandlungen zur Reform des ECT zu führen.[22] Diese sind gerichtet auf eine Vertragsänderung des ECT. Zukünftig soll der ECT strukturell nach dem CETA-Vorbild ausgerichtet werden, außerdem sollen Themen wie der Klimawandel und Energiewendeziele berücksichtigt sowie die schiedsgerichtliche Streitbeilegung vor dem Hintergrund des UNCITRAL-Reformprozesses angepasst werden.[23]

Die Reformverhandlungen verlaufen jedoch schleppend.[24] Im März 2022 fand die elfte Verhandlungsrunde statt, ohne dass man sich auf entscheidende Reformen des ECT verständigen konnte. Deshalb wird die politische Forderung nach einem Austritt aus dem ECT immer lauter.[25]

a) Einflüsse des ECT auf die Unionsrechtsordnung

Der ECT wurde als gemischter Vertrag[26] von der Union, den Mitgliedstaaten und Drittstaaten geschlossen. Er wird als völkerrechtliches Abkommen der Union gemäß Art. 216 Abs. 2 AEUV in das Unionsrecht integriert und entfaltet dort eine unmittelbare Geltung. Seine unmittelbare Anwendbarkeit im innerstaatlichen Recht wird vertraglich nicht ausgeschlossen, sodass der ECT Bindungswirkungen innerhalb des Unionsrechts entfalten kann. Ob die Autonomie in dieser abstrakten Gefährdungslage gewahrt wird, hängt von der Ausgestaltung des Abkommens ab.

b) Verstoß gegen das Rechtsprechungsmonopol des EuGH

Die Streitbeilegungsvorschriften des ECT verstoßen gegen das Rechtsprechungsmonopol des EuGH, wenn die vertraglichen Streitbeilegungsorgane über den ECT hinaus über die Entscheidung von originärem Unionsrecht zuständig wären.[27] Zwar wurde der ECT durch den Beitritt der Union Bestandteil des Uni-

[22] Die Verhandlungsrichtlinien sind abrufbar unter https://data.consilium.europa.eu/doc/document/ST-10745-2019-ADD-1/de/pdf (zul. abg. am 15.03.2023).

[23] European Commission, News archive v. 27.05.2020, Commission presents EU proposal for modernising Energy Charter Treaty, https://trade.ec.europa.eu/doclib/press/index.cfm?id=2148 (zul. abg. am 15.03.2023).

[24] Zum aktuellen Stand der Verhandlungen siehe: https://www.energychartertreaty.org/modernisation-of-the-treaty/ (zul. abg. am 15.03.2023).

[25] *Bernasconi-Osterwalder/Schaugg/van den Berghe*, Investitionsschutz über Klimaschutz?: Warum ein Rücktritt aus dem Energie-Charta-Vertrag völkerrechtlich möglich und klimapolitisch richtig ist, Verfassungsblog v. 14.10.2021, https://verfassungsblog.de/investitionsschutz-uber-klimaschutz/ (zul. abg. am 15.03.2023).

[26] *Bungenberg* in: Pechstein/Nowak/Häde (Hrsg.), Frankfurter Kommentar EUV/GRC/AEUV, Art. 207 AEUV, Rn. 246.

[27] EuGH, Gut. 1/17, ECLI:EU:C:2019:341, Rn. 118 – CETA; *Germelmann*, Der Investitionsschutz im Energie- und Klimaschutzrecht zwischen „European Green Deal“ und Grenzen des Unionsprimärrechts, EuR 2020, 375 (396).

onsrechts, dies allein genügt aber nicht für einen Verstoß gegen das Rechtsprechungsmonopol des EuGH.

aa) Streitbeilegungsmechanismen des ECT

Der ECT unterscheidet zwischen Verfahren unter zwei Vertragsparteien (Art. 27 ECT) und solchen zwischen einer Vertragspartei und einem Investor (Art. 26 ECT).

(1) Art. 27 ECT (Streitbeilegung zwischen Vertragsparteien)

Ein auf der Grundlage von Art. 27 ECT gebildetes Schiedsgericht darf mithin originäres Unionsrecht nicht auslegen oder anwenden. Gemäß Art. 27 Abs. 2 ECT wird im Streitfall ein Ad-hoc-Schiedsgericht gebildet, dessen Rechtsquellen gemäß Art. 27 Abs. 3 lit. g ECT den „Vertrag und anwendbare Regeln und Grundsätze des Völkerrechts" umfassen. Das Schiedsgericht könnte Unionsrecht also nur auslegen und anwenden, wenn Unionsrecht zu den anwendbaren Regeln des Völkerrechts zählt. Obwohl sich das Unionsrecht von „gewöhnlichen" völkerrechtlichen Verträgen unterscheidet, ist es dennoch als dem Völkerrecht entsprungen anzusehen.[28] In völkerrechtlichen Verfahren mit Drittstaatsbezug ist das Unionsrecht nicht anwendbar, sodass in dieser Konstellation ein Verstoß gegen das alternative Streitbeilegungsverbot aus Art. 344 AEUV ausscheidet.

Im Hinblick auf Streitigkeiten zwischen zwei Mitgliedstaaten der Union greift dagegen das Rechtsprechungsmonopol des EuGH aus Art. 344 AEUV. Dabei ist es unschädlich, dass es sich um ein gemischtes Abkommen handelt.[29] Das Vorliegen einer geteilten Zuständigkeit genügt, um eine ausschließliche Zuständigkeit des EuGH zu begründen.[30] Ein Verstoß gegen das Streitbeilegungsverbot lässt sich auch nicht deshalb ablehnen, weil unionsrechtliche Sanktionsmecha-

[28] EuGH, Rs. 26/62, ECLI:EU:C:1963:1, Slg. 1963, 1 (25) – van Gend & Loos; EuGH, Gut. 1/09, ECLI:EU:C:2011:123, Rn. 65 – Europ. Patentgericht; EuGH, Gut. 2/13, ECLI:EU:C:2014:2454, Rn. 157 – EMRK; *Burgstaller*, European Law and Investment Treaties, J. Intl. Arb. 2009, 181 (192, 210); zustimmend auch die schiedsgerichtliche Rechtsprechungspraxis, siehe ICSID Case No. ARB/07/19, Decision on Jurisdiction, Applicable Law and Liability 30. Nov. 2012, Rn. 4.122 – Electrabel S.A. v. Republic of Hungary, https://www.italaw.com/sites/default/files/case-documents/italaw1071clean.pdf (zul. abg. am 15.03.2023).

[29] Mit dem EuGH, Gut. 2/15, ECLI:EU:C:2017:376, Rn. 285 ff. – Singapur traf der EuGH die von der Kommission vormals bestrittene Feststellung, dass die Union auf der Grundlage von Art. 207 AEUV zwar materielle Investitionsschutzvertrage schließen darf, es fur die Unterwerfung der Mitgliedstaaten unter eine Schiedsgerichtsbarkeit aber der Zustimmung der Mitgliedstaaten bedarf, siehe *Gundel*, Frischer Wind für den Investitionsschutz nach dem Energiecharta-Vertrag?, EnWZ 2018, 1 (1).

[30] Zur Zuständigkeit des EuGH im Rahmen gemischter Abkommen siehe S. 47 ff.

nismen beständen, das Betreiben völkerrechtlicher Schiedsverfahren unionsrechtlich zu unterbinden. Zum Schutz der Autonomie genügen nämlich keine unionsrechtlichen Pflichten und Haftungsmechanismen, vielmehr muss bereits die Möglichkeit von unionsrechtswidrigen Verhalten völkerrechtlich im Rahmen des ECT ausgeschlossen werden. Auch wenn sich der EuGH zu dieser Frage noch nicht ausdrücklich äußerte,[31] ergibt sich dies aus einer Übertragung des Gut. 2/13 zum EMRK-Beitritt. Dort stellte er fest, dass bereits die Existenz einer völkerrechtlichen Umgehungsmöglichkeit von Art. 344 AEUV mit Unionsrecht unvereinbar sei.[32]

(2) Art. 26 ECT (Investor-Staat-Streitbeilegung)

Art. 26 Abs. 2 ECT eröffnet Investoren drei Klagemöglichkeiten: Der Investor kann entweder vor den Gerichten der beklagten Vertragspartei, auf der Grundlage eines zuvor vereinbarten Streitbeilegungsverfahrens oder auf der Grundlage des Streitbeilegungsmechanismus des ECT gemäß Art. 26 Abs. 2 lit. c ECT gegen die Verletzung materieller Schutzbestimmungen des ECT klagen. Aus dem Blickwinkel der Autonomie ist entscheidend, ob das ECT-Schiedsgericht durch den vertraglichen Streitbeilegungsmechanismus Unionsrecht auslegen oder anwenden kann. Obwohl das Verbot alternativer Streitbeilegung aus Art. 344 AEUV auf Streitigkeiten zwischen Mitgliedstaaten beschränkt ist, dehnte der EuGH den Anwendungsbereich über das Rechtsprechungsmonopol als Resultat der Autonomie auf Investor-Staat-Streitigkeiten aus.[33]

Art. 26 Abs. 6 ECT ist hinsichtlich der Rechtsquellen gegenüber Art. 27 Abs. 3 lit. g ECT wortgleich abgefasst, demnach entscheidet das Schiedsgericht in Einklang mit dem ECT und den anwendbaren Regeln und Grundsätzen des Völkerrechts. Die ECT-Schiedsgerichte sind also nicht befugt, das nationale Recht der Vertragsparteien auszulegen,[34] sondern sind ausdrücklich auf das Völkerrecht als anwendbares Recht beschränkt.[35] In einer Konstellation mit einem Drittstaatsbe-

---

[31] In der Rs. Komstroy stellte der EuGH lediglich in Bezug auf Art. 26 Abs. 2 lit.c ECT fest, dass dieser in Streitbeilegungsverfahren innerhalb der Union nicht anwendbar sei, siehe S. 169 f.

[32] EuGH, Gut. 2/13, ECLI:EU:C:2014:2454, Rn. 207 f. – EMRK; aA vertritt *Germelmann* in: Theobald/Kühling (Hrsg.), Energierecht, Europäisches Energierecht – 12. Internationaler Investitionsschutz im Energierecht, Rn. 141, demnach genüge die unionsrechtliche Pflicht, solche Verfahren nicht zu verfolgen, eine völkerrechtliche Reduktion der Streitbeilegungsvorschriften sei insoweit möglich; zur Entscheidung des EuGH im Gut. 2/13 siehe S. 103 ff.

[33] Zur Schöpfung eines Rechtsprechungsmonopols aus der Autonomie siehe S. 39 ff. und die Fortentwicklung auf S. 57, demnach sei Art. 344 AEUV lediglich ein Resultat der Autonomie.

[34] *Kerkemeyer*, Unionsrecht und internationales Investitionsschutzrecht auf Kollisionskurs, EuZW 2016, 10 (14).

[35] *Lang*, Die Autonomie des Unionsrechts und die Zukunft der Investor-Staat-Streitbeilegung in Europa nach Achmea, EuR 2018, 525 (537).

zug zählt das Unionsrecht mithin nicht zum anwendbaren Recht. Für Verfahren innerhalb der Union gehört das Unionsrecht indes zu den zwischen den Parteien anwendbaren Regeln des Völkerrechts. Der Streitbeilegungsmechanismus über Art. 26 ECT schreibt somit einem ECT-Schiedsgericht die Auslegung von originärem Unionsrecht zu. Dieses Ergebnis wird durch die Meistbegünstigungsklausel für Investoren in Art. 16 ECT bestätigt: Besteht demnach zwischen den Vertragsparteien eine zeitlich vor dem ECT geschlossene Übereinkunft, soll diese – falls sie dem Investor eine günstigere Rechtsposition verschafft – konform zum ECT ausgelegt werden. In Intra-EU-Verfahren kann somit originäres Unionsrecht über Art. 16 ECT durch das Schiedsgericht ausgelegt werden, um über das Bestehen investorschützender Vorschriften aus dem Unionsrecht zu entscheiden. Weil eine solche Entscheidung zwingend einen Verstoß gegen das Rechtsprechungsmonopol begründen würde, kann Art. 16 ECT im Intra-EU-Kontext faktisch keine investorschützende Bedeutung mehr zukommen.[36] Im Ergebnis ändert sich dadurch die unionsrechtliche Bewertung nicht: In der Drittstaatenkonstellation ist Unionsrecht jedenfalls nicht anwendbar, im Intra-EU-Bereich ist eine Berücksichtigung auf der Grundlage von Art. 26 Abs. 6 ECT sowie Art. 16 ECT möglich.

(3) Keine Kontrollmöglichkeit des EuGH

Weil ECT-Schiedsgerichte auf der Grundlage der Art. 26, 27 ECT in Intra-EU-Konstellationen Unionsrecht auslegen und anwenden könnten, muss das Letztentscheidungsrecht des EuGH gewahrt werden. Eine Kontrollmöglichkeit wird dem EuGH im ECT indes nicht eingeräumt. Die ECT-Schiedsgerichte sind weder als Gericht eines Mitgliedstaats iSv Art. 267 AEUV anzusehen, noch gibt es eine vertragliche Zuständigkeitszuweisung an den EuGH oder eine umfassende Aufhebungsmöglichkeit von deren Schiedssprüchen.

(4) Zwischenergebnis

Weil die Rechtsquellen aus Art. 26, 27 ECT eine Auslegung und Anwendung von Unionsrecht durch die ECT-Schiedsgerichte ermöglichen, ohne dem EuGH eine Kontrollmöglichkeit einzuräumen, müssen zur Wahrung der Autonomie Intra-EU-Konstellationen wirksam abbedungen werden.

---

[36] *Germelmann*, Der Investitionsschutz im Energie- und Klimaschutzrecht zwischen „European Green Deal" und Grenzen des Unionsprimärrechts, EuR 2020, 375 (397), hält Art. 16 ECT in diesem Fall für sinnentleert, weil die schiedsgerichtliche Entscheidung infolge der Auslegung von Unionsrecht nicht mit Unionsrecht vereinbar sei; *Stöbener de Mora*, Das Achmea-Urteil zum Intra-EU-Investitionsschutz, EuZW 2018, 363 (367), hält es für widersinnig, dass Art. 16 ECT als Investorenschutzklausel diesem aus der Hand geschlagen würde, wenn sie zur Unvereinbarkeit des vertraglichen Streitbeilegungsmechanismus gereiche.

bb) Völkerrechtlicher Ausschluss von Intra-EU-Verfahren

Nach der *Achmea*-Entscheidung des EuGH betonte die Kommission nachdrücklich ihre Überzeugung, die Streitbeilegungsvorschriften des ECT verstießen gegen Unionsrecht und ergänzte, die Vorschriften seien innerhalb der Union unanwendbar.[37] Völkerrechtliche Streitbeilegungsvorschriften des ECT werden aber nicht wegen eines Verstoßes gegen Unionsrecht unanwendbar. Für die Frage, ob der ECT Intra-EU-Verfahren ausschließt, kommt es ausschließlich auf die Bestimmungen des ECT an. Konkret würden solche Verfahren ausgeschlossen, wenn entweder Intra-EU-Verfahren nicht vom Anwendungsbereich des ECT umfasst sind, das Unionsrecht ein Inter-se-Abkommen darstellt oder mit dem Abschluss des ECT eine implizite Trennungsklausel vereinbart wurde.

(1) Ausschluss über Begriffsdefinition von Investition/Investor in Art. 1 ECT

Die Streitbeilegungsmechanismen aus Art. 26, 27 ECT sind auf den Schutz von Investoren im fremden Hoheitsgebiet ausgerichtet. Intra-EU-Streitigkeiten sind nur deshalb möglich, weil die Mitgliedstaaten der Union durch den Abschluss des ECT als gemischtes Abkommen jeweils Vertragsparteien wurden. In die Definition des Art. 1 Nr. 6, 7 ECT, der die Begriffe der Investition und des Investors festlegt, hätte aufgenommen werden können, dass Investitionen von Investoren aus einem Mitgliedstaat der Union in einen anderen Mitgliedstaat der Union nicht dem Art. 1 Nr. 6, 7 ECT unterfallen. Mangels einer solchen Klarstellung schließt der Vertrag Intra-EU-Verfahren nach dem Wortlaut nicht aus.

(2) Unionsrecht als Inter-se-Abkommen iSv Art. 41 WVK

Der ECT ist ein völkerrechtlicher Vertrag, der in den Anwendungsbereich der WVK fällt.[38] Deshalb sind die Regelungen der WVK direkt auf die Vorschriften des ECT anwendbar. Das allgemeine Völkerrecht, das sich in den Vorschriften der WVK niederschlägt, erkennt an, dass sich bei multilateralen Verträgen nachträgliche Änderungen als sehr schwierig erweisen können. Art. 41 WVK[39] bietet

---

[37] KOM Mitteilung v. 19.07.2018 (COM (2018) 547), S. 4, https://ec.europa.eu/transparency/regdoc/rep/1/2018/DE/COM-2018-547-F1-DE-MAIN-PART-1.PDF (zul. abg. am 15.03.2023); zustimmend ebenso das Mitglied des juristischen Dienstes der Europ. Kommission *Rusche*, Der Energiecharter-Vertrag auf dem Prüfstein von Achmea und CETA, EuZW 2020, 169 (170f.).

[38] *Rösch*, Intraeuropäisches Investitionsrecht, S. 195.

[39] Art. 41 WVK: Übereinkünfte zur Modifikation mehrseitiger Verträge zwischen einzelnen Vertragsparteien

(1) Zwei oder mehr Vertragsparteien eines mehrseitigen Vertrags können eine Übereinkunft schließen, um den Vertrag ausschließlich im Verhältnis zueinander zu modifizieren,

a) wenn die Möglichkeit einer solchen Modifikation in dem Vertrag vorgesehen ist oder

deshalb für multilaterale völkerrechtliche Verträge die Möglichkeit, dass eine Gruppe von Abkommensstaaten durch eine gesonderte Absprache die Rechtsbeziehungen untereinander modifizieren kann (sog. Inter-se-Abkommen).[40] Wenn der ECT eine Abrede der Unions-Mitgliedstaaten zuließe, dass die vertraglichen Verpflichtungen innerhalb der Union durch einen Ausschluss der Streitbeilegungsmechanismen beschränkt seien, wären Intra-EU-Verfahren bereits auf völkerrechtlicher Ebene ausgeschlossen. Diese Argumentation führte die Kommission bereits in schiedsgerichtlichen Verfahren auf der Grundlage des ECT.[41] Im Fall *Vattenfall AB v. Deutschland* folgerte die Kommission aus dem Umkehrschluss von Art. 351 AEUV, dass (Alt-)Verträge zwischen den Mitgliedstaaten durch die Unionsverträge verdrängt würden.[42] In diesem Fall wäre ein Schiedsgericht auf der Grundlage des ECT bereits unzuständig.

Zulässig sind Inter-se-Abkommen indes nur, wenn entweder nach Art. 41 Abs. 1 lit. a WVK Modifikationen durch einzelne Abkommensstaaten vertraglich vorgesehen beziehungsweise ermöglicht werden oder die kumulativen Voraussetzungen von Art. 41 Abs. 1 lit. b WVK vorliegen. Im Fall des ECT sind Sonderabsprachen im Sinne von Inter-se-Abkommen nicht vorgesehen. Inter-se-Abkommen wären dennoch gemäß Art. 41 Abs. 1 lit. b WVK möglich, wenn der ECT sie nicht verbietet, die Absprache keine anderen Vertragsparteien beeinträchtigt und die vertragliche Abweichung mit der Verwirklichung von Zweck und Ziel des ECT nicht unvereinbar ist.

---

b) wenn die betreffende Modifikation durch den Vertrag nicht verboten ist und

i) die anderen Vertragsparteien in dem Genuss ihrer Rechte auf Grund des Vertrags oder in der Erfüllung ihrer Pflichten nicht beeinträchtigt und

ii) sich nicht auf eine Bestimmung bezieht, von der abzuweichen mit der vollen Verwirklichung von Ziel und Zweck des gesamten Vertrags unvereinbar ist.

(2) Sofern der Vertrag in einem Fall des Absatzes 1 Buchstabe a nichts anderes vorsieht, haben die betreffenden Vertragsparteien den anderen Vertragsparteien ihre Absicht, eine Übereinkunft zu schließen, sowie die darin vorgesehene Modifikation zu notifizieren.

40 *Odendahl* in: Dörr/Schmalenbach (Hrsg.), Vienna Convention on the Law of Treaties, Art. 41, Rn. 1 f.

41 *Beham/Prantl*, Intra-EU Investment Reform: What Options for the Energy Charter Treaty?, Kluwer Arbitration Blog v. 07.01.2020, http://arbitrationblog.kluwerarbitration.com/2020/01/07/intra-eu-investment-reform-what-options-for-the-energy-charter-treaty/ (zul. abg. am 15.03.2023) mit Verweis auf ICSID Case No. ARB/15/40, Award 06.08.2012 – Belenergia S.A. v. Italian Republic, https://www.italaw.com/sites/default/files/case-documents/italaw10759.pdf (zul. abg. am 15.03.2023) und SCC Arbitration V Case No. 2015/095, Final Award – Greentech Energy Systems A/S v. Italian Republic, https://www.italaw.com/sites/default/files/case-documents/italaw10291.pdf (zul. abg. am 15.03.2023).

42 ICSID-Fall ARB/12/12 (Vattenfall AB v. Deutschland), Rn. 225 (https://www.italaw.com/sites/default/files/case-documents/italaw9916.pdf, (zul. abg. am 15.03.2023)).

(a) Kein Verbot von Inter-se-Abkommen durch Art. 46 ECT

Der ECT enthält kein ausdrückliches Verbot für den Abschluss von Inter-se-Abkommen. Allerdings muss ein vertraglicher Ausschluss von Inter-se-Abkommen nicht ausdrücklich im Vertrag geregelt sein, er kann sich auch aus der Systematik des Vertrags ergeben.[43] Es ließe sich aus dem allgemeinen Verbot von Vorbehalten gemäß Art. 46 ECT ableiten, dass auch Inter-se-Abkommen unzulässig sein müssten.[44] Um diese parallele Behandlung zu begründen, müssten Vorbehalte und Inter-se-Abkommen strukturell vergleichbar sein. Die WVK zeigt jedoch schon in ihrem systematischen Aufbau, dass sie zwischen Vorbehalten und Inter-se-Abkommen grundsätzlich unterscheidet: Vorbehalte werden in Teil II Abschnitt 2 der WVK behandelt, der Vorschriften über den Abschluss und das Inkrafttreten von Verträgen enthält. Inter-se-Abkommen werden dagegen in Teil IV der WVK zur Änderung und Modifikation von Verträgen geregelt. Demnach dienen Vorbehalte einer Vertragspartei, die Geltung bestimmter vertraglicher Verpflichtungen für sich auszuschließen, Art. 2 Abs. 1 lit. d WVK.[45] Modifikationen des Vertrags nach Art. 41 WVK berühren dagegen nicht den Rechtsstatus der unbeteiligten Vertragsparteien.[46] Der Vorbehalt muss also bis zum Vertragsschluss formuliert werden, die Modifikation nach Art. 41 WVK wirkt hingegen nur gegenüber bestimmten Vertragsparteien. Wegen dieser Unterschiede lässt sich aus dem Willen der Vertragsparteien, Vorbehalte auszuschließen, nicht auf den Willen schließen, dass Inter-se-Abkommen ausgeschlossen werden sollten. Die systematischen Erwägungen zu Art. 46 ECT lassen deshalb nicht auf ein Verbot von Inter-se-Abkommen iSv Art. 41 WVK schließen.

(b) Verbot von Inter-se-Abkommen durch Art. 16 ECT

Allerdings könnte sich ein Verbot aus Art. 16 ECT ergeben. Die Meistbegünstigungsklausel aus Art. 16 ECT verbietet frühere sowie spätere vertragliche Abweichungen von Schutzbestimmungen des ECT, wenn diese nicht für den Investor günstiger sind. Würde nun die Anwendbarkeit des ECT in Intra-EU-Verfahren durch Unionsrecht ausgeschlossen, würde dem Investor seine Klagemöglichkeit aus Art. 26 ECT genommen. Der Verlust der völkerrechtlichen Klagemöglichkeit würde schon für sich genommen als Verlust einer Rechts-

---

[43] *Odendahl* in: Dörr/Schmalenbach (Hrsg.), Vienna Convention on the Law of Treaties, Art. 41, Rn. 13.

[44] *Beham/Prantl*, Intra-EU Investment Reform: What Options for the Energy Charter Treaty?, Kluwer Arbitration Blog v. 07.01.2020, http://arbitrationblog.kluwerarbitration.com/2020/01/07 intra-eu-investment-reform-what-options-for-the-energy-charter-treaty/ (zul. abg. am 15.03.2023).

[45] *von Arnauld*, Völkerrecht, Rn. 214.

[46] *von Arnauld*, Völkerrecht, Rn. 235.

schutzmöglichkeit nachteilig auf den Schutz des Investors wirken.[47] Insoweit lässt sich Art. 16 ECT als Verbot einordnen, Art. 26 ECT Inter-se zu Lasten der Schutzstandards von Investoren zu modifizieren.[48] Ein Ausschluss von Art. 26 ECT durch das Unionsrecht als Inter-se-Abkommen scheidet mithin aus. Ebenso entschied das Schiedsgericht im Verfahren *Vattenfall AB v. Deutschland*, dass zwischen Art. 351 AEUV und Art. 16 ECT nach dem Lex-specialis-Grundsatz Art. 16 ECT der Vorrang einzuräumen sei.[49] Dazu führte das Schiedsgericht aus, „the clearer conflict rule in Article 16 ECT must prevail over a rule derived from an a contrario interpretation of Article 351 TFEU“[50]. Vergleicht man die hier vorliegende „Kollision zweier Kollisionsnormen“ mit der Konfliktlage von Art. 344 AEUV und Art. 55 EMRK, würde aus unionsrechtlicher Sicht eben nicht der Lex-specialis-Grundsatz greifen. Vielmehr entschied der EuGH, dass es die Autonomie des Unionsrechts gebiete, dass sich Art. 344 AEUV unbeschadet gegen Art. 55 EMRK durchsetze.[51]

(c) Zwischenergebnis

Das Unionsrecht ist kein zulässiges Inter-se-Abkommen, welches den Streitbeilegungsmechanismus aus Art. 26 ECT völkerrechtlich ausschließen könnte.

(3) Annahme einer implied disconnection clause

Um die Vereinbarkeit des ECT mit Unionsrecht zu sichern, liest die Kommission in den Vertrag eine implizite Trennungsklausel (sog. *implied disconnection clause*) hinein.[52] Im Rahmen eines schiedsrechtlichen Verfahrens äußerte sich die Kommis-

---

47 Das Verfahren nach Art. 26 ECT ist in Intra-EU-Verfahren für Investoren attraktiv, dafür sprechen bereits die hohen Fallzahlen; Liste aller Verfahren abrufbar unter: https://www.energychartertreaty.org/cases/list-of-cases/ (zul. abg. am 15.03.2023); für eine Bewertung der Fallzahlen siehe *Basedow*, The Achmea Judgement and the Applicability of the Energy Charter Treaty in Intra-EU Investment Arbitration, S. 271 (272).

48 *Burgstaller*, European Law and Investment Treaties, J. Intl. Arb. 2009, 181 (210); *Tietje*, The Applicability of the Energy Charta Treaty in ICSID Arbitration of EU Nationals vs. EU Member States in: Tietje/Kraft (Hrsg.), Beiträge zum Transnationalen Wirtschaftsrecht, Heft 78, S. 12; *Müller*, Reformhindernisse im internationalen Investitionsrecht, S. 98; *Lang*, Die Autonomie des Unionsrechts und die Zukunft der Investor-Staat-Streitbeilegung in Europa nach Achmea, EuR 2018, 525 (546).

49 ICSID-Fall ARB/12/12 (Vattenfall AB v. Deutschland), Rn. 222, 227 (https://www.italaw.com/sites/default/files/case-documents/italaw9916.pdf, (zul. abg. am 15.03.2023)).

50 ICSID-Fall ARB/12/12 (Vattenfall AB v. Deutschland), Rn. 227 (https://www.italaw.com/sites/default/files/case-documents/italaw9916.pdf, (zul. abg. am 15.03.2023)).

51 Zu Art. 55 EMRK im Kontext der Staatenbeschwerde siehe S. 103 ff.

52 Europ. Kommission, Protection of Intra-EU-Investment COM (2018) 547 final, S. 3 f., https://eur-lex.europa.eu/legal-content/EN/TXT/PDF/?uri=CELEX:52018DC0547&rid=8

sion bereits in einem *Amicus-curiae*-Schriftsatz, dass sie von der Nichtanwendbarkeit der ECT-Streitbeilegungsmechanismen bei Intra-EU-Verfahren ausginge.[53] Trennungsklauseln sind ein Phänomen gemischter Verträge,[54] die zu einer Aufteilung der vertraglichen Verpflichtungen – häufig orientiert an der tatsächlichen Kompetenzlage – führen.[55] Der Unterschied zu Inter-se-Abkommen liegt darin, dass die völkerrechtlichen Verpflichtungen nur verteilt, nicht aber teilweise ausgeschlossen werden. Außerdem sind Trennungsklauseln Bestandteil des völkerrechtlichen Abkommens,[56] Inter-se-Abkommen werden dagegen – in aller Regel nachträglich – getrennt vom Abkommen geschlossen. Der ECT sieht ausdrücklich keine Trennungklausel vor. Durch Auslegung muss aber ermittelt werden, ob die Vertragsparteien konkludent eine Trennungsklausel in den ECT aufgenommen haben.

Legt man Art. 26 ECT nach Art. 31 WVK aus, könnte man argumentieren, dass nie beabsichtigt gewesen sei, Intra-EU-Verfahren zu ermöglichen.[57] Die Streitbeilegungsklausel von Art. 26 ECT wirke daher durch ihren Normzweck, der Wahrung der Rechte von Drittstaaten, nur noch im Verhältnis zu Drittstaaten, nicht aber in Verhältnis zwischen den Mitgliedstaaten. Hinsichtlich der Staat-Staat-Streitbeilegung des Art. 27 ECT wird in gleicher Manier für eine restriktive Auslegung geworben, die Intra-EU-Verfahren ausschließe.[58] Der ECT entfalte deshalb zwischen den Mitgliedstaaten keine völkerrechtlichen Wirkungen, sodass eine Trennungsklausel gar nicht erforderlich sei.[59] Dieses Ergebnis wirkt aber eher erzwungen, als von vorn herein beabsichtigt: Die Auslegung der Art. 26, 27 ECT liefert nach den allgemeinen Auslegungsregeln von Art. 31 WVK kein eindeutiges Bild.[60]

(zul. abg. am 15.03.2023). Dort heißt es: "This provision [Art. 26 ECT], if interpreted correctly, does not provide for an investor-State arbitration clause applicable between investors from a Member States of the EU and another Member States of the EU.".

53 ICSID Case No. ARB/07/19, Decision on Jurisdiction, Applicable Law and Liability 30. Nov. 2012, Rn. 5.20 – Electrabel S.A. v. Republic of Hungary, https://www.italaw.com/sites/default/files/case-documents/italaw1071clean.pdf (zul. abg. am 15.03.2023).

54 Zum Abschluss gemischter Verträge siehe S. 47 ff.

55 *Arnold*, Der Abschluß gemischter Verträge durch die Europäischen Gemeinschaften, AVR 1981, 419 (423, 456).

56 *Rodenhoff*, Die Europäischen Gemeinschaften und ihre Mitgliedstaaten als völkerrechtliche Einheit bei umweltvölkerrechtlichen Übereinkommen, S. 198.

57 Eine weiterführende Begründung liefert *Kulick*, Electrabel locuta, causa finita? – Intra-EU-Investitionsstreitigkeiten unter dem Energiecharta-Vertrag, SchiedsVZ 2013, 81 (86 ff.).

58 *Germelmann* in: Theobald/Kühling (Hrsg.), Energierecht, Europäisches Energierecht – 12. Internationaler Investitionsschutz im Energierecht, Rn. 141.

59 *Smrkolj,* The Use of the „Disconnection Clause" in International Treaties, S. 14, https://papers.ssrn.com/sol3/papers.cfm?abstract_id=1133002 (zul. abg. am 15.03.2023).

60 *Kulick*, Electrabel locuta, causa finita? – Intra-EU-Investitionsstreitigkeiten unter dem Energiecharta-Vertrag, SchiedsVZ 2013, 81 (86 ff.).

Stattdessen ergibt sich mit Blick auf die anderen völkerrechtlichen Abkommen der Union, in denen die Union ausdrückliche Trennungsklauseln formulierte, ein anderes Bild.[61] Weil in den Verhandlungen über den ECT die Formulierung einer Trennungsklausel diskutiert wurde, ergibt die Auslegung eher, dass das Fehlen einer Trennungsklausel kein Versehen war, sondern den Vertragswillen abgebildet hat.[62] Aus den *travaux préparatoires*[63] des ECT geht hervor, dass die Union zunächst in den Verhandlungen auf eine Trennungsklausel beharrte, diese Forderung aber vor dem Vertragsschluss aufgab.[64] Darüber hinaus wäre zu klären gewesen, ob eine *implied disconnection clause* ihrerseits mit dem ECT vereinbar gewesen wäre.[65] Im Ergebnis ist die Auffassung der Kommission über eine konkludente Trennungsklausel daher abzulehnen.

Diese Sichtweise deckt sich mit der schiedsgerichtlichen Praxis,[66] die das Bestehen einer *implied disconnection clause* ablehnt. Intra-EU-Verfahren könnten daher nur durch eine Vertragsänderung ausgeschlossen werden.[67] Unter Zugrundelegung des ECT sowie des Unionsrechts als Völkerrecht[68] führen sie die kollidierenden Rechtsordnungen auf der Auslegungsgrundlage des Art. 31 WVK zum Einklang.[69] Insgesamt besteht damit ein klarer Handlungsbedarf zur Vertragsreform.[70]

---

[61] *Smrkolj,* The Use of the „Disconnection Clause" in International Treaties, S. 2, https://papers.ssrn.com/sol3/papers.cfm?abstract_id=1133002 (zul. abg. am 15.03.2023); *Rodenhoff*, Die Europäischen Gemeinschaften und ihre Mitgliedstaaten als völkerrechtliche Einheit bei völkerrechtlichen Übereinkommen, S. 198 ff.

[62] Mit dem Hinweis, dass eine „*disconnection clause*" für das GATT in Art. 4 ECT aufgenommen sowie im Rahmen der travaux préparatoires diskutiert wurde: *Reuter*, Taking Investors' Rights Seriously: The Achmea and CETA Rulings of the European Court of Justice Do Not Bar Intra-EU Investment Arbitration, ZaöRV 2020, 379 (397).

[63] Aufzeichnung der Verhandlungsgeschichte eines Vertragsabschlusses.

[64] *Basedow*, The Achmea Judgement and the Applicability of the Energy Charter Treaty in Intra-EU Investment Arbitration (289 f.).

[65] *Rösch*, Intraeuropäisches Investitionsrecht, S. 182 ist der Ansicht, eine solche Klausel verstieße ihrerseits gegen Art. 41 WVK und Art. 16 Abs. 2 ECT.

[66] Gegen die Annahme einer impliziten disconnection clause: ICSID Case No. ARB/17/14, Rn. 195 – Rockhooper v. Italy; ICSID Case No. ARB/12/12, Decision on the Achmea Issue, Rn. 202 – Vattenfall AB and others v. Germany.

[67] ICSID Case No. ARB/17/14, Rn. 174 – Rockhooper v. Italy; ICSID Case No. ARB/14/3, Rn. 286–289 – Blusun v. Italy; *Rusche*, Der Energiecharter-Vertrag auf dem Prüfstein von Achmea und CETA, EuZW 2020, 169 (171) mit dem Hinweis auf ARB/15/50 und abweichend ARB/15/16, Rn. 280, dass sich ein EuGH-Urteil ebenfalls völkerrechtlich auswirke.

[68] ICSID Case No. ARB/07/19, Decision on Jurisdiction, Applicable Law and Liability 30. Nov. 2012 – Electrabel S.A. v. Republic of Hungary, https://www.italaw.com/sites/default/files/case-documents/italaw1071clean.pdf (zul. abg. am 15.03.2023).

[69] *Kulick*, Electrabel locuta, causa finita? – Intra-EU-Investitionsstreitigkeiten unter dem Energiecharta-Vertrag, SchiedsVZ 2013, 81 (83 f.).

[70] Der Bedarf nach Reformen des ECT, um eine Vereinbarkeit mit Unionsrecht sicherzustel-

(4) Zwischenergebnis

Durch den ECT werden Intra-EU-Verfahren auf Grundlage der Art. 26, 27 ECT nicht ausgeschlossen. Weil in Intra-EU-Verfahren Unionsrecht zum anwendbaren Recht der ECT-Schiedsgerichte zählt, ohne dass dem EuGH eine Kontrollmöglichkeit eingeräumt würde, verstoßen die Streitbeilegungsmechanismen des ECT gegen das Rechtsprechungsmonopol des EuGH.

cc) Kompromisslösung durch den EuGH? Rs. 741/19 – Komstroy

Im Oktober 2021 äußerte sich der EuGH erstmals zu Streitbeilegungen auf Grundlage des ECT innerhalb der Union. Der Entscheidung in der Rs. *Komstroy*[71] lag eine Streitigkeit zwischen einem Nichtmitgliedstaat und einem Investor aus einem Nichtmitgliedstaat zugrunde. Dennoch nutzte der EuGH die erste Möglichkeit, sich außerhalb der tragenden Entscheidungsgründe (*obiter dictum*) zu einer Intra-EU-Konstellation auf Grundlage des ECT zu äußern,[72] obwohl dafür keine Notwendigkeit bestand. Das Königreich Belgien hat dem EuGH im Rahmen eines Gutachtenverfahrens den ECT bereits mit der Fragestellung vorgelegt, ob Art. 26 ECT zwischen den Mitgliedstaaten anwendbar und ob dieser mit dem Rechtsprechungsmonopol des EuGH vereinbar ist.[73]

In Bezug auf die ECT-Streitbeilegung innerhalb der Union entschied der EuGH in der Rs. *Komstroy*, dass Art. 26 Abs. 2 lit. c ECT auf Intra-EU-Konstellationen „nicht anwendbar" sei.[74] Diese Feststellung begründete er mit einer Beeinträchtigung der Autonomie in Streitbeilegungskonstellationen innerhalb der Union.[75] Die Entscheidung des EuGH, Streitbeilegungsverfahren innerhalb der Union als Bedrohung der Autonomie einzuordnen, steht konsequent in einer Rechtsprechungslinie mit der *Achmea*-Entscheidung. Dennoch ist die infolge der Autonomiebeeinträchtigung festgestellte „Nichtanwendbarkeit" des Art. 26 Abs. 2 lit. c ECT wenig überzeugend: Dem EuGH obliegt im Vorabentscheidungsverfahren nicht die Zuständigkeit, über die Anwendbarkeit einer Vorschrift zu entscheiden.[76] Nach Art. 267 AEUV ist der EuGH gezwungen, seine Entscheidungen auf die Auslegung und Gültigkeit des Unionsrechts zu beschränken, wobei

---

len wird schon seit mehreren Jahren gesehen, siehe *Kleinheisterkamp*, Investment Protection And EU Law: The Intra- And Extra-EU Dimension Of The Energy Charter Treaty, JIEL 2012, 85 (109).

71 EuGH, Rs. 741/19, ECLI:EU:C:2021:655 – Komstroy.

72 *Karpenstein/Sangi*, Investitionsschutz vor nationalen Gerichten, NJW 2021, 3228 (3228, 3232).

73 Zu den Vorlagefragen Belgiens im Gutachtenantrag 1/20 siehe S. 174.

74 EuGH, Rs. 741/19, ECLI:EU:C:2021:655, Rn. 66 – Komstroy.

75 EuGH, Rs. 741/19, ECLI:EU:C:2021:655, Rn. 65 – Komstroy.

76 *Karpenstein/Sangi*, Investitionsschutz vor nationalen Gerichten, NJW 2021, 3228 (3229).

es keine Sonderregelung für völkerrechtliche Abkommen gibt.[77] In der Konsequenz hätte der EuGH wegen der Autonomiebeeinträchtigung in Intra-EU-Konstellationen die (Teil-)Nichtigkeit des Streitbeilegungsmechanismus aus Art. 26 ECT feststellen müssen. Der Umstand, dass der EuGH aus der Beeinträchtigung der Autonomie die Nichtanwendbarkeit von Art. 26 Abs. 2 lit. c ECT in unionsinternen Konstellationen schlussfolgert, lässt sich deshalb nur im Hinblick auf die Bedeutung des ECT für die europäische Energiewirtschaft nachvollziehen. Durch die Feststellung einer Nichtanwendbarkeit umgeht der EuGH die Feststellung einer (Teil-)Nichtigkeit von Art. 26 ECT. Auf diese Weise unterstützt er die laufenden Reformverhandlungen zur Modernisierung des ECT.

c) Verstoß gegen den Grundsatz des gegenseitigen Vertrauens

Spätestens durch die Entscheidung des EuGH in der Rs. *Achmea* ist klar, dass Intra-EU-Verfahren gegen den Grundsatz des gegenseitigen Vertrauens verstoßen.[78] Bereits in seinem Gut. 2/13 hatte der EuGH betont, dass die völkerrechtliche Möglichkeit zur Erhebung einer Staatenbeschwerde innerhalb der Mitgliedstaaten gegen den Vertrauensgrundsatz verstoße.[79] Daraus folgt, dass bereits die Möglichkeit eines Schiedsverfahrens innerhalb der Mitgliedstaaten den Vertrauensgrundsatz als Bestandteil der Autonomie beeinträchtigt. Die Streitbeilegungsmechanismen des ECT müssen deshalb bereits völkerrechtlich Intra-EU-Verfahren wirksam ausschließen. Bei Streitigkeiten mit Drittstaatsbezug droht dagegen kein Verstoß gegen den Vertrauensgrundsatz, der nur unter der Union und den Mitgliedstaaten Wirkung entfaltet.

d) Verstoß gegen das Diskriminierungsverbot, Art. 18 AEUV

In der Rs. *Achmea* ließ der EuGH wegen der bereits festgestellten Beeinträchtigung der Autonomie offen, ob Investitionsschutzverträge innerhalb der Union gegen das Diskriminierungsverbot aus Art. 18 AEUV verstoßen. Auf Grundlage völkerrechtlicher Investitionsschutzabkommen können sich nur bestimmte Investoren – abhängig vom Anwendungsbereich der Schutzvorschriften – zur Geltendmachung ihrer Ansprüche auf das Abkommen stützen. In aller Regel werden die Investitionen im Hoheitsgebiet der anderen Vertragsparteien des völkerrechtlichen Abkommens geschützt, nicht aber im Heimatstaat. Auch der ECT ist auf den Schutz von Investoren auf dem Gebiet einer anderen Vertragspartei ausge-

---

[77] *Pechstein/Görlitz* in: Pechstein/Nowak/Häde (Hrsg.), Frankfurter Kommentar EUV/GRC/AEUV, Art. 267 AEUV, Rn. 20.

[78] Zum Grundsatz des gegenseitigen Vertrauens in der Rs. Achmea siehe S. 106.

[79] Zur Staatenbeschwerde im EMRK-Abkommensentwurf siehe S. 103 ff.

richtet.[80] Somit könnte sich die Privilegierung der Investoren des jeweils anderen Mitgliedstaats innerhalb der Union als diskriminierende Maßnahme gegenüber den Investoren eines anderen Mitgliedstaats erweisen. Das der Rs. *Achmea* zugrundeliegende BIT ermöglichte nur den niederländischen und slowakischen Investoren einen völkerrechtlichen Rechtsweg bei Investitionen im Hoheitsgebiet der jeweils anderen Vertragspartei. Für die anderen Mitgliedstaaten wäre aus der Versagung eines völkerrechtlichen Rechtswegs ein Nachteil entstanden.[81] Abgesehen von Italien sind alle Mitgliedstaaten auch Vertragsparteien des ECT. Deshalb wird ein italienischer Investor bei Investitionen in anderen Mitgliedstaaten durch die Versagung des völkerrechtlichen Rechtswegs benachteiligt. Er kann sich nur auf den staatlichen Rechtsweg verlassen.

Nicht jede Benachteiligung führt zu einer Diskriminierung im Sinne von Art. 18 AEUV. Der EuGH ordnet ein Privileg für eine spezifische Gruppe nur als diskriminierend ein, wenn sich die nicht privilegierte Gruppe in einer objektiv vergleichbaren Situation befindet.[82] In Bezug auf ein Doppelbesteuerungsabkommen sei eine Vergünstigung nicht als solche anzusehen, wenn die Vorschrift von den übrigen Bestimmungen des Abkommens nicht losgelöst werden könnte, sondern einen integralen Bestandteil des Abkommens bilde und zu ihrer allgemeinen Ausgewogenheit beitrage.[83] Der EuGH schlussfolgerte für die Rs. *Achmea*, dass das Fehlen einer Schiedsklausel den Sinn des BIT nicht entleere und deshalb seine Ausgewogenheit nicht infrage stelle.[84] Er lehnte deshalb mit GA *Melchior Wathelet*[85] eine Diskriminierung ab. Übertragen auf den ECT ließe sich argumentieren, dass Verstöße gegen den ECT – abhängig von seiner Geltung im innerstaatlichen Recht – auch vor staatlichen Gerichten gerügt werden könnten und mithin die Ausgewogenheit des ECT fortbestehe. Diese Gegenseitigkeit entfällt auch nicht wegen des Austritts Italiens aus dem ECT. Italienische Investoren, die in anderen Mitgliedstaaten investieren, sind für neue Investitionen auf den staatlichen Rechtsweg beschränkt. Spiegelbildlich haftet Italien wegen der

---

80 Art. 10 ECT bezieht den FET-Standard nur auf Investoren anderer Vertragsparteien und der Streitbeilegungsmechanismus aus Art. 26 ECT ist nur für Streitigkeiten zwischen einer Vertragspartei und dem Investor einer anderen Vertragspartei zuständig.

81 Gründe für die Wertung des zusätzlichen Rechtswegs als Vorteil sind die Verhandlungssprache, Auswahl der Richter und die Möglichkeit, zwischen staatlichen und völkerrechtlichen Gerichtsständen zu wählen, siehe Vorlagebeschluss des BGH, I ZB 2/15, ECLI:DE:BGH:2016:-030316BIZB2.15.0, Rn. 72.

82 Vorlagebeschluss des BGH, I ZB 2/15, ECLI:DE:BGH:2016:030316BIZB2.15.0, Rn. 73 mit Verweis auf EuGH, Rs. C-374/04, ECLI:EU:C:2006:773, Rn. 83.

83 EuGH, Rs. C-374/04, ECLI:EU:C:2006:773, Rn. 88.

84 Vorlagebeschluss des BGH, I ZB 2/15, ECLI:DE:BGH:2016:030316BIZB2.15.0, Rn. 74.

85 GA *Wathelet*, Schlussanträge v. 19.09.2017 in der Rs. C-284/16, ECLI:EU:C:2017:699, Rn. 73.

Sunset-clause in Art. 47 Abs. 3 ECT nur noch für Altinvestitionen für bis zu 20 Jahre.

e) Gesetzgeberischer Regulierungsspielraum

Im Gut. 1/17 forderte der EuGH erstmals den Schutz eines legislativen Regulierungsspielraums ein, der nicht vollständig durch völkerrechtliche Freihandels- und Investitionsschutzabkommen determiniert werden dürfe.[86] Im Unterschied zum CETA-Abkommen fällt der Schutz des staatlichen Regulierungsrechts im ECT rudimentär aus.

Viele Investitionsschutzabkommen beinhalten einen Schutz der billigen und gerechten Behandlung (*FET-Standard*). Dieser ist regelmäßig nicht näher bestimmt, sodass die Verpflichtungen aus diesem Standard unklar bleiben und durch völkerrechtliche Schiedsgerichte ausgestaltet werden.[87] Dabei steht ein festgestellter Verstoß gegen den FET-Standard im Spannungsverhältnis zum gesetzgeberischen Regulierungsspielraum:[88] Werden legitime Erwartungen eines Investors durch drastische oder häufige Änderungen der gesetzlichen Bestimmungen enttäuscht, ist ein Verstoß gegen den FET-Standard nicht ausgeschlossen, selbst wenn lediglich Notfallmaßnahmen für den Schutz des Allgemeinwohls ergriffen werden.[89] Dabei wird das gesetzgeberische Regulierungsrecht nicht nur durch eine Entschädigungsverpflichtung im Fall einer (indirekten) Enteignung, sondern bereits durch die Sorge vor einer Zahlungsverpflichtung bei der Planung von Regulierungsmaßnahmen beschränkt (*regulatory chill*[90]).[91]

Während Art. 10 ECT lediglich einen Schutz des FET-Standards festlegt, schränkt das CETA-Abkommen den Grundsatz der fairen und gerechten Behandlung erheblich ein. Nach Art. 8.10 CETA wird nur dann ein Verstoß gegen den FET-Standard angenommen, wenn die Voraussetzungen von Art. 8.10 Abs. 2 CETA vorliegen. Somit obliegt weiterhin den Vertragsparteien die Interpretationshoheit über den Inhalt der Verpflichtung zur gerechten und billigen Behand-

---

[86] Zum Schutz des gesetzgeberischen Regulierungsspielraums siehe S. 108 ff.

[87] *Kerkemeyer*, Der „Fair and Equitable Treatment"-Standard als Demokratieproblem, JuWiss 2015, https://www.juwiss.de/37-2015/ (zul. abg. am 15.03.2023).

[88] *von Hammerstein/Roegele*, Der Fair and Equitable Treatment-Standard im Investitionsschutzrecht, SchiedsVZ 2015, 275 (276).

[89] *von Hammerstein/Roegele*, Der Fair and Equitable Treatment-Standard im Investitionsschutzrecht, SchiedsVZ 2015, 275 (278) mit Verweis auf *SEG Global Inc v. Turkey*, ICSID, Case No. ARB/02/5, 19.01.2007, Rn. 250; *El Paso v. Argentina*, ICSID, Case No. ARB/03/15, 31.10.2011, Rn. 402; *Enron Corporation v. Argentina*, ICSID, Case No. ARB/01/3, 09.01.2003, Rn. 268.

[90] Zu „*regulatory chill*" siehe S. 109.

[91] *Kerkemeyer*, Der „Fair and Equitable Treatment"-Standard als Demokratieproblem, JuWiss 2015, https://www.juwiss.de/37-2015/ (zul. abg. am 15.03.2023).

lung und wird nicht – wie im Fall des ECT – der schiedsgerichtlichen Entscheidung überlassen.

Darüber hinaus umfasst das CETA-Abkommen mit Art. 8.9 CETA das ausdrückliche Recht der Vertragsparteien, Regelungen zur Erreichung legitimer politischer Ziele zu treffen. Für seine Umsetzung beinhaltet das CETA-Abkommen zahlreiche Ausnahmevorschriften zu den investitionsschutzrechtlichen Vorschriften. Auch der ECT bestimmt durch die Art. 19 Abs. 1, 24 Abs. 2 ECT Vorschriften zum Schutz der Umwelt, die eine Ausnahme von den Abkommensverpflichtungen bilden. Allerdings können die Vorschriften zum Schutz der Umwelt den auslegungsbedürftigen Tatbestand der indirekten Enteignung nicht festlegen, weil Art. 24 Abs. 2 ECT gemäß Art. 24 Abs. 1 ECT nicht für Enteignungen gilt und Art. 19 Abs. 1 ECT lediglich unverbindliches *soft law* darstellt.[92] Im Unterschied zu CETA gewährleistet der ECT keinen Schutz, dass nicht ein Schiedsgericht über das Vorliegen einer indirekten Enteignung entscheidet und somit die Reichweite der Vorschriften zum Umweltschutz festlegt. Das CETA-Abkommen bestimmt in Art. 8.12 Abs. 1 S. 2 CETA, dass indirekte Enteignungen im Einklang mit dem Anhang 8-A zum CETA-Abkommen ausgelegt werden müssten. Dieser beschreibt in Nr. 3, dass diskriminierungsfreie Maßnahmen einer Vertragspartei keine indirekte Enteignung seien, wenn sie einen Schutz berechtigter Gemeinwohlziele bezweckten.

Ob eine nachträgliche Verschärfung von Umweltauflagen als indirekte Enteignung einen Entschädigungsanspruch begründet, obliegt somit nach den CETA-Vorschriften den Vertragsparteien, nach dem ECT der Entscheidung eines Schiedsgerichts. Durch die dauernde Interpretationshoheit der Vertragsparteien über die Reichweite des FET-Standards und die Definition der indirekten Enteignung ist das Regulierungsrecht im CETA-Abkommen wesentlich besser geschützt.

f) Zwischenergebnis

Die Streitbeilegungsmechanismen des ECT gefährden aus mehreren Gründen die Autonomie des Unionsrechts. Zunächst ermöglicht der ECT Intra-EU-Verfahren, auf dessen Grundlage die ECT-Schiedsgerichten Unionsrecht auslegen können, ohne dem EuGH eine Kontrollmöglichkeit einzuräumen. Neben dem Vertrauensgrundsatz wird somit gegen das Rechtsprechungsmonopol des EuGH verstoßen. Darüber hinaus bestehen erhebliche Bedenken, ob der gesetzgeberische Regulierungsspielraum durch den ECT hinreichend geschützt wird.

---

92 *Perkams*, Internationale Investitionsschutzabkommen im Spannungsfeld zwischen effektivem Investitionsschutz und staatlichem Gemeinwohl, S. 237 f.

2. Reichweite von Art. 351 AEUV

Diese Verstöße wären ausnahmsweise unbeachtlich, wenn die Voraussetzungen von Art. 351 AEUV vorlägen.

a) Anwendbarkeit des Art. 351 AEUV

Wird ein Staat Mitglied der Union, gerät er – sofern er an andere völkerrechtliche Verträge gebunden ist – in ein völkerrechtliches Dilemma.[93] Ihn binden dann sowohl seine völkerrechtlichen Altverträge als auch das neue Unionsrecht.[94] Um diesen Konfliktfall zu verhindern, ermöglicht Art. 351 AEUV unter bestimmten Voraussetzungen einen Dispens von unionsrechtlichen Verpflichtungen.[95] Damit schützt er die Mitgliedstaaten vor einem unionsrechtlich gebotenem Völkerrechtsbruch.[96] Art. 351 AEUV ist damit nicht nur Ausdruck der Völkerrechtsfreundlichkeit des Unionsrechts,[97] sondern auch eine spezielle Ausprägung der Loyalitätsverpflichtung aus Art. 4 Abs. 3 EUV.[98] Er ist mithin als Ausprägung eines Grundprinzips[99] der Union zu lesen. Aus dieser Stellung rechtfertigt sich seine Reichweite: Nach dem unbeschränkten Wortlaut von Art. 351 AEUV kann dieser umfassend unionsrechtliche Verpflichtungen dispensieren. Weil der EuGH die Autonomie als Grundlage der Union absolut setzt, stellt sich jedoch die grundsätzliche Frage, ob sie durch Art. 351 AEUV überhaupt verdrängt werden kann. [100]

Gegen ein solch weites Verständnis steht die neuere Rechtsprechung des EuGH. Betonte der EuGH noch in der Rs. *Burgoa*, dass der Zweck von Art. 234 Abs. 1 EWGV (Art. 351 AEUV) darin bestehe, „alle Folgen des Beitritts eines Mitgliedstaats zur Gemeinschaft zu beseitigen, die ihn an der Einhaltung früher

---

93 *Richter/Giegerich* in: Pechstein/Nowak/Häde (Hrsg.), Frankfurter Kommentar EUV/GRC/AEUV, Art. 351 AEUV, Rn. 2.

94 *Schmalenbach* in: Calliess/Ruffert (Hrsg.), EUV/AEUV, Art. 351 AEUV, Rn. 1 mit dem Hinweis auf die bestehenden völkerrechtlichen Maximen aus Art. 26 WVK (pacta sunt servanda) und 34 WVK (pacta tertiis nec nocent nec prosunt).

95 *Schmalenbach* in: Calliess/Ruffert (Hrsg.), EUV/AEUV, Art. 351 AEUV, Rn. 1.

96 *Lorenzmeier* in: Grabitz/Hilf/Nettesheim (Hrsg.), Das Recht der EU, Art. 351 AEUV, Rn. 2.

97 *Terhechte*, Art. 351 AEUV, das Loyalitätsgebot und die Zukunft mitgliedstaatlicher Investitionsschutzverträge nach Lissabon, EuR 2010, 517 (522).

98 *Lorenzmeier* in: Grabitz/Hilf/Nettesheim (Hrsg.), Das Recht der EU, Art. 351 AEUV, Rn. 3; *Richter/Giegerich* in: Pechstein/Nowak/Häde (Hrsg.), Frankfurter Kommentar EUV/GRC/AEUV, Art. 351 AEUV, Rn. 2.

99 Der Grundsatz der loyalen Zusammenarbeit ist ein Grund-/Strukturprinzip der Union, vgl. *Kahl* in: Calliess/Ruffert (Hrsg.), EUV/AEUV, Art. 4 EUV, Rn. 86.

100 *Lang*, Die Autonomie des Unionsrechts und die Zukunft der Investor-Staat-Streitbeilegung in Europa nach Achmea, EuR 2018, 525 (548) warnt, dass es der Tragweite von Art. 351 AEUV nicht gerecht würde, wenn jedwede Beeinträchtigung der Autonomie die Anwendung von Art. 351 AEUV ausschließen könnte.

geschlossener Übereinkünfte mit dritten Ländern hindern könnten",[101] schränkte er die Reichweite von Art. 351 AEUV zuletzt ein. In der Rs. *Kadí* entschied der EuGH, dass Art. 307 EGV (Art. 351 AEUV) die Grundlagen der Gemeinschaftsrechtsordnung nicht in Frage stellen könnte.[102] Später ergänzte er in der Rs. *Kadí II* das Ziel eines gerechten Ausgleichs zwischen den Verpflichtungen der UN-Charta und den Grundrechten des Betroffenen.[103] Es lässt sich spekulieren, dass die Durchsetzung der Autonomie vom relativen Verhältnis zwischen dem Grad der Autonomiebeeinträchtigung und der völkerrechtlichen Verpflichtung abhängt und deshalb für den Einzelfall entschieden werden muss.[104] Dann kommt es zunächst darauf an, ob die Voraussetzungen von Art. 351 AEUV vorliegen.

b) Voraussetzungen von Art. 351 AEUV

Art. 351 AEUV gestattet den Mitgliedstaaten, völkerrechtliche Verpflichtungen im Widerspruch zum Unionsrecht zu erfüllen, wenn diese vor dem Unionsbeitritt begründet wurden. Völkerrechtliche Verträge unterfallen daher nur dem Schutzbereich, wenn zumindest eine der beiden Vertragsparteien zum Zeitpunkt des Vertragsschlusses noch kein Mitglied der Union war.[105] Art. 351 AEUV ist jedoch kein „Freifahrtsschein"[106]. Er dispensiert nicht lediglich die unionsrechtlichen Pflichten, sondern umfasst durch Art. 351 Abs. 2 AEUV die Pflicht, die völkerrechtlichen Unvereinbarkeiten mit dem Unionsrecht durch geeignete Mittel, konkret durch Vertragsänderungen oder Kündigungen, herbeizuführen.[107] Art. 351 Abs. 1 AEUV gilt deshalb nur, solange ein Abstellen der völkerrechtlichen Verpflichtung nicht möglich ist.[108]

---

[101] EuGH, Rs. 812/79, ECLI:EU:C:1980:231, Rn. 10 – Burgoa.

[102] Zur Rs. Kadí siehe S. 32 ff.; EuGH, Rs. C-402/05 P, ECLI:EU:C:2008:461, Rn. 303 f. – Kadí; *Lavranos*, Revisiting Article 307 EC. The Untouchable Core of Fundamental European Constitutional Law Values and Principles in: Fontanelli/Martinico/Carrozza, Shaping Rule of Law Through Dialogue, 2010, S. 119 (122); *Richter/Giegerich* in: Pechstein/Nowak/Häde (Hrsg.), Frankfurter Kommentar EUV/GRC/AEUV, Art. 351 AEUV, Rn. 47.

[103] EuGH, Rs. C-584/10 P, ECLI:EU:C:2013:518, Rn. 131 – Kadí II.

[104] *Richter/Giegerich* in: Pechstein/Nowak/Häde (Hrsg.), Frankfurter Kommentar EUV/GRC/AEUV, Art. 351 AEUV, Rn. 50.

[105] *Brauneck*, Multilateraler Gerichtshof und EuGH-Achmea-Urteil: Das Ende aller EU-mitgliedstaatlich vereinbarten Schiedsgerichte?, EuR 2018, 429 (454).

[106] *Lavranos*, The Impact of the Kadi Judgement on the International Obligations of the EC Member States and the EC, Yearbook of European Law 2009, 616 (618) meint, Art. 351 AEUV sei keine „*Carte blanche*".

[107] EuGH, Rs. C-249/06, ECLI:EU:C:2009:119, Rn. 45 – Kommission/Schweden; EuGH, Rs. C-205/06, ECLI:EU:C:2009:118, Rn. 44 – Kommission/Österreich.

[108] *Terhechte*, Art. 351 AEUV, das Loyalitätsgebot und die Zukunft mitgliedstaatlicher Investitionsschutzverträge nach Lissabon, EuR 2010, 517 (529).

c) Keine Anwendbarkeit unter Mitgliedstaaten der Union

Ob Art. 351 AEUV anwendbar ist, wenn beide Vertragsparteien nach dem Vertragsschluss des ECT Mitgliedstaaten der Union geworden sind, hängt von der Frage ab, welche Zeitpunkte als entscheidungserheblich für die Bewertung als „Drittstaat“ anzusehen sind. Wenn man auf den Zeitpunkt des Vertragsschlusses des völkerrechtlichen Vertrags abstellt, läge bei unionsinternen Streitigkeiten auf der Grundlage des ECT ein erforderlicher Drittstaatsbezug vor.[109] Der Konflikt bestände sozusagen schwelend ab dem Beitritt des Drittstaats zur Union, durch den Beitritt verlöre er nicht seinen Charakter als Drittstaat. Der ECT wurde als multilateraler Vertrag vor dem Beitritt[110] der neuen Mitgliedstaaten abgeschlossen, daher sei der Anwendungsbereich der Kollisionsnorm in solchen Fällen eröffnet.[111]

Datiert man den entscheidenden Zeitpunkt nicht auf den völkerrechtlichen Vertragsschluss, sondern auf die Pflichtenkollision eines Mitgliedstaats zwischen dem Unionsrecht und Völkerrecht, ergibt sich ein anderes Bild. Wegen seiner Funktion, die Mitgliedstaaten vor kollidierenden Verpflichtungen aus dem Unionsrecht und dem Völkerrecht zu schützen, könne Art. 351 AEUV daher nicht im Verhältnis zweier Mitgliedstaaten eingreifen.[112] Auf dieser Grundlage hielt GA *Melchior Wathelet* Art. 351 AEUV im Kontext von Intra-EU-BITs für nicht anwendbar, weil sich beide Parteien des BITs dem Unionsrecht unterworfen hätten und mithin der Drittstaatsbezug fehle.[113] In seiner *Achmea*-Entscheidung ging der EuGH nicht auf Art. 351 AEUV ein. Allerdings entschied er bereits mehrfach,[114] dass Art. 351 AEUV[115] nur das Recht zur Einhaltung völkerrechtlicher Verpflichtungen gegenüber Drittstaaten umfasse, nicht aber solche Rechte in den unionsinternen Beziehungen geltend zu machen.[116] Es ist mithin davon auszugehen, dass der EuGH Art. 351 AEUV für offensichtlich nicht anwendbar hielt.

---

[109] *Lavranos/Singla*, Achmea: Groundbreaking or Overrated?, SchiedsVZ 2018, 348 (350).

[110] Der ECT wurde im Dezember 1994 unterzeichnet und ist 1998 in Kraft getreten.

[111] *Lorenzmeier* in: Grabitz/Hilf/Nettesheim (Hrsg.), Das Recht der EU, Art. 351 AEUV, Rn. 66 mit Verweis auf EuGH, Rs. C-205/06, ECLI:EU:C:2009:118, Rn. 33 – Kommission/Österreich; EuGH, Rs. C-249/06, ECLI:EU:C:2009:119, Rn. 34 – Kommission/Schweden.

[112] *Kokott* in: Streinz (Hrsg.), EUV/AEUV, Art. 351 AEUV, Rn. 2; *Germelmann*, Der Investitionsschutz im Energie- und Klimaschutzrecht zwischen „European Green Deal“ und Grenzen des Unionsprimärrechts, EuR 2020, 375 (400).

[113] GA *Wathelet*, Schlussanträge v. 19.09.2017 in der Rs. C-284/16, ECLI:EU:C:2017:699, Rn. 46.

[114] EuGH, Rs. C-478/07, ECLI:EU:C:2009:521, Rn. 97 ff. – Budvar; EuGH, Rs. C-473/93, ECLI:EU:C:1996:263, Rn. 40 – Kommission/Luxemburg; EuGH, Rs. C-158/91, ECLI:EU:C:1993:332, Rn. 12 – Levy.

[115] Vormals Art. 234 EWGV, dann Art. 307 EGV.

[116] *Rösch*, Intraeuropäisches Investitionsrecht, S. 227.

d) Zwischenergebnis

Die Beeinträchtigungen der Autonomie durch die Streitbeilegungsmechanismen des ECT sind nicht gemäß Art. 351 AEUV unbeachtlich, weil die Vorschrift nicht anwendbar ist. Die Streitbeilegungsvorschriften des ECT sind somit mit Unionsrecht unvereinbar.

e) Bewertung

In der Rs. *Achmea* deutete der EuGH durch eine unklare Formulierung an, dass die Beteiligung der Union an einem völkerrechtlichen Vertrag einen Unterschied für die Bewertung begründen könnte, ob dieser mit der Autonomie vereinbar ist.[117] Die Ausführung, dass das der Rs. *Achmea* zugrundeliegende BIT ein Abkommen der Mitgliedstaaten und nicht der Union sei, entpuppt sich jedoch als leere „Beruhigungsfloskel". Möglicherweise versuchte der EuGH, einer möglichen Debatte um die Vereinbarkeit zahlreicher investitionsschutzrechtlicher Verträge beruhigend vorwegzugreifen. Die Autonomie steht jedoch nicht zur Disposition der Mitgliedstaaten und der Union. Deshalb kann sich kein Unterschied daraus ergeben, dass die Union den ECT ratifiziert hat.[118] Unter Zugrundelegung der Prüfungskriterien des EuGH zeigen sich keine Unterschiede zwischen den beiden Konstellationen.[119] Ebenso kann sich nicht auf die Zulässigkeit von Schiedsverfahren auswirken, dass der ECT im Gegensatz zu Intra-EU-BITs bilateral und nicht multilateral abgeschlossen wurde.[120] Diese Sichtweise vertritt jüngst auch der EuGH.[121]

An der Rechtsprechungspraxis der Schiedsgerichte änderte die *Achmea*-Entscheidung des EuGH kaum etwas, ausnahmslos nehmen diese in Intra-EU-Ver-

---

[117] EuGH, Rs. C-284/16, ECLI:EU:C:2018:158, Rn. 58 – Achmea: „Indessen ist im vorliegenden Fall außer dem Umstand, dass die Streitigkeiten, die unter die Gerichtsbarkeit des in Art. 8 des BIT vorgesehenen Schiedsgerichts fallen, die Auslegung sowohl dieser Übereinkunft als auch des Unionsrechts betreffen können, die Möglichkeit der Zuweisung dieser Streitigkeiten zu einer Einrichtung, die nicht Teil des Gerichtssystems der Union ist, in einer Übereinkunft vorgesehen, *die nicht von der Union, sondern von den Mitgliedstaaten geschlossen wurde*".

[118] Der ECT gilt im Unionsrecht im Rang unterhalb des Primärrechts, vgl. *Giegerich* in: Pechstein/Nowak/Häde, Frankfurter Kommentar EUV/GRC/AEUV, Art. 216 AEUV, Rn. 213.

[119] *Simon/Müller*, Das Achmea-Urteil des EuGH und die Auswirkungen auf Streitbeilegungsmechanismen im Rechtsraum der EU, NJOZ 2018, 961 (964); *Classen*, Autonomie des Unionsrechts als Festungsring?, EuR 2018, 361 (368).

[120] *Hindelang*, The Limited Immediate Effects of CJEU's Achmea Judgement, Verfassungsblog 09.03.2018, https://verfassungsblog.de/the-limited-immediate-effects-of-cjeus-achmea-judgement/ (zul. abg. am 15.03.2023); *Simon/Müller*, Das Achmea-Urteil des EuGH und die Auswirkungen auf Streitbeilegungsmechanismen im Rechtsraum der EU, NJOZ 2018, 961 (964).

[121] EuGH, Rs. 741/19, ECLI:EU:C:2021:655, Rn. 64 – Komstroy.

fahren ihre eigene Zuständigkeit[122] an.[123] Besonders prominent ist das auf der Grundlage des ECT gebildete Schiedsgericht im Fall *Vattenfall AB v. Deutschland*, das am 31.07.2018 seine Zuständigkeit erklärte.[124] Das Verfahren wurde am 11.03.2021 entsprechend einer Parteienvereinbarung ausgesetzt,[125] sodass ein Schiedsspruch, der die Legitimität des Verfahrens in der Öffentlichkeit wohl weiter infrage gestellt hätte,[126] vermieden wurde.

Trotzdem bleibt der ECT wegen der mehrfachen Beeinträchtigungen der Autonomie dringend reformbedürftig.[127] Um eine Vereinbarkeit des ECT mit Unionsrecht zu schaffen, gibt es nur zwei grundsätzliche Möglichkeiten: Entweder wird – nach dem Vorbild der neuesten Freihandelsabkommen – die Trennung der Rechtsordnungen forciert, um Einflüsse auf das Unionsrecht zu minimieren und eine Gefahr für die Autonomie auszuschließen. Andernfalls wäre eine Vereinbarkeit mit Unionsrecht nur durch eine Unterwerfung der vertraglichen Streitbeilegungsorgane unter ein umfassendes Letztentscheidungsrecht des EuGH zu erreichen. Zwar erscheint eine solche Verfahrenseinbindung des EuGH zunächst aus dem investitionsschutzrechtlichen Blickwinkel hinnehmbar, weil sich dessen beanspruchtes Letztentscheidungsrecht lediglich auf das Unionsrecht bezöge und ihm nicht die Zuständigkeit zur Auslegung des ECT übertragen werden müsste. Dennoch widerspräche eine solche Unterwerfung dem Grundgedanken internationaler Schiedsgerichtsbarkeit – eine vom Gaststaat unabhängige Rechtsdurchsetzung –[128] und den deshalb vorherrschenden Reformbestrebungen, die eine stärkere Trennung der Rechtsordnungen verfolgen.

---

[122] Vgl. ICSID ARB/14/1 (Masdar Solar and Wind Cooperatief U.A. v. Spain); ARB/13/35 (UP v. Hungary); ARB 12/12 (Vattenfall AB v. Deutschland).

[123] *Höfling*, Gesprächskreis Investitionsrecht und -schiedsgerichtsbarkeit, SchiedsVZ 2019, 86 (88); *Reuter*, Taking Investors' Rights Seriously: The Achmea and CETA Rulings of the European Court of Justice Do Not Bar Intra-EU Investment Arbitration, ZaöRV 2020, 379 (394 f.).

[124] ICSID Vattenfall v. Germany, Case ARB/12/12, Decision on the Achmea Issue, 31.08. 2018, https://www.italaw.com/sites/default/files/case-documents/italaw9916.pdf (zul. abg. am 15.03.2023). Beigelegt wurde die Streitigkeit durch eine Einigung, siehe Redaktion beck-aktuell, becklink 2019102, Bund will AKW-Betreibern 2,4 Milliarden Euro Entschädigung zahlen, Nachricht v. 05.03.2021, https://beck-online.beck.de/Dokument?vpath=bibdata%2Freddok%2Fbecklink%2F2019102.htm&pos=8&hlwords=on (zul. abg. am 15.03.2023).

[125] ICSID Vattenfall v. Germany, Case ARB/12/12, Case Details, https://icsid.worldbank.org/cases/case-database/case-detail?CaseNo=ARB/12/12 (zul. abg. am 15.03.2023).

[126] *Hoffmann*, Über Richten und Schlichten, Verfassungsblog 10.03.2021, https://verfassungsblog.de/uber-richten-und-schlichten/ (zul. abg. am 15.03.2023).

[127] *Berger*, Die Bundesrepublik Deutschland – Internationaler Investitionsschutz und das Vattenfall-Verfahren, EuZW 2020, 229 (232) sieht den Reformbedarf wegen „erheblicher unionsrechtlicher Bedenken".

[128] *Classen*, Der EuGH und die Schiedsgerichtsbarkeit in Investitionsschutzabkommen,

II. Das Investment Court System (ICS)

Die laufenden Reformverhandlungen um den ECT beziehen sich neben Änderungen der materiellen Schutzstandards für Investoren auf eine Ersetzung des bisher in Art. 26 ECT geregelten ISDS-Mechanismus durch ein ICS.

Am 27.11.2018 fiel der Startschuss für die Modernisierungsverhandlungen des ECT durch die Chartakonferenz mit der Formulierung einer Themenliste.[129] In der Folge beschloss der Rat am 15.07.2019 Verhandlungsrichtlinien,[130] die eine Verhandlungsführung durch die Kommission vorsehen und dieser auftragen, dass die ECT-Vorschriften zum Investitionsschutz „in Einklang mit den modernen Standards gebracht“ werden, die den jüngsten Abkommen der Union zugrunde liegen.[131] Insbesondere soll darauf hingewirkt werden, dass eine Einbindung der ECT-Verfahren vor einem multilateralen Investitionsgerichtshof möglich ist.[132] Die mit den Verhandlungen beauftragte Kommission bestrebt deshalb in dem Vorschlag der Union zur Modernisierung des ECT, dass sich dieser strukturell an den neuen Freihandelsabkommen mit Singapur und Kanada orientiert, den ISDS-Mechanismus an den Reformprozess von UNCITRAL anknüpft und Klimaschutzziele berücksichtigt.[133] In Reaktion auf das Gut. 1/17, das dem CETA-Abkommen die Vereinbarkeit der CETA-Gerichtsbarkeit mit Unionsrecht attestierte, begrüßte die damalige EU-Handelskommissarin *Cecilia Malmström* die Entscheidung im Hinblick auf die Errichtung eines ICS:

EuR 2012, 611 (621); *Ohler*, Investitionsschutzrecht: Schiedsklausel in unionsinternem Investitionsschutzabkommen, JZ 2018, 511 (516).

[129] https://www.energycharter.org/fileadmin/DocumentsMedia/CCDECS/2018/CCDEC201818_-_STR_Modernisation_of_the_Energy_Charter_Treaty.pdf (zul. abg. am 15.03.2023).

[130] Formal gesehen liegen zwei Beschlüsse vor: Wegen der geteilten Zuständigkeit bezieht sich ein Beschluss auf die Ermächtigung der Kommission zur Aufnahme von Verhandlungen im Bereich der Unionszuständigkeiten, der andere Beschluss bezieht sich auf die Regierungsvertreter der Mitgliedstaaten im Rat, die ihre Zustimmung für die Bereiche in der mitgliedstaatlichen Zuständigkeit erklärt haben, https://www.consilium.europa.eu/de/press/press-releases/2019/07/15/council-adopts-negotiation-directives-for-modernisation-of-energy-charter-treaty/ (zul. abg. am 15.03.2023).

[131] S. 3 der Verhandlungsrichtlinien, 10745/19 ADD 1 ANLAGE. Die Verhandlungsrichtlinien sind abrufbar unter https://data.consilium.europa.eu/doc/document/ST-10745-2019-ADD-1/de/pdf (zul. abg. am 15.03.2023).

[132] S. 5 der Verhandlungsrichtlinien, 10745/19 ADD 1 ANLAGE. Die Verhandlungsrichtlinien sind abrufbar unter https://data.consilium.europa.eu/doc/document/ST-10745-2019-ADD-1/de/pdf (zul. abg. am 15.03.2023).

[133] News archive (Brüssel, 27.05.2020), Commission presents EU proposal for modernising Energy Charter Treaty, https://trade.ec.europa.eu/doclib/press/index.cfm?id=2148 (zul. abg. am 15.03.2023).

„Today's Opinion not only shows that it is legally sound, but also reinforces the EU's leadership role in the ongoing wider discussions to reform the multilateral investment dispute settlement system."[134]

Die beanspruchte Führungsrolle kann die Union in den Verhandlungen um die Errichtung eines multilateralen Investitionsgerichtssystems nur dann ausfüllen, wenn sie über weitreichende Verhandlungsspielräume verfügt, die tiefgreifende Reformen und die Beteiligung an einem völkerrechtlichen Abkommen mit einem effektiven, letztinstanzlichen Gerichtssystem ermöglichen. Ein solcher Verhandlungsspielraum wird jedoch durch den erweiterten Autonomiebegriff beschränkt. Daran ändert auch das Gut. 1/17 nichts, in welchem der EuGH an den hohen Anforderungen für die Errichtung völkerrechtlicher Streitbeilegungsmechanismen festhielt. Es stellt sich die Frage, ob die Reichweite der Autonomie den Verhandlungsspielraum der Union beschränkt und sie somit daran hindert, eine Führungsrolle in den Verhandlungen um die Errichtung eines ICS zu übernehmen.

Die Impulse der Vertragsparteien wurden durch das ECT-Sekretariat gesammelt und sodann am 06.10.2019 von der Chartakonferenz als „politische Optionen" zur Modernisierung des ECT angenommen.[135] Daraufhin veröffentlichte die Kommission am 27.05.2020 konkrete Reformvorschläge für den ECT. Im Bereich der Streitbeilegungsmechanismen von Part V ECT soll ein bilaterales ICS geschaffen werden, das ein Multilateral Investment Court (MIC) umfasst. Dazu soll ein zu schaffender Art. 26 Abs. 4 lit. d[136] vorsehen:

(4) In the event that an Investor chooses to submit the dispute for resolution under subparagraph (2)(c), the Investor shall further provide its consent in writing for the dispute to be submitted to:

[…]

(d) the rules of a multilateral investment court to which the Contracting Party which is party to the dispute is a Party.

Dabei soll die Streitbeilegung über den MIC verpflichtend sein, wenn sowohl der Heimatstaat des Investors, als auch der Zielstaat der Investition der Zuständigkeit des MIC zugestimmt haben.[137] Anknüpfend an die Ausrichtung des Streit-

---

134 Pressemitteilung der Europäischen Kommission v. 30.04.2019, European Court of Justice confirms compatibility of Investment Court System with EU Treaties, https://trade.ec.europa.eu/doclib/press/index.cfm?id=2014 (zul. abg. am 15.03.2023).

135 https://www.energycharter.org/fileadmin/DocumentsMedia/CCDECS/2019/CCDEC201908.pdf (zul. abg. am 15.03.2023).

136 Quelle des Textentwurfs: EU text proposal for the modernisation of the Energy Charter Treaty (ECT), S. 15 f., https://trade.ec.europa.eu/doclib/docs/2020/may/tradoc_158754.pdf (zul. abg. am 15.03.2023).

137 EU text proposal for the modernisation of the Energy Charter Treaty (ECT), S. 15 f., https://trade.ec.europa.eu/doclib/docs/2020/may/tradoc_158754.pdf (zul. abg. am 15.03.2023).

beilegungsmechanismus des CETA-Abkommens soll das Unionsrecht von dem reformierten ECT abgeschirmt werden, indem weder das Recht der Vertragsparteien berücksichtigt werden soll, noch Rechtmäßigkeitskontrollen von Maßnahmen ermöglicht werden sollen.[138]

1. Stand der Verhandlungen

Die geplante Errichtung eines ICS als Alternative zu den bisherigen ISDS-Mechanismen ist keine Besonderheit der ECT-Reformverhandlungen. Vielmehr wurden bereits in anderen Investitionsschutzabkommen Öffnungsklauseln für die Ersetzung der vertraglichen Streitbeilegungsmechanismen vorgesehen: Infolge politischer Diskussionen um den Erhalt und die Schaffung von ISDS-Systemen sind die bestehenden ISDS-Mechanismen in eine Legitimationskrise[139] geraten. Dem bestehenden ISDS-System begegnen neben allgemeinpolitischen auch rechtliche Bedenken. Am Beispiel des ECT ließen sich durch eine Übertragung der EuGH-Rechtsprechung aus dem vorherigen Abschnitt zahlreiche Beeinträchtigungen der Autonomie feststellen, die zu einer Unvereinbarkeit des ECT mit Unionsrecht führen. Diese grundlegende rechtliche Unsicherheit verdeutlicht den Bedarf nach einer Umgestaltung des Investitionsschutzes in Europa und unterstützt die vielfältigen Reformbestrebungen für die bestehenden ISDS-Verfahren.

a) Bedarf eines völkerrechtlichen Investitionsschutzes

Völkerrechtliche Investitionsschutzabkommen gewährleisten unabhängige Rechtsschutzverfahren, damit Investoren ihre durch staatliche Maßnahmen gefährdeten Interessen vor unabhängigen Streitbeilegungsorganen durchsetzen können. Oftmals ergänzen sie damit nationale Rechtsschutzmöglichkeiten. Auch im Unionsrecht wird ein Investor nicht vor allen möglichen Beeinträchtigungen geschützt. Beispielsweise ist Investoren im Unionsrechtsraum verwehrt, einen mitgliedstaatlichen Verstoß gegen Unionsrecht zu rügen. Wegen der Ausgestaltung des Vorabentscheidungsverfahrens als objektives Rechtsschutzverfahren fehlt Privat-

---

[138] EU text proposal for the modernisation of the Energy Charter Treaty (ECT), S. 16, https://trade.ec.europa.eu/doclib/docs/2020/may/tradoc_158754.pdf (zul. abg. am 15.03.2023).

[139] *Franck*, The Legitimacy Crisis in Investment Treaty Arbitration, Fordham Law Rev. 2005, 1521 (1521 ff.); *Diethelm*, ISDS-Regeln im CETA zwischen der EU und Kanada: Aspekte der Weiterentwicklung gegenüber früheren ISDS-Regelungen, SchiedsVZ 2019, 309 (313); *Wilske/Markert/Bräuninger*, Entwicklungen in der internationalen Schiedsgerichtsbarkeit im Jahr 2017 und Ausblick auf 2018, SchiedsVZ 2018, 134 (151); *Hess*, Die Legitimationskrise der Investitionsschiedsgerichtsbarkeit in: Giegerich/Meng/Ress/Stein, Festschrift für Torsten Stein zum 70. Geburtstag, S. 163 ff.

personen eine Klagebefugnis für Vertragsverletzungsverfahren.[140] Somit besteht keine direkte Klagemöglichkeit eines Investors gegen den Gaststaat vor dem EuGH.[141] Dieses Problem lässt sich am Verfahren *Achmea* veranschaulichen. Die *Achmea B.V.* reichte im Jahr 2008 eine Beschwerde bei der Kommission ein, die daraufhin – infolge einer unbeeinflussbaren Eigenentscheidung – ein Vertragsverletzungsverfahren wegen Verstoßes gegen die Kapitalverkehrsfreiheit einleitete. Erst auf dieser Grundlage eines festgestellten Vertragsverstoßes hätte *Achmea* klageweise staatshaftungsrechtliche Ansprüche geltend machen können. Daher entschied sich die *Achmea B.V.* zu einem Klageverfahren vor einem völkerrechtlichen Schiedsgericht auf der Grundlage des BIT Niederlande/Slowakei.[142]

Bereits vor der *Achmea*-Entscheidung des EuGH, in welcher der EuGH die Unvereinbarkeit des BITs mit Unionsrecht feststellte, wies die Kommission auf die Unvereinbarkeit von Intra-EU-BITs hin und leitete 2015 gegen fünf Mitgliedstaaten Vertragsverletzungsverfahren ein.[143] Neben der rechtlichen Bedenken sei ein völkerrechtlicher Investitionsschutz innerhalb der Union unnötig, weil im Binnenmarkt auch in Bezug auf grenzüberschreitende Investitionen für alle Mitgliedstaaten dieselben Unionsvorschriften gelten würden.[144] Neben den unionsrechtlichen Gewährleistungen sei ein zusätzlicher völkervertraglicher Schutz daher nicht erforderlich.[145]

Befürworter eines völkerrechtlichen Investitionsschutzes innerhalb der Union verweisen dagegen auf die Schutzfunktion der Abkommen, weil nicht in allen

---

140 Privatpersonen die Möglichkeit eines Vertragsverletzungsverfahrens einzuräumen würde dem Charakter als objektives Rechtsschutzverfahren widersprechen, *Ehricke* in: Streinz, EUV/AEUV, Art. 258 AEUV, Rn. 1.

141 *Behrens*, Die Zukunft des EU-internen Investitionsschutzes nach Achmea, RIW 2018, 701 (703).

142 Zur Achmea-Entscheidung des EuGH siehe S. 56ff.

143 Pressemitteilung der Europäischen Kommission v. 18.06.2015, https://ec.europa.eu/commission/presscorner/detail/de/IP_15_5198 (zul. abg. am 15.03.2023); *Simon/Müller*, Das Achmea-Urteil des EuGH und die Auswirkungen auf Streitbeilegungsmechanismen im Rechtsraum der EU, NJOZ 2018, 961 (963 f.).

144 Pressemitteilung der Europäischen Kommission v. 18.06.2015, IP/15/5198, https://ec.europa.eu/commission/presscorner/detail/de/IP_15_5198 (zul. abg. am 15.03.2023).

145 *Stöbener de Mora*, Ideen für einen Mechanismus zum Schutz von Investitionen im Binnenmarkt nach dem Ende der Intra-EU-BITs, EuZW 2019, 217 (217) mit Verweis auf die Mitteilung der Kommission v. 19.07.2018, COM(2018)547, https://ec.europa.eu/transparency/documents-register/detail?ref=COM(2018)547&lang=de (zul. abg. am 15.03.2023). In der Mitteilung stellt die Kommission auf S. 20 fest, das Unionsrecht umfasse ein vollwertiges und vollständiges System gerichtlichen Rechtsschutzes und schlussfolgert nach einer ausführlichen Darstellung der unionsrechtlichen Rechtsschutzmöglichkeiten auf S. 30, dass Investoren im Binnenmarkt durch das Unionsrecht hinreichend geschützt seien, https://ec.europa.eu/transparency/regdoc/rep/1/2018/DE/COM-2018-547-F1-DE-MAIN-PART-1.PDF (zul. abg. am 15.03.2023).

Mitgliedstaaten effektiver Rechtsschutz bestehe und eine Durchsetzung subjektiver Rechte nicht hinreichend gewährleistet werde.[146] Durch Protektionismus und die Beschneidung judikativer Gewalt in osteuropäischen Staaten habe das Bedürfnis eines völkerrechtlichen Investitionsschutzes innerhalb der Union sogar zugenommen.[147] Tatsächlich bewahrheiten sich Defizite in den Befunden des EU-Justizbarometers[148], das rechtsstaatliche Missstände innerhalb der Union erfasst.[149] Daraus schöpft sich die Forderung eines neuen völkerrechtlichen Investitionsschutzes innerhalb der Union.[150] Für den völkerrechtlichen Investitionsschutz innerhalb der Union ist jedoch nach der Beendigung der meisten Intra-EU-BITs kein Ersatz in Aussicht.[151] Die Planungen um die Errichtung eines multilateralen Streitbeilegungsmechanismus beziehen sich – entsprechend der inhaltlich beschränkten Verhandlungsrichtlinie[152] – nur auf Verfahren unter Drittstaatenbeteiligung.

b) Reformbestrebungen innerhalb der Union

Innerhalb der Union gehen die Bestrebungen zur Errichtung eines multilateralen Gerichtssystems seit etwa sieben Jahren hauptsächlich von der Kommission aus. Bereits im September 2015 schlug die damalige EU-Handelskommissarin

---

[146] *Behrens*, Zur Vorlagebefugnis von Schiedsgerichten, EuZW 2018, 49 (50); *Stöbener de Mora*, Investitionsschutz: Gefährdet der Rechtsstandort Europa sich selbst?, EuZW 2017, 873 (874).

[147] *Behrens*, Zur Vorlagebefugnis von Schiedsgerichten, EuZW 2018, 49 (50); *Brauneck*, Multilateraler Gerichtshof und EuGH-Achmea-Urteil: Das Ende aller EU-mitgliedstaatlich vereinbarten Schiedsgerichte?, EuR 2018, 429 (432).

[148] Siehe EU-Justizbaromenter: https://ec.europa.eu/info/sites/info/files/justice_scoreboard_2019_en.pdf (zul. abg. am 15.03.2023).

[149] *Wernicke*, Autonomie und Häresie – Investitionsschiedsgerichte in der Rechtsunion, NJW 2018, 1644 (1645).

[150] Zu den Forderungen nach einem neuen Investitionsschutz durch die DIHK siehe *Stöbener de Mora*, Ideen für einen Mechanismus zum Schutz von Investitionen im Binnenmarkt nach dem Ende der Intra-EU-BITs, EuZW 2019, 217 (217 f.) und durch den BDI siehe https://bdi.eu/artikel/news/investitionsfoerder-und-schutzvertraege-werden-in-der-globalisierung-immer-wichtiger/ (zul. abg. am 15.03.2023).

[151] 23 Mitgliedstaaten schlossen am 05. Mai 2020 ein Übereinkommen zur Beendigung bilateraler Investitionsschutzverträge zwischen den Mitgliedstaaten der Europäischen Union, siehe https://eur-lex.europa.eu/legal-content/DE/TXT/PDF/?uri=CELEX:22020A0529(01)&from=EN (zul. abg. am 15.03.2023). Zuvor hatten sich die Mitgliedstaaten bereits zur Beendigung der Intra-EU-BITs verpflichtet, Erklärung der Regierungsvertreter der Mitgliedstaaten v. 15.01.2019, https://ec.europa.eu/info/sites/info/files/business_economy_euro/banking_and_finance/documents/190117-bilateral-investment-treaties_en.pdf (zul. abg. am 15.03.2023).

[152] Ratsdokument v. 20.03.2018, 12981/17 ADD1DCL1, S. 3 Rn. 1, abrufbar unter: https://data.consilium.europa.eu/doc/document/ST-12981-2017-ADD-1-DCL-1/de/pdf (zul. abg. am 15.03.2023).

Cecilia Malmström vor, statt Ad-hoc-Schiedsgerichten einen ständigen Investitionsgerichtshof mit Berufsrichtern einzusetzen.[153]

In seiner Rede zur Lage der Union 2017 bekräftigte *Frans Timmermans* für die Kommission nochmals den Wunsch, einen MIC zu errichten, der fair und unparteiisch sein solle.[154] Formuliert wurde damit das politische Ziel, ein völkerrechtliches, permanentes Gerichtssystem für eine Vielzahl völkerrechtlicher Verträge zu etablieren, um bisherige ISDS-Verfahren zu ersetzen.[155] Bereits am Vortag, den 13.09.2017, hatte die Kommission eine Empfehlung an den Rat gerichtet, ihr ein Mandat zu Verhandlungen über das MIC zu erteilen.[156] In der Folge erteilten die Mitgliedstaaten über den Rat der Kommission am 20.03.2018 gemäß Art. 218 Abs. 2 AEUV das Mandat zur Aufnahme von Verhandlungen zur Errichtung eines multilateralen Investitionsgerichtshofs für die Beilegung von Investitionsstreitigkeiten.[157] Das Fernziel zur Errichtung eines multilateralen Gerichtshofs erhielt weiteren Rückenwind[158] durch den in der *Achmea*-Entscheidung offenkundig gewordenen Handlungsbedarf. Dazu passend sehen die neueren Freihandelsabkommen mit Kanada[159] (CETA), Vietnam[160] und Singapur[161] bereits Öffnungsklauseln für einen später zu schaffenden Investitionsgerichtshof vor.[162]

---

153 Pressemitteilung der Europ. Kommission v. 16.09.2015, Kommission schlägt Investitionsschiedsgerichtsbarkeit für TTIP und andere EU-Handels- und Investitionsabkommen vor, http://trade.ec.europa.eu/doclib/press/index.cfm?id=1368&serie=991&langId=de (zul. abg. am 15.03.2023); *Kerkemeyer*, Unionsrecht und internationales Investitionsschutzrecht auf Kollisionskurs, EuZW 2016, 10 (11).

154 Pressemitteilung der Europäischen Kommission v. 14.09.2017, Rede zur Lage der Union 2017: Kommission stellt Initiativen für moderne Handelspolitik vor, https://ec.europa.eu/germany/news/20170914-moderne-handelspolitik_de (zul. abg. am 15.03.2023).

155 CONCEPT PAPER European Commission, Investment in TTIP and beyond – the path for reform, https://trade.ec.europa.eu/doclib/docs/2015/may/tradoc_153408.PDF (zul. abg. am 15.03.2023).

156 COM(2017) 493 final, https://eur-lex.europa.eu/resource.html?uri=cellar:df96826b-985e-11e7-b92d-01aa75ed71a1.0018.02/DOC_1&format=PDF (zul. abg. am 15.03.2023).

157 Rat der EU, 20.03.2018, 12981/17 ADD1DCL1, S. 3 Rn. 1, https://data.consilium.europa.eu/doc/document/ST-12981-2017-ADD-1-DCL-1/de/pdf (zul. abg. am 15.03.2023).

158 *Scholtka*, Investitionsschutzrecht: Schiedsklausel in unionsinternem Investitionsschutzabkommen, EuZW 2018, 239 (243).

159 Vertragstext abrufbar unter: https://eur-lex.europa.eu/legal-content/DE/TXT/HTML/?uri=CELEX:52016PC0444&from=EN (zul. abg. am 15.03.2023), Art. 8.29 CETA.

160 Art. 3.41 EUVIPA, abrufbar unter: https://trade.ec.europa.eu/doclib/docs/2018/september/tradoc_157394.pdf (zul. abg. am 15.03.2023), EUVFTA und EUVIPA abrufbar unter: http://trade.ec.europa.eu/doclib/press/index.cfm?id=1437 (zul. abg. am 15.03.2023).

161 Art. 3.12 EUSIPA, abrufbar unter: https://eur-lex.europa.eu/resource.html?uri=cellar:55d54e18-42e0-11e8-b5fe-01aa75ed71a1.0002.02/DOC_2&format=PDF#page=29 (zul. abg. am 15.03.2023).

162 *Engel*, Das Investor-Staat-Streitbeilegungssystem auf dem unionsrechtlichen Prüfstand, SchiedsVZ 2017, 291 (295).

c) *Reformprozesse innerhalb von UNCITRAL*

Um die Errichtung eines Gerichtssystems auf der Grundlage eines völkerrechtlichen Vertrags voranzutreiben, bieten sich Verhandlungen im Rahmen eines bestehenden Forums an, dem viele Staaten angehören. Die Union plant die Errichtung eines ICS daher nicht selbst, sondern nimmt an den Planungen von UNCITRAL teil. UNCITRAL[163] ist eine Kommission der Vereinten Nationen, die an der Vereinheitlichung des internationalen Handelsrechts arbeitet. Dazu stellt sie allgemeine Regelwerke auf,[164] die als Grundlage für Investitionsschutzabkommen dienen können. Die UNCITRAL Schiedsgerichtsordnung stellt also kein objektives Recht dar, sondern erlangt ihre Geltung erst durch eine entsprechende Parteivereinbarung.[165] 2013 wurde diese Schiedsgerichtsordnung durch sog. „*Transparency Rules*"[166] ergänzt. Diese Transparenzvorschriften sehen vor, dass weite Teile des Verfahrens, darunter der Schiedsspruch, veröffentlicht werden.[167] In der UNCITRAL sind 60 Mitgliedstaaten der Vereinten Nationen vertreten. Sie bietet somit gute Ausgangsvoraussetzungen für die Verhandlungen um ein multilaterales Streitbeilegungssystem.[168] Innerhalb von UNCITRAL wurde die *Working Group* III mit der Ausarbeitung der Reformvorschläge beauftragt.[169] Das Mandat der Arbeitsgruppe ist auf mehrere Themengebiete[170] bezogen, die im Reformprozess diskutiert und möglichst verbessert werden sollen.

---

[163] *United Nations Commission on International Trade Law.*

[164] Die UNCITRAL-Schiedsgerichtsordnung von 1976 ist eine Verfahrensordnung für Schiedsgerichte, die in einzelnen Vorschriften zur Disposition der Vertragsparteien steht. Der Vertragstext ist einsehbar in: *Schwab/Walter*, Schiedsgerichtsbarkeit, Anhang B 2. Abschnitt I.

[165] *Rauh*, Die Schieds- und Schlichtungsordnungen der UNCITRAL, S. 4.

[166] UNCITRAL Rules on Transparency in Treaty-based Investor-State Arbitration, https://www.uncitral.org/pdf/english/texts/arbitration/rules-on-transparency/Rules-on-Transparency-E.pdf (zul. abg. am 15.03.2023).

[167] Die Veröffentlichungen von UNCITRAL-Verfahren unter Anwendung der Transparenzregeln sind hier aufrufbar: https://www.uncitral.org/transparency-registry/registry/index.jspx (zul. abg. am 15.03.2023).

[168] Report of the United Nations Commission on International Trade Law 50. Session, A/72/17, Rn. 258, https://www.uncitral.org/pdf/english/commissionsessions/unc-50/A-72-17-E.pdf mit dem Hinweis auf die bereits erfolgte Reform durch die Transparenzvorschriften (zul. abg. am 15.03.2023).

[169] Report of the United Nations Commission on International Trade Law 50. Session, A/72/17, Rn. 264, https://www.uncitral.org/pdf/english/commissionsessions/unc-50/A-72-17-E.pdf (zul. abg. am 15.03.2023); *Markus Krajewski*, "One Court to rule them all"? – Der Vorschlag der EU für einen Multilateralen Investitionsgerichtshof und die Reform des internationalen Investitionsschutzrechts in: Ludwigs/Remien, Investitionsschutz, Schiedsgerichtsbarkeit und Rechtsstaat der Union, S. 113 (119).

[170] UNCITRAL *Working Group* III, Possible reform of investor-State dispute settlement

aa) Vorbilder für die Errichtung eines ICS

Weltweit gibt es ungefähr 3000 Investitionsschutzabkommen,[171] was Reformen im Bereich der Streitbeilegungsmechanismen erheblich erschwert. Diese Abkommen einzeln nachträglich zu ändern, wäre eine nahezu unlösbare Aufgabe. Für die Union ist eine nachträgliche Änderung von mit ISDS kombinierten Freihandelsabkommen nochmals erschwert. Im Gut. 2/15 stellte der EuGH fest, dass solche kombinierten Abkommen wegen einer geteilten Zuständigkeit der Zustimmung der Mitgliedstaaten und der Union bedürften.

(1) Zustimmung der Mitgliedstaaten zu ISDS erforderlich (Gut. 2/15)

Das Gut. 2/15 betrifft die Frage nach der Zuständigkeitsverteilung zwischen den Mitgliedstaaten und der Union hinsichtlich des Abschlusses eines Freihandels- und Investitionsschutzabkommens mit Singapur. Dazu stellt der EuGH bereits zu Beginn klar, dass er – gebunden gemäß Art. 218 Abs. 11 AEUV – lediglich über die durch den Antrag gestellten Rechtsfragen antwortet.[172] Diese waren ausdrücklich auf die Frage nach der Zuständigkeitsverteilung reduziert, sodass der EuGH keine Prüfung vornahm, ob das Abkommen mit dem Primärrecht vereinbar ist. Der EuGH entschied, dass Freihandelsabkommen allein von der Union geschlossen werden können, soweit sie keinen Investitionsschutz für Portfolioinvestitionen und ISDS vorsehen. Allerdings könne eine Regelung, die den Mitgliedstaaten gerichtliche Zuständigkeiten entzöge, keinen lediglichen Hilfscharakter haben und daher nicht ohne Einverständnis der Mitgliedstaaten eingeführt werden.[173] Die modernen Freihandelsabkommen der Union, die einen Streitbeilegungsmechanismus vorsehen, sind daher stets als gemischte Abkommen abzuschließen.

Wird an dem bisherigen Vorgehen im Investitionsschutz mit BITs und ISDS-Systemen festgehalten, gibt es somit eine faktische Verhinderungsmöglichkeit durch jeden Mitgliedstaat.[174] Als gemischte Abkommen entzögen sie den Mitgliedstaaten gerichtliche Zuständigkeiten, sodass jeweils alle Parlamente der Mitgliedstaaten zustimmen müssten.[175]

(ISDS) – Note by the Secretariat, 05.09.2018, A/CN.9/WG.III/WP.149, S. 2 ff., https://undocs.org/en/A/CN.9/WG.III/WP.149 (zul. abg. am 15.03.2023).

[171] https://www.bmwi.de/Redaktion/DE/Artikel/Aussenwirtschaft/investitionsschutz.html (zul. abg. am 15.03.2023).

[172] EuGH, Gut. 2/15, ECLI:EU:C:2017:376, Rn. 28 f. – Singapur.

[173] EuGH, Gut. 2/15, ECLI:EU:C:2017:376, Rn. 292 – Singapur.

[174] *Engel*, Das Investor-Staat-Streitbeilegungssystem auf dem unionsrechtlichen Prüfstand, SchiedsVZ 2017, 291 (292).

[175] *Ohler*, Investitionsschutzrecht: Schiedsklausel in unionsinternem Investitionsschutzabkommen, JZ 2018, 511 (517).

(2) Überschreibung bestehender Streitbeilegungsmechanismen

Das geplante ICS soll sowohl auf zukünftige Verträge, als auch bestehende Altverträge anwendbar sein,[176] ohne jeden Vertrag aufwändig ändern zu müssen. Dazu sollen die Altverträge fortbestehen und lediglich ihre Streitbeilegungsvorschriften nachträglich „überschrieben", also durch neue Vorschriften überlagert werden. Obwohl sich die Investitionsschutzabkommen unterscheiden, garantieren die Abkommen in ihrem materiellen Schutzgehalt weitgehend dieselben Prinzipien, sodass schiedsgerichtliche Urteile aufeinander Bezug nehmen und so mit einem multilateralen System vergleichbar sind.[177] Durch ihre strukturelle Ähnlichkeit ist eine einheitliche Änderung ihrer Streitbeilegungsmechanismen möglich.

(3) Vorbild Mauritius-Konvention

Die Problematik, durch einen völkerrechtlichen Vertrag bestimmte Vertragsteile für eine Vielzahl von Altverträgen unterschiedlicher Vertragsparteien zu ändern, ist nicht neu. Sie stellte sich bereits bei der Anwendbarkeit der UNCITRAL-Transparenzregeln auf Altabkommen sowie bei Steuerabkommen. Die Transparenzvorschriften waren zunächst nur auf solche Abkommen anwendbar, die auf der Grundlage von UNCITRAL-Vorschriften verfasst und zeitlich nach den Transparenzregeln abgeschlossen wurden. Für eine Anwendbarkeit der neuen Transparenzregeln auch auf Altverträge wurde die Mauritius-Konvention[178] verfasst. Sie ermöglicht eine nachträgliche Unterwerfung der Staaten unter die Transparenzregeln in ISDS-Verfahren und führt somit zur Änderung zahlreicher Abkommen. Ebenso wurde im Rahmen der OECD ein multilaterales Abkommen[179] verabschiedet, das eine veränderte Anwendung von älteren Steuerabkommen vorsieht, ohne dass die einzelnen Steuerabkommen nachträglich geändert werden müssten.[180]

---

176 UNCITRAL *Working Group* III, Possible reform of investor-State dispute settlement (ISDS) – Note by the Secretariat,16.01.2020, A/CN.9/WG.III/WP.194, https://undocs.org/en/A/CN.9/WG.III/WP.194 (zul. abg. am 15.03.2023), Rn. 23.

177 *Schill*, Investitionsschutzrecht als Entwicklungsvölkerrecht, ZaöRV 2012, 261 (271).

178 Abrufbar unter: https://uncitral.un.org/sites/uncitral.un.org/files/media-documents/uncitral/en/transparency-convention-e.pdf (zul. abg. am 15.03.2023) oder auf deutsch: https://www.un.org/Depts/german/gv-69/band1/ar69116.pdf (zul. abg. am 15.03.2023).

179 Multilaterales Übereinkommen der OECD zur Umsetzung von Maßnahmen im Zusammenhang mit dem Steuervertrag zur Verhinderung von Erosion der Bemessungsgrundlage und zur Gewinnverlagerung (MLI), Vertragstext abrufbar unter: https://www.oecd.org/tax/treaties/multilateral-convention-to-implement-tax-treaty-related-measures-to-prevent-BEPS.pdf (zul. abg. am 15.03.2023).

180 UNCITRAL *Working Group* III, Possible reform of investor-State dispute settlement

Der Erfolg eines ICS hängt somit davon ab, ob die Vertragsparteien der Altverträge auch Vertragsparteien des neuen, multilateralen Schiedsmechanismus werden. Daher lautet die Prämisse, die Hemmschwelle für einen Beitritt zum völkerrechtlichen Vertrag niedrig zu gestalten. Daran orientiert sich auch die Mauritius-Konvention. Sie ist darauf ausgerichtet, dass ihre Vorschriften möglichst schnell in einer Vielzahl von Fällen anwendbar sind. Es gilt als ihre größte Errungenschaft, dass sie zu einer Anwendbarkeit der Transparenzregeln bei allen Altverträgen führt, wenn entweder der beklagte Gaststaat und Heimatstaat des Investors Mitglied der Mauritius-Konvention sind[181] oder die Streitparteien[182] eines Verfahrens beide der Konvention zugestimmt haben.[183] Die Hemmschwelle zum Beitritt wurde zusätzlich durch die Möglichkeit von Vorbehalten[184] und eine flexible Ausgestaltung im Einzelfall gesenkt.[185] Anstatt ein enges Korsett vertraglicher Verpflichtungen zu schaffen, werden eher Rahmenbedingungen festgelegt. Die Attraktivität des Abkommens bestätigt sich bereits in den zahlreichen Beitritten.[186]

Diese Erfolgsgeschichte würde man gern auf die Errichtung eines ICS übertragen. Deshalb wurde 2015 das CIDS[187] durch das UNCITRAL Sekretariat beauftragt,[188] die Übertragbarkeit des Vorgehens bei der Mauritius-Konvention auf die Errichtung eines ICS zu untersuchen.[189] Das Gutachten kommt zu dem

---

(ISDS) – Note by the Secretariat,16.01.2020, A/CN.9/WG.III/WP.194, https://undocs.org/en/A/CN.9/WG.III/WP.194 (zul. abg. am 15.03.2023), Rn. 29.

181 Art. 2 Abs. 1 Mauritius Konvention.

182 Die Zustimmung beider Streitparteien liegt vor, wenn der Gaststaat Mitglied der Konvention ist und der Investor das allgemeine Angebot (Art. 2 Abs. 2 Mauritius-Konvention) zur Anwendung der Transparenzregeln annimmt.

183 *Kaufmann-Kohler/Potestà*, Can the Mauritius Convention serve as a model for the reform of investor-State arbitration in connection with the introduction of a permanent investment tribunal or an appeal mechanism?, S. 30/Rn. 67, https://uncitral.un.org/sites/uncitral.un.org/files/media-documents/uncitral/en/cids_research_paper_mauritius.pdf (zul. abg. am 15.03.2023).

184 Die Mauritius-Konvention ermöglicht Vorbehalte nach den Vorgaben der Art. 3, 4.

185 *Krajewski*, "One Court to rule them all"?* – Der Vorschlag der EU für einen Multilateralen Investitionsgerichtshof und die Reform des internationalen Investitionsschutzrechts in: Ludwigs/Remien, Investitionsschutz, Schiedsgerichtsbarkeit und Rechtsstaat der Union, S. 113 (118).

186 Aktuelle Liste der Mitgliedstaaten der Mauritius-Konvention: https://treaties.un.org/Pages/ViewDetails.aspx?src=IND&mtdsg_no=XXII-3&chapter=22&clang=_en (zul. abg. am 15.03.2023).

187 Geneva Center for international dispute settlement (CIDS), CIDS is a joint Academic Center of the Graduate Institute of International and Development Studies and the University of Geneva, https://www.cids.ch (zul. abg. am 15.03.2023).

188 *Langford/Potestà/Kaufmann-Kohler/Behn*, UNCITRAL and Investment Arbitration Reform: Matching Concerns and Solutions, JWI 2020, 167 (170).

189 Das Ergebnis ist ein Gutachten von: *Kaufmann-Kohler/Potestà*, Can the Mauritius Con-

Schluss einer Übertragbarkeit und hebt hervor, dass über die Schaffung eines multilateralen Instruments für bestehende Altverträge aufwändige Vertragsänderungen umgangen werden könnten, das Auslassen materieller Schutzstandard-Reformen die Mehrheitsfindung vereinfacht und durch die Opt-in-Klausel[190] sich das Abkommen fortlaufend in der Anwendbarkeit weiterentwickeln könnte.[191]

bb) Stand der Reformverhandlungen

Aus den zahlreichen Vorschlägen zur Ausgestaltung des ICS kristallisierte sich der Wunsch nach einem zweistufigen,[192] ständigen und multilateralen Gericht heraus, das sich an dem Vorbild des Mauritius-Abkommens und des multilateralen Instruments[193] der OECD orientiert.[194] Der entscheidende Vorteil dieser weiten Rahmenbedingungen sind die geringen Hürden für eine Anwendbarkeit des neuen Gerichtssystems. Den Vertragsparteien sollen – entsprechend der Mauritius-Konvention – umfassende Vorbehalte ermöglicht werden. Konkret sollen bestimmte Investitionsschutzverträge vom Anwendungsbereich der Reformen ausgenommen, spezielle Reformoptionen ausgeschlossen werden können und die neuen Streitbeilegungsmöglichkeiten nur auf der Grundlage der Gegenseitigkeit anwendbar sein.[195] Durch diese große Entscheidungsfreiheit der Vertragsparteien

vention serve as a model for the reform of investor-State arbitration in connection with the introduction of a permanent investment tribunal or an appeal mechanism?, https://www.uncitral.org/pdf/english/CIDS_Research_Paper_Mauritius.pdf (zul. abg. am 15.03.2023).

[190] Eine Opt-in-Klausel ermöglicht die Anwendung von Abkommensvorschriften nach einer ausdrücklichen Zustimmung. Opt-out-Klauseln sehen dagegen eine Widerspruchslösung vor.

[191] *Kaufmann-Kohler/Potestà*, Can the Mauritius Convention serve as a model for the reform of investor-State arbitration in connection with the introduction of a permanent investment tribunal or an appeal mechanism?, S. 31 ff., https://www.uncitral.org/pdf/english/CIDS_Research_Paper_Mauritius.pdf (zul. abg. am 15.03.2023); *Krajewski*, "One Court to rule them all"?* – Der Vorschlag der EU für einen Multilateralen Investitionsgerichtshof und die Reform des internationalen Investitionsschutzrechts in: Ludwigs/Remien, Investitionsschutz, Schiedsgerichtsbarkeit und Rechtsstaat der Union, S. 113 (118).

[192] *Krajewski*, "One Court to rule them all"?* – Der Vorschlag der EU für einen Multilateralen Investitionsgerichtshof und die Reform des internationalen Investitionsschutzrechts in: Ludwigs/Remien, Investitionsschutz, Schiedsgerichtsbarkeit und Rechtsstaat der Union, S. 113 (120).

[193] Zum multilateralen Instrument der OECD siehe S. 204.

[194] UNCITRAL *Working Group* III, Possible reform of investor-State dispute settlement (ISDS) – Note by the Secretariat,16.01.2020, A/CN.9/WG.III/WP.194, https://undocs.org/en/A/CN.9/WG.III/WP.194 (zul. abg. am 15.03.2023), Rn. 40.

[195] UNCITRAL *Working Group* III, Possible reform of investor-State dispute settlement (ISDS) – Note by the Secretariat,16.01.2020, A/CN.9/WG.III/WP.194, https://undocs.org/en/A/CN.9/WG.III/WP.194 (zul. abg. am 15.03.2023), Rn. 19.

könnten unterschiedliche Streitbeilegungsmechanismen nebeneinander bestehen. Dagegen bestehen keine Bedenken, solange aus unionsrechtlicher Sicht kein Streitbeilegungsmechanismus anwendbar wäre, der seinerseits die Autonomie des Unionsrechts beeinträchtigen könnte. Es gibt bereits Vorbilder für eine flexibel ausgestaltete Streitbeilegung, allem voran das Seerechtsübereinkommen der Vereinten Nationen (UNCLOS), auf das in den Beratungen Bezug genommen wurde.[196] Das Abkommen ermöglicht den Vertragsparteien über Art. 287 Abs. 1 UNCLOS die Wahl zwischen drei verschiedenen Streitbeilegungsmechanismen.[197] Der Vertrag über die Errichtung eines ICS soll also – nach dem Vorbild der Mauritius-Konvention – zwar feste Kernregeln beinhalten, allerdings nur einen Rahmen vorgeben, der inhaltlich flexibel an die Bedürfnisse der Vertragsparteien anpassbar ist.[198]

Hinsichtlich des materiellen Schutzstandards sind keine Reformen geplant.[199] Diese sollen weiterhin ausschließlich in den jeweiligen Investitionsabkommen geregelt werden.[200] Es werden also lediglich institutionelle Reformvorschläge verfolgt, eine Klagemöglichkeit gegen Investoren ist nicht Gegenstand der Verhandlungen.[201] Zwar werden Mehrheitsfindungsprozesse begünstigt, indem nur strukturelle und verfahrensrechtliche Gesichtspunkte verhandelt werden,[202] dennoch führt das Weglassen reformierter materieller Schutzvorschriften zu begrün-

---

[196] UNCITRAL *Working Group* III, Possible reform of investor-State dispute settlement (ISDS) – Note by the Secretariat,16.01.2020, A/CN.9/WG.III/WP.194, https://undocs.org/en/A/CN.9/WG.III/WP.194 (zul. abg. am 15.03.2023), Rn. 17.

[197] Möglich sind die Streitbeilegung vor dem Internationalen Seegerichtshof (ITLOS), dem IGH oder einem Schiedsgericht nach Annex VII UNCLOS.

[198] UNCITRAL *Working Group* III, Possible reform of investor-State dispute settlement (ISDS) – Note by the Secretariat,16.01.2020, A/CN.9/WG.III/WP.194, https://undocs.org/en/A/CN.9/WG.III/WP.194 (zul. abg. am 15.03.2023), Rn. 15.

[199] Das Mandat der UNCITRAL *Working Group* III umfasst keine materiellen Standards des Investitionsschutzrechts, *Krajewski*, "One Court to rule them all"?* – Der Vorschlag der EU für einen Multilateralen Investitionsgerichtshof und die Reform des internationalen Investitionsschutzrechts in: Ludwigs/Remien, Investitionsschutz, Schiedsgerichtsbarkeit und Rechtsstaat der Union, S. 113 (119).

[200] *Langford/Potestà/Kaufmann-Kohler/Behn*, UNCITRAL and Investment Arbitration Reform: Matching Concerns and Solutions, JWI 2020, 167 (186) kritisieren, dass mangels einer Reform der materiellen Schutzstandards der Vorwurf einer „illusion of real reform“ im Raum stehe.

[201] *Hoffmann*, Stellungnahme zur Öffentlichen Anhörung des Ausschusses für Wirtschaft und Energie des Deutschen Bundestages am 06.06.2018, S. 8, https://www.bundestag.de/resource/blob/557996/5cc11dbb66018b63b7c6323e2e006659/19-9-42-hoffmann-data.pdf (zul. abg. am 15.03.2023).

[202] *Müller*, Reformhindernisse im internationalen Investitionsrecht, S. 240 weist darauf hin, dass multilaterale Initiativen im Investitionsschutz zumeist daran scheitern, dass keine Einigung über die materiell-rechtlichen Standards erzielt werden konnte.

deter Kritik, weil die Krise des bestehenden ISDS ihren Ursprung auch in den einseitigen materiellen Verpflichtungen zu Lasten der Staaten findet.[203]

cc) Bewertung

Das geplante ICS-Abkommen beschränkt sich auf verfahrensrechtliche Reformen. Von einer Lösung der beschworenen Legitimitätskrise von Investor-Staat-Streitbeilegung kann daher keine Rede sein. Die Reichweite der angestrebten Reformen darf dennoch nicht unterschätzt werden. Wenn der Investitionsgerichtshof in der geplanten Form verwirklicht wird, wird er mit herkömmlichen ISDS-Schiedsgerichten nicht vergleichbar sein.[204] Deshalb wurde die Sorge formuliert, die Möglichkeit eines schnellen, günstigen und effektiven Rechtsschutzes könnte verloren gehen.[205]

Nach den bisherigen Planungen wäre ein ICS-Verfahren transparenter und vorhersehbarer als ein klassisches Schiedsverfahren. Der Investitionsgerichtshof könnte durch seinen ständigen Charakter und die Besetzung mit staatlich bestellten Berufsrichtern eine eigene Rechtsprechung entwickeln.[206] Durch seine Funktion als zentrale Letztentscheidungsinstanz könnten sich außerdem seine Entscheidungen kohärent durchsetzen.[207] Das Bedürfnis eines vorhersehbaren Verfahrens zeigt sich exemplarisch an den widersprüchlichen Schiedsentscheidungen auf der Grundlage des ECT gegen Spanien wegen der Änderung eines Tarifsystems für Photovoltaikanlagen: Während Spanien im Fall *Eiser Infrastructure Ltd. v. Kingdom of Spain* zunächst[208] wegen einer Verletzung des FET-Standards zu einer Schadensersatzzahlung in Höhe von 128 Millionen Euro ver-

---

[203] *Langford/Potestà/Kaufmann-Kohler/Behn*, UNCITRAL and Investment Arbitration Reform: Matching Concerns and Solutions, JWI 2020, 167 (172).

[204] *Scholtka*, Freihandelsabkommen der EU mit Kanada (CETA) europarechtskonform, NVwZ 2019, 868 (869) ordnet den geplanten Gerichtshof als „Hybrid zwischen staatlichen Gerichten und konstituierten Schiedsgerichten" ein.

[205] Wirtschaftskammer Österreich, https://news.wko.at/news/oesterreich/MIC-WKOe-Position-1703.pdf (zul. abg. am 15.03.2023).

[206] *Krajewski*, "One Court to rule them all"?* – Der Vorschlag der EU für einen Multilateralen Investitionsgerichtshof und die Reform des internationalen Investitionsschutzrechts in: Ludwigs/Remien, Investitionsschutz, Schiedsgerichtsbarkeit und Rechtsstaat der Union, S. 113 (123); *Bungenberg/Reinisch*, Von bilateralen Schieds- und Investitionsgerichten zum multilateralen Investitionsgerichtshof, S. 43.

[207] *Langford/Potestà/Kaufmann-Kohler/Behn*, UNCITRAL and Investment Arbitration Reform: Matching Concerns and Solutions, JWI 2020, 167 (185); *Schill*, Investor-State Dispute Settlement Reform at UNCITRAL: A Looming Constitutional Moment?, JWIT 2018, 1 (2).

[208] ICSID Case No. ARB/13/36, Decision on the Kingdom of Spain's application for annulment v. 11.06.2020, Rn. 253 ff. wurde der Schiedsspruch wegen der Befangenheit eines Richters aufgehoben, http://icsidfiles.worldbank.org/icsid/ICSIDBLOBS/OnlineAwards/C3286/DS14433_En.pdf (zul. abg. am 15.03.2023).

urteilt wurde,[209] entschied das Schiedsgericht in *FREIF Eurowind v. Kingdom of Spain*, Spanien habe die vertraglich übernommenen Garantien für eine angemessene Rendite trotz der Änderung des Tarifsystems gewährleistet.[210]

Allerdings dürfen die Erwartungen für eine Voraussehbarkeit nicht zu hoch angesetzt werden: Weil die materiell-rechtlichen Abkommen fortbestehen, wird das ICS auf der Grundlage unterschiedlichster Abkommen entscheiden. Für die Gewährleistung einheitlicher Entscheidungen des ICS reicht die Vereinheitlichung des Verfahrensrechts daher nicht aus. Die Voraussehbarkeit der Verfahrensausgänge wird sich deshalb nur innerhalb von Entscheidungen auf Grundlage derselben Abkommen erhöhen.

Im Ergebnis kann das geplante ICS als völkerrechtlicher Rahmenvertrag bestehende Investitionsschutzabkommen reformieren, indem es bestehende Streitbeilegungsklauseln von Altverträgen überschreibt. Der Arbeit der UNCITRAL *Working Group* III kommt deshalb eine herausragende Bedeutung in der internationalen Wirtschaft zu.[211] Damit der ICS-Vertrag möglichst schnell in möglichst vielen Streitfällen einsetzbar ist, sollte er – wie die Mauritius-Konvention – als Opt-in-Konvention ausgestaltet werden;[212] In der praktischen Umsetzung ist ein solches ICS-System erfolgsversprechend: Entsteht Streit auf der Grundlage eines Altabkommens, käme es entscheidend darauf an, ob der Gaststaat sowie der Heimatstaat des Investors Mitglied des ICS-Vertrags wären. Dann wäre das ICS zuständig, je nach vertraglicher Ausgestaltung wäre diese Zuständigkeit sogar ausschließlich[213],[214] ohne dass eine Änderung der Altverträge notwendig wäre.[215]

---

[209] ICSID Case No. ARB/13/36, Award v. 04.05.2017, Rn. 486 – Eiser Infrastructure Ltd. u. a. v. Kingdom of Spain, https://www.italaw.com/sites/default/files/case-documents/italaw9050.pdf (zul. abg. am 15.03.2023).

[210] SCC Case No. 2017/060, Final Reward v. 08.03.2021, Rn. 525, 545 ff., 571 – FREIF Eurowind Ltd. v. Kingdom of Spain, https://jusmundi.com/fr/document/decision/en-freif-eurowind-holdings-ltd-v-kingdom-of-spain-final-award-monday-8th-march-2021 (zul. abg. am 15. 03.2023).

[211] *Schill*, Investor-State Dispute Settlement Reform at UNCITRAL: A Looming Constitutional Moment?, JWIT 2018, 1 (1).

[212] Diese Auffassung verfolgt auch die Union: Submission of the European Union and its Member States to UNCITRAL *Working Group* III, 18.01.2019, S. 8, https://trade.ec.europa.eu/doclib/docs/2019/january/tradoc_157631.pdf (zul. abg. am 15.03.2023).

[213] Die Zuständigkeit des ICS wäre ausschließlich, wenn die Opt-in-Klausel zugleich als Opt-out-Klausel ausgestaltet wäre, siehe *Bungenberg/Reinisch*, Von bilateralen Schieds- und Investitionsgerichten zum multilateralen Investitionsgerichtshof, S. 266 f.

[214] *Bungenberg/Reinisch*, Von bilateralen Schieds- und Investitionsgerichten zum multilateralen Investitionsgerichtshof, S. 121.

[215] *Bungenberg/Reinisch*, Von bilateralen Schieds- und Investitionsgerichten zum multilateralen Investitionsgerichtshof, S. 265 f.

2. Anwendung der Autonomiekategorien

Wenn die Union das geplante ICS-Abkommen ratifiziert, werden dessen Vorschriften über Art. 216 Abs. 2 AEUV in die Unionsrechtsordnung aufgenommen und stehen somit in einem potenziellen Spannungsverhältnis zur Autonomie.

a) Keine materiell-rechtlichen Schutzstandards

Die Anforderungen der Autonomie beschränken sich in Bezug auf das geplante ICS-Abkommen auf verfahrensrechtliche Aspekte, weil der Abkommensentwurf keine eigenen materiell-rechtlichen Schutzstandards beinhaltet.[216] Somit ist ausgeschlossen, dass materielle Schutzstandards des ICS-Abkommens Regulierungsmöglichkeiten durch die Union marginalisieren.[217] Spiegelbildlich stellt das ICS-Abkommen für sich genommen noch nicht die Vereinbarkeit bestehender Investitionsschutzverträge mit dem Unionsrecht sicher.

b) Rechtsprechungsmonopol des EuGH

Das Rechtsprechungsmonopol des EuGH würde durch das ICS-Abkommen beeinträchtigt, wenn die völkerrechtlich errichteten Gerichte für die Auslegung von Unionsrecht oder mitgliedstaatlichem Recht zuständig wären, ohne dass dem EuGH ein Letztentscheidungsrecht eingeräumt würde. Eine verbindliche Einbindung des EuGH wäre gegeben, wenn die ICS-Gerichte entweder unter den Gerichtsbegriff von Art. 267 AEUV fielen, dem EuGH wirksam eine Zuständigkeit innerhalb des ICS-Gerichtsverfahrens eingeräumt würde oder eine umfassende Aufhebungsmöglichkeit der völkerrechtlichen Gerichtsentscheidungen bestände.

Die ICS-Gerichte wären nach den Feststellungen des EuGH wegen der vorgesehenen Drittstaatenbeteiligungen nicht als Gericht eines Mitgliedstaats im Sinne von Art. 267 AEUV anzuerkennen.[218] Eine Einbindung des EuGH über eine im Abkommen festgeschriebene Zuständigkeitszuweisung wäre zwar – ange-

---

[216] Das Mandat der UNCITRAL *Working Group* III umfasst keine materiellen Standards des Investitionsschutzrechts, *Krajewski*, "One Court to rule them all"?* – Der Vorschlag der EU für einen Multilateralen Investitionsgerichtshof und die Reform des internationalen Investitionsschutzrechts in: Ludwigs/Remien, Investitionsschutz, Schiedsgerichtsbarkeit und Rechtsstaat der Union, S. 113 (119).

[217] Das verfassungsmäßige Funktionieren der Unionsorgane muss dahingehend sichergestellt werden, dass Entscheidungen für den Schutz öffentlicher Interessen möglich bleiben, *Germelmann*, Der Investitionsschutz im Energie- und Klimaschutzrecht zwischen „European Green Deal" und Grenzen des Unionsprimärrechts, EuR 2020, 375 (388); zum Erfordernis eines unionsrechtlich geschützten, gesetzgeberischen Handlungsspielraums siehe S. 108 ff.

[218] Zur Anerkennung eines völkerrechtlichen Spruchkörpers als Gericht im Sinne von Art. 267 AEUV siehe S. 62 ff.

sichts der Schaffung neuer, völkerrechtlicher Zuständigkeiten – grundsätzlich zulässig, die Vorlageentscheidungen des EuGH müssten aber für den völkerrechtlichen Spruchkörper verbindlich sein.[219] Die bisherigen Planungen um die Errichtung eines ICS sehen eine solche Zuständigkeitszuweisung an den EuGH nicht vor.

Im Nachgang einer Entscheidung der ICS-Gerichte wäre ein Sicherungsmechanismus für das Rechtsprechungsmonopol nur noch durch eine gesicherte, nachgelagerte und umfassende Überprüfungsmöglichkeit gegeben. Ein solches Aufhebungsverfahren ist bislang weder im Unionsrecht, noch im mitgliedstaatlichen Recht vorgesehen.[220] Eine staatliche Überprüfung aller Entscheidungen des ICS würde auch die Gegenseitigkeit des Abkommens beschränken und ein erfolgreiches ICS-System verhindern. Vielmehr ist das völkerrechtliche Abkommen selbst mit einer Rechtsmittelinstanz ausgestattet, um ein geschlossenes System zu schaffen und eine nachgelagerte staatliche Überprüfung auszuschließen.[221]

Für den ICS-Vertrag müsste deshalb das anwendbare Recht auf die Schutzstandards der jeweiligen Altverträge reduziert werden.[222] Es müsste also wirksam ausgeschlossen werden, dass die ICS-Gerichte über den jeweiligen völkerrechtlichen Vertrag hinaus auch über innerstaatliches Recht entscheiden. In der *Achmea*-Entscheidung stellte der EuGH klar, dass nicht nur Unionsrecht, sondern auch mitgliedstaatliches Recht vom Rechtsprechungsmonopol des EuGH erfasst würde.[223]

c) Unionsinterne Festlegung des Beklagten

Das geplante ICS-Abkommen soll sowohl durch die Union, als auch die Mitgliedstaaten ratifiziert werden, um die Streitbeilegungsmechanismen einer möglichst großen Anzahl von Altabkommen zu ersetzen. Wird nun der Streitbeilegungsmechanismus eines gemischten Abkommens überschrieben, muss das ICS-Abkommen sicherstellen, dass nicht das Wesen der bestehenden Zuständigkeitsverteilung verfälscht wird. Dies droht insbesondere bei der Festlegung des Beklagten.[224]

---

[219] Zu den Anforderungen an eine vertragliche Zuständigkeitszuweisung an den EuGH siehe S. 67 ff.

[220] Zum Aufhebungsverfahren zur Sicherung des Rechtsprechungsmonopols des EuGH siehe S. 76 ff.

[221] *Engel*, Das Investor-Staat-Streitbeilegungssystem auf dem unionsrechtlichen Prüfstand, SchiedsVZ 2017, 291 (295 f.).

[222] *Bungenberg/Reinisch*, Von bilateralen Schieds- und Investitionsgerichten zum multilateralen Investitionsgerichtshof, S. 181.

[223] Zur Achmea-Entscheidung siehe S. 58 ff.

[224] Zur Festlegung des Beklagten siehe S. 95 ff.

Die neueren Freihandels- und Investitionsschutzabkommen mit Singapur (SFTA), mit Kanada (CETA) und mit Vietnam sehen deshalb vor, dass die Bestimmung des richtigen Beklagten unionsintern erfolgt.[225] Innerhalb der Union regelt die Verordnung (EU) Nr. 912/2014[226] vom 23.07.2014 die Bestimmung des richtigen Beklagten. Der Anwendungsbereich der Verordnung bezieht sich auf die Beilegung von Investor-Staat-Streitbeilegung bei Antrag eines Schiedsklägers aus einem Drittstaat auf der Grundlage einer Übereinkunft unter Beteiligung der Union oder der Union und ihrer Mitgliedstaaten.[227] Kapitel III regelt die Abwicklung von Streitigkeiten. Demnach tritt die Union gemäß Art. 4 Abs. 1 Verordnung (EU) Nr. 912/2014 als Schiedsbeklagte auf, wenn die Maßnahme von der Union vorgenommen wurde. Für Maßnahmen der Mitgliedstaaten müssen gemäß Art. 9 Abs. 1 Verordnung (EU) Nr. 912/2014 diese grundsätzlich als Schiedsbeklagte auftreten. Diese unionsinterne Festlegung des Schiedsbeklagten berührt – wie Art. 1 Verordnung (EU) Nr. 912/2014 bekräftigend klarstellt – nicht die bestehenden Zuständigkeiten und ist somit mit der Autonomie vereinbar.

Bislang konnte man sich noch nicht auf eine Regelung für die Bestimmung des richtigen Beklagten in ICS-Verfahren verständigen. Vorbilder liefern insoweit bereits das CETA- sowie das ECT-Abkommen. Im CETA-Abkommen sieht das Abkommen in Art. 8.21 Abs. 1 CETA vor, dass die Union festlegt, wer der richtige Beklagte ist. Beim ECT ist eine solche Regelung vertraglich nicht vorgesehen,[228] allerdings hat die Kommission auf der Grundlage von Art. 26 Abs. 3 lit. b ii) ECT eine Erklärung abgegeben, die eine externe Festlegung des Beklagten ausschließt.[229] Eine gangbare Lösung für den ICS-Vertrag wäre deshalb, falls keine vertragliche Regelung festgeschrieben werden sollte, eine Zusatzerklärung abzugeben, die innerhalb der Union sekundärrechtlich ausgestaltet würde.[230] Wegen der angestrebten Flexibilität des ICS-Vertrags für den Einzelfall ist davon

---

[225] *Engel*, Das Investor-Staat-Streitbeilegungssystem auf dem unionsrechtlichen Prüfstand, SchiedsVZ 2017, 291 (297).

[226] https://eur-lex.europa.eu/legal-content/DE/TXT/PDF/?uri=CELEX:32014R0912&from=DE (zul. abg. am 15.03.2023).

[227] Art. 1 Verordnung (EU) Nr. 912/2014 v. 28.08.2014, L 257/124, https://eur-lex.europa.eu/legal-content/DE/TXT/PDF/?uri=CELEX:32014R0912&from=DE (zul. abg. am 15.03.2023).

[228] *Barends*, Streitbeilegung in Unionsabkommen und Europäisches Unionsrecht, S. 268.

[229] ABl. EG, L69/116 v. 09.03.1998, https://eur-lex.europa.eu/resource.html?uri=cellar:bb5339f8-f387-4c05-a895-1a64f898413c.0002.02/DOC_6&format=PDF (zul. abg. am 15.03.2023), innerhalb der Union richtet sich die Festlegung des Beklagten nach Verordnung (EU) Nr. 912/2014, vgl. *Keller/Schmitt* in: Krenzler/Herrmann/Niestedt (Hrsg.), EU-Außenwirtschafts- und Zollrecht, XII. Investitionsschutzpolitik, 121. Verordnung (EU) Nr. 912/2014, Art. 1 Rn. 7, Art. 24 Rn. 3.

[230] *Bungenberg/Reinisch*, Von bilateralen Schieds- und Investitionsgerichten zum multilateralen Investitionsgerichtshof, S. 139. Zur Festlegung kann allgemein auf die Verordnung (EU) Nr. 912/2014 zurückgegriffen werden.

auszugehen, dass eine solche Möglichkeit in die Verträge aufgenommen werden wird.

d) Grundsatz des gegenseitigen Vertrauens

Der Vertrauensgrundsatz verbietet mitgliedstaatliche Nachprüfungen und steht deshalb Investitionsschutzabkommen innerhalb der Union entgegen.[231] Das ICS-Abkommen darf keine Verfahren innerhalb der Union ermöglichen, sondern muss auf Drittstaatsverfahren beschränkt sein. Diese Regelung kann nicht nur im ICS, sondern auch in den jeweiligen Altverträgen getroffen werden.

e) Tatsächliche Einflüsse auf die Unionsrechtsordnung

Eine Beeinträchtigung der Autonomie ist auch durch rein tatsächliche Beeinflussungen möglich. Zur Zulässigkeit solcher Einflüsse äußerte sich der EuGH bislang nur sporadisch.

aa) Doppelfunktion der Richter

Grundsätzlich können Rechtsauffassungen von Richtern abhängig von ihren jeweiligen Tätigkeiten neben ihrer Aufgabe als Richter eines ICS-Gerichts beeinflusst werden. Bereits im Gut. 1/91 äußerte der EuGH Bedenken gegen eine Doppelfunktion von Richtern des EuGH und des EWR-Gerichtshofs: Wenn ein Richter sowohl dem EWR-Gerichtshof, als auch dem EuGH angehört hätte, dann hätte dieser die wortgleichen Bestimmungen nach unterschiedlichen Vorgehensweisen, Methoden und Konzepten auslegen und anwenden müssen, um der Eigenart jedes Vertrags und der ihm eigenen Ziele Rechnung zu tragen.[232] Diese Aufgabe wäre aus Sicht des EuGH sehr schwer, wenn nicht unmöglich, zu erfüllen gewesen.[233] Ob eine solche Doppelfunktion mit dem Unionsrecht unvereinbar gewesen wäre, hat der EuGH aber aufgrund der weiteren Unvereinbarkeitsgründe des Abkommensentwurfs mit Gemeinschaftsrecht im Gut. 1/91 ausdrücklich offengelassen.[234] Allein die Erwägungen bezeugen jedoch, dass tatsächliche Beeinträchtigungen der Autonomie genügen, um ein Abkommen als mit Unionsrecht unvereinbar einzustufen.

Aus diesem Grund wäre möglicherweise unzulässig, wenn Richter in Personengleichheit für den EuGH und den ICS tätig wären. Dagegen sprechen jedoch die erheblichen Unterschiede zwischen den Verträgen. Das Unionsrecht und der

---

231 Zum Grundsatz des gegenseitigen Vertrauens siehe S. 102 ff.
232 EuGH, Gut. 1/91, ECLI:EU:C:1991:490, Rn. 51 – EWR I.
233 EuGH, Gut. 1/91, ECLI:EU:C:1991:490, Rn. 51 – EWR I.
234 EuGH, Gut. 1/91, ECLI:EU:C:1991:490, Rn. 53 – EWR I.

ICS-Vertrag regeln weitgehend unterschiedliche Sachbereiche und sind nach dem Wortlaut ihrer Vorschriften unterschiedlich abgefasst. Darüber hinaus ist das geplante ICS-Abkommen im Gegensatz zum ersten EWR-Abkommensentwurf nicht auf eine Angleichung der Rechtsordnungen ausgerichtet. Die Gefahr, dass die Richter ihre Tätigkeitsbereiche bei der Bildung ihrer eigenen Rechtsauffassung vermischen, ist deshalb stark gesenkt – wenn nicht sogar ausgeschlossen. Voraussichtlich wäre eine Personengleichheit von Richtern des EuGH und des ICS deshalb mit der Autonomie vereinbar.

Dies müsste erst recht für alle anderen Nebentätigkeiten gelten, in denen die richterliche Entscheidung nicht die Auslegung von Unionsrecht betrifft. Diese Auffassung wird durch die Haltung des EuGH im Gut. 1/17 bestätigt: Er billigte die Regelungen im CETA-Abkommen[235], den Richtern zwar monatliche Grundvergütungen auszuzahlen, ihnen aber zu gestatten, andere Tätigkeiten aufzunehmen.[236] Der bisherige Vorschlag der Kommission und der Mitgliedstaaten geht über den verlangten Schutz hinaus, demnach sollen die Richter ausschließlich für das ICS arbeiten.[237]

bb) Konflikt der Entscheidungswirkungen

Im Ausgangspunkt schützt die Autonomie das Unionsrecht vor externen Einflüssen, indem sie eine Eigenständigkeit gegenüber dem mitgliedstaatlichen Recht und völkerrechtlichen Einwirkungen behauptet. Dazu zählen grundsätzlich auch rein faktische Einflüsse auf das Unionsrecht,[238] von denen häufig sogar eine höhere Gefahr für die Autonomie ausgeht.[239] Erkennt man jedoch in jedem faktischen Einfluss eine Beeinträchtigung der Autonomie, dann müsste die Autonomie den Bruch völkerrechtlicher Bindungen gebieten, insoweit diese in Widerspruch zum Unionsrecht ständen. Dies würde die völkerrechtliche Bindungsfähigkeit der Union praktisch ausschließen. Es muss also eine Grenze zwischen einer zulässigen Auswirkung auf die Autonomie und einer unzulässigen Beeinträchtigung der Autonomie geben.[240]

---

235 Art. 8.27 Abs. 12 CETA, Art. 8.28 Abs. 7 lit. d CETA (Berufungsinstanz).

236 EuGH, Gut. 1/17, ECLI:EU:C:2019:341, Rn. 245 – CETA.

237 Submission of the European Union and its Member States to UNCITRAL *Working Group* III, 18.01.2019, S. 11, https://trade.ec.europa.eu/doclib/docs/2019/january/tradoc_157631.pdf (zul. abg. am 15.03.2023).

238 Zur Doppelfunktion der Richter im Gut. 1/91 siehe S. 213 f. sowie zur Gefahr einer Konkurrenz der Entscheidungen von CETA- und Unionsgerichten S. 109.

239 *Ratz*, International and European law problems of investment arbitration involving the EU, S. 334.

240 Den Begriff der (zulässigen) „Auswirkung" auf die Autonomie nutzte der EuGH erstmals in seinem Gut. 1/00, ECLI:EU:C:2002:231, Rn. 20 f. – GELR.

Urteile von ISDS-Schiedsgerichten können Verpflichtungen enthalten, die ihrerseits materiell im Widerspruch zu Wertungen des Unionsrechts stehen, obwohl sich die schiedsgerichtliche Entscheidung auf einen vertraglichen Verstoß zu einem Zeitraum bezieht, auf den Unionsrecht nicht anwendbar ist. Erfüllen nun die im Verfahren unterlegenen Mitgliedstaaten die völkerrechtliche Verpflichtung aus dem Schiedsspruch, kann sich die Erfüllungshandlung als Verstoß gegen Unionsrecht erweisen. Eine Zahlung auf einen Schiedsspruch ist beispielsweise tatsächlich in der Lage, einen Marktteilnehmer zu bevorteiligen und kann insoweit wegen den Beihilfebeschränkungen der Art. 107 ff. AEUV die Wirksamkeit des Unionsrechts beeinträchtigen, die ihrerseits als Teil der Autonomie anerkannt wird.[241]

Diese Konstellation betrifft die am EuGH anhängige Rs. *Micula*: Die Brüder *Ioan* und *Viorel Micula*, Investoren mit schwedischer Staatsangehörigkeit und drei von ihnen kontrollierten rumänischen Unternehmen (fortan: Parteien *Micula*) klagten nach der vorzeitigen Aufhebung eines rumänischen Förderungsprogramms („EGO-24-Förderung“[242]) auf Schadensersatz vor einem völkerrechtlichen Schiedsgericht.[243] Rumänien erfüllte das schiedsgerichtliche Urteil. Daraufhin entschied die Kommission am 30.03.2015 durch Beschluss, die Zahlungen beziehungsweise Verrechnungen auf der Grundlage des Schiedsspruchs seien mit Unionsrecht unvereinbare Beihilfen und forderte Rumänien zur Rückforderung der Leistungen auf.[244] Anschließend klagten die Parteien *Micula* am 28.11.2015 auf die Erklärung der Nichtigkeit des Kommissionsbeschlusses.[245]

In dem *Micula*-Fall wurde mit Rumänien erstmals ein Mitgliedstaat der Union durch ein völkerrechtliches Schiedsgericht zur Verletzung von Unionsrecht verpflichtet.[246] Wird ein unionsrechtswidriges Förderprogramm vorzeitig abge-

---

241 *Engel*, Das Investor-Staat-Streitbeilegungssystem auf dem unionsrechtlichen Prüfstand, SchiedsVZ 2017, 291 (298 f.) mit dem Hinweis, dass auch die „Effektivität“ des Unionsrechts Teil des Autonomiebegriffs sei; zur Wirksamkeit des Unionsrechts als Bestandteil der Autonomie siehe S. 101 ff.

242 Dringlichkeitsverordnung Rumäniens Nr. 24/1998 („EGO-24“).

243 Die Klage bezog sich zunächst auf die Wiederherstellung des früheren Zustands, also die Rücknahme der Aufhebung der EGO-24-Förderung. Wohl aus Sorge um die Vollstreckbarkeit eines möglichen stattgebenden Urteils (infolge eines Verstoßes gegen die Autonomie), änderten die Parteien Micula ihr Begehren auf die Leistung von Schadensersatz, siehe *Micula*, u. a. v. Romania, ICSID Case No. ARB/05/20, Final Award v. 11.12.2013, Rn. 880 f.; *Gatzsche*, Aufhebungen und Abänderungen von Investitionsschutzabkommen, S. 64 f.

244 Art. 1, 3 des Beschlusses (EU) 2015/1470 der Kommission vom 30.03.2015, L 232/43 (69 f.), https://eur-lex.europa.eu/legal-content/DE/TXT/PDF/?uri=CELEX:32015D1470&from=DE (zul. abg. am 15.03.2023).

245 Amtsblatt der EU, C 68/30, https://eur-lex.europa.eu/legal-content/DE/TXT/PDF/?uri=CELEX:62015TN0704&from=EN (zul. abg. am 15.03.2023).

246 *Lang*, Der Europäische Gerichtshof und die Investor-Staat-Streitbeilegung in TTIP und

schafft oder eine geleistete unionsrechtswidrige Beihilfe zurückgefordert, kann diese staatliche Maßnahme die Verletzung eines völkerrechtlichen Investitionsschutzabkommens begründen. Infolge einer solchen Verletzung droht durch den Zuspruch einer Entschädigung durch einen völkerrechtlichen Spruchkörper, dass unionsrechtliche Wertungen umgangen werden. Die Schutzvorschriften des völkerrechtlichen Abkommens können also in ihren Auswirkungen auf das Unionsrecht „überschwappen" (sog. *Spill-over*-Effekt).[247] Somit könnten tatsächliche Einflüsse durch konfligierende Entscheidungen von Abkommensgerichten und Unionsgerichten das Unionsrecht in seiner Wirksamkeit beeinträchtigen.

(1) Tatsächliche Einflüsse auf die Unionsrechtsordnung grundsätzlich hinnehmbar

Trotz der bestehenden Risiken durch tatsächliche Einflüsse auf das Unionsrecht können lediglich Zahlungsverpflichtungen die Autonomie nicht beeinträchtigen. Der EuGH erklärt in ständiger Rechtsprechung, dass die Unterwerfung unter eine fremde Gerichtsbarkeit nicht grundsätzlich mit dem Unionsrecht unvereinbar sei.[248] Entscheidungen völkerrechtlicher Spruchkörper können sich aber zumindest tatsächlich auf das Unionsrecht auswirken. Schon GA *Yves Bot* stellte in seinen Schlussanträgen zum Gut. 1/17 klar, dass die Autonomie kein Freibleiben von externen Einflüssen verlange.[249] Der EuGH teilt diese Sichtweise und erkennt tatsächliche Einflüsse in der Form möglicher Zahlungsverpflichtungen als grundsätzlich zulässig an.[250] Im Gut. 1/17 erklärte er, dass trotz der bestehenden Gefahr, dass völkerrechtliche Spruchkörper auf gesetzgeberische Entscheidungen Einfluss nehmen, diese mit dem Unionsrecht vereinbar seien, solange die Entscheidungsfreiheit der demokratisch legitimierten Organe geschützt würde, indem ein Mindeststandard an Entscheidungsspielraum gewahrt werde.[251] Auf den ersten Blick erstaunt die liberale Haltung des EuGH, weil bereits die Sorge vor der Verpflichtung zur Leistung von Schadensersatz eine Verhaltensänderung

---

CETA: Zwischen Konfrontation, Konstitutionalisierung und Zurückhaltung in: Tietje/Kraft, Beiträge zum Transnationalen Wirtschaftsrecht, Heft 138, S. 9.

[247] *Hindelang*, Der primärrechtliche Rahmen einer EU-Investitionsschutzpolitik in: Bungenberg/Herrmann (Hrsg.), Die gemeinsame Handelspolitik der Europäischen Union nach Lissabon, S. 157 (177 ff.).

[248] Ständige Rechtsprechung des EuGH seit dem EuGH, Gut. 1/91, ECLI:EU:C:1991:490 – EWR I, siehe S. 31.

[249] Zum Begriff der Autarkie in den Schlussanträgen von *Yves Bot* zum Gut. 1/17 siehe S. 137.

[250] *Kerkemeyer*, Europarechtliche Bedenken gegen das CETA-Abkommen, Kritische Justiz 2015, 264 (271 f.).

[251] Zu den Schutzvorkehrungen der gesetzgeberischen Handlungsfreiheit im CETA-Abkommen siehe S. 110 f.

der Mitgliedstaaten hervorrufen könnte.[252] Allerdings würde im Umkehrschluss die völkerrechtliche Bindungsfähigkeit der Union faktisch ausgeschlossen, wenn jeder Einfluss auf die gesetzgeberische Entscheidungsfreiheit im Widerspruch zum Unionsrecht stände.

(2) Grenze zulässiger Auswirkungen bislang ungeklärt

Die Zahlung Rumäniens in Erfüllung des Schiedsspruchs führt faktisch zu einer Wiederherstellung eines Zustands, der ohne eine Aufhebung der Förderung bestanden hätte.[253] Das schiedsgerichtliche Urteil führt also zu einer tatsächlichen Umgehung der Wertungen des Beihilfeverbots gemäß Art. 107 AEUV.[254] Deshalb müsste Rumänien die an die Parteien *Micula* geleistete Zahlung entsprechend des Kommissionsbeschlusses zurückfordern, um eine Wirksamkeit der unionsrechtlichen Wertungen sicherzustellen. Diese Rückforderung würde jedoch dem durch Unionsgerichte nicht überprüfbaren Schiedsspruch widersprechen.[255] Es drängt sich die Frage auf, ob ein tatsächlicher Konflikt der Entscheidungswirkungen die Autonomie beeinträchtigen kann. Die zulässige Grenze tatsächlicher Einflüsse ist bislang ungeklärt. Vermutlich wird ein Grenzbereich betroffen, wenn der wirtschaftliche Druck auf einen Mitgliedstaat so groß ist, dass die Verbindlichkeit der Entscheidung des EuGH in Frage gestellt wird.

---

[252] *Germelmann*, Der Investitionsschutz im Energie- und Klimaschutzrecht zwischen „European Green Deal“ und Grenzen des Unionsprimärrechts, EuR 2020, 375 (395).

[253] In diesem Rahmen besteht Streit, ob die Verpflichtung zur Leistung von Schadensersatz einen „Vorteil“ iSv Art. 107 AEUV darstellt. Die Kommission argumentiert, die Höhe der durch den Schiedsspruch festgelegten Entschädigung entspreche genau den Vorteilen aus der abgeschafften EGO-24 Förderung und erblickt darin eine faktische Gleichstellung des Beschwerdeführers gegenüber der hypothetischen Situation, die Förderung sei nie abgeschafft worden, Europ. Kommission, Erwägungsgründe 92 ff. des Beschlusses (EU) 2015/1470 der Kommission v. 30.03.2015, L 232/43 (57 f.), https://eur-lex.europa.eu/legal-content/DE/TXT/PDF/?uri=CELEX:32015D1470&from=DE (zul. abg. am 15.03.2023).

[254] *Kerkemeyer*, Unionsrecht und internationales Investitionsschutzrecht auf Kollisionskurs, EuZW 2016, 10 (15) wertet diesen Wertungswiderspruch sogar als Beeinträchtigung der Autonomie; aA: GA *Szpunar*, Schlussanträge v. 01.07.2021 in der Rs. 638/19, ECLI:EU:C:2021:529, Rn. 111. GA *Wathelet*, Schlussanträge v. 19.09.2017 in der Rs. C-284/16, ECLI:EU:C:2017:699, Rn. 273.

[255] Art. 7 Abs. 2 lit. i) des BITs Schweden/Rumänien sieht eine Wahlmöglichkeit zwischen einer ICSID-Streitbeilegung und einem Ad-hoc-Schiedsgericht nach UNCITRAL für die Vertragsparteien vor. In der Rs. Micula einigten sich die Streitparteien auf eine Streitbeilegung auf der Grundlage von ICSID. Im Rahmen der Vollstreckung könnte daher kein Aufhebungsverfahren vor mitgliedstaatlichen Gerichten durchgeführt werden, weil ICSID eine solche Überprüfung nicht vorsieht.

(3) Ausblick

Die Haltung des EuGH, gewisse Risiken durch tatsächliche Einflüsse auf das Unionsrecht hinzunehmen, um die völkerrechtliche Bindungsfähigkeit der Union zu gewährleisten, überzeugt. Sie muss auch für den Fall gelten, dass tatsächliche Einflüsse den unionsrechtlichen Wertungen zuwiderlaufen. Zwar bestände die Gefahr, dass ein Mitgliedstaat seine völkerrechtlichen Verpflichtungen um die Gunst der Investoren einhält, sodass ein Verstoß gegen das Unionsrecht eine reale Gefahr für die Einheitlichkeit der Rechtsordnung darstellen würde.[256] Selbst wenn ein Mitgliedstaat Unionsrecht achten und gegen ein solches BIT verstoßen würde, käme es hinsichtlich der Umsetzung des folgenden Schiedsspruchs im Ergebnis zu einem Konflikt der Entscheidungswirkungen.[257] Dennoch besteht die Gefahr, dass ein Mitgliedstaat unionsrechtliche Verpflichtungen nicht erfüllt auch aus anderen Gründen. Entscheidend ist nicht das Risiko, dass ein Mitgliedstaat gegen Unionsrecht verstößt – dieses besteht mit der Entscheidungsfreiheit der Mitgliedstaaten immer –, sondern ob der Mitgliedstaat durch unionsrechtliche Sanktionsmöglichkeiten effektiv zum unionsrechtskonformen Verhalten motiviert werden kann. Eine solche Motivation kann jedenfalls über ein Vertragsverletzungsverfahren gemäß Art. 258 ff. AEUV und anschließende Sanktionen hervorgerufen werden. Wirtschaftliche Folgen sollten deshalb für sich genommen keine Beeinträchtigung der Autonomie begründen können.[258] Dieses Ergebnis bestätigt sich im Hinblick auf Art. 351 AEUV. Durch dessen Einfügung wird schon primärrechtlich anerkannt, dass völkerrechtliche und unionsrechtliche Wertungen und Verpflichtungen auseinanderfallen können.[259] Das Unionsrecht lässt sogar für alte völkerrechtliche Verpflichtungen der Mitgliedstaaten eine Abweichung von Unionsrecht zu und schließt nur für diesen Einzelfall die Möglichkeit eines Vertragsverletzungsverfahrens gegen einen Mitgliedstaat aus.[260]

---

[256] *Lang*, Der Europäische Gerichtshof und die Investor-Staat-Streitbeilegung in TTIP und CETA: Zwischen Konfrontation, Konstitutionalisierung und Zurückhaltung in: Tietje/Kraft, Beiträge zum Transnationalen Wirtschaftsrecht, Heft 138, S. 10.

[257] *Sauer*, Jurisdiktionskonflikte in Mehrebenensystemen, S. 249.

[258] *Germelmann* in: Theobald/Kühling (Hrsg.), Energierecht, 12. Internationaler Investitionsschutz im Energierecht, Rn. 147 hält rein wirtschaftliche Folgen für unbedenklich für die Handlungsmöglichkeiten der Union, auch weil sie sich lediglich potenziell auswirkten und daher ihr Einfluss für eine Beeinträchtigung der Autonomie nicht ausreichend sei.

[259] *Terhechte* in: Schwarze/Becker/Hatje/Schoo (Hrsg.), EU-Kommentar, Art. 351 AEUV, Rn. 2 weist auf mehrere Stellen im Unionsrecht hin, dass die völkerrechtlichen Altverpflichtungen der Mitgliedstaaten zu achten seien; vertiefend zu Art. 351 AEUV und seinen Grenzen im Bezug auf die Autonomie siehe S. 190 ff.

[260] *Schmalenbach* in: Calliess/Ruffert (Hrsg.), EUV/AEUV, Art. 351 AEUV, Rn. 1.

3. Fortbestehender Reformbedarf völkerrechtlicher Altverträge

Ziel des Kapitels war es, den Widerspruch zwischen der beanspruchten Führungsrolle der Union in den Verhandlungen um eine Weiterentwicklung des ISDS und dem erweiterten Autonomiebegriff des EuGH offenzulegen.

Die Verhandlungen über die Reform des ECT verlaufen schleppend.[261] Dabei lastet auf der Union ein hoher politischer Handlungsdruck: Die Kommission versucht über den Reformprozess zu erreichen, dass die Klimaziele der Union nicht durch den ECT gefährdet werden.[262] Darüber hinaus schwebt über dem Streitbeilegungsmechanismus von Art. 26 ECT das Damoklesschwert der Unvereinbarkeit mit Unionsrecht. Es hat sich gezeigt, dass eine Übertragung der hohen Anforderungen des Gerichtshofs an völkerrechtliche Abkommen auf die Streitbeilegungsmechanismen des ECT erhebliche Bedenken über die Vereinbarkeit des Vertrags mit Unionsrecht aufwirft. Bislang ist keine Einigung über einen Abkommensentwurf zur Reform des ECT erzielt worden. Dennoch reichte das Königreich Belgien bereits am 02.12.2020 einen Gutachtenantrag nach Art. 218 Abs. 11 AEUV ein, um die Vereinbarkeit des Entwurfs zur Reform des Energiechartavertrags mit Unionsrecht durch den EuGH zu prüfen.

Zunächst ermöglicht der ECT völkerrechtliche Schiedsverfahren innerhalb der Union,[263] die gegen den durch die Autonomie geschützten Grundsatz des gegenseitigen Vertrauens verstoßen. Im Rahmen solcher Verfahren zählt das Unionsrecht auch zum anwendbaren Recht der Schiedsgerichte, ohne dass deren Entscheidungen dem Letztentscheidungsrecht des EuGH unterlägen. Der ECT sieht darüber hinaus keinen hinreichenden Schutz von gesetzgeberischen Regulierungsmöglichkeiten vor: In CETA bleibt die Interpretationshoheit der Vertragsparteien über die Reichweite des FET-Standards und die Definition der indirekten Enteignung dauerhaft erhalten, im ECT ist diese Entscheidung den Vertragsparteien entzogen und wird unbeeinflusst durch ein Schiedsgericht getroffen. Die ECT-Streitbeilegungsmechanismen beeinträchtigen somit die Autonomie in mehrfacher Hinsicht.

Die Planungen zur Errichtung eines ICS können dieses Ergebnis nicht ändern. Mit dem Ziel, eine möglichst breite Anwendbarkeit der ICS-Streitbeilegung zu erreichen, werden die laufenden Verhandlungen auf einen geringen Regelungs-

---

261 *Bernasconi-Osterwalder/Schaugg/van den Berghe*, Investitionsschutz über Klimaschutz?: Warum ein Rücktritt aus dem Energie-Charta-Vertrag völkerrechtlich möglich und klimapolitisch richtig ist, Verfassungsblog v. 14.10.2021, https://verfassungsblog.de/investitionsschutz-uber-klimaschutz/ (zul. abg. am 15.03.2023).

262 *Hahn* in: Calliess/Ruffert (Hrsg.), EUV/AEUV, Art. 207 AEUV, Rn. 209.

263 Zur Komstroy-Entscheidung des EuGH, Art. 26 Abs. 2 lit. c ECT sei auf Intra-EU-Konstellationen nicht anwendbar, siehe S. 186 f.

gehalt reduziert. Das ICS-Abkommen soll keine materiellen Schutzstandards beinhalten, sondern sich auf verfahrensrechtliche Reformen beschränken. Der Schutzanspruch des EuGH zur Wahrung der Autonomie geht jedoch über verfahrensrechtliche Fragen hinaus. Im Hinblick auf den Schutz des gesetzgeberischen Regulierungsspielraums kann ein ICS für sich genommen die Vereinbarkeit völkerrechtlicher Altabkommen mit dem Unionsrecht nicht sicherstellen. Durch Planungen zur Errichtung eines ICS erübrigt sich mithin der Reformbedarf des ECT nicht.

Über den erweiterten Autonomiebegriff formuliert der Gerichtshof hohe Anforderungen an völkerrechtliche Streitbeilegungsmechanismen. Er erhöht den politischen Druck auf die Union, bestehende völkerrechtliche Abkommen der Union mit eigenen Streitbeilegungsmechanismen zu reformieren. Dieser Reformdruck – innerhalb des Korsetts der Autonomie – erschwert die selbst beanspruchte Führungsrolle in den Reformverhandlungen.

Fazit und Zusammenfassung der Arbeitsergebnisse

Die Herleitung der Autonomie wird durch den EuGH nur knapp begründet. Bis heute fehlt es an einer schlüssigen Herleitung der Autonomie. So gibt der EuGH keinen Hinweis auf den Ursprung der behaupteten autonomen Rechtsquelle. Dabei hat die Untersuchung im dritten Kapitel ergeben, dass es durchaus verfassungstheoretische Ansätze gäbe, die als argumentativer Ausgangspunkt für die Begründung der Autonomiethese des Unionsrechts dienen könnten. Der Gerichtshof hat sich jedoch keine dieser Theorien zu eigen gemacht. Die mitgliedstaatlichen Gerichte verorten daher den Geltungsgrund des Unionsrechts in den nationalen Ratifikationsakten. Auf dieser Grundlage kann ein Konflikt um das Letztentscheidungsrecht entstehen, weil keine Einigkeit über den Geltungsgrund des Unionsrechts besteht. Ein solcher Konflikt lässt sich deshalb auch nicht über die Autonomie auflösen, weil die mitgliedstaatlichen Gerichte diese mehrheitlich nur im Rahmen ihrer jeweiligen Ratifikationsakte anerkennen.

Im Hinblick auf die Abgrenzung des Unionsrechts gegenüber völkerrechtlichen Einflüssen weitete der EuGH den Autonomiebegriff schon vor etwa 30 Jahren gegenüber völkerrechtlichen Spruchkörpern aus, um die Eigenheiten des Unionsrechts gegenüber äußeren Einflüssen zu behaupten. Die Autonomie schafft die Grundlage für eine einheitliche Verwirklichung des Unionsrechts, die durch die unionsrechtliche Anerkennung völkerrechtlicher Einflüsse unterminiert werden könnte. Im Laufe der vergangenen Jahrzehnte entwickelte der EuGH Anwendungskategorien der Autonomie, die neben dem geschriebenen Primärrecht Voraussetzungen an völkerrechtliche Streitbeilegungsmechanismen formulieren, um eine vor äußeren Einflüssen geschützte Entwicklung des Unionsrechts sicherzustellen. Eine solche Anwendungskategorie bildet das Rechtsprechungsmonopol des EuGH. Maßgeblich für den Schutz der Auslegungshoheit des EuGH ist die Frage, ob ein völkerrechtlicher Spruchkörper originäres Unionsrecht verbindlich auslegen darf. Dabei legt der Gerichtshof der Frage, wann eine solche verbindliche Auslegung vorliegt, ein weites Verständnis zugrunde. Darüber hinaus verlangt der Gerichtshof einen Schutz der bestehenden Zuständigkeitsverteilung sowie neuerdings einen Schutz der Wirksamkeit des Unionsrechts insgesamt. Durch die inhaltliche Ausweitung der Anwendungskategorien lassen sich diese nicht konsequent voneinander trennen, sondern sie überschneiden sich.

Den Anwendungskategorien des EuGH fehlt es daher an einer schlüssigen Systematik. In der Konsequenz gab der Gerichtshof die Anwendungskategorien schrittweise für eine umfassende Abschirmung des Unionsrechts auf. So betont er im Gut. 1/17, dass die Unionsorgane durch Entscheidungen völkerrechtlicher Streitbeilegungsorgane nicht daran gehindert werden dürften, gemäß dem „verfassungsrechtlichen Rahmen" der Union zu funktionieren. Im Ergebnis wird der Bedeutungsgehalt der ständigen Rechtsprechung des EuGH, die Unterwerfung unter völkerrechtliche Spruchkörper sei grundsätzlich mit Unionsrecht vereinbar, durch den erweiterten Autonomiebegriff geschmälert.

Außerdem erschweren die hohen Anforderungen an völkerrechtliche Streitbeilegungsmechanismen die Beteiligung der Union an völkerrechtlichen Abkommen in zweifacher Hinsicht: Zunächst hat die Anwendung der bisherigen EuGH-Rechtsprechung zur Autonomie auf die bestehende Form der Streitbeilegungsvorschriften des ECT ergeben, dass der Vertrag die Autonomie beeinträchtigt. Durch die grundsätzliche Rechtsunsicherheit über die Vereinbarkeit bestehender Abkommen mit der Autonomie ist ein politischer Handlungsdruck auf die Union entstanden, bestehende Verträge zu reformieren und neue Verhandlungen nur auf Grundlage der durch den EuGH formulierten Autonomieanforderungen zu führen. Diese Beschränkung verhindert eine Führungsrolle der Union bei der Verhandlung völkerrechtlicher Abkommen.

Sowohl in Bezug auf mitgliedstaatliche Gerichte als auch völkerrechtliche Streitbeilegungsorgane leidet die EuGH-Rechtsprechung zur Autonomie an mangelnder Akzeptanz. Hier besteht seitens der Mitgliedstaaten als Herren der Verträge Handlungsbedarf dahingehend, die Autonomie vertraglich festzuschreiben. Vor allem durch die ausdrückliche Aufnahme des Autonomiebegriffs in das Primärrecht kann der Vorwurf einer politischen Rechtsprechung des EuGH entkräftet werden. Hierdurch könnten die jeweils erkennenden Spruchkörper zu einer Befolgung der EuGH-Rechtsprechung motiviert werden.

I. Kern des Autonomieanspruchs

1. Im Kern bildet die Autonomie den Ausgangspunkt für die Fragestellung bezüglich der Geltungsbegründung des Unionsrechts. Aus völkerrechtlicher Perspektive leiten sich originäre Hoheitsbefugnisse von dem Recht der Staaten als originäre Völkerrechtssubjekte ab. Die mitgliedstaatlichen Verfassungen enthalten deshalb Öffnungsklauseln, die eine Übertragung von Hoheitsbefugnissen auf derivative Völkerrechtssubjekte ermöglichen. Auf Grundlage dieser Vorschriften verstehen die nationalen Gerichte der Mitgliedstaaten das Unionsrecht in seiner Geltung als lediglich abgeleitet vom Recht der Mitgliedstaaten. Wird der Gel-

tungsgrund des Unionsrechts als vom mitgliedstaatlichen Recht abgeleitet eingeordnet, ist die Reichweite des Unionsrechts im nationalen Recht auf den Umfang der mitgliedstaatlichen Ratifikationsakte beschränkt. Um einen absoluten Vorrang des Unionsrechts gegenüber nationalem Recht etablieren zu können, muss das Unionsrecht auf einer gegenüber dem mitgliedstaatlichen Recht selbstständigen Geltungsgrundlage ruhen. Der EuGH legt seiner Autonomie-Rechtsprechung diese Prämisse zugrunde. Er leitet den Geltungsgrund des Unionsrechts nicht vom Recht der Mitgliedstaaten ab, sondern proklamiert das Bestehen einer autonomen Rechtsquelle, deren Ursprung er nicht herleitet.

2. Wegen dieses Perspektivkonflikts ist die Reichweite der Autonomie des Unionsrechts in Europa seit knapp 60 Jahren umstritten. Die nationalen Gerichte bekräftigen ihre Rechtsauffassung, indem sie wechselseitig auf ihre Entscheidungen zur derivativen Natur des Unionsrechts Bezug nehmen. Die These vom Bestehen einer autonomen Rechtsquelle verhindert eine Beteiligung des EuGH am durch die nationalen Gerichte initiierten Gerichtsdialog, weil sie einen Ableitungszusammenhang zwischen Unionsrecht und nationalem Recht unverhandelbar verneint. Durch die gegenseitige Rezeption nationaler Gerichtsentscheidungen, die dem Unionsrecht eine originäre, vom mitgliedstaatlichen Recht losgelöste Rechtsquelle absprechen, lastet auf dem EuGH ein erheblicher Begründungsdruck zur Herleitung der autonomen Rechtsquelle.

3. Heute beinhaltet der Autonomieanspruch des EuGH zwei Dimensionen. Gegenüber dem mitgliedstaatlichen Recht ist der Autonomieanspruch auf einen absoluten Vorrang gerichtet, der von den mitgliedstaatlichen Gerichten mehrheitlich bestritten wird. In Bezug auf völkerrechtliche Einflüsse behauptet der EuGH absolut geschützte Regelungsbereiche und widersetzt sich damit ausdrücklichen primärrechtlichen Festlegungen. Für das Verhältnis zwischen Unionsrecht und Völkervertragsrecht ist die Autonomie eigentlich nicht erforderlich, weil es mit Art. 216 Abs. 2 AEUV in den Verträgen bereits eine ausdrückliche Kollisionsvorschrift gibt. Der EuGH übertrug die Autonomie als Kollisionsvorschrift auf den Bereich des Völkervertragsrechts, um die primärrechtlichen Anforderungen an völkerrechtliche Abkommen nicht auf die ausdrücklichen Vorschriften zu beschränken, sondern über die Autonomie auszugestalten.

II. Uferlose Reichweite der Autonomie gegenüber dem Völkerrecht

4. Die Verwirklichung einer einheitlichen Unionsrechtsordnung wird nicht nur durch mitgliedstaatliches Recht, sondern auch durch völkerrechtliche Einflüsse gefährdet. Zwar sieht das Unionsrecht vor, dass völkerrechtliche Abkommen

umfassend mit den primärrechtlichen Vorschriften vereinbar sein müssen. Die primärrechtlichen Anforderungen werden jedoch maßgeblich durch die Autonomie-Rechtsprechung des EuGH und nicht durch die ausdrücklichen Vorschriften der Verträge bestimmt. Die Analyse der bisherigen Rechtsprechung gegenüber völkerrechtlichen Einflüssen auf das Unionsrecht hat gezeigt, dass der Gerichtshof den Autonomiegrundsatz in unterschiedlichen Facetten anwendet, die sich im Laufe der Entwicklung seiner Rechtsprechung verändert haben. Die Reichweite der Autonomie basiert auf einer Festlegung des EuGH, der diese in seinen Entscheidungen sukzessive ausweitete. Der EuGH hat sein eigenes Rechtsprechungsmonopol, den Schutz der bestehenden Zuständigkeitsverteilung und den Schutz der Wirksamkeit des Unionsrechts als Anwendungskategorien der Autonomie herausgebildet. Hierbei wurde deutlich, dass sich die Anwendungskategorien inhaltlich nur unzulänglich voneinander abgrenzen lassen und der EuGH die Kategorien nicht konsistent anwendet.

5. Zum Schutz vor Fremdeinflüssen beansprucht der EuGH eine in den Verträgen nicht geregelte ausschließliche Zuständigkeit, die sich aus der Autonomie ableitet. Dieses Rechtsprechungsmonopol beinhaltet einen Anspruch auf die verbindliche Letztentscheidung des EuGH über unionsrechtliche Fragestellungen. Wenn ein völkerrechtlicher Streitbeilegungsmechanismus in der Lage sein soll, unionsrechtliche Fragestellungen zu beantworten, muss ein verbindliches Letztentscheidungsrecht des EuGH sichergestellt werden. Dabei interpretiert der EuGH seine Auslegungshoheit als sehr weitreichend: Wenn völkerrechtliche Abkommensbestimmungen im Wortlaut deckungsgleich zum Unionsrecht sind oder ein investitionsschutzrechtliches Schiedsgericht Unionsrecht als anwendbares Recht berücksichtigt, sieht der EuGH sein Rechtsprechungsmonopol gefährdet. Im Kern darf der Union und ihren Organen aus Sicht des EuGH keine Auslegung von unionsrechtlichen Bestimmungen verbindlich vorgegeben werden. Dabei können nicht nur rechtliche, sondern auch rein faktische Bindungen die Auslegungshoheit des EuGH beeinträchtigen.

6. Völkerrechtliche Spruchkörper, die verbindlich über unionsrechtliche Fragestellungen entscheiden, müssen sich deshalb einem verbindlichen Letztentscheidungsrecht des EuGH unterwerfen. Eine solche Rechtskontrolle des EuGH ist über drei unterschiedliche Varianten gewährleistet: Eine Einbindung des völkerrechtlichen Spruchkörpers in die Unionsgerichtsbarkeit ist durch die Einrichtung des völkerrechtlichen Spruchkörpers als Gericht im Sinne von Art. 267 AEUV, durch eine vertragliche Zuständigkeitszuweisung an den EuGH oder aber durch eine Aufhebungsmöglichkeit des Schiedsspruchs denkbar.

7. Über die Autonomie schuf der EuGH eine in den Verträgen nicht angelegte Normenhierarchie innerhalb des Primärrechts; die Autonomie vermag kollidierendes Primärrecht zu verdrängen. Heute überlagert die Autonomie zahlreiche

Regelungen des Primärrechts. Mit der Verdrängung des ausdrücklichen Primärrechts durch den weitgehend konturlosen Rechtsgrundsatz der Autonomie ist eine tiefgreifende Rechtsunsicherheit entstanden, weil der EuGH in Bezug auf seine eigenen Zuständigkeiten die vertraglichen Anwendungsgrenzen des Unionsrechts durchbricht und somit den Grundsatz der begrenzten Einzelermächtigung infrage stellt. Für die ausschließliche Zuständigkeit des EuGH sind die Wortlautgrenzen des Art. 344 AEUV nicht mehr von Bedeutung, wodurch Vorschriften zur fakultativen Einbindung des EuGH – beispielsweise Art. 273 AEUV – in ihrem Anwendungsbereich beschnitten werden.

8. Ebenso wird die unionsrechtliche Bindungswirkung aus Art. 216 Abs. 2 AEUV durch eine umfassende Autonomierechtsprechung in ihrem Bedeutungsgehalt geschmälert. Zur Abschirmung des Unionsrechts wird in jüngeren Abkommen der Union die unmittelbare Anwendbarkeit der Abkommensvorschriften in der Unionsrechtsordnung ausgeschlossen und so die Bindungswirkung aus Art. 216 Abs. 2 AEUV zu Lasten der innerstaatlichen Verwirklichung völkerrechtlicher Abkommen umgangen.

9. Aufgrund der ausufernden Reichweite des Letztentscheidungsanspruchs des EuGH, welche die völkerrechtliche Bindungsfähigkeit der Union an Abkommen mit eigenen Streitbeilegungsmechanismen infrage stellt, sollten die Anforderungen an eine Unterwerfung völkerrechtlicher Spruchkörper unter die Letztentscheidung des EuGH gesenkt werden. Eine behutsame Korrektur des Letztentscheidungsanspruchs des EuGH wäre im Bereich des Aufhebungsverfahrens am einfachsten umsetzbar. Für einen reduzierten Kontrollmaßstab an völkerrechtliche Schiedssprüche spricht die Relativierung des Kontrollmaßstabs von Entscheidungen privater Handelsschiedsgerichte in früheren Fällen. Diese Rechtsprechungsänderung ließe sich auf völkerrechtliche Schiedsgerichte unter Staatenbeteiligung übertragen.

10. Neben der Auslegungshoheit des EuGH schützt die Autonomie das Wesen der bestehenden Zuständigkeitsverteilung sowie die Wirksamkeit des Unionsrechts insgesamt. Der Schutz der Zuständigkeitsverteilung umfasst sowohl das Verhältnis zwischen der Union und den Mitgliedstaaten als auch der Unionsorgane untereinander. Eine besondere Herausforderung stellen völkerrechtliche Abkommen dar, die von der Union und den Mitgliedstaaten ratifiziert wurden (sog. gemischte Abkommen). In völkerrechtlichen Verfahren muss die Festlegung über den richtigen Verfahrensbeteiligten durch die Union erfolgen, weil die Autonomie verlangt, dass kein völkerrechtlicher Spruchkörper über die Zuständigkeitsverteilung innerhalb der Union entscheidet.

11. Für die Verwirklichung des Unionsrechts bieten die Verträge unterschiedliche Schutzmechanismen. Dazu zählt der Grundsatz des gegenseitigen Vertrauens, der mitgliedstaatliche Nachprüfungen verbietet. Gemischte Abkommen, die

einen eigenen Streitbeilegungsmechanismus vorsehen, gefährden die Autonomie des Unionsrechts, wenn sie völkerrechtlich eine solche Nachprüfung nicht ausschließen.

III. Keine Begründbarkeit der Autonomiethese

12. Die Auslegung von Art. 19 Abs. 1 S. 2 EUV hat ergeben, dass es dem EuGH obliegt, die fehlende Regelung über das Verhältnis des Unionsrechts gegenüber nationalem Recht festzulegen. Dennoch kann sich der Autonomieanspruch nur in der durch den EuGH beanspruchten Reichweite durchsetzen, wenn dem Unionsrecht ein originärer Geltungsgrund zukommt. Bis heute fehlt es an einer Herleitung der autonomen Rechtsquelle als Ursprung der Autonomie des Unionsrechts durch den EuGH. Die Auswertung im dritten Kapitel hat ergeben, dass es keinen überzeugenden Begründungsansatz für originäre Hoheitsbefugnisse der Union gibt.

13. Insbesondere durch die Erklärung Nr. 17 zum Vertrag von Lissabon kann der Ableitungszusammenhang zwischen Unionsrecht und nationalem Recht nicht durchbrochen werden, weil der Erklärung keine rechtsverbindliche Wirkung zukommt und die mitgliedstaatlichen Gesetzgeber bei den nationalen Ratifikationsakten ihrerseits an das nationale Recht gebunden waren. Das Unionsrecht ruht in seiner Geltungsgrundlage weiterhin auf den völkerrechtlichen Verträgen. Weil die Geltungsreichweite des Unionsrechts mithin von den nationalen Ratifikationsakten abhängig ist, gelten die jeweiligen verfassungsrechtlichen Grenzen als Grenzen des Vorrangs.

IV. Reformvorschlag

14. Die Frage nach Ursprung und Reichweite der Autonomie sollte im Rahmen einer politischen Debatte einer Klärung zugeführt werden. In der Folge ist eine politische Entscheidung erforderlich, die sich in einer vertraglichen Regelung abbildet und den Schutz der Unionsrechtsordnung bestimmt. Eine durch Rechtsprechung einseitige Festlegung des EuGH ist insoweit gescheitert, als die nationalen Gerichte mehrheitlich Kontrollvorbehalte formulieren und die Autonomie-Rechtsprechung des EuGH missachten. Erst auf Grundlage einer vertraglich geregelten Reichweite des Autonomiebegriffs kann der EuGH methodentreue Entscheidungen fällen und eine breite Akzeptanz seiner Autonomie-Rechtsprechung erreichen.

V. Gefährdung der völkerrechtlichen Bindungsfähigkeit der Union

15. Über den erweiterten Autonomiebegriff formuliert der Gerichtshof hohe Anforderungen an völkerrechtliche Streitbeilegungsmechanismen. In neueren Freihandelsabkommen der Union wird deshalb auf eine Abschirmung des Unionsrechts vor völkerrechtlichen Einflüssen gesetzt. Dazu wurden vertragliche Mechanismen etabliert, die Beeinträchtigungen der Funktionsweise der Union im Innern durch einen Ausschluss der unmittelbaren Anwendbarkeit völkerrechtlicher Abkommen verhindern sollen.

16. Die aus der Autonomie abgeleiteten Anforderungen an völkerrechtliche Streitbeilegungsmechanismen erhöhen den politischen Druck auf die Union, bestehende völkerrechtliche Abkommen mit eigenen Streitbeilegungsmechanismen zu reformieren. Überträgt man die Auswirkungen des erweiterten Autonomiebegriffs auf die vertraglichen Streitbeilegungsmechanismen des Energiecharta-Vertrags (ECT), gefährden diese die Autonomie aus mehreren Gründen. Dieser Befund ändert sich auch nicht durch die laufenden Verhandlungen über die Errichtung eines *Investment Court System* (ICS), die sich auf verfahrensrechtliche Reformen beschränken und eine Vereinbarkeit des ECT mit Unionsrecht nicht sicherstellen können. Dieser Reformdruck – innerhalb des Korsetts der Autonomie – erschwert die selbst beanspruchte Führungsrolle der Union in den Reformverhandlungen.

Literatur

Alexy, Lennart/Fisahn, Andreas/Hähnchen, Susanne/Mushoff, Tobias/Trepte, Uwe: Das Rechtslexikon: Begriffe, Grundlagen, Zusammenhänge, Bonn 2019.

Anweiler, Jochen: Die Auslegungsmethoden des Gerichtshofs der Europäischen Gemeinschaften, Frankfurt am Main 1997.

von Arnauld, Andreas: Der Weg zu einem Solange I ½, EuR 2013, S. 236 ff.

ders., Beteiligung des Deutschen Bundestages an gemischten völkerrechtlichen Abkommen, AöR 2016, S. 268 ff.

ders., Völkerrecht, 4. Auflage, Heidelberg 2019.

Arnold, Rainer: Der Abschluß gemischter Verträge durch die Europäischen Gemeinschaften, AVR 1980/81, S. 419 ff.

Arzoz, Xabier: Autonomie und Selbstbestimmung in Spanien aus verfassungsrechtlicher Sicht in: Hilpold, Peter (Hrsg.) Autonomie und Selbstbestimmung, Baden-Baden 2016, S. 242 ff.

Aust, Helmut Philipp: Eine völkerrechtsfreundliche Union? Grund und Grenze der Öffnung des Europarechts zum Völkerrecht, EuR 2017, S. 106 ff.

Badura, Peter: Verfassungsstrukturen in den internationalen Gemeinschaften, VVDStRL 23 (1966), S. 62 ff.

Bainczyk, Magdalena/Ernst, Ulrich: Übersetzung und Anmerkung zum Urteil des polnischen Verfassungsgerichtshofs vom 11.05.2005 – AZ.K 18/04, EuR 2006, S. 236 ff.

Barends, Sophie: Streitbeilegung in Unionsabkommen und Europäisches Unionsrecht, Tübingen 2019.

Basedow, J. Robert: The Achmea Judgement and the Applicability of the Energy Charter Treaty in Intra-EU Investment Arbitration, Oxford 2020.

Baudenbacher, Carl/Bergmann, Andreas: Der EuGH außer Kontrolle? in: Haltern, Ulrich/Bergmann, Andreas (Hrsg.), Der EuGH in der Kritik, Tübingen 2012, S. 191 ff.

Bauerschmidt, Jonathan: Die Rechtsperson der Europäischen Union im Wandel, Tübingen 2019.

Bausch, Thorsten: German UPCA Ratification – Now We Have The Salad, Kluwer Patent Blog v. 05.03.2021, http://patentblog.kluweriplaw.com/2021/03/05/german-upca-ratification-now-we-have-the-salad/?print=print (zul. abg. am 15.03.2023).

Becker, Anne C.: Vereinbarkeit des Vertrags über eine Verfassung für Europa mit der spanischen Verfassung, EuR 2005, S. 339 ff.

Beham, Markus/Prantl, Désirée: Intra-EU Investment Reform: What Options for the Energy Charter Treaty?, Kluwer Arbitration Blog v. 7.01.2020, http://arbitrationblog.kluwerarbitra tion.com/2020/01/07/intra-eu-investment-reform-what-options-for-the-energy-charter-treaty/ (zul. abg. am 15.03.2023).

Behrens, Peter: Zur Vorlagebefugnis von Schiedsgerichten, EuZW 2018, S. 49 ff.

ders., Die Zukunft des EU-internen Investitionsschutzes nach dem EuGH-Urteil in der Rs. Achmea, RIW 2018, S. 701 ff.

Berger, Alina: Anwendungsvorrang und nationale Verfassungsgerichte, Tübingen 2016.

Berger, Julien: Die Bundesrepublik Deutschland – Internationaler Investitionsschutz und das Vattenfall-Verfahren, EuZW 2020, S. 229 ff.

Bergmann, Andreas: Zur Souveränitätskonzeption des Europäischen Gerichtshofs: Die Autonomie des Unionsrechts und das Völkerrecht, Tübingen 2018.

Bernasconi-Osterwalder, Nathalie/Schaugg, Lukas/van den Berghe, Amandine: Investitionsschutz über Klimaschutz? – Warum ein Rücktritt aus dem Energie-Charta-Vertrag völkerrechtlich möglich und klimapolitisch richtig ist, Verfassungsblog v. 14.10.2021, https://verfassungsblog.de/investitionsschutz-uber-klimaschutz/ (zul. abg. am 15.03.2023).

Bernhardt, Rudolf: Zur Auslegung des europäischen Gemeinschaftsrechts, in: Grewe, Wilhelm G./Rupp, Hans/Schneider, Hans (Hrsg.), Europäische Gerichtsbarkeit und nationale Verfassungsgerichtsbarkeit, Festschrift zum 70. Geburtstag von Hans Kutscher, Berlin 1981, S. 17 ff.

Berrisch, Georg M.: Zum „Bananen"-Urteil des EuGH vom 5.10.1994, EuR 1994, S. 461 ff.

Berrisch, Georg M./Kamann, Hans-Georg: WTO-Recht im Gemeinschaftsrecht – (k)eine Kehrtwende des EuGH, EWS 2000, S. 89 ff.

Besselink, Leonard F. M.: Curing a „Childhood Sickness"?, On Direct Effect, Internal Effect, Primacy and Derogation from Civil Rights – The Netherlands Council of State Judgement in the Metten Case, S. 165 ff.

Biernat, Stanislaw: Polen in: von Bogdandy, Armin/Huber, Peter M. (Hrsg.), Ius Publicum Europaeum, 2008, S. 243 ff.

Blanke, Hermann-Josef: Föderalismus und Integrationsgewalt. Die Bundesrepublik Deutschland, Spanien, Italien und Belgien als dezentralisierte Staaten in der EG, 1991.

Bleckmann, Albert: Der gemischte Vertrag im Europarecht – Verträge zwischen Drittstaaten einerseits und der EG sowie den Mitgliedstaaten andererseits, EuR 1976, S. 301 ff.

ders., Zu den Auslegungsmethoden des Europäischen Gerichtshofs, NJW 1982, S. 1177 ff.

ders., Anmerkungen zu den Gut. 1/91, 1/92, JZ 1992, S. 787 ff.

Bodenheimer, Rouven F./Eller, Klaas Hendrik: Unionsrechtszentrismus und ISDS, RIW 2018, S. 786 ff.

von Bogdandy, Armin: Legal Effects of World Trade Organization Decisions Within European Union Law, JWT 2005, S. 45 ff.

Borchardt, Klaus-Dieter: Richterrecht durch den EuGH in: Randelzhofer, Albrecht/Scholz, Rupert/Wilke, Dieter (Hrsg.), Gedächtnisschrift für Eberhard Grabitz, München 1995, S. 29 ff.

Brauneck, Jens: Multilateraler Gerichtshof und EuGH-Achmea-Urteil: Das Ende aller EU-mitgliedstaatlich vereinbarten Schiedsgerichte?, EuR 2018, S. 429 ff.

ders., Kann ein neuer EU-Multilateralismus das WTO-Recht bestimmen?, EuZW 2019, S. 397 ff.

Breuer, Marten: Kein Danaergeschenk! Eine Erwiderung auf Daniel Thyms „Ein trojanisches Pferd?", Verfassungsblog v. 06.09.2013, https://verfassungsblog.de/kein-danaergeschenk-erwiderung-auf-daniel-thyms-trojanisches-pferd/ (zul. abg. am 15.03.2023).

ders., „Wasch mir den Pelz, aber mach mich nicht nass!" Das zweite Gutachten des EuGH zum EMRK-Beitritt der Europäischen Union, EuR 2015, S. 330 ff.

Bronckers, Marco: The relationship of the ec courts with other international tribunals: Non-committal, respectful or submissive?, CMLR 2007, S. 601 ff.

Bubrowski, Helene: Internationale Investitionsschiedsverfahren und nationale Gerichte, Tübingen 2013.

Buchwitz, Wolfram: Schiedsverfahrensrecht, 1. Auflage, Berlin 2019.

Buck, Carsten: Über die Auslegungsmethoden des Gerichtshofs der Europäischen Gemeinschaft, Frankfurt am Main 1998.

Bungenberg, Marc/Reinisch, August: Von bilateralen Schieds- und Investitionsgerichten zum multilateralen Investitionsgerichtshof: Optionen für die Institutionalisierung der Investor-Staat-Streitbeilegung, 2018.

Burgstaller, Markus: European Law and Investment Treaties, J. Intl. Arb. 2009, S. 181 ff.
Callewaert, Johan: Kontrolle ist gut, Vertrauen ist besser? in: Kadelbach, Stefan (Hrsg.), Die Welt und Wir – Die Außenbeziehungen der Europäischen Union, 1. Auflage, 2017, S. 67 ff.
Calliess, Christian: Grundlagen, Grenzen und Perspektiven europäischen Richterrechts, NJW 2005, S. 929 ff.
ders., Die neue Europäische Union nach dem Vertrag von Lissabon, Tübingen 2010.
ders., Die europarechtliche Ultra-Vires-Kontrolle des Bundesverfassungsgerichts – Stumpfes Schwert oder Gefahr für die Autorität des Unionsrechts in: Calliess, Christian (Hrsg.), Herausforderungen an Staat und Verfassung: Völkerrecht – Europarecht – Menschenrechte, Festschrift für Torsten Stein zum 70. Geburtstag, 2015, S. 446 ff.
ders., Stellungnahme zur Öffentlichen Anhörung des Ausschusses für die Angelegenheiten der Europäischen Union des Deutschen Bundestages am 25.05.2020, https://www.bundestag.de/resource/blob/697584/69ec62de394a6348f992c1e092fa9f4b/callies-data.pdf (zul. abg. am 15.03.2023).
Calliess, Christian/Ruffert, Matthias (Hrsg.): EUV/AEUV, 6. Auflage, München 2022.
Classen, Claus Dieter: Der EuGH und die Schiedsgerichtsbarkeit in Investitionsschutzabkommen, EuR 2012, S. 611 ff.
ders., Autonomie des Unionsrechts als Festungsring? – Anmerkung zum Urteil des EuGH (GK) v. 6.3.2018, Rs. C-284/16 (Slowakische Republik/Achmea BV), EuR 2018, S. 361 ff.
Corten, Olivier/Klein, Pierre: The Vienna Conventions On The Law Of Treaties, Oxford 2011.
Cremer, Wolfram: Verfassungskräftiger Klimaschutz nach Maßgabe völkerrechtlich verbindlicher Verpflichtungen und Ziele, ZUR 2019, S. 278 ff.
von Danwitz, Thomas: Verwaltungsrechtliches System und Europäische Integration, Tübingen 1996.
ders., Der Grundsatz des gegenseitigen Vertrauens zwischen den Mitgliedstaaten der EU. Eine wertebasierte Garantie der Einheit und Wirksamkeit des Unionsrechts, EuR 2020, S. 61 ff.
Dauses, Manfred A./Ludwigs, Markus (Hrsg.): Handbuch des EU-Wirtschaftsrechts, 51. Auflage, München 2021.
Dederichs, Mariele: Die Methodik des Gerichtshofs der Europäischen Gemeinschaften, EuR 2004, S. 345 ff.
Demper, Maximilian: Kooperationsstrukturen und Kooperationsvereinbarungen zwischen der EU und den Mitgliedstaaten im Rahmen gemischter Abkommen, Baden-Baden 2018.
Di Fabio, Udo: Grenzen der Rechtsfortbildung in Europa, Zentrum für europäisches Wirtschaftsrecht, Nr. 199, https://www.jura.uni-bonn.de/fileadmin/Fachbereich_Rechtswissenschaft/Einrichtungen/Sonstige/Zentrum_fuer_Europaeisches_Wirtschaftsrecht/Schriftenreihe/heft199difabio.pdf (zul. abg. am 15.03.2023).
Diethelm, Felicitas: ISDS-Regeln im CETA zwischen der EU und Kanada: Aspekte der Weiterentwicklung gegenüber früheren ISDS-Regelungen, SchiedsVZ 2019, S. 309 ff.
Dörr, Oliver/Grote, Rainer/Marauhn, Thilo (Hrsg.): Konkordanzkommentar zum europäischen und deutschen Grundrechtsschutz: EMRK/GG, 2. Auflage, Tübingen 2013.
Dörr, Oliver/Schmalenbach, Kirsten (Hrsg.): Vienna Convention on the Law of Treaties, Heidelberg 2012.
Dumon, Frédéric: Die Rechtsprechung des Gerichtshofes – Kritische Prüfung der Auslegungsmethoden in: Begegnung von Justiz und Hochschule, Luxemburg 1976.
Dürig, Günter (Begr.)*/Herzog, Roman/Scholz, Rupert/Herdegen, Matthias/Klein, Hans H.* (Hrsg.): Grundgesetz-Kommentar, 95. Ergänzungslieferung, München 2021.
Eeckhout, Piet: EU External Relations Law, 2. Auflage, Oxford 2011.

Ellerbrok, Torben/Pracht, Robert: Das Bundesverfassungsgericht als Taktgeber im horizontalen Verfassungsgerichtsverbund – Ausstrahlungswirkungen der Rechtsprechung zum Integrationsverfassungsrecht in Europa, EuR 2021, S. 188 ff.

Engel, Daniel: Das Investor-Staat-Streitbeilegungssystem auf dem unionsrechtlichen Prüfstand, SchiedsVZ 2017, S. 291 ff.

ders., EuGH: Wirtschafts- und Handelsabkommen der EU mit Kanada (CETA) mit Unionsrecht vereinbar – Anmerkung zum CETA-Gutachten 1/17, SchiedsVZ 2019, S. 226 ff.

Epiney, Astrid: Zur Stellung des Völkerrechts in der EU – Zugleich Besprechung von EuGH, EuZW 1998, 572 – Hermès und EuGH, EuZW 1998, 694 – Racke, EuZW 1999, S. 5 ff.

dies., Umweltrecht der Europäischen Union, 4. Auflage, Baden-Baden 2019.

Everling, Ulrich: Zur Begründung der Urteile des Gerichtshofs der Europäischen Gemeinschaften, EuR 1994, S. 127 ff.

ders., Richterliche Rechtsfortbildung in der Europäischen Gemeinschaft, JZ 2000, S. 217 ff.

Fassbender, Bardo: Triepel in Luxemburg, DÖV 2010, S. 333 ff.

Fehling, Michael: Rechtsvergleichende Methode und europäisches Verwaltungsrecht, EuR-Beiheft 2016, S. 59 ff.

Feustel, Ingo: Übersetzung und Anmerkung zum Urteil des italienischen Verfassungsgerichtshofs vom 18. Dezember 1973 – Nr. 185, EuR 1974, S. 255 ff.

Fischer-Lescano, Andreas/Teubner, Gunther: Regime-Kollisionen: Zur Fragmentierung des globalen Rechts, Frankfurt am Main 2006.

Franck, Susan D.: The Legitimacy Crisis in Investment Treaty Arbitration, Fordham Law Rev. 2005, S. 1521 ff.

Frank, Will: Überlegungen zur Klimahaftung nach Völkerrecht, NVwZ-Extra 2014, S. 1 ff.

Franzius, Claudio: Verfassungspluralismus – Was bedeutet das konkret?, RW 2016, S. 62 ff.

Frau, Robert: Das Brexit-Abkommen und Europarecht, Baden-Baden 2020.

Friauf, Karl Heinrich/Scholz, Rupert (Hrsg.): Europarecht und Grundgesetz, Berlin 1990.

Gappa, Marius: Die Vorlageberechtigung von Intra-EU-Schiedsgerichten, BRJ 2018, S. 115 ff.

Gaster, Jens: Das Gutachten des EuGH zum Entwurf eines Übereinkommens zur Schaffung eines Europäischen Patentgerichts, EuZW 2011, S. 394 ff.

Gatzsche, Katharina: Aufhebungen und Abänderungen von Investitionsschutzabkommen: Eine Untersuchung zur Reichweite von Survival Clauses in BITs, 2019.

Geiger, Rudolf/Khan, Daniel-Erasmus/Kotzur, Markus (Hrsg.): EUV/AEUV Kommentar, 6. Auflage, München 2017.

Germelmann, Claas Friedrich: Die Rechtskraft zwischen europäischer Mindesteffektivität und italienischem Verfassungsrecht, EuR 2010, S. 538 ff.

ders., Der Investitionsschutz im Energie- und Klimaschutzrecht zwischen „European Green Deal" und Grenzen des Unionsprimärrechts, EuR 2020, S. 375 ff.

Gorny, Günter: Verbindlichkeit der Bundesgrundrechte bei der Anwendung von Gemeinschaftsrecht durch deutsche Staatsorgane, Berlin 1969.

Govaere, Inge/Garben, Sascha: The interface between EU and international law, 2019.

Grabenwarter, Christoph: Staatliches Unionsverfassungsrecht in: von Bogdandy, Armin (Hrsg.): Europäisches Verfassungsrecht, 1. Auflage, 2003, S. 283 ff.

ders., Staatliches Unionsverfassungsrecht in: von Bogdandy, Armin/Bast, Jürgen (Hrsg.): Europäisches Verfassungsrecht, 2. Auflage, 2009, S. 121 ff.

ders., Menschenrechtliche Verschlechterungsverbote als Integrationshindernisse? in: Kment, Martin (Hrsg.), Das Zusammenwirken von deutschem und europäischem Öffentlichen Recht, Festschrift für Hans D. Jarass zum 70. Geburtstag, München 2015, S. 43 ff.

Grabitz, Eberhard/Hilf, Meinhard/Nettesheim Martin (Hrsg.): Das Recht der Europäischen Union, 74. Auflage, München 2021.

Granat, Katarzyna: Kontrolle des EU-Sekundärrechts durch den polnischen Verfassungsgerichtshof – Anmerkung zum Beschluss des polnischen Verfassungsgerichtshofs vom 16. November 2011, SK 45/09, EuR 2013, S. 205 ff.

Graßhof, Günter: Nachschlagewerk der Rechtsprechung des BVerfG, 217. Aktualisierung Heidelberg 2022.

Griller, Stefan: Ein Staat ohne Volk? Zur Zukunft der Europäischen Union, IEF Working Paper Nr. 21, https://www.researchgate.net/publication/277231357_Ein_Staat_ohne_Volk_Zur_Zukunft_der_Europaischen_Union (zul. abg. am 15.03.2023).

Griller, Stefan/Rill, Heinz Peter: Rechtstheorie: Rechtsbegriff – Dynamik – Auslegung, Wien 2011.

Grimm, Dieter: Braucht Europa eine Verfassung?, JZ 1995, S. 581 ff.

ders., Europa ja – aber welches?, Zur Verfassung der europäischen Demokratie, München 2016.

ders., Die Europäische Union im 60. Jahr, ZSE 2017, S. 3 ff.

Grimmel, Andreas: Was den Motor antreibt: Der EuGH als Wegbereiter der europäischen Integration?, Verfassungsblog v. 22.4.2013, https://verfassungsblog.de/was-den-motor-antreibt-der-eugh-als-wegbereiter-der-europaischen-integration/ (zul. abg. am 15.03.2023).

von der Groeben, Hans/Schwarze, Jürgen/Hatje, Armin (Hrsg.): Europäisches Unionsrecht, 7. Auflage, Baden-Baden 2015.

von der Groeben, Hans/von Boeckh, Hans/Thiesing, Jochen (Hrsg.): Kommentar zum EWG-Vertrag, Band 2, 4. Auflage, Baden-Baden 1991.

Groh, Thomas: Die Auslegungsbefugnis des EuGH im Vorabentscheidungsverfahren, Berlin 2005.

Grosche, Nils: Rechtsfortbildung im Unionsrecht, Tübingen 2011.

Gruber, Joachim: Muss die Große Beschwerdekammer des EPA bei Auslegungsfragen zur Richtlinie 98/44/EG dem EuGH vorlegen?, GRUR Int 2009, S. 907 ff.

Gugenbauer, Norbert: Der EFTA-Gerichtshof und sein Zusammenwirken mit dem EuGH, NJW 1994, S. 2743 ff.

Gundel, Jörg: Frischer Wind für den Investitionsschutz nach dem Energiecharta-Vertrag?, EnWZ 2018, S. 1 ff.

ders., Die Öffnung des Vorabentscheidungsverfahrens zum EuGH für nichtmitgliedstaatliche Gerichte, EuZW 2019, S. 934 ff.

Haberl, Andreas/Schallmoser, Konstantin: EU-Patent und einheitliches Europäisches Patentgerichtssystem auf der Kippe? – Die ablehnende Stellungnahme der Generalanwälte vor dem EuGH, GRUR Prax 2010, S. 385 ff.

Häberle, Peter: Verfassungstheorie ohne Naturrecht, AöR 1974, S. 437 ff.

Hallstein, Walter: Der unvollendete Bundesstaat, Düsseldorf 1969.

ders., Die echten Probleme der Europäischen Integration, Rede gehalten am Institut für Weltwirtschaft an der Universität Kiel (19. Februar 1965) in: Oppermann, Thomas (Hrsg.), Walter Hallstein – Europäische Reden, Stuttgart 1979, S. 523 ff.

von Hammerstein, Christian/Roegele, Peter: Der Fair and Equitable Treatment-Standard im Investitionsschutzrecht, SchiedsVZ 2015, S. 275 ff.

Hannum, Hurst/Lillich, Richard B.: The Concept Of Autonomy In International Law, AJIL 1980, S. 858 ff.

Hanschel, Dirk: Der Rechtsrahmen für den Beitritt, Austritt und Ausschluss zu bzw. aus der Europäischen Union und Währungsunion, NVwZ 2012, S. 995 ff.

Hatje, Armin: Rezension: Gert Nicolaysen, Europarecht I, Die Europäische Integrationsverfassung, EuR 2004, S. 649 f.

Heintze, Hans-Joachim: Selbstbestimmungsrecht der Völker als Herausforderung des souveränitätsorientierten Völkerrechts in: Hilpold, Peter (Hrsg.), Autonomie und Selbstbestimmung, Wien 2016, S. 50 ff.

Heintzen, Markus: Hierarchierungsprozesse innerhalb des Primärrechts der Europäischen Gemeinschaft, EuR 1994, S. 35 ff.

Hemler, Caroline: Investitionsschutzrecht: Investitionsschutz im Freihandelsabkommen der EU mit Kanada (CETA) – Anmerkung zum CETA-Gutachten 1/17, EuZW 2019, S. 457 ff.

Hepburn, Jarrod: CETA's New Domestic Law Clause, EJIL:Talk!, https://www.ejiltalk.org/cetas-new-domestic-law-clause/ (zul. abg. am 15.03.2023).

Herdegen, Matthias: Europarecht, 22. Auflage, München 2020.

ders., Völkerrecht, 20. Auflage, München 2021.

Hess, Burkhard: Die Legitimationskrise der Investitionsschiedsgerichtsbarkeit in: Calliess, Christian (Hrsg.), Herausforderungen an Staat und Verfassung: Völkerrecht – Europarecht – Menschenrechte, Festschrift für Torsten Stein zum 70. Geburtstag, Baden-Baden 2015, S. 163 ff.

Hicks, Lukitsch: Treaty Congestion in International Environmental Law: The Need for Greater International Coordination, U. Rich. Law Rev. 1999, S. 1643 ff.

Hilf, Meinhard/Schorkopf, Frank: Kompetenz des Gerichtshofs zur Prüfung von Gemeinschaftshandlungen anhand von Vorschriften der WTO – Anmerkung zum Urteil des EuGH vom 23.11.1999 – Rs. C-149/96, Portugal/Rat, EuR 2000, S. 62 ff.

Hillgruber, Christian: Spielräume und Grenzen des EuGH in: Behrens, Peter/Eger, Thomas/Schäfer, Hans-Bernd (Hrsg.), Ökonomische Analyse des Europarechts, Tübingen 2012, S. 1 ff.

Hindelang, Steffen: Der primärrechtliche Rahmen einer EU-Investitionsschutzpolitik: Zulässigkeit und Grenzen von Investor-Staat-Schiedsverfahren aufgrund künftiger EU-Abkommen in: Bungenberg/Herrmann, Die gemeinsame Handelspolitik der Europäischen Union nach Lissabon, 1. Auflage, Baden-Baden 2011, S. 157 ff.

ders., The Limited Immediate Effects of CJEU's Achmea Judgement, Verfassungsblog v. 09.03.2018, https://verfassungsblog.de/the-limited-immediate-effects-of-cjeus-achmea-judgement/ (zul. abg. am 15.03.2023).

ders., Parallel Administration of Justice and the Court of Justice of the European Union – The Case of Investor-State Dispute Settlement Provisions in EU Comprehensive Free Trade Agreements and CJEU´s Concept of Autonomy of EU Law in: Hörnle, Tatjana/Möllers, Christoph/Wagner, Gerhard (Hrsg.), Gerichte und ihre Äquivalente, Baden-Baden 2020, S. 45 ff.

Hirsch, Günter: Europäischer Gerichtshof und Bundesverfassungsgericht – Kooperation oder Konfrontation?, NJW 1996, S. 2457 ff.

Hobe, Stephan/Fremuth, Lysander: Europarecht, 10. Auflage, München 2020.

Hoffmann, Rhea Tamara: Stellungnahme zur Öffentlichen Anhörung des Ausschusses für Wirtschaft und Energie des Deutschen Bundestages am 06.06.2018, https://www.bundestag.de/resource/blob/557996/5cc11dbb66018b63b7c6323e2e006659/19-9-42-hoffmann-data.pdf (zul. abg. am 15.03.2023).

dies., Über Richten und Schlichten – Einigung der Bundesregierung mit den Energieversorgern zum Atomausstieg, Verfassungsblog v. 10.03.2021, https://verfassungsblog.de/uber-richten-und-schlichten/ (zul. abg. am 15.03.2023).

Höfling, Tobias: Gesprächskreis Investitionsrecht und -schiedsgerichtsbarkeit, SchiedsVZ 2019, S. 86 ff.

Hofmann, Hasso: Von der Staatssoziologie zu einer Soziologie der Verfassung?, JZ 1999, S. 1065 ff.

Holterhus, Till Patrik: Das CETA-Gutachten des EuGH – Neue Maßstäbe allerorten, Verfassungsblog v. 03.05.2019, https://verfassungsblog.de/das-ceta-gutachten-des-eugh-neue-massstaebe-allerorten/ (zul. abg. am 15.03.2023).

Hölzlwimmer, Jennifer: The Concept of Constitutional Identity in (Quasi-) Federal Systems of Government in: Hugo, Charl/Möllers, Thomas M.J. (Hrsg.), Legality and Limitation of Powers, Baden-Baden 2019, S. 41 ff.

Höreth, Marcus: Stille Revolution im Namen des Rechts?, Zur Rolle des Europäischen Gerichtshofes (EuGH) im Prozess der europäischen Integration, ZEI Discussion Paper C78/2000.

ders., Hemmungslos, aber ungefährlich?: Der Gerichtshof der Europäischen Union als Verfassungsgericht im System der EU-Gewaltenteilung, Zeitschrift für Politik, 2013, S. 48 ff.

Howald, Samuel: Der Ausbau der deutschen Patentgerichtsbarkeit – Konsequenzen und Möglichkeiten für die Schweiz, Bern 2016.

Huber, Peter M.: Zweiter Beratungsgegenstand: Europäisches und nationales Verfassungsrecht, VVDStRL 60 (2001), S. 194 ff.

Hufeld, Ulrich: Der staatliche Souveränitätsvorbehalt in der EU: Polen als Paradigma in: Bos, Ellen/Dieringer, Jürgen (Hrsg.), Die Genese einer Union der 27: Die Europäische Union nach der Osterweiterung, Wiesbaden 2008, S. 55 ff.

Ionita, Liana Andreea: Is European Union law a fully self-contained regime?, Romanian Political Science Review 2015, S. 39 ff.

Ipsen, Hans Peter: Europäisches Gemeinschaftsrecht, Tübingen 1972.

Ipsen, Knut: Völkerrecht, 7. Auflage, München 2018.

Isensee, Josef: Europa – die politische Erfindung eines Erdteils in: Isensee, Josef (Hrsg.), Europa als politische Idee und als rechtliche Form, Berlin 1993, S. 103 ff.

Jaeger, Thomas: Zum Vorschlag einer permanenten Investitionsgerichtsbarkeit, EuR 2016, S. 203 ff.

Jaeger, Jiri/Zavodsky, Michael: Ein Exempel statuieren, Deutscher AnwaltSpiegel, 2018, S. 4 ff., https://www.deutscheranwaltspiegel.de/wp-content/uploads/sites/49/2019/11/DAS-Online_Ausgabe-21-2018.pdf (zul. abg. am 15.03.2023).

Jakab, András: Kelsens Völkerrechtslehre zwischen Erkenntnistheorie und Politik, ZaöRV 2004, S. 1045 ff.

Junge, Oliver Jürgen: Imperium. Die Rechtsnatur der Europäischen Union im Vergleich mit imperialen Ordnungen vom Römischen bis zum Britischen Reich, 2018.

Kahl, Wolfgang/Ludwigs, Markus (Hrsg.): Handbuch des Verwaltungsrechts Band 2, 1. Auflage, München 2021.

Kainer, Friedemann: Aus der nationalen Brille: Das PSPP-Urteil des BVerfG, EuZW 2020, S. 533 ff.

Kaiser, Friederike: Gemischte Abkommen im Lichte bundesstaatlicher Erfahrungen, Tübingen 2009.

Kaiser, Karen: Ausschließliche Zuständigkeit des EuGH bei der Auslegung und Anwendung von zum Gemeinschaftsrecht gehörenden Bestimmungen, EuZW 2006, S. 464 ff.

Kämmerer, Jörn Axel: Das Urteil des Europäischen Gerichtshofs im Fall „Kadi“: Ein Triumph der Rechtsstaatlichkeit?, EuR 2009, S. 114 ff.

Karaosmanoğlu, Cem: Die Nichtanwendung deutscher unionsrechtswidriger Gesetze, Baden-Baden 2017.

Karpenstein, Ulrich/Mayer, Franz C. (Hrsg.): Konvention zum Schutz der Menschenrechte und Grundfreiheiten: EMRK, 2. Auflage, München 2015.

Karpenstein, Ulrich/Sangi, Roya: Investitionsschutz vor nationalen Gerichten, NJW 2021, S. 3228 ff.

Kaufhold, Ann-Katrin: Gegenseitiges Vertrauen – Wirksamkeitsbedingung und Rechtsprinzip der justiziellen Zusammenarbeit im Raum der Freiheit, der Sicherheit und des Rechts, EuR 2012, S. 408 ff.

Kaufmann-Kohler, Gabrielle/Potestà, Michele: Can the Mauritius Convention serve as a model for the reform of investor-State arbitration in connection with the introduction of a permanent investment tribunal or an appeal mechanism?, 2016, https://uncitral.un.org/sites/uncitral.un.org/files/media-documents/uncitral/en/cids_research_paper_mauritius.pdf (zul. abg. am 15.03.2023).

Kelsen, Hans: Reine Rechtslehre, Tübingen 1934.

Kerkemeyer, Andreas: Europarechtliche Bedenken gegen das CETA-Abkommen, Kritische Justiz 2015, S. 264 ff.

ders., Der „Fair and Equitable Treatment“-Standard als Demokratieproblem, JuWiss 2015, https://www.juwiss.de/37-2015/ (zul. abg. am 15.03.2023).

ders., Unionsrecht und internationales Investitionsschutzrecht auf Kollisionskurs, EuZW 2016, S. 10 ff.

Keussen, Christof: Das Trennungsprinzip im Patentrecht – ein Auslaufmodell?, GRUR 2021, S. 257 ff.

Kieber, Stefan: Inkrafttreten des 16. Protokolls zur EMRK – Möglichkeit zur Einholung von Gutachten beim EGMR durch höchste innerstaatliche Gerichte, NLMR 2018, S. 401 ff.

Klages, Roland: Autonomie sticht Schiedsklausel, EuZW 2018, S. 217 ff.

Klamert, Marcus: Vorrang, Schranken und Österreich, EuZW 2021, S. 1057 f.

Klein, Eckart: Unmittelbare Geltung, Anwendbarkeit und Wirkung von europäischem Gemeinschaftsrecht in: Ress, Georg/Will, Michael R. (Hrsg.), 1988, Vorträge, Reden und Berichte aus dem Europa-Institut der Universität des Saarlandes/Nr. 119.

Kleinheisterkamp, Jan: Investment Protection And EU Law: The Intra- And Extra-EU Dimension Of The Energy Charter Treaty, JIEL 2012, S. 85 ff.

Kloke, Theresia M.: Der Sicherheitsrat der Vereinten Nationen als Weltgesetzgeber – eine kritische Betrachtung aus völkerrechtlicher Sicht, Berlin 2016.

Koch, Martin: Internationale Organisationen in der Weltgesellschaft, Frankfurt 2017.

Kohler, Christian: Ein Bruderzwist im europäischen Haus: Die Kontroverse zwischen EuGH und EGMR um den Grundrechtsschutz in der EU, in: Schütze, Rolf A. (Hrsg.), Fairness, justice, equity, Festschrift für Reinhold Geimer zum 80. Geburtstag, 2017, S. 375 ff.

Komárek, Jan: Czech Constitutional Court Playing with Matches: the Czech Constitutional Court Declares a Judgment of the Court of Justice of the EU Ultra Vires, EuConst 2012, S. 323 ff.

Kotzur, Markus: Die Ziele der Union: Verfassungsidentität und Gemeinschaftsidee, DÖV 2005, S. 313 ff.

Krajewski, Markus: Verfassungsperspektiven und Legitimation des Rechts der Welthandelsorganisation (WTO), Berlin 2001.

ders., “One Court to rule them all”? – Der Vorschlag der EU für einen Multilateralen Investitionsgerichtshof und die Reform des internationalen Investitionsschutzrechts in: Ludwigs, Markus/Remien, Oliver (Hrsg.), Investitionsschutz, Schiedsgerichtsbarkeit und Rechtsstaat der Union, 1. Auflage, Baden-Baden 2018, S. 113 ff.

ders., Ist CETA der „Golden Standard"? EuGH hält CETA-Gericht für unionsrechtskonform, Verfassungsblog v. 30.04.2019, https://verfassungsblog.de/ist-ceta-der-golden-standard-eugh-haelt-ceta-gericht-fuer-unionsrechtskonform/ (zul. abg. am 15.03.2023).

Krenn, Christoph: Autonomy and Effectiveness as Common Concerns: A path to ECHR Accession After Opinion 2/13, GLJ 2015, S. 147 ff.

Krenzler, Horst Günter/Herrmann, Christoph/Niestedt, Marian (Hrsg.): EU-Außenwirtschafts- und Zollrecht, 16. Auflage, München 2020.

Krüger, Wolfgang/Rauscher, Thomas (Hrsg.): Münchener Kommentar zur ZPO, Band 1, 6. Auflage, München 2020.

Kubicki, Philipp: Aktueller Begriff Europa: Zu den Rechtswirkungen des CETA, WissD BT Nr. 06/16, https://www.bundestag.de/resource/blob/439334/bace555fde80be6a7b1da12232959ddb/ceta-data.pdf (zul. abg. am 15.03.2023).

Kühling, Jürgen/Lieth, Oliver: Dogmatik und Pragmatik als leitende Parameter der Rechtsgewinnung im Gemeinschaftsrecht, EuR 2003, S. 371 ff.

Kujiper, Pieter J.: The Conclusion and Implementation of the Uruguay Round Results by the European Community, EJIL 6 (1995), S. 222 ff.

Kulick, Andreas: Electrabel locuta, causa finita? – Intra-EU-Investitionsstreitigkeiten unter dem Energiecharta-Vertrag, SchiedsVZ 2013, S. 81 ff.

Kullak, Elena Marie: Der Beitritt der Europäischen Union zur Europäischen Konvention der Menschenrechte – Bedingungen, Ausgestaltung und Wirkungen der Verträge im Lichte europäischen Verfassungsrechts, WHI – Paper 05/14, https://www.rewi.hu-berlin.de/de/lf/oe/whi/publikationen/whi-papers/2014/whi-paper-5-2014-beitritt-der-eu-zur-emrk-elena.pdf (zul. abg. am 15.03.2023).

Lang, Andrej: Der Europäische Gerichtshof und die Investor-Staat-Streitbeilegung in TTIP und CETA in: Tietje, Christian/Kraft, Gerhard (Hrsg.), Beiträge zum Transnationalen Wirtschaftsrecht, Heft 138, 2015.

ders., Die Autonomie des Unionsrechts und die Zukunft der Investor-Staat-Streitbeilegung in Europa nach Achmea. Zugleich ein Beitrag zur Dogmatik des Art. 351 AEUV, EuR 2018, S. 525 ff.

ders., Autonomie „über alles": Eine Kritik des Achmea-Urteils des EuGH, https://www.juwiss.de/24-2018/ (zul. abg. am 15.03.2023).

ders., Die Verfassungsgerichtsbarkeit in der vernetzten Weltordnung, Berlin 2020.

Langford, Malcom/Potestà, Michele/Kaufmann-Kohler, Gabrielle/Behn, Daniel: UNCITRAL and Investment Arbitration Reform: Matching Concerns and Solutions, JWI 2020, S. 167 ff.

Läufer, Thomas: Die Organe der EG – Rechtsetzung und Haushaltsverfahren zwischen Kooperation und Konflikt, Bonn 1990.

Lavranos, Nikos: The Impact of the Kadi Judgement on the International Obligations of the EC Member States and the EC, Yearbook of European Law 2009, S. 616 ff.

ders., Revisiting Article 307 EC. The Untouchable Core of Fundamental European Constitutional Law Values and Principles in: Fontanelli, Filippo/Martinico, Giuseppe/Carrozza, Paolo (Hrsg.), Shaping Rule of Law Through Dialogue, Zutphen 2010, S. 119 ff.

Lavranos, Nikos/Singla, Tania: Achmea: Groundbreaking or Overrated?, SchiedsVZ 2018, S. 348 ff.

Lazowski, Adam/Wessel, Ramses A.: When Caveats Turn into Locks: Opinion 2/13 on Accession of the European Union to the ECHR, GLJ 2015, S. 179 ff.

Lenaerts, Koen: Kooperation und Spannung im Verhältnis von EuGH und nationalen Verfassungsgerichten, EuR 2015, S. 3 ff.

Liggieri, Kevin/Müller, Oliver (Hrsg.): Mensch – Maschine – Interaktion. Handbuch zur Geschichte – Kultur – Ethik, Berlin 2019.

Limbach, Jutta: Vortrag an der Humboldt-Universität zu Berlin am 29. Juni 2000, Die Kooperation der Gerichte in der zukünftigen europäischen Grundrechtsarchitektur, Forum Constitutionis Europae 7/00, https://www.rewi.hu-berlin.de/de/lf/oe/whi/FCE/2000/limbach.pdf (zul. abg. am 15.03.2023).

Lochmann, Moritz: Taricco I – ein Ultra-vires-Akt? Zur Rechtsfortbildung durch den EuGH, EuR 2019, S. 61 ff.

Lock, Tobias: Das Verhältnis zwischen dem EuGH und internationalen Gerichten, Tübingen 2010.

Ludwigs, Markus/Sikora, Patrick: Der Vorrang des Unionsrechts unter Kontrollvorbehalt des BVerfG, EWS 2016, S. 121 ff.

Madsen, Mikael Rask/Palmer Olsen, Henrik/Šadl, Urška: Legal Disintegration? The Ruling of the Danish Supreme Court in AJOS, Verfassungsblog v. 30.01.2017, https://verfassungsblog.de/legal-disintegration-the-ruling-of-the-danish-supreme-court-in-ajos/ (zul. abg. am 15.03.2023).

Maduro, Miguel Poiares: Der Kontrapunkt im Dienste eines europäischen Verfassungspluralismus, EuR 2007, S. 3 ff.

Mancini, G. Federico/Keeling, David T.: Democracy and the European Court of Justice, Mod. Law Rev. 1994, S. 175 ff.

von Mangoldt, Hermann/Klein, Friedrich/Starck, Christian (Hrsg.): Kommentar zum Grundgesetz, Band 2: Art. 20-79, 7. Auflage, München 2018.

Markus, Till: Die Problemwirksamkeit des internationalen Klimaschutzrechts, ZaöRV 2016, S. 715 ff.

Marschik, Axel: Subsysteme im Völkerrecht, Berlin 1997.

Martín y Pérez de Nanclares, José: Constitutional Identity in Spain in: Calliess, Christian/van der Schyff, Gerhard (Hrsg.), Constitutional Identity in a Europe of Multilevel Constitutionalism, Cambridge 2019, S. 268 ff.

Mayer, Franz C.: Grundrechtsschutz gegen europäische Rechtsakte durch das BVerfG: Zur Verfassungsmäßigkeit der Bananenmarktordnung, EuZW 2000, S. 685 ff.

ders., Kompetenzüberschreitung und Letztentscheidung – das Maastricht-Urteil des Bundesverfassungsgerichts und die Letztentscheidung über Ultra-vires-Akte in Mehrebenensystemen; eine rechtsvergleichende Betrachtung von Konflikten zwischen Gerichten am Beispiel der EU und der USA, München 2000.

ders., Rebels without a cause? Zur OMT-Vorlage des Bundesverfassungsgerichts, EuR 2014, S. 473 ff.

ders., Verfassung im Nationalstaat: Von der Gesamtordnung zur europäischen Teilordnung?, VVDStRL 75 (2016), S. 7 ff.

Mayer, Franz C./Wendel, Mattias: Die verfassungsrechtlichen Grundlagen des Europarechts in: Hatje, Armin/Müller-Graff, Peter-Christian (Hrsg.), Enzyklopädie Europarecht, 1. Auflage, Baden-Baden 2014.

Mesquita Ceia, Eleonora: Die verfassungsgerichtliche Kontrolle völkerrechtlicher Verträge, Baden-Baden 2011.

Meyer, Frank: Der Grundsatz des gegenseitigen Vertrauens – Konzeptualisierung und Zukunftsperspektiven eines neuen Verfassungsprinzips, EuR 2017, S. 163 ff.

Meyer-Ladewig, Jens/Nettesheim, Martin/von Raumer, Stefan (Hrsg.): Europäische Menschenrechtskonvention: EMRK, 4. Auflage, Baden-Baden 2017.

Miller, Robin Dominik: Autonomie des Unionsrechts versus Schiedsgerichtsbarkeit. Zur Bedeutung des EuGH-Urteils in der Rs. Achmea für die Entwicklung der Europäischen Union als Rechtsgemeinschaft, EuZW 2018, S. 357 ff.
Mögele, Rudolf: Die Rechtswirkungen von WTO-Bestimmungen in der Gemeinschaftsrechtsordnung – Überlegungen zur Rechtsprechung des EuGH – in: Bauer, Hartmut/Czybulka, Detlef/Kahl, Wolfgang/Voßkuhle, Andreas (Hrsg.), Wirtschaft im offenen Verfassungsstaat – Festschrift für Reiner Schmidt zum 70. Geburtstag, München 2006, S. 129 ff.
ders., Vorrang – die Nächste!, EuZW 2021, S. 609 f.
Möllers, Thomas M. J.: Juristische Methodenlehre, 4. Auflage, München 2021.
Müller, Joscha: Reformhindernisse im internationalen Investitionsrecht, Tübingen 2020.
Müller, Matthias: Die Errichtung des Europäischen Patentgerichts – Herausforderung für die Autonomie des EU-Rechtssystems?, EuZW 2010, S. 851 ff.
ders., Das Rechtsprechungsmonopol des EuGH im Kontext völkerrechtlicher Verträge, Baden-Baden 2012.
Münch, Fritz: Die Abgrenzung des Rechtsbereichs der supranationalen Gemeinschaft gegenüber dem innerstaatlichen Recht in: Die wissenschaftliche Pflege des Völkerrechts in der Bundesrepublik Deutschland, S. 73 ff., http://www.dgfir.de/workspace/media/documents/dgir-berichte-band_2.pdf (zul. abg. am 15.03.2023).
von Münch, Ingo/Kunig, Philip (Begr.)/*Kämmerer, Jörn-Axel/Kotzur, Markus* (Hrsg.): Grundgesetz-Kommentar, Band I, 7. Auflage, München 2021.
Nettesheim, Martin: Das PSPP-Urteil des BVerfG – ein Angriff auf die EU?, NJW 2020, S. 1631 ff.
Nicolaysen, Gert: Der Gerichtshof – Funktion und Bewährung der Judikative, EuR 1972, S. 375 ff.
ders., Europarecht I. Die europäische Integrationsverfassung, 2. Auflage, Baden-Baden 2002.
Obwexer, Walter: Der Beitritt der EU zur EMRK: Rechtsgrundlagen, Rechtsfragen und Rechtsfolgen, EuR 2012, S. 115 ff.
Oellers-Frahm, Karin: Internationale Gerichtsbarkeit – gestern und heute, VRÜ 2001, S. 456 ff.
Oen, Raphael: Streitschlichtung zwischen EG-Mitgliedstaaten im Rahmen gemischter Verträge, AVR 2007, S. 136 ff.
Oeter, Stefan: Souveränität und Demokratie als Probleme in der „Verfassungsentwicklung" der Europäischen Union, ZaöRV 1995, S. 659 ff.
Ohler, Christoph: Gemeinschaftsrechtlicher Rechtsschutz gegen personengerichtete Sanktionen des UN-Sicherheitsrats, EuZW 2008, S. 630 ff.
ders., Die Vereinbarkeit von Investor-Staat-Schiedsverfahren mit deutschem und europäischem Verfassungsrecht, JZ 2015, S. 337 ff.
ders., Investitionsschutzrecht: Schiedsklausel in unionsinternem Investitionsschutzabkommen, JZ 2018, S. 511 ff.
Oliver, Peter: Rechtsverständnis im Wandel. Rechtspositivismus und Überpositivität des Rechts heute, NJW 1989, S. 3187 ff.
Oppermann, Thomas: Eine Verfassung für die Europäische Union, DVBl. 2003, S. 1165 ff.
Oppermann, Thomas/Classen, Claus Dieter/Nettesheim, Martin: Europarecht, 9. Auflage, München 2021.
Ostropolski, Tomasz: The CJEU as a Defender of Mutual Trust, NJECL 2015, S. 166 ff.
Ott, Andrea: Der EuGH und das WTO-Recht: Die Entdeckung der politischen Gegenseitigkeit – altes Phänomen oder neuer Ansatz?, EuR 2003, S. 504 ff.
Pache, Eckhard: Eine Verfassung für Europa – Krönung oder Kollaps der europäischen Integration?, EuR 2002, S. 767 ff.

Pache, Eckhard/Bielitz, Joachim: Das Verhältnis der EG zu den völkerrechtlichen Verträgen ihrer Mitgliedstaaten, EuR 2006, S. 316 ff.

Pache, Eckhard/Rösch, Franziska: Europäischer Grundrechtsschutz nach Lissabon – die Rolle der EMRK und der Grundrechtecharta in der EU, EuZW 2008, S. 519 ff.

Pagenberg, Jochen: Die Zukunft nationaler Patentgerichte im System einer künftigen europäischen Gerichtsbarkeit, GRUR 2009, S. 314 ff.

ders., Neue Überlegungen zur europäischen Patentgerichtsbarkeit – Ist Deutschland noch zu retten?, GRUR Int. 2010, S. 195 ff.

Payandeh, Mehrdad: Internationales Gemeinschaftsrecht. Zur Herausbildung gemeinschaftsrechtlicher Strukturen im Völkerrecht der Globalisierung, Heidelberg Dordrecht London New York 2010.

Pechstein, Matthias (Hrsg.): EU-Prozessrecht, 4. Auflage, Tübingen 2011.

Pechstein, Matthias/Drechsler, Carola: Die Auslegung und Fortbildung des Primärrechts in: Riesenhuber, Karl (Hrsg.), Europäische Methodenlehre: Handbuch für Ausbildung und Praxis, 3. Auflage, Berlin 2015, S. 125 ff.

Pechstein, Matthias/Nowak, Carsten/Häde, Ulrich (Hrsg.): Frankfurter Kommentar zu EUV, GRC und AEUV, München 2017.

Perju, Vlad F.: Reason and Authority in the European Court of Justice, Virginia Journal of International Law 49 (2009), S. 307 ff.

Perkams, Markus: Internationale Investitionsschutzabkommen im Spannungsfeld zwischen effektivem Investitionsschutz und staatlichem Gemeinwohl, 2011.

Pernice, Ingolf: Die Dritte Gewalt im europäischen Verfassungsverbund, EuR 1996, S. 27 ff.

Der europäische Verfassungsverbund. Ausgewählte Schriften zur verfassungstheoretischen

ders., Kompetenzabgrenzung im Europäischen Verfassungsverbund, JZ 2000, S. 866 ff.

ders., Der Europäische Verfassungsverbund auf dem Wege der Konsolidierung, JöR 2000, S. 205 ff.

ders., Begründung und Entwicklung der Europäischen Union, 2020.

Pescatore, Pierre: The Reconciliation of Interests and the Revision of Dispute Resolution Procedures in the Framework of the World Trade Organization in: van Kappel, Antonio Pérez/Heusel, Wolfgang (Hrsg.), Free World Trade and the European Union, Köln 2000, S. 9 ff.

Peters, Anne C.: Elemente einer Theorie der Verfassung Europas, Berlin 2001.

Petersmann, Ernst-Ulrich: Darf die EG das Völkerrecht ignorieren?, EuZW 1997, S. 325 ff.

Pfeiffer, Thomas M.: Zur Verfassungsmäßigkeit des Gemeinschaftsrechts in der aktuellen Rechtsprechung des französischen Conseil constitutionnel, ZaöRV 2007, S. 469 ff.

Piris, Jean-Claude: Hat die Europäische Union eine Verfassung? Braucht sie eine?, EuR 2000, S. 311 ff.

Pitz, Johann: Patentverletzungsverfahren, 2. Auflage, München 2010.

Pohlmann, Rosemarie: Autonomie in: Ritter, Joachim/Gründer, Karlfried/Gabriel, Gottfried (Hrsg.), Historisches Wörterbuch der Philosophie online, https://www.schwabeonline.ch/schwabe-xaveropp/elibrary/start.xav?start=%2F%2F%2A%5B%40attr_id%3D%27hwph_productpage%27%5D#__elibrary__%2F%2F*%5B%40attr_id%3D%27verw.autonomie%27%5D__1589208135501 (zul. abg. am 15.03.2023).

Preis, Ulrich: Verbot der Altersdiskriminierung als Gemeinschaftsgrundrecht, NZA 2006, S. 401 ff.

Preuß, Ulrich K.: Formales und materiales Recht in Franz Neumanns Rechtstheorie in: Iser, Mattias/Strecker, David (Hrsg.), Kritische Theorie der Politik, Baden-Baden 2002.

Radbruch, Gustav: Rechtsphilosophie, 8. Auflage, Stuttgart 1973.

Ratz, Peter: International and European law problems of investment arbitration involving the EU, Baden-Baden 2017.
Rauh, Karlheinz: Die Schieds- und Schlichtungsordnungen der UNCITRAL, Köln 1983.
Rengeling, Hans-Werner/Middeke, Andreas/Gellermann, Martin (Hrsg.): Handbuch des Rechtsschutzes in der Europäischen Union, 3. Auflage, München 2014.
Reuter, Alexander: Taking Investors' Rights Seriously: The Achmea and CETA Rulings of the European Court of Justice Do Not Bar Intra-EU Investment Arbitration, ZaöRV 2020, S. 379 ff.
Rieble, Volker: Methodische Rechtserkenntnis: Irgendwie und sowieso, rescriptum 2013/2, S. 163 ff.
Ritzer, Christoph: Europäische Kompetenzordnung, Baden-Baden 2006.
Rodenhoff, Vera: Die Europäischen Gemeinschaften und ihre Mitgliedstaaten als völkerrechtliche Einheit bei umweltvölkerrechtlichen Übereinkommen, Baden-Baden 2008.
Rogoz, Thomas: Ausländisches Recht im deutschen und englischen Zivilprozess, Tübingen 2008.
Röhl, Klaus F./Röhl, Hans Christian: Allgemeine Rechtslehre: Ein Lehrbuch, 3. Auflage, Köln 2008.
Rosas, Allan: Note Case C-149/96 (Portugal v. Council), CLMR 2000, S. 797 ff.
Rosas, Allan/Armati, Lorna: EU Constitutional Law – An Introduction, Third Edition, Oxford 2018.
Rösch, Karl Ömer: Intraeuropäisches Investitionsrecht. Die Zulässigkeit von Schiedsverfahren und deren Harmonisierung mit dem Unionsrecht, Baden-Baden 2017.
Roth, Wulf-Henning: Europäische Verfassung und europäische Methodenlehre, RabelsZ 2011, S. 787 ff.
Rupp, Hans Heinrich: Die Grundrechte und das Europäische Gemeinschaftsrecht, NJW 1970, S. 353 ff.
ders., Anmerkungen zu einer Europäischen Verfassung, JZ 2003, S. 18 ff.
Rusche, Tim Maxian: Der Energiecharter-Vertrag auf dem Prüfstein von Achmea und CETA, EuZW 2020, S. 169 ff.
Sachs, Michael (Hrsg.): Grundgesetz-Kommentar, 8. Auflage, München 2018.
Šadl, Urška/Mair, Sabine: Case Note – Mutual Disempowerment: Case C-441/14, EuConst 2017, S. 347 ff.
Salzwedel, Jürgen/Reinhardt, Michael: Neuere Tendenzen im Wasserrecht, NVwZ 1991, S. 946 ff.
Sander, Gerald G.: Zur unmittelbaren Anwendbarkeit der WTO-Abkommen in der europäischen Rechtsordnung, Verfassung und Recht in Übersee 2003, S. 261 ff.
Säuberlich, Björn-Peter: Staatliche Haftung unter europäischem Einfluss, EuR 2004, S. 954 ff.
Sauer, Heiko: Jurisdiktionskonflikte in Mehrebenensystemen: Die Entwicklung eines Modells zur Lösung von Konflikten zwischen Gerichten unterschiedlicher Ebenen in vernetzten Rechtsordnungen, Berlin, Heidelberg, New York 2008.
ders., Europarechtliche Schranken internationaler Gerichte, JZ 2019, S. 925 ff.
Scheffler, Jan: Das französische Verfassungsverständnis angesichts der Anforderungen des EG-/EU-Rechts, ZaöRV 2007, S. 43 ff.
Scheuner, Ulrich: Die Rechtsetzungsbefugnis internationaler Gemeinschaften in: von der Heydte, Friedrich August (Hrsg.), Völkerrecht und rechtliches Weltbild, Festschrift für Alfred Verdross, Wien 1960, S. 229 ff.
Schill, Stephan W.: Investitionsschutzrecht als Entwicklungsvölkerrecht, ZaöRV 2012, S. 261 ff.
ders., Investitionsschutz in EU-Freihandelsabkommen: Erosion gesetzgeberischer Gestaltungsmacht?, ZaöRV 2018, S. 33 ff.

ders., Investor-State Dispute Settlement Reform at UNCITRAL: A Looming Constitutional Moment?, JWIT 2018, S. 1 ff.

Schlochauer, Hans-Jürgen: Die Gerichtsbarkeit der Europäischen Gemeinschaft für Kohle und Stahl, AdVR 1952, S. 385 ff.

Schmalenbach, Kirsten: Struggle for Exclusiveness: The ECJ and Competing International Tribunals in: Buffard, Isabelle/Crawford, James/Pellet, Alain/Wittich, Stephan (Hrsg.), Festschrift in Honour of Gerhard Hafner – International Law between Universalism and Fragmentation, Leiden 2008, S. 1045 ff.

dies., Kontrollanspruch des EuGH bei gezielten Sanktionen der Vereinten Nationen, JZ 2009, S. 35 ff.

Schmitt-Glaeser, Alexander: Grundgesetz und Europarecht als Elemente Europäischen Verfassungsrechts, Berlin 1996.

ders., Souveränität und Vorrang in: von Bogdandy, Armin (Hrsg.): Europäisches Verfassungsrecht, 1. Auflage, Berlin 2003, S. 205 ff.

Scholtka, Boris: Investitionsschutzrecht: Schiedsklausel in unionsinternem Investitionsschutzabkommen, EuZW 2018, S. 239 ff.

ders., Freihandelsabkommen der EU mit Kanada (CETA) europarechtskonform, Anmerkung von Rechtswanwalt Dr. Boris Scholtka, NVwZ 2019, S. 868 ff.

Schorkopf, Frank: Staatsrecht der internationalen Beziehungen, München 2017.

Schroeder, Werner: Das Gemeinschaftsrechtssystem. Eine Untersuchung zu den rechtsdogmatischen, rechtstheoretischen und verfassungsrechtlichen Grundlagen des Systemdenkens im Europäischen Gemeinschaftsrecht, Tübingen 2002.

Schulze, Reiner/Janssen, André/Kadelbach, Stefan (Hrsg.): Europarecht, Handbuch für die deutsche Rechtspraxis, 4. Auflage, Baden-Baden 2020.

Schwab, Heinz/Walter, Gerhard: Schiedsgerichtsbarkeit, München 2005.

Schwarze, Jürgen: Die Abwägung von Zielen der europäischen Integration und mitgliedstaatlichen Interessen in der Rechtsprechung des EuGH, EuR 2013, S. 253 ff.

Schwarze, Jürgen/Becker, Ulrich/Hatje, Armin/Schoo, Johann (Hrsg.): EU-Kommentar, 4. Auflage, Baden-Baden 2019.

Schweitzer, Hans-Georg/Dederer, Michael: Staatsrecht III, 12. Auflage, Heidelberg 2020.

Selejan-Gutan, Bianca: Who's Afraid of the „Big Bad Court"?, Verfassungsblog v. 10.01.2022, https://verfassungsblog.de/whos-afraid-of-the-big-bad-court/ (zul. abg. am 15.03.2023).

Seyr, Sibylle: Der effet utile in der Rechtsprechung des EuGH, Berlin 2008.

Sheplyakova, Tatjana: Das Recht der Klage aus demokratietheoretischer Perspektive, DZPhil 2016, S. 45 ff.

Siekmann, Helmut: Gerichtliche Kontrolle der Käufe von Staatsanleihen durch das Eurosystem – Anmerkungen zum PSPP-Urteil des BVerfG vom 5.5.2020, EuZW 2020, S. 491 ff.

Simon, Sven/Müller, Joscha: Das Achmea-Urteil des EuGH und die Auswirkungen auf Streitbeilegungsmechanismen im Rechtsraum der EU, NJOZ 2018, S. 961 ff.

Simon, Sven/Rathke, Hannes: „Schlechterdings nicht mehr nachvollziehbar" – Warum?, EuZW 2020, S. 500 ff.

Skouris, Vassilios: Der Vorrang des Unionsrechts und die Ultra Vires-Theorie, Anwaltsblatt online 2021, S. 147 ff.

Smrkolj, Maja: The Use of the „Disconnection Clause" in International Treaties, https://papers.ssrn.com/sol3/papers.cfm?abstract_id=1133002 (zul. abg. am 15.03.2023).

Stöbener de Mora, Patricia Sarah: Investitionsschutz: Gefährdet der Rechtsstandort Europa sich selbst?, EuZW 2017, S. 873 ff.

dies., Das Achmea-Urteil zum Intra-EU-Investitionsschutz, EuZW 2018, S. 363 ff.

dies., Ideen für einen Mechanismus zum Schutz von Investitionen im Binnenmarkt nach dem Ende der Intra-EU-BITs, EuZW 2019, S. 217 f.

Stöbener de Mora, Patricia Sarah/Wernicke, Stephan: Riskante Vorgaben für Investitionsschutz und Freihandel – Das CETA-Gutachten des EuGH, EuZW 2019, S. 970 ff.

Streinz, Rudolf: Bundesverfassungsgerichtlicher Grundrechtsschutz und Europäisches Gemeinschaftsrecht, Stuttgart 1993.

ders., Die Verfassungsidentität der Mitgliedstaaten und das Recht der Europäischen Union, in: Stumpf, Cordula/Kainer, Friedemann/Baldus, Christian (Hrsg.), Privatrecht, Wirtschaftsrecht, Verfassungsrecht, Baden-Baden 2015, S. 1193 ff.

ders. (Hrsg.), EUV/AEUV, 3. Auflage, München 2018.

ders., Europarecht, 11. Auflage, Heidelberg 2019.

Streinz, Thomas: Hoffentlich keine Odyssee – Der Beitritt der EU zur EMRK, Verfassungsblog v. 30.09.2013, https://verfassungsblog.de/hoffentlich-keine-odyssee-beitritt-eu-zur-emrk/ (zul. abg. am 15.03.2023).

Streinz, Rudolf/Ohler, Christoph/Herrmann, Christoph: Der Vertrag von Lissabon zur Reform der EU, 3. Auflage, Baden-Baden 2010.

Streit, Arnold: Das Abkommen über den Europäischen Wirtschaftsraum, NJW 1994, S. 555 ff.

Terhechte, Jörg Philipp: Art. 351 AEUV, das Loyalitätsgebot und die Zukunft mitgliedstaatlicher Investitionsschutzverträge nach Lissabon, EuR 2010, S. 517 ff.

Theobald, Christian/Kühling, Jürgen (Hrsg.): Energierecht, 108. Auflage, München 2021.

Thiele, Carmen: Fragmentierung des Völkerrechts als Herausforderung für die Staatengemeinschaft, AdVR 2008, S. 1 ff.

Thym, Daniel: Das EMRK-Gutachten des EuGH, EuZW 2015, S. 180.

ders., Todesstoß für autonome Investitionsschutzgerichte, Verfassungsblog v. 08.03.2018, https://verfassungsblog.de/todesstoss-fuer-autonome-investitionsschutzgerichte/ (zul. abg. am 15.03.2023).

Tietje, Christian: The Applicability of the Energy Charta Treaty in ICSID Arbitration of EU Nationals vs. EU Member States in: Tietje/Kraft, Beiträge zum Transnationalen Wirtschaftsrecht, Heft 78, 2008.

ders., Bilaterale Investitionsschutzverträge zwischen EU-Mitgliedstaaten (Intra-EU-BITs) als Herausforderung im Mehrebenensystem des Rechts, Beiträge zum transnationalen Wirtschaftsrecht, Heft 104, 2011.

Tilmann, Winfried: Das Europäische Patentgericht nach dem Gutachten 1/09 des EuGH, GRUR Int 2011, S. 499 ff.

Tomuschat, Christian: Die Europäische Union unter der Aufsicht des Bundesverfassungsgerichts, EuGRZ 1993, S. 489 ff.

ders., Die Europäische Union als ein Akteur in den internationalen Beziehungen, Vortrag an der Humboldt-Universität am 28. Januar 2003, https://www.rewi.hu-berlin.de/de/lf/oe/whi/FCE/2003/tomuschat.pdf (zul. abg. am 15.03.2023).

Trautmann, Clemens: Ausländisches Recht vor deutschen und englischen Gerichten, ZEuP 2006, S. 283 ff.

Uerpmann, Robert: Völkerrechtliche Nebenverfassungen in: von Bogdandy, Armin (Hrsg.), Europäisches Verfassungsrecht, 1. Auflage, Heidelberg 2003, S. 339 ff.

Ullrich, Gerhard: Internationale Gerichte bzw. Beschwerdeausschüsse und das Vorlageverfahren an den EuGH nach Art. 267 AEUV, EuR 2010, S. 573 ff.

von Ungern-Sternberg, Jürgen: Griechische Studien, Berlin 2009.

Vedder, Christoph/Heintschel von Heinegg, Wolff (Hrsg.): Europäisches Unionsrecht, 2. Auflage, Baden-Baden 2018.

Vincze, Attila: Das tschechische Verfassungsgericht stoppt den EuGH, EuR 2013, S. 194 ff.
Vitzthum, Nikolaus: Les compétences législatives et juridictionelles de la Communauté européenne dans la lutte contre le terrorisme, ZEuS 2008, S. 375 ff.
Vogenauer, Stefan: Eine gemeineuropäische Methodenlehre des Rechts – Plädoyer und Programm, ZEuP 2005, S. 234 ff.
von Bogdandy, Armin/Schill, Stephan: Die Achtung der nationalen Identität unter dem reformierten Unionsvertrag, ZaöRV 2010, S. 701 ff.
Voßkuhle, Andreas: Der europäische Verfassungsgerichtsverbund, NVwZ 2010, S. 1 ff.
Vranes, Erich: Gemischte Abkommen und die Zuständigkeit des EuGH – Grundfragen und neuere Entwicklungen in den Außenbeziehungen, EuR 2009, S. 44 ff.
Wahl, Katja: Rechtsschutz gegen Individualsanktionen der UN am Beispiel der Finanzsanktionen des Taliban-Sanktionsregimes, Berlin 2009.
Walter, Christian: Der französische Verfassungsrat und das Recht der Europäischen Union, EuGRZ 2005, S. 77 ff.
Weber, Klaus (Hrsg.): Creifelds, Rechtswörterbuch, 24. Auflage, München 2022.
Walter, Konrad: Rechtsfortbildung durch den EuGH, Berlin 2009.
Walter, Maja: Integrationsgrenze Verfassungsidentität – Konzept und Kontrolle aus europäischer, deutscher und französischer Perspektive, ZaöRV 2012, S. 177 ff.
Wegener, Bernhard: Familienstreitigkeiten nicht nach außen tragen?!, ZUR 2006, S. 582 ff.
Weiß, Norman: Praktische Konsequenzen der Kadi-Rechtsprechung, EuR 2014, S. 231 ff.
Weiß, Wolfgang: Zur Haftung der EG für die Verletzung des WTO-Rechts, EuR 2005, S. 277 ff.
ders., Die externe Autonomie des Unionsrechts als Schranke für den Investitionsschutz und weit darüber hinaus?, EuR 2020, S. 621 ff.
Wendel, Mattias: Richterliche Rechtsvergleichung als Dialogform, Der Staat 2013, S. 339 ff.
ders., Mehr Offenheit wagen! Eine kritische Annäherung an das Gutachten des EuGH zum EMRK-Beitritt, Verfassungsblog v. 21.12.2014, https://verfassungsblog.de/mehr-offenheit-wagen-eine-kritische-annaeherung-das-gutachten-des-eugh-zum-emrk-beitritt/ (zul. abg. am 15.03.2023).
ders., Der EMRK-Beitritt als Unionsrechtsverstoß – Zur völkerrechtlichen Öffnung der EU und ihren Grenzen, NJW 2015, S. 921 ff.
Wernicke, Stephan: Autonomie und Häresie – Investitionsschiedsgerichte in der Rechtsunion, NJW 2018, S. 1644 ff.
Wessels, Wolfgang/Wolters, Johannes: Europäische Union in: Voigt, Rüdiger (Hrsg.): Handbuch Staat, Wiesbaden 2018, S. 677 ff.
Wilske, Stephan/Markert, Lars/Bräuninger, Laura: Entwicklungen in der internationalen Schiedsgerichtsbarkeit im Jahr 2017 und Ausblick auf 2018, SchiedsVZ 2018, S. 134 ff.
Wilske, Stephan/Markert, Lars/Ebert, Björn P.: Entwicklungen in der internationalen Schiedsgerichtsbarkeit im Jahr 2019 und Ausblick auf 2020, SchiedsVZ 2020, S. 97 ff.
Wissenschaftlicher Dienst des Deutschen Bundestages, Das Urteil des EuGH vom 6. März 2018 in der Rs. C-284/16 (Slowakische Republik/Achmea BV) und seine Auswirkungen auf CETA und den multilateralen Investitionsgerichtshof, BT PE 6 – 3000 – 57/18.
de Witte, Bruno: Direct effect, primacy, and the nature of the legal order in: Craig, Paul/De Búrca, Grainne (Hrsg.), The Evolution Of EU Law, 2. Auflage, Oxford 2011, S. 323 ff.
Wohlfahrth, Ernst: Anfänge einer europäischen Rechtsordnung und ihr Verhältnis zum deutschen Recht, JurJb. 3 (1962/63), S. 240 ff.
Wolf-Niedermaier, Anita: Der Europäische Gerichtshof zwischen Recht und Politik, Baden-Baden 1997.
Zöller, Richard (Hrsg.): Zöller, ZPO-Kommentar, 34. Auflage, Köln 2022.

Sachregister

Jus Internationale et Europaeum

herausgegeben von
Thilo Marauhn und Christian Walter

Die Einwirkung des internationalen und des europäischen Rechts auf die nationalen Rechtsordnungen nimmt beständig zu. Diese Entwicklung stellt eine gewaltige Herausforderung dar, weil es heute nicht mehr nur um die Umsetzung völker- und europarechtlicher Vorgaben geht, sondern darüber hinausgehende Anpassungsnotwendigkeiten in den nationalen Rechtsordnungen verarbeitet werden müssen. Abgesehen von den praktischen Schwierigkeiten, die häufig damit verbunden sind, verlangt dieser Prozess nach einer theoretischen Verarbeitung, welche im öffentlichen Recht, das nach wie vor ein ambivalentes Verhältnis zum Völker- und Europarecht hat, weitgehend noch am Anfang steht. Die Schriftenreihe soll zur theoretischen und dogmatischen Durchdringung der Internationalisierung und Europäisierung des öffentlichen Rechts beitragen und Lösungsvorschläge für damit einhergehende praktische Probleme unterbreiten. In der Reihe erscheinen herausragende Arbeiten, die sich mit Rechtsfragen an der Schnittstelle zwischen nationalem öffentlichen Recht und internationalem Recht beschäftigen oder genuin völker- bzw. europarechtliche Themen behandeln. Besonderes Interesse liegt dabei auf Arbeiten, die eine Brücke zwischen Grundlagenfragen und praktischer Rechtsanwendung schlagen.

ISSN: 1861-1893
Zitiervorschlag: JusIntEu

Alle lieferbaren Bände finden Sie unter *www.mohrsiebeck.com/jusinteu*

Mohr Siebeck
www.mohrsiebeck.com